跨境电子商务新形态立体化教材

跨境电商B2B
立体化实战教程

阿里巴巴（中国）网络技术有限公司　编著
浙江商业职业技术学院

电子工业出版社
Publishing House of Electronics Industry
北京·BEIJING

内 容 简 介

本书以阿里巴巴国际交易市场（国际站）跨境贸易工作流程为基础，以阿里巴巴国际交易市场相关企业实际工作内容为题材进行编写。本教材是《从0开始：跨境电商实训教程》的升级版，内容安排由浅入深、循序渐进。书中全面论述了最新的B2B跨境电子商务基本概况、阿里巴巴国际站的基本规则、阿里巴巴国际站的业务流程、商机获取的方法、阿里巴巴国际站的运营技能，讲解了以产品推广为基本目标的新媒体营销技术，内容丰富真实，集贸易、营销、技术于一体。本书主要包括跨境电商综述、数据分析与品牌定位、阿里巴巴国际站应用基础、商机获取与产品推广、商机管理与交易管理、跨境电商履约流程、新媒体营销等内容。

本书内容与阿里巴巴国际站培训资源相互对接，读者可以获得与阿里巴巴国际站相关的学习资源，也可以参加相应的跨境电子商务认证考试；本书图文并茂、层次分明、重点突出，且内容翔实、步骤清晰、通俗易懂；本书是阿里巴巴国际事业部百城千校项目培训用书，可以作为各类学校跨境电子商务、电子商务、国际贸易、商务英语等相关专业必修课程与专业选修课程的教学用书或参考书，也可以作为跨境电商领域从业人员、个体从业人员的自学与培训用书。

未经许可，不得以任何方式复制或抄袭本书之部分或全部内容。
版权所有，侵权必究。

图书在版编目（CIP）数据

跨境电商B2B立体化实战教程/阿里巴巴（中国）网络技术有限公司，浙江商业职业技术学院编著．
北京：电子工业出版社，2019.3
跨境电子商务新形态立体化教材
ISBN 978-7-121-35828-9

Ⅰ．①跨… Ⅱ．①阿… ②浙… Ⅲ．①电子商务－商业经营－高等职业教育－教材 Ⅳ．① F713.365.2

中国版本图书馆CIP数据核字（2018）第296097号

策划编辑：张彦红
责任编辑：张彦红
印　　刷：北京天宇星印刷厂
装　　订：北京天宇星印刷厂
出版发行：电子工业出版社
　　　　　北京市海淀区万寿路173信箱　邮编：100036
开　　本：787×980　1/16　印张：13.5　字数：502千字　彩插：68
版　　次：2019年3月第1版
印　　次：2025年2月第19次印刷
印　　数：47501~48500册　定　价：69.80元

凡所购买电子工业出版社图书有缺损问题，请向购买书店调换。若书店售缺，请与本社发行部联系，联系及邮购电话：(010) 88254888，88258888。
质量投诉请发邮件至zlts@phei.com.cn，盗版侵权举报请发邮件至dbqq@phei.com.cn。
本书咨询联系方式：010-51260888-819，faq@phei.com.cn。

本书编写委员会

主　　编：张枝军　　郑雪英
副 主 编：叶红玉　　邵贵平　　朱林婷
编　　委：马述忠　浙江大学
　　　　　陈　进　对外经济贸易大学
　　　　　琚春华　浙江工商大学
　　　　　章剑林　杭州师范大学
　　　　　梅雪峰　浙江外国语学院
　　　　　蒋长兵　浙江工商大学
　　　　　武长虹　中国（杭州）跨境电子商务综合试验区建设领导小组办公室
　　　　　黄燕婷　阿里巴巴国际事业部　百城千校项目组
　　　　　张枝军　浙江商业职业技术学院
　　　　　王春燕　北京教育科学研究院
　　　　　谢继娟　杭州轻创电子商务有限公司
　　　　　郑雪英　浙江商业职业技术学院
　　　　　叶红玉　浙江商业职业技术学院
　　　　　邵贵平　浙江商业职业技术学院
　　　　　朱林婷　浙江商业职业技术学院
支持单位：阿里巴巴（中国）网络技术有限公司
　　　　　中国（杭州）跨境电子商务综合试验区
　　　　　中国（杭州）跨境电商人才联盟
　　　　　浙江商业职业技术学院
　　　　　国家电子商务虚拟仿真实验教学中心
　　　　　杭州光速科技有限公司
　　　　　杭州轻创电子商务有限公司

《跨境电子商务新形态立体化教材》系列丛书编写说明

世界电子商务看中国，中国电子商务看浙江，浙江电子商务看杭州。浙江不仅是经济强省，也是电子商务大省，而杭州是"中国电子商务之都"。浙江的专业电子商务网站数量占全国专业网站数量的1/3，浙江电子商务发展与应用水平全国领先。浙江电子商务的成就，主要归功于政府开放式创新创业氛围的搭建和大量电子商务专业人才的贡献。

杭州是"中国电子商务之都"，是全国唯一的集国家电子信息产业基地、服务外包基地、高技术产业基地、电子商务之都等称号于一体的城市。全球第二大互联网公司阿里巴巴坐落于杭州，其2016财年电商交易额（GMV）突破3万亿元。2015年3月，国务院国函〔2015〕44号批复，同意在杭州设立首个跨境电子商务综合试验区。截至2016年，杭州跨境电子商务的应用覆盖面、应用深度和国际化均得到了大幅提升，"互联网+外贸"的新思维、新模式得到了企业的广泛认可，全市全年累计上线企业数量达到3678家，同比增长了43.34%；有外贸实绩的跨境电商企业数量达到了3017家，同比增长了81.42%；在全市12家跨境电子商务线下园区中，已进驻跨境电子商务园区的企业数量达到了764家；建立海外仓的企业数量大幅增长，达到了59家，比2015年增加了22家。这些数据都表明，在各级主管部门的政策"叠加效应"下，跨境电子商务助推了杭州传统企业外贸的转型升级。

据对外经济贸易大学国际商务研究中心联合阿里研究院发布的《中国跨境电商人才研究报告》数据显示，高达85.9%的企业认为存在严重的跨境电商人才缺口。而各高等院校、培训机构对跨境电商人才培养的标准不一，所使用的教材、培训资料参差不齐，这严重制约了跨境电商人才的培养。

为提升跨境电商人才的培养质量，开展多层次跨境电商的人才培训，提高跨境电商的研究水平，加快推进人才建设的战略部署，创建具有中国（杭州）跨境电商综合试验区特色的人才服务，由浙江省教育厅、中国（杭州）跨境电子商务综合试验区建设领导小组办公室联合主导，协同浙江大学、浙江工商大学、杭州师范大学、浙江外国语学院、杭州师范大学钱江学院、浙江金融职业学院、浙江经济职业技术学院、浙江商业职业技术学院、阿里巴巴、亚马逊、Wish、谷歌、海猫跨境电商学院、浙江鸟课网络科技有限公司、深圳科极达盛投资有限公司、杭州众智跨境电商人才港、浙江执御信息技术有限公司、杭州跨境电商协会联合编写了本系列丛书。本丛书的出版发行，必将引起电子商务行业人员的广泛关注，并将进一步推动我国跨境电子商务产业的不断前行，同时也为广大电子商务从业者、电子商务科研工作者、电子商务爱好者学习、研究跨境电子商务提供了必要的参考用书。

本系列教材的编写，将是杭州作为首批跨境电子商务综合试验区的重要工作，也是浙江省教育工作服务于省内经济、培养创新人才的一项重要工程。教材编写将整合浙江省内外高校、知名企业、科研院所的专家资源，突出强调教材的国际化、网络化和立体化，使本系列丛书成为推进浙江省乃至全国教材改革的示范。

中国（杭州）跨境电子商务综合试验区
中国（杭州）跨境电商人才联盟
浙江工商大学管理工程与电子商务学院
国家电子商务虚拟仿真实验教学中心
二〇一九年一月

前　言

　　互联网作为一种思维、一种手段、一种模式已经全面融入世界经济的各个领域，商品交易、商业服务等国际商务活动的信息化、网络化、智慧化已经是一种不可逆转的发展趋势。近年来，跨境电子商务作为新型国际贸易业态在全球范围内异军突起，市场交易规模高速增长，市场潜力巨大。在跨境贸易和电子商务双引擎的拉动下，跨境电子商务以开放、多维、立体的多边经贸合作模式拓宽了企业进入国际市场的路径，其小批量、多批次的"碎片化"特点有效适应了国际贸易的发展趋势。在我国"一带一路"倡议的指引下，通过创新"互联网＋中国制造＋跨境贸易"商业模式，打造线上线下融合发展的"网上丝绸之路"，重构生产链、贸易链和价值链，帮助传统企业拓展海外市场，扩大利润空间，建立自主品牌，以便为新常态下的经济转型提供新动力。

　　本书是在中国（杭州）跨境电子商务综合试验区倡议下发起编写的，旨在适应跨境电子商务产业的发展，培养具有新技能、新思想的跨境电子商务人才，满足企业与社会的实际用人需求。本书的编写由阿里巴巴国际交易市场（国际站）与浙江商业职业技术学院联合策划、组织，以阿里巴巴国际交易市场（国际站）为实践平台，立足真实环境下的实战运营与项目运作，依托阿里巴巴国际交易市场的培训资源，培养掌握阿里巴巴国际交易市场（国际站）业务操作流程，具有B2B跨境电子商务运营能力与国际市场营销推广能力的跨境电子商务人才。本书的特点是全真实战与理论知识融合、电子商务与国际贸易融合、技能训练与认证考试融合、网络学习资源与书籍资源融合、学校资源与企业资源融合，具有很强的实用性与创新性，是一本教学资源立体化的实战教程。

　　本书的编写思想是以实际工作应用为出发点，大量结合企业工作，以企业工作任务为主来构建内容体系，在总体结构上力求做到由浅入深、循序渐进，理论与实践并重，突出实践操作技能；以简明的语言和清晰的图示以及精选的工作项目来描述完成具体工作的操作方法、过程和要点，并将实际工作中编辑图像、营销实践、视觉设计的基本思想贯穿在每个具体的工作项目中，让学习者能通过本书的训练具有实战水平。

本书图文并茂、层次分明、重点突出，且内容翔实、步骤清晰、语言通俗易懂。本书是阿里巴巴跨境电子商务人才培训体系认证的官方指定教材，是《从0开始：跨境电商实训教程》的升级版，其可以作为各类学校的电子商务（包括跨境电子商务）、国际贸易、商务英语等相关专业必修课程与专业选修课程的教学用书或参考书，也可以作为跨境电子商务等领域从业人员的自学与培训用书。

本书共分7章，由阿里巴巴国际事业部黄燕婷、浙江商业职业技术学院张枝军总策划，张枝军、郑雪英主持编写，由张枝军统稿、修正、编辑，有关素材与案例来自阿里巴巴及其平台相关企业，具体编写工作如下：第1章由张枝军编写，第2章由浙江商业职业技术学院邵贵平编写，第3、4、5章由浙江商业职业技术学院郑雪英编写，第6章由浙江商业职业技术学院叶红玉编写，第7章由浙江商业职业技术学院朱林婷编写。

本书在编写过程中得到了阿里巴巴国际事业部百城千校项目组、阿里巴巴国际事业部商家运营部、阿里巴巴国际事业部商家产品部、阿里巴巴国际事业部规则运营部、杭州光速科技有限公司、杭州轻创电子商务有限公司的大力支持，在此对大家的辛勤付出一并表示感谢。

另外，本书难免有疏漏或不当之处，希望读者批评指正。

作 者

说明：请用手机自带的相机扫描书中相关章节的二维码（不要用微信扫描），然后复制网址，打开手机或电脑的浏览器，粘贴网址观看。读者需要按要求登录账号才可以观看，如有问题，请打电话010-88254045与本书编辑联系（全书操作都一样）。

目 录

第1章 跨境电商综述 1
1.1 跨境电商的发展现状及趋势 1
- 1.1.1 跨境电商的概念 1
- 1.1.2 跨境电商的发展现状 3
- 1.1.3 跨境电商与传统外贸 8
- 1.1.4 主流跨境电商平台 9

1.2 跨境电商的政策红利与相关法律法规 13
- 1.2.1 跨境电商的政策红利 13
- 1.2.2 跨境电商与监管的法律法规 15

1.3 阿里巴巴国际站平台规则 18
- 1.3.1 阿里巴巴国际站全球旺铺装修市场规则 18
- 1.3.2 阿里巴巴国际站知识产权规则 23
- 1.3.3 阿里巴巴国际站禁限售规则 24
- 1.3.4 阿里巴巴国际站搜索排序规则 29

思考与实训 37

第2章 数据分析与品牌定位 39
2.1 数据分析导论 39
- 2.1.1 数据分析概念 39
- 2.1.2 数据分析流程 41
- 2.1.3 大数据分析 43

2.2 产品定位与品牌策略 45
- 2.2.1 产品定位 45
- 2.2.2 品牌策略 48
- 2.2.3 数据选品 51

2.3 精准客户定位 53
　　2.3.1 国际市场行情 53
　　2.3.2 关键词分析 56
　　2.3.3 茶叶跨境电商企业的国际市场调研 60
思考与实训 65

第 3 章 阿里巴巴国际站应用基础 67

3.1 信息展示 67
　　3.1.1 产品信息质量 67
　　3.1.2 旺铺质量 71
3.2 账户管理 72
　　3.2.1 个人信息和账户安全 72
　　3.2.2 子账号设置与资金账户管理 75
3.3 店铺管理 78
　　3.3.1 国际站后台概述 78
　　3.3.2 开通店铺 84
　　3.3.3 店铺装修 86
3.4 产品管理和发布 93
　　3.4.1 关键词表制作 93
　　3.4.2 产品发布 96
　　3.4.3 管理产品 112
　　3.4.4 多语言市场的产品发布 119
思考与实训 123

第 4 章 商机获取与产品推广 126

4.1 外贸邮的应用 126
　　4.1.1 外贸邮的主要功能 126
　　4.1.2 外贸邮的开通方法 127
4.2 外贸直通车（P4P） 129
　　4.2.1 P4P 含义解读 129
　　4.2.2 P4P 展示规则 133
　　4.2.3 P4P 关键词管理 135
　　4.2.4 P4P 设置推广产品 140
　　4.2.5 P4P 出价扣费原则 141

4.2.6 P4P 合理预算设置 142
4.3 顶级展位 144
　　4.3.1 顶级展位的优势 144
　　4.3.2 顶级展位的竞拍 145
4.4 数据管家浅析 149
　　4.4.1 数据管家 149
　　4.4.2 商家星等级 166
4.5 招商引流 170
思考与实训 172

第 5 章 商机管理与交易管理 173

5.1 询盘处理与回复 173
　　5.1.1 询盘设置 173
　　5.1.2 询盘回复 176
　　5.1.3 及时回复率 180
5.2 客户管理和名片营销 183
　　5.2.1 名片客户分层 183
　　5.2.2 访客行为分析 186
　　5.2.3 访客营销 187
5.3 采购直达 RFQ 190
　　5.3.1 RFQ 采购直达概述 190
　　5.3.2 RFQ 规则解读 191
　　5.3.3 RFQ 精准推荐设置（一） 194
　　5.3.4 RFQ 精准推荐设置（二） 197
　　5.3.5 RFQ 报价标准 200
5.4 交易管理 205
　　5.4.1 信用保障服务简介 205
　　5.4.2 信用订单操作流程 207
　　5.4.3 一达通服务 224
　　5.4.4 物流服务 239
思考与实训 241

第 6 章 跨境电商履约流程 243

6.1 跨境电商操作流程 243

    6.1.1 跨境电商卖家操作流程 244
    6.1.2 跨境电商买家操作流程 246
6.2 出口商品报价 246
    6.2.1 国际贸易术语 246
    6.2.2 出口报价核算 248
    6.2.3 制作报价单 253
6.3 合同签订 253
    6.3.1 签订外贸合同 253
    6.3.2 签订采购合同 257
6.4 单据制作 259
    6.4.1 发票 259
    6.4.2 包装单据 259
    6.4.3 托运委托书 262
    6.4.4 汇票 263
    6.4.5 产地证 263
    6.4.6 其他单据 265
6.5 国际贸易物流 265
    6.5.1 批量货物的国际物流方式 265
    6.5.2 零散货物的国际物流方式 267
    6.5.3 国际物流的选择原则 269
    6.5.4 国际物流在线下单流程 269
6.6 资金与收款管理 273
    6.6.1 传统国际贸易支付方式 273
    6.6.2 线上收款方式 279
    6.6.3 结汇与退税 284
思考与实训 285

第7章 新媒体营销 287

7.1 视觉营销 287
    7.1.1 图片处理技术 288
    7.1.2 首页设计 293
    7.1.3 主图设计 301
    7.1.4 产品详情页设计 303
    7.1.5 广告图设计 308

7.2 视频营销 310
7.2.1 主图视频与详情页视频 310
7.2.2 直播视频 315
7.3 社会化媒体营销 318
7.3.1 Facebook 营销 319
7.3.2 LinkedIn 营销 324
7.3.3 Pinterest 营销 328
7.3.4 Instagram 营销 332
思考与实训 335

附录 A 本书思考与实训参考答案 336

附录 B 二维码索引 338

第 1 章
跨境电商综述

1.1 跨境电商的发展现状及趋势

1.1.1 跨境电商的概念

　　国际贸易（即对外贸易）是跨越国境的货物与服务交易，一般由进口贸易与出口贸易组成，所以也称为进出口贸易。国际贸易在国家经济发展中具有重要的地位，可以调节国内生产要素的利用率，改善国际间的供求关系，调节经济结构，增加财政收入。国际贸易的发展产生了自由贸易区，自由贸易区指的是在关境以外划出的，对全部或大部分进出口商品免征关税，并允许在港内或区内进行商品自由存储、展览、加工和制造等业务活动，以促进地区经济与对外贸易（简称外贸）发展的一个区域。自由贸易区对国际贸易的发展具有重要的作用。随着互联网技术的发展与国家间应用的普及，逐步形成了跨境电子商务（简称跨境电商）。

　　跨境电子商务起源于一种"小额贸易"的国际贸易形式，这种形式出现于 2005 年前后，主要是交易双方通过互联网进行沟通交流，达成交易，再以第三方支付工具，如 PayPal 等支付相关款项，最后通过联邦快递、UPS 等国际快递方式将商品送达客户手中。由于买方多为中小型企业，甚至是个人，其交易次数多、交易量小、交易金额少，且主要在互联网上实现交易，因此形成了一种有别于传统外贸的交易方式，即跨境电子商务。

　　跨境电子商务即跨境电商，是指分属于不同国家或区域经济组织的主体（分属于不同关境的交易主体）通过各类电子商务平台跨越关境，在全世界范围内进行选择、下单并达成交易，进行支付、结算，并通过跨境物流送达商品、完成交易的一种国际商业活动。该定义强调了企业通过跨境电子商务实现交易的方式与过程，该交易不受国家间的地理因素限制，实现了无国界贸易，有利于企业在更广阔的国际市场寻找贸易伙伴。

　　根据实际情况，我国的跨境电商主要包括跨境 B2B 贸易和跨境零售。跨境 B2B 贸易是指分属不同关境的企业对企业，通过跨境电子商务平台达成交易、支付结算，并通过国际物流服务送达商品、完成交易的国际商业活动。跨境零售包括跨境 B2C 和跨境 C2C 两种方式。B2C 跨境电商是分属于不同关境的企业通过互联网直接向全球消费者在线销售产品与服务的一种跨境贸易形式；C2C 跨境电商是指分属于不同关境的个人卖方通过互联网向全球消费者在线销售产品与服务的一种跨境贸易形式。

跨境电商的主体主要分为三类。第一类主体是指一类外贸企业，这类外贸企业在网络上自建电子商务平台，并在这个平台上自营进出口产品；第二类主体是指利用第三方跨境电子商务平台进行电子商务进出口业务的企业；第三类主体是指建设并利用互联网交易平台为其他外贸企业提供服务并收取费用的专业互联网公司。从跨境电商的定义中，我们不难看出，跨境电商的交易主体至少分属于两个不同的国家或者跨国经济组织，交易的主要中介是电子商务网上平台，这区别于传统的对外贸易，支付方式也主要采取了线上支付方式。

从本质上讲，跨境电子商务是以互联网为平台，以电子技术为手段，以商务交易为目的，将传统的营销、销售、支付、购物等方式转移到互联网上，打破关境的壁垒，使商品交易实现全球化、网络化、个性化的新型贸易状态。

跨境电商兼具互联网和进出口贸易的双重属性，主要具有以下特点：

（1）全球性和国际化。虽然传统的对外贸易随着经济全球化的逐步深化，也具备了世界性的特点，但是其受地理空间局限性的影响仍然很大，不同国家之间的信息仍然存在着不对称的问题。而跨境电商极大地突破了地理空间的局限性，通过电子商务的国际平台（尤其一些跨境电商平台还允许消费者对商品和服务进行评价），使购买者对所购商品可以有一个全面而细致的了解，拥有更多选择的权利，很多交易不再需要中间国家的参与而可以直接进行购买。企业可以通过这个平台将自己的产品销往世界各地而不受订单量的局限，消费者也可以通过这个平台购买来自世界上任何通过该平台进行销售的产品，商品的流动性大大增强了。依靠互联网平台，它将整个国际市场的联系变得更加畅通和紧密。

（2）即时性和及时性。这是跨境电商非常显著的特点。信息的即时性，指的是依靠跨境电商平台，商品的信息能够即时发布，商品的型号、颜色消费者都能即时看到。当销量发生变化后，库存也能即时更新，方便消费者下单购买。流程的即时性，指的是商品信息在不同的消费主体之间进行流通，下单、付款都能在瞬间完成，交易的过程简单，交易时间成本非常低。发货的及时性，指的是一旦订单生成、付款成功，供销商为保证交易的成功率，都会及时联系国际物流进行发货。

（3）虚拟性与无形性。在电子商务中，商务信息都是通过互联网进行传输的，是一种特殊的数字化传输活动，这就使得原本为实体的商家、商品、物流等都以无形的信号呈现在电子商务平台上。跨境电商也兼具了虚拟性这一特点。同时，这一平台不仅销售有形产品，也销售无形产品。例如跨境旅游的定制等，已经可以直接通过平台购买海外的旅游、住宿、乘车的产品，使消费者摆脱了只能依赖境内旅行社的局限，同时能有更好的服务体验。

（4）风险性。跨境电商的发展在为贸易双方带来了便利与利益的同时，也增加了贸易的风险性。首先，因为是跨境的贸易，对这类贸易活动的监管缺乏一个有效的监管主体，无法核实一些企业的真实性、商品的真实性，因此可能会对消费者造成一定的损失。其次，各国商品质量安全评定的标准并不统一，有些方面甚至还存在着较大的差异，这样很容易造成一些交易纠纷。比如，国产的一些奶粉在我国的质量标准下是合格的产品，但是送至澳大利亚等国家，可能部分成分的含量就没有达到其标准，容易造成消费者和供应商的纷争。最后，还存在着产品的虚假性。因为地理空间的局限性，有些商家会销售一些价格和价值并不相符的产品，消费者往往因为高昂的运费或者退货的时间过长而放弃了维权。

（5）多样性。跨境电商不仅局限在企业与企业之间的贸易往来，而更多的是为企业和消费者提供了平台。许多小量的订单在跨境电商的关税中，税率非常低，甚至部分可以免税，这大大增加了消费群体的多样性。即便很小的个体，也能通过这个平台进行消费，而不再是达到一定订货量才可以购买。同时，个人也可以作为一个单独的主体借助跨境电商的平台销售自己的产品，这突破了以往跨境贸易对订单量和企业规模的限制。

1.1.2 跨境电商的发展现状

从 2012 年起，我国先后出台了多项跨境电子商务的利好政策，在电商行业多方积极推动和行业产业链的逐步完善下，跨境电商飞速发展，跨境电商企业如雨后春笋般蓬勃发展起来。

近些年在"一带一路"和"网上丝绸之路"带动下，中国作为世界上重要的产品出口大国，在整体出口总量相对较稳定的情况下，跨境出口电商异军突起，成长性良好。跨境出口电商高速增长的原因在于，采用电子商务方式与采用传统的一般贸易方式及线下零售方式相比，产品的性价比更高，便利度提升引来更多的新增消费需求。跨境出口电商面向全球 200 余个国家、70 亿名消费者。既有美国、英国等发达国家，又有巴西、印度等新兴国家，国外市场从消费者总量、区域、整体市场上比国内相关市场更为广阔。

由于跨境出口电商受政策扶持，且行业发展环境逐步完善，因此 2017 年中国跨境出口电商取得了长足的发展。在传统外贸转型升级的过程中跨境电商扮演着重要的角色，其占进出口总值的比例逐步提高，具体发展状况如下。

1. 跨境出口电商的发展状况

根据电子商务研究中心（100EC.CN）监测数据显示，2017 年，中国跨境出口电商交易规模为 6.3 万亿元，同比增长 14.5%。其中出口商品品类主要分布在 3C 电子产品、服装服饰、家居园艺、户外用品、健康美容、鞋帽箱包、母婴玩具、汽车配件、灯光照明等领域。2012 年—2017 年中国跨境出口电商市场的交易规模呈现逐年递增的趋势，具体如图 1.1 所示。

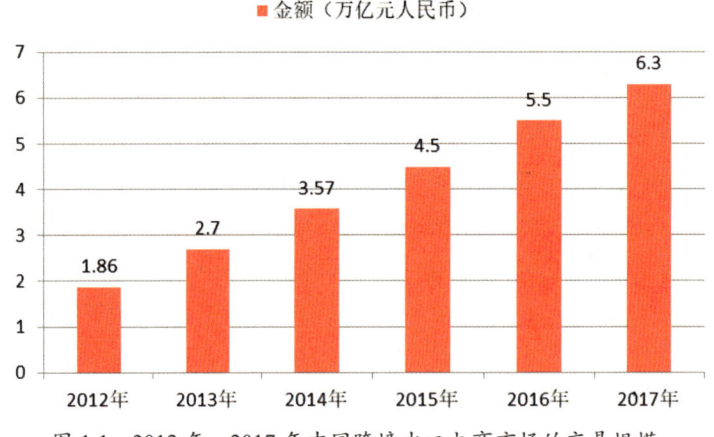

图 1.1　2012 年—2017 年中国跨境出口电商市场的交易规模

2. 跨境出口电商中 B2B 的发展状况

2017 年，中国跨境出口电商中 B2B 市场的交易规模为 5.1 万亿元，同比增长 13.3%（见图 1.2）。2017 年跨境出口电商中 B2B 具有以下特征及趋势：

- 主流跨境出口电商 B2B 平台发展的重点是从信息撮合型平台转为交易型平台，即提供完善的 B2B 线上支付功能和交易保障，并已取得一定进展。
- 外贸新时代下催生新的贸易模式，在向新贸易转型的过程中，跨境 B2B 电商平台将扮演越来越重要的角色。平台将在全球贸易参与者中快速渗透，促使更多有贸易需求的买家和有跨境供应实力的供应商在平台上交易，并将更好地承接碎片化、高频的贸易订单。
- 随着消费互联网向产业互联网转型，一般贸易的线上化、交易服务的平台化也将成为未来的发展方向，大额贸易进入电商领域的趋势明显。

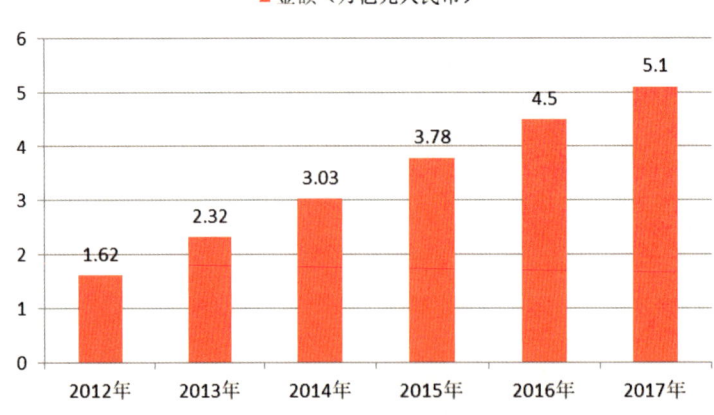

图 1.2　2012 年—2017 年中国跨境出口电商 B2B 市场的交易规模

3. 跨境出口电商网络零售的发展状况

2017年，中国跨境出口电商网络零售市场的交易规模为1.2万亿元，同比增长21.2%（见图1.3）。其中，跨境出口电商网络零售的发展具有以下特征及趋势：

- 2017年，跨境出口电商网络零售市场继续快速发展，行业规模不断扩大，其对于产品供应链和物流的整合力度增强。例如，可以更加快速地提供品类丰富的商品、物流成本更低等，这正是出口B2C电商最核心的优势所在。

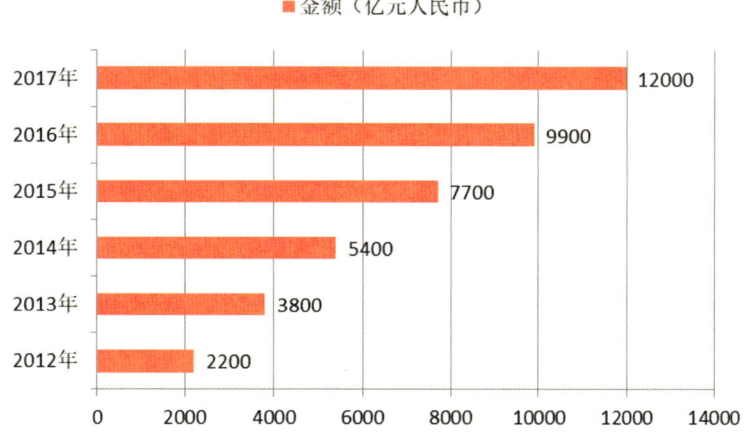

图1.3　2012年—2017年中国跨境出口电商网络零售市场的交易规模

随着人民生活水平的提高，以及中产阶级的崛起、消费者消费观念的改变与出境人数的攀升等因素，中国消费者的跨境消费需求持续增加。然而传统的跨境购物方式存在诸多痛点，难以完全满足用户的需求。

国内电商生态链具有"走出去"的优势。在阿里全球速卖通、天猫出海、京东售全球等领先企业的推动下，我国电商行业以大数据辅助供应链选品，并具备全球领先的营销、运营能力，以跨境出口搭建"网上丝绸之路"，惠通全球。

4. 出口B2B与网络零售情况比较

2017年，中国跨境出口电商B2B与网上零售占比情况为B2B占80.9%，网上零售占19.1%（见图1.4）。从业务模式来看，B2B仍旧是当前业务的主导模式，原因是在传统贸易方式下我国的部分生产商未能塑造出自身品牌的国际影响力，而更多的是以国际品牌代工厂的身份出现。但随着互联网、电子商务的发展以及国内产品质量和服务的提升，国外消费者对国内品牌的认可度已逐步提高，再加之跨境电商积极的营销策略，未来B2C份额有望进一步增长。由于B2B的交易量级较大且订单比较稳定，因此，在可预见的未来这仍然是中国企业开拓海外市场的最重要模式。

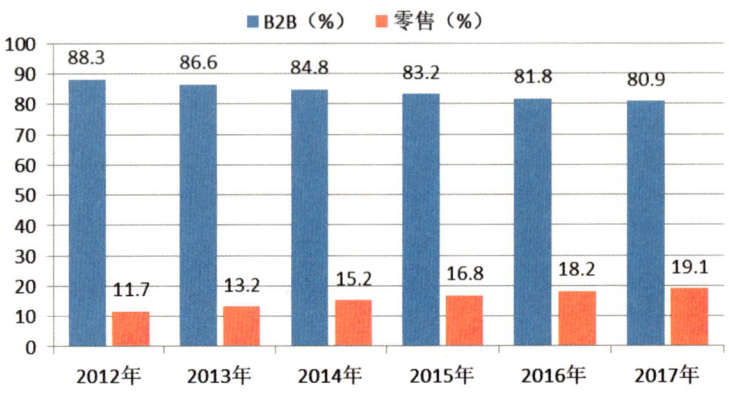

图1.4　2012年—2017年中国跨境出口电商B2B与网上零售占比

5. 跨境出口电商卖家的主要地域分布

2017年，中国跨境出口电商卖家主要地域分布如下（见图1.5）：广东为24.80%，浙江为16.80%，江苏为11.30%，北京为8.60%，上海为6.50%，福建为5.40%，山东为3.60%，河南为3.20%，其他地区为19.80%。

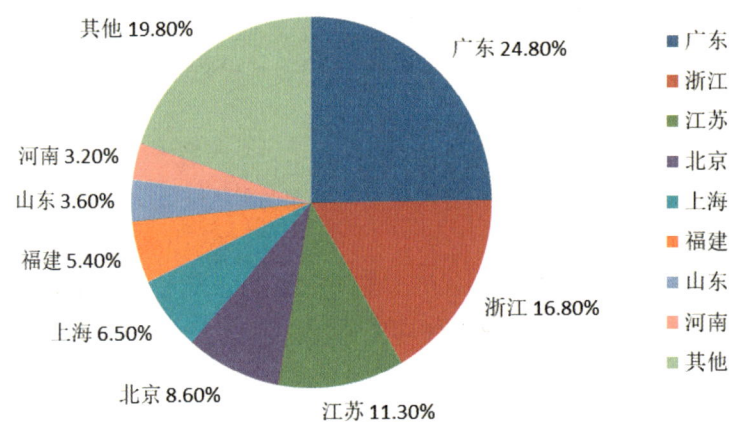

图1.5　2017年中国跨境出口电商卖家的主要地域分布状况

其中，广东、浙江、江苏三省跨境电商经营者的营业总额占全国的52.9%。广东庞大的经济基础、高度集中的生产制造基地、丰富的外贸人才储备是其成为出口电商卖家集聚地的主要因素，品类丰富及完善的产业链是其显著特征。另外，长三角地区拥有发达的轻工业基础，产业集群效应在此地区表现突出。与此同时，中西部地区正在快速发展，跨境出口电商向中西部转移是未来发展的趋势。

从区域分布情况的数据来看，广东的3C电子品类优势明显，浙江的家居用品突出，江苏、福建的服装鞋帽等产业已经成为特色产业。在数字贸易的助推下，产业带加速由"中国制造"向"中国智造"发展。

6. 跨境出口电商卖家的主要品类分布

2017年中国跨境出口电商卖家的品类主要分布如下（见图1.6）：3C电子产品为20.80%，服装服饰为9.50%，家居园艺为6.50%，户外用品为5.40%，健康美容为5.00%，鞋帽箱包为4.70%，母婴玩具为3.30%，汽车配件为3.10%，灯光照明为2.80%，安全监控为2.20%，其他产品为36.70%。主要特征具体表现为以下两个方面。

一是，中国凭借制造业的优势，在纺织服装品、3C电子产品等方面优势明显。电子产品在中国的供应链中颇具优势，为标准化产品。在供应端，其容易形成规模经济；加之其重量小、价值高，物流成本占比较低，适合线上的跨境销售。

二是，新兴品类不断涌现，持续创造增量。由于消费者的需求变化较快，技术革新加速，新的产品需求不断产生，因此国外的一些差异化细分类目仍有待拓展，这里的典型新产品如电动平衡车、指尖陀螺等。

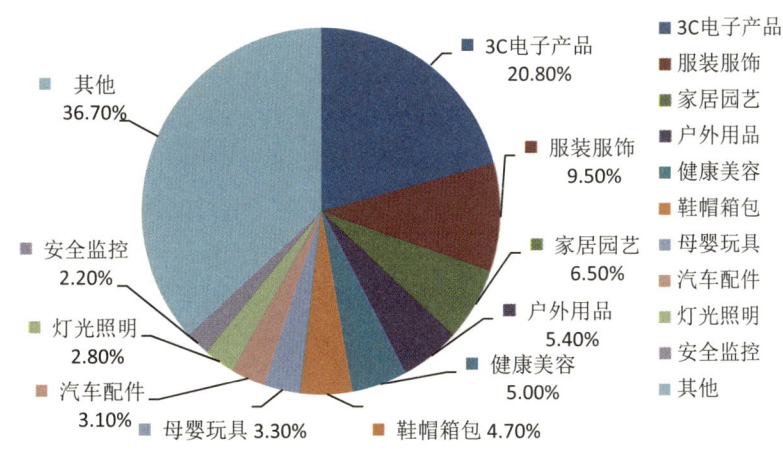

图1.6　2017年中国跨境出口电商卖家的品类分布状况

7. 跨境出口电商的主要国家分布

据电子商务研究中心监测数据显示，2017年，中国跨境出口电商的主要目的国/地区如下（见图1.7）：美国为15.00%，俄罗斯为12.50%，法国为11.40%，英国为8.70%，巴西为6.50%，加拿大为4.70%，德国为3.40%，日本为3.10%，韩国为2.80%，印度为1.60%，其他国家及地区为30.30%。

目前我国跨境电商的主要出口国为欧美等地区的成熟市场，而新兴市场仍然有待开拓。新兴市场，如东南亚、非洲等地区的市场尚处于初级阶段。拉美、中东欧、中亚、中东等是快速增长的新兴市场，这里的跨境电商发展市场较为广阔。在新兴市场国家，由于互联网的大量普及，其消费者网购习惯的逐渐形成，因此具有一个很有发展潜力的巨大跨境电商需求空间。

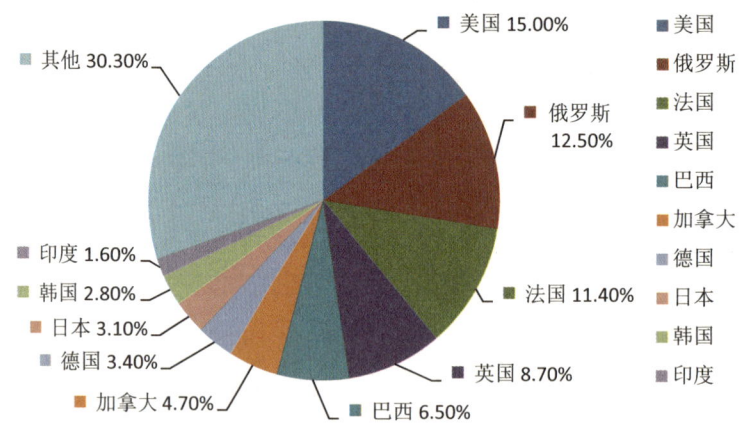

图 1.7　2017 年中国跨境出口电商的国家/地区分布状况

1.1.3　跨境电商与传统外贸

　　跨境电商是对外贸易（简称外贸）的一种新形式。跨境电商实际上是买卖双方借助互联网来实现资金流和商品流的反方向流动，这开启了国际贸易电子化的新模式。

　　作为对外贸易的一部分，跨境电商的规模受限于对外贸易的整体规模，只有把"蛋糕"做大，跨境电商才能在竞争激烈的对外贸易中占得更大的比例；跨境电商的发展依赖于对外贸易的整体发展，只有对外贸易的商品种类日益丰富，跨境电商的商品才能不断扩充。与此同时，跨境电商的飞速发展也是对外贸易发展的巨大引擎，能为对外贸易提供充满活力的新动力。两者是相互促进、共同发展的关系。

　　传统外贸交易以实物交易为主，但随着网络的发展及需求的多样化，数字化产品和服务愈发盛行，越来越多的无形产品替代实物成为交易对象。跨境电商具有即时性；而传统外贸模式的信息交流方式多数为信函、邮件、传真等，这种信息传输方式在传输过程中可能会遇到诸如接收延迟、丢失内容、乱码等问题，使得信息无法及时、流畅地传递下去，影响国际贸易的顺利进行。跨境电商的信息交流，无论交易双方的实际地理距离有多远，信息传输都是即时的：发送信息与接收信息几乎同时，不存在时间差。如今有些跨境电商平台推出了可直播购物现场功能。买手直播海外各大折扣卖场的扫货实况，用户也可以实时评论和互动，这在一定程度上等同于面对面交流，用户足不出户即可享受海外商品最震撼的折扣促销。跨境电商的即时性减少了传统外贸批发商、分销商等中间商环节，生产商或出口商可直接面对零售商甚至最终消费者，这降低了商品成本，提高了贸易效率。但由于跨境电商的即时性特征，买卖双方的交易活动可以随时开始或终止，交易内容也能随时变动，甚至会脱离监管体系进行交易，这导致海关和税务机构不易查证交易的真实情况，监管压力增大。

　　跨境电商相比于传统对外贸易（国际贸易），其显著的特点在于充分借助了互联网电子商务平台，如下所示。第一，跨境电商可以借助社交工具将买卖双方放到同一平台进行直接交流；

与此同时，减少了进出口的环节，缩短了交易时间和物流时间，使得交易更加简捷。第二，批量小：与传统国际贸易相比，跨境电商的订单金额较低、单次货物较少。第三，频率高：由于批量小，操作简单，成本较低，跨境电商的交易频率非常高，而且也不局限在企业和企业之间，单个消费者也可以成为一个独立的交易主体。第四，数字化：随着网络信息技术的深化，数字化产品在交易中所占的比重明显增加。

从交易方式与流程上看，传统国际贸易模式依赖于传统销售方式，具有买家需求封闭、订单周期长、利润空间不大、交易流程复杂及效率不高等问题。跨境电商是基于互联网的运营模式，其改变了传统国际贸易模式下国外渠道进口商、批发商、分销商、零售商的垄断，重塑了国际贸易链条，使得企业可以直接面对国际市场中的个体批发商、零售商或者消费者，有效减少了贸易中间环节和商品流转成本，提升了进出口贸易的效率，提升了企业获利能力。传统国际贸易流程与跨境电商交易流程对比如图1.8所示。

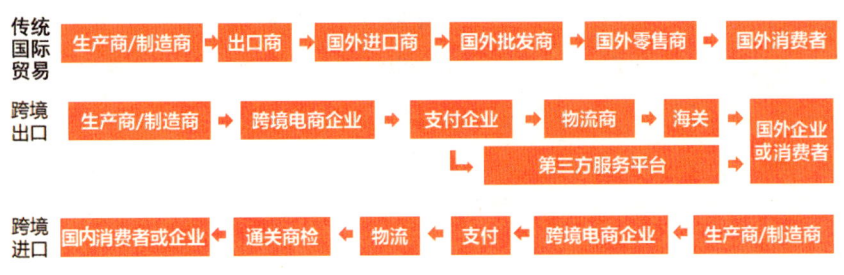

图1.8 传统国际贸易流程与跨境电商交易流程比较

鉴于以上这些特点，跨境电商在与传统国际贸易比较中具备了以下三个优势。第一，成本低：互联网技术的运用，让买卖双方直接面对面，消除了层层分级的中间商，减少了交易环节。第二，速度快：不断发展的现代物流可以迅速接收并处理跨境电商平台上的订单信息，在一到两周内将商品送到消费者手中。第三，简单易学：跨境电商和普通网购的操作步骤相似，随着互联网的普及，海外购物或销售将成为一种普遍的现象。

1.1.4 主流跨境电商平台

1. 跨境电商交易平台的分类

跨境电商交易平台按照不同的分类方法可以分为很多类。例如，按照交易主体的不同，可分为B2B、B2C、C2C等；按照交易平台的类型不同，可分为垂直型跨境电商和综合型跨境电商；按照商品流动方向的不同，可分为跨境进口电商和跨境出口电商。

按商品的流动方向不同而划分的跨境电商的交易平台，和划分商品的进出口非常类似：跨境进口电商主要是国外的商品通过电子商务流入国内，继而销售；而跨境出口电商则与之方向相反。国内消费者接触得比较多的基本属于跨境进口电商。按照跨境电商平台性质的不同，主要分为自营类和第三方平台类。这里可以用一个商场的运营场景来形象地解释两者的差别。

自营类的跨境电商平台好比一个线上的商场，自己采购货物，自己再将货物售出，赚取的利润主要来自商品的差价。而第三方平台类则是构建了一个线上的商场，各个品牌商入住这个商场并自我经营，自负盈亏，商场对这些品牌商收取一定的管理费用等。比如国内消费者在唯品国际这个跨境电商平台上购买某法国化妆品，则从该化妆品的法国出产地采购开始，一直到进入国内的商品基地为止，在此期间的一切活动，基本都由唯品国际全权负责，不经过其他中间商。

根据2017年中国跨境出口电商行业产业链企业库显示，目前的跨境出口电商平台主要由以下几类构成。

- B2B 类：阿里巴巴国际站、TOOCLE 3.0（生意宝）、环球资源、中国制造网、MFG.com、聚贸、大龙网、敦煌网等。
- B2C 类：全球速卖通、eBay、亚马逊、Wish、兰亭集势、DX、米兰网、跨境通、有棵树、Newegg（新蛋）、百事泰、海翼股份、通拓科技、傲基电商、执御、小笨鸟等。
- 第三方服务企业：一达通、易单网、世贸通、PayPal、MoneyGram、中国银行、中国平安、中国邮政、UPS、TNT、顺丰、DHL、FedEx、递四方、出口易、四海商舟、大麦电商等。

2. 主要跨境电商交易平台的特征

欧美发达国家的互联网经济起步得较早，无论在传统电子商务还是在跨境电子商务领域，都比国内的企业建设得更为成熟。比较具有代表性的跨境电商平台及其特点如下。

1）阿里巴巴国际站

阿里巴巴国际站是全球领先的 B2B 企业间电子商务网站，是帮助中小企业拓展国际贸易业务的出口营销推广服务平台，商家通过该平台向海外买家展示、推广供应商的企业和产品，进而获得贸易商机和订单。其目前是出口企业拓展国际贸易的首选网络平台之一（见图1.9）。阿里巴巴国际站提供一站式的店铺装修、产品展示、营销推广、生意洽谈及店铺管理等全系列线上服务和工具，帮助企业低成本、高效率地开拓外贸大市场。阿里巴巴国际站的核心价值是买家可以在此寻找卖家所发布的公司及产品信息，卖家可以在此寻找买家的采购信息，并为买家和卖家行为提供沟通工具、账号管理工具。阿里巴巴外贸机器人（Alibaba Robot，简称AliRobot），是中国第一款阿里巴巴国际站自动化营销多功能软件，通过类似机器人工具实现高质量产品智能海量发布、多关键词全方位覆盖、产品定时批量更新、关键词排名一键查询等功能。

图1.9　阿里巴巴国际站

2）全球速卖通

速卖通（英文名：AliExpress），即全球速卖通，它是阿里巴巴旗下面向全球市场打造的在线交易平台，被广大互联网经营者称为国际版"淘宝"（见图1.10）。

图 1.10 全球速卖通

像淘宝一样，速卖通平台可以把商品信息编辑成在线信息，并发布到海外市场。类似于国内的发货流程，速卖通平台通过国际快递，将商品送到消费者手上，获取利润。

速卖通于 2010 年 4 月上线，经过 3 年多的迅猛发展，就已经覆盖了 220 多个国家和地区的海外消费者，每天的海外消费者流量已经超过 5000 万次，最高峰值达到 1 亿次，已经成为全球最大的跨境交易平台之一。在 2014 年"双 11"期间，速卖通当天成交 680 万个订单，同比增长 60%；截至美国太平洋时间 11 月 11 日 24 点，速卖通订单最多的国家和地区包括俄罗斯、巴西、以色列、西班牙、白俄罗斯、美国、加拿大、乌克兰、法国、捷克共和国、英国。速卖通覆盖 3C、服装、家居、饰品等共 30 个一级行业类目，其中优势行业主要有服装服饰、手机通信、鞋包、美容健康、珠宝手表、消费电子、电脑网络、家居、汽车摩托车配件、灯具等。

3）亚马逊

亚马逊公司（Amazon，简称亚马逊）是美国最大的一家网络电子商务公司，位于华盛顿州的西雅图（见图1.11）。亚马逊是网络上最早开始经营电子商务的公司之一，成立于 1995 年。其一开始只经营图书销售业务，现在的经营范围则早已涵盖形形色色的其他产品，已成为全球商品品种最多的网络零售商和全球第二大互联网企业。在该公司名下，也包括了 Alexa Internet、A9、Lab126 和互联网电影数据库（Internet Movie Database，IMDb）等子公司。亚马逊及其他销售商为客户提供了数百万种独特的全新、翻新及二手商品，如图书、影视、音乐和游戏、数码下载、电子和电脑、家居园艺用品、玩具、婴幼儿用品、食品、服饰、鞋类和珠宝、健康和个人护理用品、体育及户外用品、汽车及其他工业产品等。

图 1.11 亚马逊

2004 年 8 月，亚马逊全资收购卓越网。2016 年 6 月 30 日，亚马逊日本网站推出汉语版页面；

同年 10 月，亚马逊位列 2016 年全球 100 大最有价值品牌第 8 名。2017 年 3 月 29 日，亚马逊宣布关闭 Quidsi 部门，原因是其无法让自己旗下的 Diapers.com 和 Soap.com 两个电商网站实现赢利。2018 年 5 月 11 日，亚马逊正式上调 Prime 包年会员费，从之前的 99 美元上调到 119 美元；同年 9 月 5 日，亚马逊总市值突破万亿美元大关，成为继苹果公司后第二家市值突破万亿美元大关的科技公司。

4）敦煌网

敦煌网是全球领先的在线外贸交易平台，于 2004 年创立（见图 1.12）。敦煌网致力于帮助中国中小企业通过跨境电子商务平台走向全球市场，开辟一条全新的国际贸易通道，让在线交易变得更加简单、更加安全、更加高效。

图 1.12 敦煌网

敦煌网是国内首个为中小企业提供 B2B 网上交易的网站。它采取佣金制，免注册费，只在买卖双方交易成功后收取费用。据 PayPal 交易平台数据显示，敦煌网是在线外贸交易额中亚太地区排名第一、全球排名第六的电子商务网站，其在 2011 年的交易就达到了 100 亿元规模。

作为中小额 B2B 海外电子商务的创新者，敦煌网采用 EDM（电子邮件营销）的营销模式低成本高效率地拓展海外市场。其自建的 DHgate 平台为海外用户提供了高质量的商品信息，用户可以自由订阅英文的 EDM 商品信息，第一时间了解市场的最新供货情况。2013 年，敦煌网推出的外贸开放平台实质上是一个外贸服务开放平台，而敦煌网此举意在试探外贸 B2B "中大额" 交易。通过开放的服务 "拉拢" 大中型制造企业，最终引导它们在线上交易。

5）eBay

eBay（中文名为电子湾、亿贝、易贝）是一个可让全球网民上网买卖物品的线上拍卖及购物网站（见图 1.13）。eBay 于 1995 年 9 月 4 日由 Pierre Omidyar 以 Auctionweb 的名称创立于加利福尼亚州的圣荷西市。人们可以在 eBay 上通过网络出售商品。eBay 在拉丁美洲的合作伙伴是 MercadoLibre。eBay 会向每件参与拍卖的拍品收取刊登费（费用从 0.25 美元至 800 美元不等），并向每件已成交的拍品再收取一笔成交费（成交价的 7%~13%）。由于 eBay 还拥有 PayPal，因此这也可以获益。eBay 和 PayPal 类似于国内的淘宝和支付宝：一个用于开店，另一个用于付款。

图 1.13 eBay

6）环球资源

环球资源是一家多渠道 B2B 媒体公司，致力于促进大中华地区的对外贸易（见图 1.14）。公司的核心业务是通过一系列英文媒体，包括环球资源网站、印刷及电子杂志、采购资讯报告、买家专场采购会、贸易展览会等形式促进亚洲各国的出口贸易。

global sources
环球资源展
China Sourcing Fair

图 1.14 环球资源

一方面，超过 100 万名国际买家使用环球资源提供的服务了解供应商及产品的资料，帮助他们在复杂的供应市场进行高效采购。另一方面，供应商借助环球资源提供的整合出口推广服务，提升公司形象、获得销售查询，赢得来自 240 多个国家和地区的买家订单。环球资源也通过《世界经理人》《国际电子商情》《电子工程专辑》《EDN China 电子技术设计》等一系列中文媒体协助海内外企业在大中华地区行销，其中包括网站、印刷及电子杂志、研讨会及贸易展览会等。环球资源在中国设有 30 多个办事机构，该公司的中文媒体拥有 500 多万名网上注册用户及杂志读者。

1.2 跨境电商的政策红利与相关法律法规

1.2.1 跨境电商的政策红利

跨境电商行业的高速发展离不开政策的支持，从 2012 年商务部颁布《关于利用电子商务平台开展对外贸易的若干意见》以来，直到 2017 年，从国务院到各大相关部委，也纷纷出台针对跨境电商行业的配套政策措施。据不完全统计，2013 年到 2017 年国务院制定的相关政策大致有 9 项，商务部制定的相关政策大致有 17 项，海关总署制定的相关政策大致有 12 项。这些政策涵盖了跨境电商领域的基础设施、支付、税收、收结汇、检验、通关等方方面面，发布这些政策的主要目的是鼓励出口，规范进口，大力支持并促进跨境电商新兴业态的发展，积极引导跨境电商运营的规范化。所以，从 2012 年起我国的跨境电商产业开始了迅猛发展。

自 2013 年以来国务院相继出台政策文件批准跨境电子商务综合试验区建设，要求各部门落实跨境电商基础设施建设及监管设施建设，优化完善支付、税收、收结汇、检验、通关等过程，提高通关效率，规范通关流程，打击非法进出口。自此兴起了筹建跨境电子商务综合试验区的热潮。

中国跨境电子商务综合试验区是中国设立的跨境电子商务综合性质的先行先试的城市区域，旨在跨境电子商务交易、支付、物流、通关、退税、结汇等环节的技术标准、业务流程、监管模式和信息化建设等方面先行先试，通过制度创新、管理创新、服务创新和协同发展，破解跨境电子商务发展中的深层次矛盾和体制性难题,打造跨境电子商务完整的产业链和生态链,逐步形成一套适应和引领全球跨境电子商务发展的管理制度和规则,为推动中国跨境电子商务健康发展提供可复制、可推广的经验。2015年3月7日,国务院国函〔2015〕44号批复,同意设立中国(杭州)跨境电子商务综合试验区。中国(杭州)跨境电子商务综合试验区的建设取得了以下两条可推广、可复制的重要经验:

一是,构建六大体系,包括企业、金融机构、监管部门等信息互联互通的信息共享体系,一站式的在线金融服务体系,全程可验可测可控的智能物流体系,分类监管、部门共享和有序公开的电子商务信用体系,以及为企业经营、政府监管提供服务保障的统计监测体系和风险防控体系。

二是,建设线上"单一窗口"和线下"综合园区"两个平台,实现政府部门间信息互换、监管互认、执法互助,汇聚物流、金融等配套设施和服务,为跨境电子商务打造完整产业链和生态圈,以更加便捷高效的新模式释放市场活力,促进企业降成本、增效益,支撑外贸优进优出、升级发展。

依据中国(杭州)跨境电子商务综合试验区的建设经验,国务院在2016年1月12日批复在天津、上海、重庆、合肥、郑州、广州、成都、大连、宁波、青岛、深圳、苏州12个城市设立跨境电子商务综合试验区。2018年7月13日,国务院常务会议决定,推动跨境电商在更大范围发展,择优选择电商基础条件好、进出口发展潜力大的地方,并向中西部和东北等地区倾斜,在北京、呼和浩特、沈阳、长春、哈尔滨、南京、南昌、武汉、长沙、南宁、海口、贵阳、昆明、西安、兰州、厦门、唐山、无锡、威海、珠海、东莞、义乌22个城市新设一批跨境电子商务综合试验区。跨境电子商务综合试验区的分批建设,有力促进了跨境电商产业生态的形成与产业的蓬勃发展。

通过跨境电商综合试点、支持海外仓建等一系列举措,可见我国对跨境电商的扶持力度。从2013年开始至今,跨境电商政策红利逐渐从单一城市不断向全国扩展,中国跨境电商收获了巨大的政策红利,其规模已稳居世界第一,2017年上半年中国跨境电商交易规模达3.6万亿元,同比增长30.7%。跨境电商业务覆盖了绝大部分国家和地区,并深受全世界广大消费者的欢迎,从而成为我国外贸产业发展的新动力。

在跨境进口方面,2016年3月24日,财政部发布公告,自2016年4月8日起实施跨境电商零售进口新税收政策。2016年4月8日,新政正式实施。2016年5月,经国务院批准,我国出台了跨境电商零售进口有关监管要求过渡期政策,新政监管措施将延缓一年执行。2017年9月20日,国务院第187次常务会议研究决定,将跨境电商零售进口监管过渡期政策再延长一年至2018年年底,即继续对天津、上海、杭州、宁波、郑州、广州、深圳、重庆、福州、平潭10个试点城市(地区)跨境电商零售进口商品暂按照个人物品监管。为更好地发挥跨境电子商务综合试验区"先行先试"的作用,跨境电商零售进口监管过渡期政策在天津、上海、杭州、宁波等10个试点城市(地区)的基础上,自2018年1月1日起,再增合肥、成都、大连、青岛、苏州5个城市。商务部将抓紧研究制定跨境电商零售进口监管方案，帮助企业平稳过渡。

跨境电商进口新政一再延期并扩大使用范围，充分体现了国家对新业态、新模式"包容审慎"的监管理念，这有利于稳定行业预期，促进跨境电商零售进口的发展。但是，尽管国家政策利好不断加码，但业内人士普遍认为，跨境进口电商平台并不能因此而放松，在过渡期内调整自己的经营策略、练好内功才是长远发展之道。

1.2.2 跨境电商与监管的法律法规

1. 行业政策法规

为了促进跨境电子商务的发展，国家相关部门制定了一系列相关政策，与跨境电商相关的政策深入跨境电商的方方面面，大到总体制度、环境建设（例如开展跨境电子商务综合试验区试点），小到跨境电商的具体环节（例如税收、支付、通关、海外仓等方面），为跨境电商的发展扫除障碍，创造各种有利条件推动其快速发展。

国务院是跨境电商相关政策指导性意见的制定方，从2013年至2017年，国务院发布的关于或涉及跨境电商行业的主要政策包括以下几项文件：

- 《关于实施支持跨境电子商务零售出口有关政策的意见》
- 《关于支持外贸稳定增长的若干意见》
- 《关于大力发展电子商务加快培育经济新动力的意见》
- 《关于促进跨境电子商务健康快速发展的指导意见》
- 《国务院关于同意在天津等12个城市设立跨境电子商务综合试验区的批复》
- 《国务院关于促进外贸回稳向好的若干意见》
- 《国务院关税税则委员会关于调整部分消费品进口关税的通知》

海关作为跨境电商监管链条的关键环节，在跨境电商政策制定上有着较大的权力。近年来，海关已经通过出台多项举措来保证跨境电商快速发展。比如，海关对跨境电子商务监管实行全年365天无休息日，货到海关监管场所24小时内办结海关手续，开展跨境电子商务监管业务的海关制定了联动工作作业机制、应急预案和全年无休日跨境电子商务通关总体工作方案等，并加大了海关便捷措施的宣传力度，全面落实有关要求，确保电商企业充分享受通关便利。

海关总署发布的相关跨境电商政策包括以下几项文件：

- 《关于跨境贸易电子商务进出境货物、物品有关监管事宜的公告》
- 《关于加强跨境电子商务网购保税进口监管工作的函》
- 《海关总署关于天津市开展跨境贸易电子商务服务试点工作的报告》
- 《关于跨境电子商务零售进出口商品有关监管事宜的公告》
- 《关于跨境电子商务进口统一版信息化系统企业接入事宜的公告》
- 《关于增列海关监管方式代码的公告》

跨境电商行业因涉及国家多个部门的业务范畴，除国务院和海关总署外，商务部、国家质检总局、国家外汇管理局等政府主管部门也纷纷出台或参与出台相关跨境电商政策，涉及的国家相关部门包括国家发改委、财政部、工信部、农业农村部、商务部、国家税务总局、国家质检总局、国家食品药品监督管理总局、交通运输部、国家工商总局、国家邮政局、国家外汇管理局、中国人民银行、银监会、中央网信办、国家濒管办、国家密码管理局，多达17个相关机构。

商务部、国家质检总局、国家外汇管理局等相关跨境电商政策包括以下几项文件：

- 《支付机构跨境外汇支付业务试点指导意见》
- 《质检总局关于进一步发挥检验检疫职能作用促进跨境电子商务发展的意见》
- 《质检总局关于加强跨境电子商务进出口消费品检验监管工作的指导意见》
- 《关于口岸进境免税店政策的公告》
- 《关于跨境电子商务零售进口税收政策的通知》
- 《关于公布跨境电子商务零售进口商品清单的公告》
- 《质检总局关于跨境电商零售进口通关单政策的说明》
- 《质检总局关于跨境电商零售进出口检验检疫信息化管理系统数据接入规范的公告》
- 《商务部等14部门关于复制推广跨境电子商务综合试验区探索形成的成熟经验做法的函》

2. 电子商务法

中华人民共和国电子商务法，是指调整平等主体之间通过电子行为设立、变更和消灭财产关系和人身关系的法律规范的总称；是政府、企业和个人以数据电文为交易手段，通过信息网络所产生的，因交易形式所引起的各种商事交易关系，以及与这种商事交易关系密切相关的社会关系、政府管理关系的法律规范的总称。

2013年12月7号，全国人大常委会正式启动了《中华人民共和国电子商务法》的立法进程。2014年11月24日，全国人大常委会召开电子商务法起草组第二次全体会议，就电子商务重大问题和立法大纲进行研讨。2017年10月，十二届全国人大常委会第三十次会议，对电子商务法草案二审稿进行了审议。

2018年8月31日我国正式出台了《中华人民共和国电子商务法》，于2019年1月1日正式实施。

《中华人民共和国电子商务法》第九条、第十条和第十二条提到，不论是个人、代购店，还是跨境交易的网站或其他组织，如果在海外从事代购，则必须要在我国的工商局进行登记并领取对应的营业执照。如果在平台注册的卖家没有营业执照，平台将有权报送相关管理部门并予以处罚。如果电商平台不举报该商家，将会承担连带责任并被处罚。

《中华人民共和国电子商务法》在二十六条、七十一到七十三条都提到了跨境电商。

其中，第二十六条：电子商务经营者从事跨境电子商务，应当遵守进出口监督管理的法律、行政法规和国家有关规定。这有可能对跨境进口电商有较大的影响。据国家市场监管总局统计，近年来，涉及跨境进口电商的投诉举报呈直线上升态势。投诉举报涉及的商品类别，总量居前五位的分别为奶粉（含牛奶）、食品（除奶粉外）、尿不湿、保健品和化妆品。此条款为维护消费者的权益提供了法律保护，也为跨境电商的进一步增长提供了保障。

第七十一条：国家促进跨境电子商务发展，建立健全适应跨境电子商务特点的海关、税收、进出境检验检疫、支付结算等管理制度，提高跨境电子商务各环节的便利化水平，支持跨境电子商务平台经营者等为跨境电子商务提供仓储物流、报关、报检等服务。2018年上半年，国际贸易环境发生了较大变化，我国政府随之出台了多项刺激出口的政策，鼓励对外出口业务，尤其是跨境电商出口业务。与此同时，国内消费需求持续升级，我国消费者对进口产品的需求保持旺盛态势，我国进出口贸易规模增速明显回升。第七十一条更加印证了国家对促进跨境电子商务发展的支持，并将为跨境电子商务提供仓储物流、报关、报检等服务。虽然现在跨境电商市场的竞争与风险并存，但跨境电商卖家依然要对市场充满信心。

第七十二条：国家进出口管理部门应当推进跨境电子商务海关申报、纳税、检验检疫等环节的综合服务和监管体系建设，优化监管流程，推动实现信息共享、监管互认、执法互助，提高跨境电子商务服务和监管效率。跨境电子商务经营者可以凭电子单证向国家进出口管理部门办理有关手续。

我国跨境电商零售进口政策的调整，可追溯到2016年4月8日起实施的跨境电商零售进口新政（被业内称作"48新政"），其核心为调整关税、正面清单、通关单三项内容：即在税收层面，实施跨境电子商务零售进口税收政策；在通关层面，参照进口商品正面清单，需要按货物验核通关单，并对化妆品、婴幼儿配方奶粉等商品提出了首次进口许可批件等要求。

此次的《中华人民共和国电子商务法》有着较大的改动，政策思路更加适应跨境电商进出口发展的现实情况和行业特点。例如，推进跨境电子商务海关申报、纳税、检验检疫等环节的综合服务和监管体系建设，优化监管流程，推动实现信息共享、监管互认、执法互助，提高跨境电子商务服务和监管效率。跨境电子商务经营者可以凭电子单证向国家进出口管理部门办理有关手续。

第七十三条：国家推动建立与不同国家、地区之间跨境电子商务的交流合作，参与电子商务国际规则的制定，促进电子签名、电子身份等国际互认。

随着信息技术、互联网技术和跨境物流的不断完善，全球跨境网购消费者对中国优质商品的需求高速增长，跨境电商行业迅速发展。

我国的跨境电商卖家不再满足于美国、加拿大等市场，而是纷纷开始拓展东南亚市场、非洲市场以及消费水平高、利润率高且增长潜力巨大的欧洲市场。但对于我国的跨境卖家来说，进入不同国家或地区的市场，在获得机遇的同时，也面临着种种挑战。

国家推动建立与不同国家或地区之间跨境电子商务的交流合作，推动建立与不同国家或地区之间的跨境电子商务争议解决机制。机遇和挑战总是相伴同行的，市场需求的不断增长，加之国家利好政策的加持，我国跨境电商行业发展定会更加繁荣。

《中华人民共和国电子商务法》这些条款的规定，提高了跨境电商的监管效率，促进了跨境电商的健康发展，并使整个行业进入了有法可依的阶段。对海关等进出口管理部门而言，建立健全与跨境电商特点相适应的监管制度势在必行。

1.3 阿里巴巴国际站平台规则

1.3.1 阿里巴巴国际站全球旺铺装修市场规则

第一条 制定目的

为规范第三方服务商的经营行为，保护阿里巴巴国际站用户的合法权益，维护全球旺铺装修市场秩序，促进全球旺铺装修市场发展，制定本规则。

第二条 定义

2.1 用户：本规则中的用户指使用全球旺铺装修市场服务或通过全球旺铺装修市场订购商品的单位或个人。

2.2 ISV：将其产品或服务发布于全球旺铺装修市场并通过全球旺铺装修市场进行销售的企业或经营性个人。

2.3 商品：本规则中的商品指ISV发布于全球旺铺装修市场的产品或服务。

第三条 规则适用

3.1 ISV及用户于全球旺铺装修市场的活动均应受本规则约束，本规则对ISV及用户均具有法律效力。

3.2 ISV及用户应事先完整、仔细地阅读本规则，一旦ISV或用户通过其阿里巴巴国际站注册账户使用全球旺铺装修市场的任何服务，即被视为同意遵守本规则。

第四条 规则修订

阿里巴巴国际站（www.alibaba.com，以下称"国际站"）有权根据全球旺铺装修市场的情况单方修改本规则，修改后的规则于国际站公告时生效（公告注明生效时间的以公告注明的时间为准），修改后的规则对ISV及用户具有约束力。

第五条 ISV准入

5.1 ISV拟进入全球旺铺装修市场的，应事先注册成为国际站注册用户，并同意遵守国际站的任何协议、规则或规定。

5.2 ISV应是经过工商行政部门登记注册的从事经营活动的商业组织或个体工商户，应持有合法、有效的营业执照。ISV发布或销售商品的行为应在其经营范围内，其发布或销售商品的行为应符合国家法律、规章或政策，且不得侵犯他人的合法权益。

5.3 ISV的商品应有助于帮助外贸类企业实现其国际站旺铺的装修或优化。

5.4 ISV同意只接受"支付宝服务"或其他由支付宝(中国)网络技术有限公司(以下简称"支付宝公司")提供的支付方式作为其通过全球旺铺装修市场达成商品交易的支付工具，ISV应要求用户通过该支付方式向ISV支付购买商品的费用。ISV理解并同意，其应注册成为"支付宝"用户，并通过"支付宝认证"，拥有"企业支付宝"账户。

5.5 ISV所销售商品的价格应符合国家法律、规章的规定，且符合行业规范或惯例，遵循市场规律，不得扰乱市场秩序。

5.6 ISV 申请进入全球旺铺装修市场的，应向国际站提交 ISV 自身的下列资料，且保证所有提交的资料或信息系真实、准确、合法、有效的：

5.6.1 加盖公章的营业执照复印件；

5.6.2 商品的说明文档（形式可以是 MRD、PRD）；

5.6.3 经实名认证的企业支付宝账号；

5.6.4 法人代表或经营者身份证复印件；

5.6.5 商品售卖模式说明；

5.6.6 联系人及联系方式；

5.6.7 国际站注册账号；

5.6.8 提供其商品的试用账户且保证账户持续有效。

5.7 国际站有权对 ISV 提交的资料进行形式审查，且有权依照自己的单方判断来确定 ISV 是否符合准入条件。

5.8 ISV 应与阿里巴巴（中国）网络技术有限公司签署技术服务合同。

第六条 账户及安全

6.1 经阿里巴巴国际站同意准入的，ISV 可以通过国际站的账号及密码登录全球旺铺装修市场并使用全球旺铺装修市场的服务。

6.2 ISV 应严格保密并妥善保管其国际站账号及密码，通过其国际站账户操作的所有行为被视为该 ISV 的行为，其所有后果由 ISV 承担。

第七条 信息发布规范

7.1 ISV 在全球旺铺装修市场发布信息（包括企业信息、商品信息等）的，应遵守如下规范。

7.1.1 发布的任何信息，其内容及形式应符合法律、规章、政策，并应真实、准确、完整；且不会出现含淫秽、不道德、欺诈、诽谤（含商业诽谤）、虚假、引人误解、滥用或过度承诺、恐吓或骚扰内容的信息。其发布的信息不会侵犯任何第三方的合法权利或利益。

7.1.2 不应直接或间接地链接任何法律、规章所禁止发布或销售的产品或服务，以及与国际站有竞争关系的主体/网站或其产品/服务，或者其他甲方认为不适合链接的内容。

7.1.3 不得含有任何类型的恶意计算机程序或病毒。

7.1.4 不得重复提交或发布同款产品。

7.1.5 发布的信息不得含影响用户浏览路径的功能，比如弹出式广告。

7.1.6 商品标题或其他地方描述的价格应与成交价格一致，不得利用价格吸引用户购买而描述的价格却与成交价格不一致。

7.1.7 如果商品信息里推荐了其他商品，则点击后必须链接到其他商品于全球旺铺装修市场的具体商品详情页面，不得链接到其他任何地方。

7.1.8 不得在商品名称或商品介绍中进行关键词堆砌。

7.2 ISV 发布于全球旺铺装修市场的商品信息应包含以下内容：

7.2.1 商品的功能及描述；

7.2.2 多版本商品应清楚地描述不同版本的功能对比；

7.2.3 售后服务说明（应包含售后联系方式）；

7.2.4 使用帮助教程；

7.2.5 售卖方式；

7.2.6 联系方式（建议含旺旺在线）。

7.3 国际站有权在不通知 ISV 的前提下删除其认为涉嫌违法、侵犯他人合法权益、违反阿里巴巴国际站协议/规则/规定或其他国际站认为不妥当的信息。

第八条 服务规范

8.1 ISV 应本着客户第一的原则服务于用户。

8.2 ISV 负责解答及解决各类用户咨询及投诉。ISV 应在收到用户或阿里巴巴转交的咨询或投诉后 2 小时之内做出应答，6 小时内妥善解决。

8.3 ISV 应保证服务客服一周至少 5 个正常工作日，每天至少 8 小时（9:00—17:00）在线。

8.4 ISV 因系统升级、机房调整、线路切换等原因需要中断服务的，应提前 3 个工作日于其全球旺铺装修市场的服务页面向用户进行公告。此类情形下的中断服务应尽量放在对用户影响最小的时间段内完成。中断时间应在合理的时间范围内。

8.5 ISV 应使其服务稳定、可靠，服务不稳定导致服务中断的，应给用户足额补偿。服务中断时间不得累计超出 3 个工作日或连续服务不稳定不得累计超出 1 个工作日（均含本数）。

8.6 ISV 销售的商品或提供的服务不得出现危及人身或者财产的安全故障、隐患或漏洞。

8.7 ISV 应向购买其商品的用户提供持续有效的服务，不得擅自中断服务。擅自中断服务或出现侵犯用户利益情形的，应及时解决并提供合理的解决方案。该解决方案无法使用户满意的，应对用户给予赔偿。

8.8 因任何原因 ISV 退出全球旺铺装修市场，或某商品或类目被删除的，ISV 应本着维护用户权益的原则，对已购买且在服务期内的用户提供合理的解决方案。该解决方案无法使用户满意的，应对用户给予赔偿。

第九条 运营规范

9.1 ISV 应于用户下单后通过各种方式向用户交付商品使用指南。

9.2 全球旺铺装修市场作为用户使用 ISV 商品的注册、登录和计费的唯一入口，严禁 ISV 通过其他方式向用户提供任何产品（包括 ISV 自身的或其他第三方的产品），严禁 ISV 通过任何方式将用户引导至其自身运营平台或任何其他平台。

9.3 ISV 的所有运营数据，包括但不限于用户的资料（包括账号信息、旺旺 ID、手机号、住址等）和产品使用数据，未经阿里巴巴及用户事先书面同意，ISV 不得因任何目的而擅自保存、使用或许可他人使用。

9.4 ISV 之间应公平、公正竞争，严禁恶意订购、恶意抄袭或进行其他不正当竞争的行为。

9.5 未经阿里巴巴和用户事先书面同意，禁止 ISV 通过任何方式向用户发送任何信息。

9.6 禁止 ISV 以阿里巴巴或其关联公司名义进行宣传或推广。

9.7 ISV 的推广内容必须符合其商品实际情况，不得虚假宣传、滥用承诺或过度承诺。

9.8 未经用户事先书面授权，禁止 ISV 获取买家隐私数据（如地址、电话、购买记录等）。

9.9 未经阿里巴巴事先同意，ISV 不得下架商品。

第十条 诚信经营

10.1 ISV 于全球旺铺装修市场实施的任何行为应遵循诚实信用原则。

10.2 ISV 不得以任何方式将能够在全球旺铺装修市场达成的交易转入线下或其他平台，或不使用支付宝服务而通过其他付款方式向用户收取费用。

10.3 ISV 之间不得进行抄袭或实施其他不正当竞争行为。

10.4 ISV 应诚信经营，不得引诱、欺骗用户进行不合理的消费。向用户收取的费用应符合法律、规章、政策、行业惯例或规范、市场规律。ISV 应就其销售商品行为自行依法纳税且应按照用户要求开具发票，发票金额应与用户付款金额相同，不得虚开。

10.5 ISV 之间不得相互联合抬高价格。

10.6 ISV 不得以任何不正当手段获取他人信息。同时 ISV 应对其通过全球旺铺装修市场获得的用户信息（包括但不限于联系人、联系方式、交易信息等）及国际站数据（包括但不限于通过全球旺铺装修市场技术接口及其他渠道获得的任何网站数据）采取保密措施并严格保密，不得擅自使用、披露或许可他人使用。

10.7 ISV 不得利用支付宝公司提供的服务从事洗钱、贿赂、欺诈等非法活动或用于其他不道德的用途。

第十一条 评价

11.1 用户可以在全球旺铺装修市场服务中心对其购买的商品进行评价（可多次评价），评价包括评分及评论。

11.2 评分星级（1~5星）。

11.3 用户可根据实际情形自行填写评论。评论中不得含法律、规章禁止发布的信息，不得含有披露他人隐私、含有侮辱、诽谤或侵犯他人合法权益的内容。

11.4 恶意评价：下列评价被视为恶意评价。

11.4.1 以给予低分评价（2星及以下，下同）为威胁，提出不合理要求（如免费）或谋取其他利益。

11.4.2 ISV 购买同行的商品后给出低分评价。

11.5 用户、ISV、他人对评价进行投诉（包括恶意评价）的，应在评价后 7 天内提交并提供相关证件，逾期提交或提供的，国际站有权不予处理。国际站有权根据其单方判断来认定投诉是否成立及是否删除相关评价。

11.6 国际站如发现评语里含有法律、规章禁止发布的信息，含有政治敏感信息，或含有披露他人个人隐私、侮辱或诽谤他人等侵犯他人合法权益的信息，有权以国际站的单方判断决定是否删除或屏蔽相关文字。

11.7 如某一类目超过60%的商品，与该商品相关的评价平均分连续3个月在2分及以下的，则国际站有权关闭该类目且删除类目下的所有信息。

第十二条 违规及处理

12.1 ISV同意国际站有权依其单方判断认定ISV的行为是否违反本规则。国际站有权要求ISV在国际站要求的时间内提供能证明ISV行为合法或符合本规则的证据，ISV未在要求的时间内提供或虽提供但不能充分证明其主张的，国际站有权做出对其不利的认定。国际站有权责令ISV纠正违反本规则的行为，在ISV纠正其行为前，国际站有权暂停ISV使用全球旺铺装修市场的任何服务。

12.2 ISV出现下列情形之一的，国际站有权停止ISV于全球旺铺装修市场的任何活动（包括关闭权限）并删除其于全球旺铺装修市场的任何信息，且有权关闭ISV的国际站账户：

12.2.1 ISV发布的信息内容或形式违反法律、规章或政策；

12.2.2 违反本规则9.2款、10.2款或10.6款规定的；

12.2.3 发布的信息或销售的商品中植入计算机病毒的；

12.2.4 ISV对其他同行做出恶意评价，或利用评价/留言发布广告，或伪造/篡改用户评论/留言的；

12.2.5 ISV发布信息或销售商品的行为涉嫌侵犯他人知识产权的；

12.2.6 ISV违反国际站禁限售规则的；

12.2.7 ISV销售的商品存在危及人身或者财产安全的故障或隐患的；

12.2.8 出现除12.1款以外的其他违反法律、规章、政策的行为。

12.3 ISV出现除12.2款以外的违反本规则的任何情形累计达6次的，国际站有权停止ISV于全球旺铺装修市场的任何活动（包括关闭权限）并删除其于全球旺铺装修市场的任何信息，且有权关闭ISV的国际站账户。

12.4 ISV因违反国际站协议、规则而被关闭站账户的，则ISV使用全球旺铺装修市场的权限被同时停止。

第十三条 国际站定位

全球旺铺装修市场仅作为交易平台，全球旺铺装修市场的信息由ISV及用户自行发布。用户或ISV使用外贸市场服务，并不意味着国际站成为用户在全球旺铺装修市场上与ISV所进行交易的参与者。对前述交易，国际站不对ISV和用户行为的合法性、有效性及商品的质量、安全、合法性等进行任何明示或默示的担保，也不对任何用户或ISV的损失承担责任。

第十四条 费用收取

14.1 就用户或ISV使用全球旺铺装修市场服务，国际站保留向ISV或用户收取费用的权利。在国际站有收费计划时，将修改本规则并于国际站公告。

第十五条 免责和有限责任

15.1 对由下列原因导致的服务或系统不适用、不便利、出现故障而造成损失的，国际站不承担违约责任,不需要支付任何性质的赔偿:(1)系统停机维护的;(2)通信终端或电信设备出现故障不能进行数据传输的;(3)因台风、地震、海啸、洪水、停电、战争、恐怖袭击等不可抗力因素造成系统障碍而不能执行业务的;(4)由于黑客攻击、电信部门进行技术调整或出现故障、网站升级、第三方问题等原因而造成的服务中断或者延迟的。

15.2 ISV 独自承担开发、运营、维护 ISV 商品所产生的任何风险和后果,国际站没有责任和义务对于用户的发布、销售或其他任何行为负责。

第十六条 其他

16.1 与用户或 ISV 使用全球旺铺装修市场或其他与本规则有关的任何争议,可提交被告住所地人民法院诉讼解决。

16.2 本规则于国际站公告时生效。

16.3 本规则里的"日"或"天",除非注明是工作日,否则均系自然日。

1.3.2 阿里巴巴国际站知识产权规则

一、知识产权的侵权行为

阿里巴巴国际站(简称"国际站")用户不得利用网站服务从事侵犯他人知识产权的行为,包括一般侵权行为和严重侵权行为。

一般侵权行为如下:

1. 在所发布的商品信息、店铺或者域名中不当使用他人的商标权、著作权等权利;
2. 发布、销售商品时不当使用他人的商标权、著作权等权利;
3. 所发布的商品信息或者所使用的其他信息造成用户混淆或者误认等情形。

严重侵权行为如下:

1. 未经著作权人许可复制其作品并进行发布或者销售,包括图书、音像制品、计算机软件等;
2. 发布或者销售未经商品来源国注册商标权利人或者其被许可人许可生产的商品。

二、知识产权侵权行为的处理

1. 一般侵权行为的处理

	触发原因	扣分计算方式
一般侵权行为	权利人投诉	6分/次 首次被投诉不扣分,基于同一知识产权原因且发生在首次被投诉后5天内的投诉算一次投诉。从第6天开始,每次被投诉扣6分;一天内若由于同一知识产权原因被多次投诉的,扣一次分。这里的所有时间均以投诉受理时间为准
	国际站抽样检查	每退回1次扣2分,一天内扣分不超过6分;如一般侵权行为情节严重的,每退回1次扣4分,一天内扣分不超过12分

此处所指的"投诉"均指成立的投诉,即被投诉方被投诉,在规定期限内未发起反通知,或者虽发起反通知,但反通知不成立

对应的账号积分处罚标准（除特别说明外，国际站全站的罚分累加计算），请参见《阿里巴巴国际站用户违规处罚标准》。

2．严重侵权行为的处理

严重侵权行为	累积被记振次数	处理方式
	1次	限权7天＋考试（若考试未在7天内通过，则最长限权30天）
	2次	限权14天＋考试（若考试未在14天内通过，则最长限权60天）
	3次	关闭账号

（1）针对国际站上的严重侵权行为实施"三振出局"制，即每次针对用户严重侵权行为的投诉记振一次；3天内如果出现多次针对同一用户的严重侵权行为投诉，记振一次，时间以第一次投诉的受理时间开始计算。若针对同一用户记振累积3次的，则关闭该用户账号。

（2）此处所指的"投诉"均指成立的投诉，即被投诉方被投诉，在规定期限内未发起反通知，或者虽发起反通知，但反通知不成立。

（3）除被三振关闭账号外，被记振的用户还需要进行知识产权学习及考试。通过考试的用户可以在限权期限届满后恢复账号正常状态。详见考试说明。

（4）严重侵权行为的记振次数按行为年累计计算，行为年指的是每项严重侵权行为的处罚会被记录365天。

（5）当情况特别极端时，国际站保留对用户单方面解除会员协议或服务合同、直接关闭用户账号以及国际站酌情判断与其相关联的所有账号、及／或实施其他国际站认定的合适措施的权利。"情况特别极端"包括但不限于：

用户侵权行为的情节特别严重；

权利人针对国际站提起诉讼或法律要求；

用户因侵权行为被权利人起诉，被司法、执法或行政机关立案处理；

应司法、执法或行政机关要求，国际站处置相关账号或采取其他相关措施。

三、附则

1．国际站保留以上处理措施等的最终解释权、决定权及与之相关的一切权利。

2．国际站有权根据法律法规的调整、经营环境的变化等因素及时地修订本规则并予以公示，修订后的规则于公示中的指定日期生效。

3．本规则为国际站发布规则的组成部分，本规则与国际站发布的其他规则不一致的，以本规则为准。本规则的未尽事宜，以国际站发布的其他规则为准。

4．本规则如中文和非中文版本存在不一致、有歧义或冲突的，应以中文版为准。

1.3.3 阿里巴巴国际站禁限售规则

一、概述

平台禁止发布任何含有或指向性描述禁限售信息。任何违反本规则的行为，阿里巴巴均有权依据《阿里巴巴国际站禁限售规则》进行处罚。

用户不得通过任何方式规避本规则、平台发布的其他禁售商品管理规定及公告规定的内容，否则有可能将被加重处罚。

处罚原则及具体扣分标准请参考链接——"阿里巴巴国际站禁限售商品目录"。

二、违禁信息列表

平台用户不得在阿里巴巴国际站平台发布任何违反各个国家、地区及司法管辖区的法律规定或监管要求的商品。

下面是平台禁止发布或限制发布的部分信息列表,仅供用户参考。但这并不能保证完整性、及时性和准确性。平台有权根据法律规定、监管要求及平台自身规定对下列信息做增删或修改。同时,平台用户有义务确保自己发布的商品没有违反任何司法管辖区的要求。

除非特殊说明,阿里巴巴国际站的禁限售规则同时适用于信息发布及《阿里巴巴国际站交易服务协议》中规定的线上交易行为。

若本中文版公告与英文版公告间,以及该公告内容与阿里巴巴平台其他规则间存在差异,或有其他未尽的具体事宜,阿里巴巴拥有最终解释权。

(一)毒品、易制毒化学品及毒品工具【解读】	
1. 麻醉镇定类、精神药品、天然类毒品、合成类毒品、一类易制毒化学品	严重违规,扣48分
2. 二类易制毒化学品、类固醇	一般违规,6分/次
3. 三类易制毒化学品	一般违规,2分/次
4. 毒品吸食、注射工具及配件	一般违规,2分/次
5. 帮助走私、存储、贩卖、运输、制造毒品的工具	一般违规,1分/次
6. 制作毒品的方法、书籍	一般违规,1分/次
(二)危险化学品【解读】	
1. 爆炸物及引爆装置	严重违规,扣48分
2. 易燃易爆化学品	一般违规,6分/次
3. 放射性物质	一般违规,6分/次
4. 剧毒化学品	一般违规,6分/次
5. 有毒化学品	一般违规,2分/次
6. 消耗臭氧层的物质	一般违规,1分/次
7. 石棉及含有石棉的产品	一般违规,1分/次
8. 剧毒农药	一般违规,1分/次
9. 烟花爆竹、点火器及配件(限售)	一般违规,0.5分/次
(三)枪支弹药【解读】	
1. 大规模杀伤性武器、真枪、弹药、军用设备及相关器材	严重违规,扣48分
2. 仿真枪及枪支部件	一般违规,6分/次
3. 有潜在威胁的工艺品类	一般违规,2分/次

(四）管制器具【解读】	
1. 刑具及限制人身自由的工具	一般违规，6 分 / 次
2. 管制刀具	一般违规，6 分 / 次
3. 严重危害他人人身安全的管制器具	一般违规，6 分 / 次
4. 弩（限售）	一般违规，0.5 分 / 次
5. 一般危害他人人身安全的管制器具	一般违规，2 分 / 次
(五）军警用品【解读】	
1. 制服、标志、设备及制品	一般违规，2 分 / 次
2. 限制发布的警用品（限售）	一般违规，0.5 分 / 次
(六）药品【解读】	
1. 处方药、激素类、放射类药品	一般违规，6 分 / 次
2. 特殊药制品	一般违规，6 分 / 次
3. 有毒中药材	一般违规，2 分 / 次
4. 口服性药及含违禁成分的减肥药、保健品	一般违规，2 分 / 次
5. 非处方药（限售）	一般违规，0.5 分 / 次
(七）医疗器械【解读】	
1. 医疗咨询和医疗服务	一般违规，6 分 / 次
2. 三类医疗器械（限售）	一般违规，0.5 分 / 次
(八）色情、暴力、低俗及催情用品【解读】	
1. 涉及兽交、性虐、乱伦、强奸及与儿童色情相关的信息	严重违规，扣 48 分
2. 含有色情淫秽内容的音像制品及视频、色情陪聊服务、成人网站论坛的账号及邀请码	严重违规，扣 48 分
3. 含真人、假人、仿真器官等露点及暴力图片	一般违规，2 分 / 次
4. 原味产品	一般违规，0.5 分 / 次
5. 宣传血腥、暴力及不文明用语	一般违规，0.5 分 / 次
(九）非法用途产品【解读】	
1. 用于监听、窃取隐私或机密的软件及设备	一般违规，6 分 / 次
2. 信号干扰器	一般违规，6 分 / 次
3. 非法软件及黑客类产品	一般违规，2 分 / 次
4. 用于非法摄像、录音、取证等用途的设备	一般违规，2 分 / 次
5. 非法用途工具（如盗窃工具、开锁工具、银行卡复制器）	一般违规，2 分 / 次
6. 用来获取需要授权方可访问的电视节目、网络、电话、数据或其他受保护、限制的服务的译码机或其他设备（如卫星信号收发装置及软件、电视棒）	一般违规，2 分 / 次

（十）非法服务【解读】

内容	违规
1. 政府机构颁发的文件、证书、公章、勋章，身份证及其他身份证明文件，用于伪造、变造相关文件的工具、主要材料及方法	严重违规，扣48分
2. 单证、票证、印章、政府及专门机构的徽章	严重违规，扣48分 一般违规，6分/次
3. 金融证件、银行卡，用于伪造、变造相关的工具、主要材料及方法；洗黑钱、非法转账、非法集资	严重违规，扣48分 一般违规，2分/次
4. 涉及伪造证件类及金融类证件的相关敏感信息	一般违规，6分/次
5. 个人隐私信息及企业内部数据；提供个人手机定位、电话清单查询、银行账户查询等服务	一般违规，2分/次
6. 法律咨询、彩票服务、医疗服务、教育类证书代办等相关服务	一般违规，2分/次
7. 追讨服务、代加粉丝或听众服务，签证服务（代办签证服务限售）	一般违规，0.5分/次

（十一）收藏类【解读】

内容	违规
1. 货币、金融票证，明示或暗示用于伪造、变造货币、金融票证的主要材料、工具及方法	严重违规，扣48分 一般违规，6分/次 或0.5分/次
2. 虚拟货币（如比特币）	一般违规，6分/次
3. 金、银和其他贵重金属	一般违规，2分/次
4. 国家保护的文物、化石及其他收藏品	一般违规，2分/次

（十二）人体器官、受保护的动植物及捕杀工具【解读】

内容	违规
1. 人体器官、遗体	严重违规，扣48分
2. 重点或濒危保护动物的活体、身体部分、制品及工具	一般违规，2分/次
3. 鲨鱼、熊、猫、狗等动物的活体、身体部分、制品及任何加工机器	一般违规，2分/次
4. 重点或濒危保护植物、制品	一般违规，1分/次

（十三）危害国家安全及侮辱性信息【解读】

内容	违规
1. 宣扬恐怖组织和极端组织信息	严重违规，扣48分
2. 宣传国家分裂及其他各国禁止传播发布的敏感信息	严重违规，扣48分
3. 涉及种族、性别、宗教、地域等的歧视性或侮辱性信息	一般违规，2分/次
4. 其他含有政治色彩的信息	一般违规，0.5分/次

（十四）烟草【解读】

内容	违规
1. 成品烟及烟草制品	一般违规，6分/次
2. 电子烟液	一般违规，6分/次
3. 制烟材料及烟草专用机械（限售）	一般违规，0.5分/次

(十五)赌博【解读】	
1. 在线赌博信息	一般违规,2 分/次
2. 赌博工具	一般违规,2 分/次

(十六)制裁及其他管制商品【解读】	
1. 禁运物	一般违规,1 分/次
2. 其他制裁商品	一般违规,1 分/次

(十七)违反目的国产品质量技术法规/法令/标准的及劣质的、存在风险的商品【解读】	
1. 经权威质检部门或生产商认定、公布或召回的商品;各国明令淘汰或停止销售的商品;过期、失效、变质的商品,以及无生产日期、无保质期、无生产厂家的商品	一般违规,2 分/次
2. 高风险及安全隐患类商品	一般违规,1 分/次

三、违规处理

平台有权根据所发布信息本身的违规情况及会员行为做加重处罚或减轻处罚的处理。

恶意行为举例:包括但不限于对商品信息采用隐藏、遮挡、模糊处理等隐匿的手段,通过暗示性描述或故意通过模糊描述、错放类目等方式规避监控规则,同时发布大量违禁商品,重复上传违规信息,以及恶意测试规则等行为。对于恶意违规行为将视情节的严重性程度进行加重处罚,如一般违规处罚翻倍,或达到严重违规程度时关闭相关账号。

一般违规加重处罚:对于被认定为恶意行为的一般违规将做加重处罚处理(如发现同类重复违规行为,二次处罚分数加倍)。

附:账号处罚标准(除特别说明外,阿里巴巴国际站全站的罚分累加计算)

累计罚分	处罚方式	备注
6 分	严重警告	邮件通知
12 分	搜索屏蔽 7 天 & 旺铺屏蔽 7 天	邮件通知和系统处罚
24 分	搜索屏蔽 14 天 & 旺铺屏蔽 14 天	
36 分	搜索屏蔽 21 天 & 旺铺屏蔽 21 天	
48 分	关闭账号	

1. 分数按行为年累计计算,行为年指的是每项违规等级的扣分都会被记录 365 天。已被关闭账号处罚的除外。

2. 用户累计罚分达到 24 分或以上的,阿里巴巴有权拒绝或限制用户参加阿里巴巴国际站的各类推广、营销活动或产品/服务的使用。

3. 用户违规情节特别严重的(包括但不限于对商品信息采用隐藏、遮挡、模糊处理等隐匿的手段规避平台管理,经平台合理判断账号使用者本人或其控制的其他账号已因严重违规事件被处罚,账号使用者本人或其控制的其他账号被国内外监管部门立案调查,或虽未立案但平台有理由认为其有重大嫌疑等严重影响平台管理秩序或造成一定负面影响的情况),阿里巴巴有权立即单方解除合同、关闭账号,且不退还剩余服务费用;并有权做出在阿里巴巴国际站及/或其他媒介进行公示,给予关联处罚及/或永久不予合作等的处理。

1.3.4 阿里巴巴国际站搜索排序规则

《阿里巴巴国际站搜索排序规则》是对目前阿里巴巴国际站（即 www.alibaba.com，以下也称"平台"）搜索排序机制的相关说明，由阿里巴巴（中国）网络技术有限公司（以下称"阿里巴巴"）编制并于 2014 年 9 月首次发布，于 2016 年 5 月进行更新。

本文主要从正向引导及反向排除两个角度入手，辅以部分图、表、数据等对阿里巴巴国际站搜索排序的原则及机制进行解释及说明。

发布本文的目的是为阿里巴巴国际站中国供应商用户在平台上发布信息提供一定的指引及帮助。需要明确的是，阿里巴巴国际站搜索排序机制会根据用户需求、市场环境、政府监管等不断地进行优化调整，搜索排序结果将由诸多内外部因素共同作用而成，变化和不确定性较大。因此，本文所示内容（包括但不限于图、表、文字示例等）在任何情况下均不构成对阿里巴巴国际站搜索排序相关技术服务或排序结果的承诺或保证。

一、阿里巴巴国际站搜索排序功能的定义及目标

搜索是各类大型网站最基本的功能，它能让用户更高效快捷地表达自己的需求并得到网站返回的结果，而排序则是这一类结果的体现。同样地，阿里巴巴国际站搜索排序功能的目标是让用户快速高效地匹配到最合适的产品、供应商或者资讯。

二、阿里巴巴国际站搜索排序分类

目前阿里巴巴国际站的搜索排序主要包含类目浏览排序（Categories）、产品搜索排序（Products）、供应商搜索排序（Suppliers）、供应商店铺内搜索排序等，这几种搜索排序类别的排序机制大体相同，仅在细微处有差异，且都是综合排序。

三、阿里巴巴国际站搜索排序原则

- 买家导向：由于搜索功能的用户集中在买家群体，因此阿里巴巴国际站会将资源导向符合买家需求的产品或者供应商。符合买家需求及利益的供应商行为会被平台所提倡，这同时也有利于供应商及其产品获得更好的展示效果。
- 严惩作弊：作弊行为会极大地伤害买家体验，破坏市场公平竞争的秩序和环境。因此，阿里巴巴国际站搜索排序机制也将"严惩作弊"作为重要原则，有这类行为的供应商必将受到平台的严惩。

阿里巴巴国际站搜索排序整体框架主要体现了买家的需求。

搜索排序主要是买家需求的体现，阿里巴巴国际站的搜索排序机制正是从买家角度出发逐步进行筛选后做出决策的。

以产品搜索排序为例，平台的搜索排序机制主要有作弊过滤、匹配、排序 3 个阶段，即平台会首先过滤掉作弊产品，然后根据类目和文本的关联程度筛选出符合搜索需求的产品，最后根据买家偏好、产品及供应商信息进行排序。图 1.15 为产品搜索排序框架图。

(一) 匹配

这里的匹配指的是搜索返回结果要与买家输入的搜索词相匹配,主要考虑类目相关性、文本相关性两个方面。

1. 类目相关性

类目即产品的类别,搜索功能首先要保证类目相关性,以期快速定位到买家需求所属的同类产品。

建议供应商发布产品时选择正确、合适的类目:

(1) 不要错放类目。阿里巴巴国际站将恶意把产品放置在不正确的类目下以期获得曝光的行为认定为作弊行为,此类行为将会受到平台反作弊机制的严厉打击,并会对供应商的产品展示效果产生负面影响。

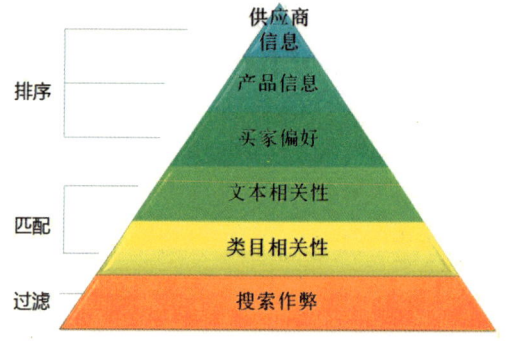

图 1.15 产品搜索排序框架图

(2) 存在准确类目的产品不要放在"其他"类目下。如果供应商难以找到合适的类目或认为平台的类目建设不够合理,可以随时通过客服或者客户经理向平台反馈。

图 1.16、图 1.17 为"类目相关性"的相关示意图。图 1.16 的图像、标题、类目一致,产品的类目相关性较高。

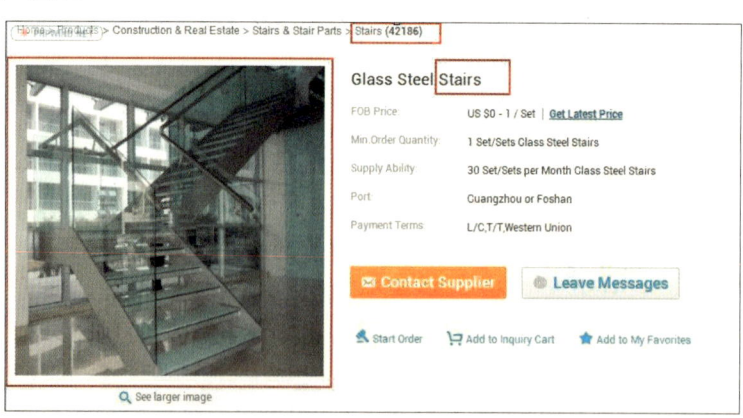

图 1.16 类目相关性 (一)

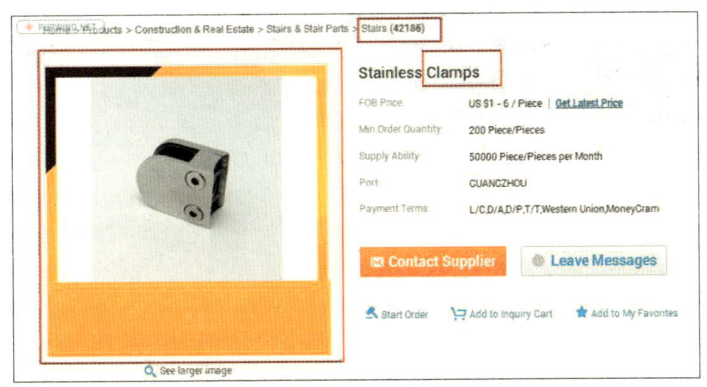

图 1.17 类目相关性（二）

图 1.17 中的图像、标题为活动部件，类目却放置在"楼梯"下，产品的类目相关性较低。建议处理方式是，将该产品放置在"楼梯部件"这个类目下。尤其需要注意整体和部件的类目区分。

2．文本相关性

文本相关性指的是搜索精准匹配到买家需求的产品集合。搜索功能会根据产品标题、属性、关键词等产品关键信息进行检索，并与买家搜索词的文本相关性进行匹配。

建议供应商发布产品时做出真实、准确、合理、完善的关键信息描述：

（1）将产品词真实、准确地体现在产品标题中，并可以在产品标题中添加相关的修饰词、关键词，通过完善属性等方式来更好地匹配买家搜索词。

（2）避免堆砌、滥用产品关键词。在产品信息描述中单纯地重复使用关键词的行为，如关键词堆砌、关键词滥用、标题滥用等，非但不会增加文本相关性，反而会降低搜索匹配效果。

图 1.18、图 1.19 为"文本相关性"的相关示意图。

图 1.18 的买家搜索词为"12v led lights"，该产品标题中较好地体现了产品的部分特性并同时匹配搜索词，文本相关性较高。

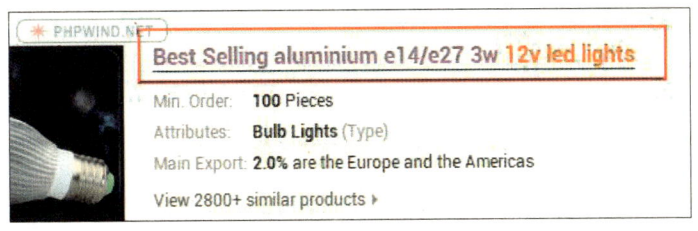

图 1.18 文本相关性（一）

图 1.19 的买家搜索词为"12v led lights"，而该产品的描述文本中却反复地重复"Led Strip"，标题显得很长、不易阅读，对提高文本的相关性无益。

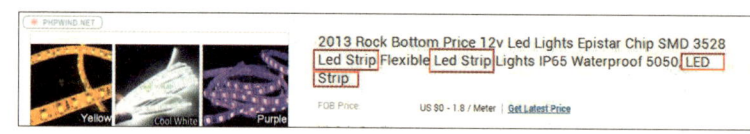

图1.19 文本相关性(二)

（二）排序

排序是指在匹配条件同等的情况下将买家偏好的、更好的产品、更优质的供应商优先展示，主要考虑买家偏好、产品信息、供应商信息3个要素。

1．产品信息

平台排序功能会从产品信息描述的易读性、丰富性、一致性来判断产品质量的高低。

建议供应商：

（1）产品标题要做到言简意赅。简要、清楚地描述产品的名称、型号以及关键特征、特性，使买家一看即知产品的关键信息。切忌反复堆砌、罗列相同或者意思相近的词组。过于冗长的标题会使买家找不到重点，难以判别产品标题的中心内容。

（2）产品属性要尽量完整、准确填写，主图尽量清晰、明确，这些能够帮助买家清楚地了解相关产品。

（3）产品详细描述中的信息一定要真实、准确，避免和标题、属性出现互斥或者不一致的情况，以免对买家或平台的判断造成干扰。恰当地使用图片或表格介绍产品功能、特点、质量、优势，有助于买家快速了解产品信息。

另外，非自然语言描述或信息重复严重的产品表述会降低该产品的搜索排序效果。

图1.20、图1.21为"产品信息"描述较好的相关示意图。

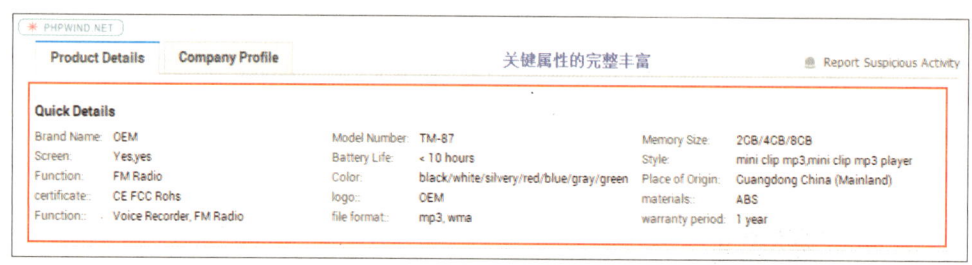

图1.20 产品属性填写完整、内容丰富

2．供应商信息

平台排序功能会从供应商信息的完整度、真实度、供应商在平台的活跃度，以及供应商对其店铺与产品的管理、维护程度等多方面进行供应商信息质量的判断。

建议供应商：

（1）完善供应商表单中的内容，尽可能完成或者提供更多的认证信息。一般来说，供应商认证信息展示得越多，买家对该供应商真实性的疑虑越小，沟通的成本也越低，这样发生询盘的概率也会随之提升。

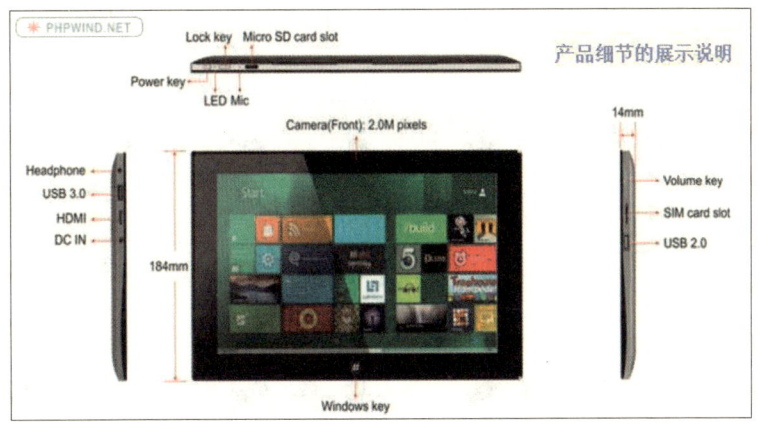

图 1.21　在产品详细表述中适当地使用图片介绍产品细节

（2）积极、及时地对自身的店铺进行维护，如合理地控制产品总量、突出重点产品、对逾期或者不具有太大价值的产品进行清理等。店铺内相似产品或无效产品的大量累积会使买家产生视觉疲劳，从而失去对该店铺的兴趣，并将直接影响供应商信息的质量，进而影响供应商的搜索排序效果。

（3）及时回复买家的各类询盘、咨询等。及时的回复能提升买家的好感度，有助于达成贸易，以免错失商机。

图 1.22、图 1.23 为"供应商信息"的相关示意图。

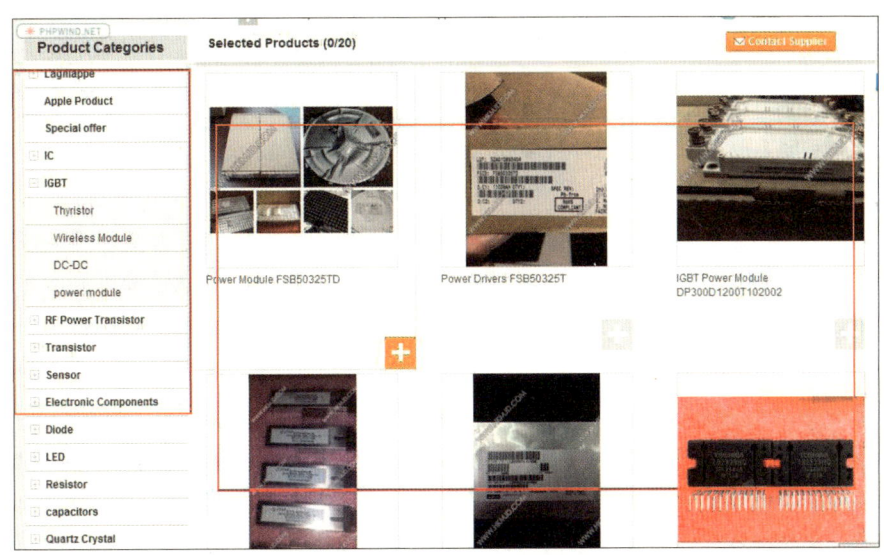

图 1.22　供应商信息（一）

图 1.22 的店铺内产品分组直观易懂，每个产品都用不同图片展示，便于买家快速清晰地获取相关信息。

在图1.23中，店铺内产品分组不易于直接理解，且反复使用重复的图片，信息量较低，买家可能会丧失翻页或者继续浏览的兴趣。

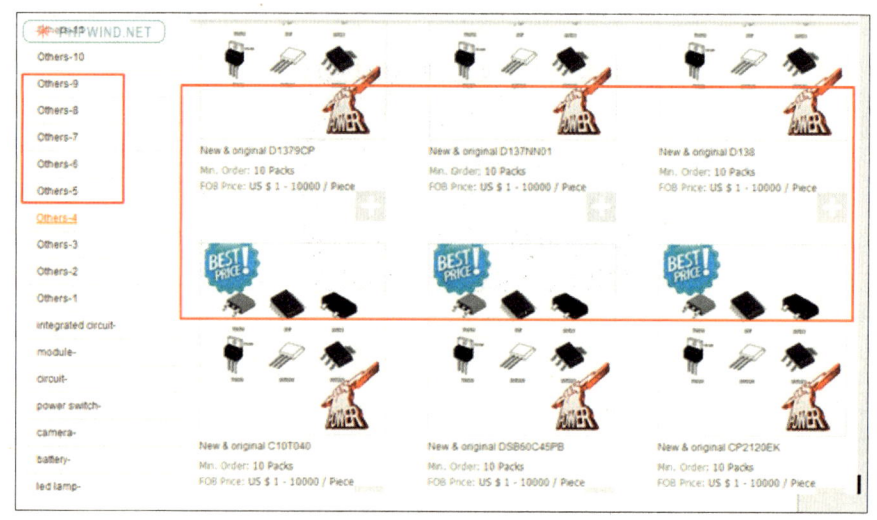

图1.23 供应商信息（二）

3．买家偏好

平台排序功能会根据买家的行为识别买家偏好，使买家更喜欢的产品排序靠前。

建议供应商：

（1）及时了解自身所在行业的动态信息和买家需求点，与自有产品的优势、特点进行分析和结合，并在产品标题、关键词、自定义属性、描述中加以体现。

（2）需要说明的是，买家偏好更多地取决于买家自身的采购意愿。不同的买家搜索相同的关键词，因为买家偏好、意愿不同，买家对产品或供应商的选择也会不同。

（三）搜索作弊

搜索作弊指的是部分供应商故意通过重复铺货、类目错放、虚假交易等虚假行为影响平台搜索排序效果、骗取平台搜索曝光资源。搜索作弊行为严重破坏了公平竞争的市场秩序，极大地伤害了买家的搜索体验，是平台严厉打击的行为。

1．重复铺货

重复铺货指的是部分供应商通过滥发重复产品的方式提高产品在平台搜索结果中的曝光量。对此类行为，阿里巴巴将依据平台相关规则进行处理（查看网址http://www.alibaba.com/help/rules/seller/post008.html可了解详情）。建议供应商在店铺产品信息发布时，注意在产品图片、标题、属性、详细描述等方面体现不同产品的差异性和特点，避免出现重复铺货。

图1.24为"重复铺货"的相关示意图。

在图1.24中，该供应商店铺内同一类产品的图片、标题等产品的重要信息高度重复，这被认定为构成"重复铺货"的作弊行为。

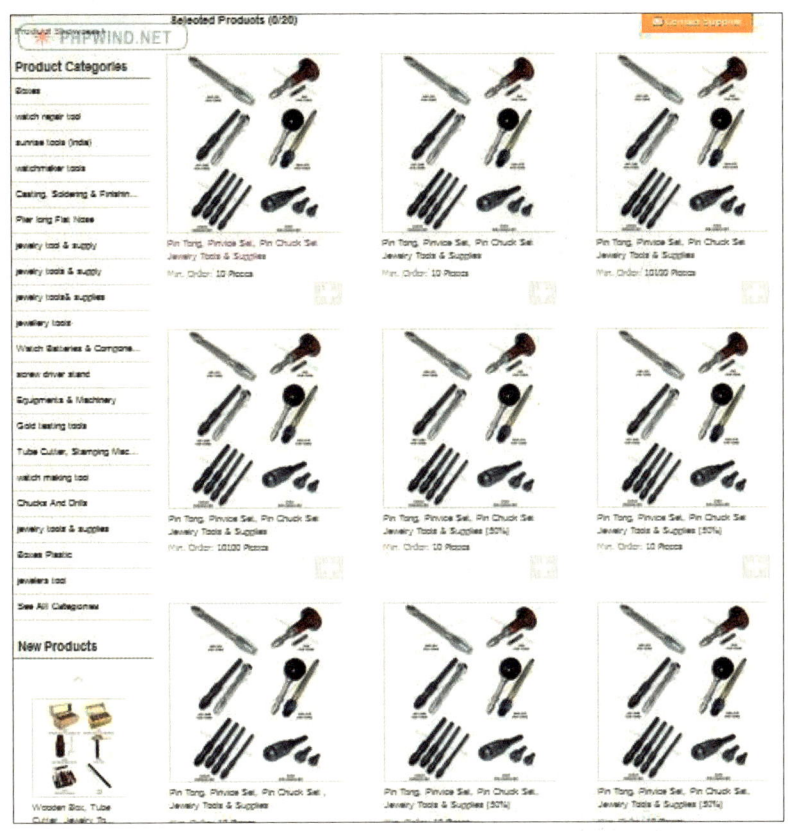

图1.24 重复铺货

2．类目错放

类目错放指的是部分供应商故意将其产品发布到与产品实际描述不符的类目下，以期获得热门类目下产品高曝光度的行为。此类行为一经识别，平台将按搜索排序下调或搜索屏蔽等方式对相关产品信息做出处理。建议供应商根据产品的实际描述选择合适的类目以获得更好的搜索曝光效果，避免类目错放。

图1.25、图1.26为"类目错放"的相关示意图。

需要注意的是，阿里巴巴国际站搜索排序机制认定的作弊行为并不仅限于以上两种，任何不诚信的行为、效果虚假行为等一经认定，均会受到严厉处罚。

为便于供应商对搜索作弊行为进行自查自纠，目前，阿里巴巴在供应商管理后台（即供应商的My Alibaba后台）的"搜索诊断"工具中提供了类目错放及重复铺货两类搜索作弊行为的相关提示，供应商可以根据后台提示进行相应的操作。同时，阿里巴巴建议供应商对搜索作弊行为及相关处罚给予足够重视，并在企业员工中培养相关意识，以免因此遭受处罚，蒙受损失。

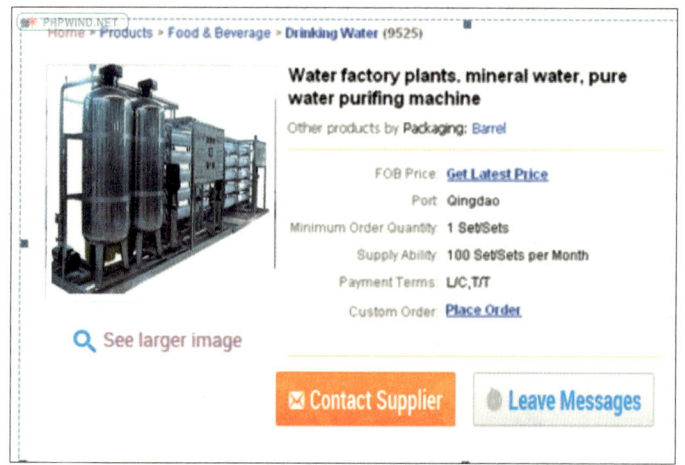

图 1.25 净水机被错放到"纯净水"类目下

图 1.26 男装被错放到"孕妇装"类目下

3. 虚假交易

虚假交易指的是通过不正当方式提高账户的商品销量或交易量及增加网站会员积分、信用积分等以获取不当利益的行为。此类行为一经识别,平台将按搜索排序下调或搜索降权等方式对相关产品信息做出处理,并对供应商采取限制参加平台营销活动、限制国际站账号部分或全部权限等处理。

如前文所述,阿里巴巴国际站搜索排序从用户需求出发,并致力于维护公平、有序的市场环境;同时,阿里巴巴国际站也将一如既往地致力于为广大中国供应商用户提供更好的服务,而这正是阿里巴巴编制本文的初衷。如果供应商能从中得到启示,从买家需求出发,遵循平台所倡导的原则,规避平台所打击的不良行为,将有助于自身实现平台信息展示效果的提升和改善,促进买家、供应商及平台的良好、有序互动和长远发展。

思考与实训

1. 单项选择题

(1) 以下哪个跨境电商平台对产品的要求最严格？

　　A．Amazon　　　　　B．速卖通　　　　　C．Wish　　　　　D．eBay

(2) 按照亚马逊的平台规则，以下哪种产品属于禁售品？

　　A．含有酒精口味的食物

　　B．白酒与啤酒制造工具和不含酒精的产品

　　C．与酒精相关的配件和产品，包括开瓶器、酒壶和容器

　　D．酒精饮料

(3) 阿里巴巴国际站中的专业术语 RFQ 代表什么意思？

　　A．一达通　　　　　B．全球旺铺

　　C．采购直达　　　　D．店铺问题诊断

(4) 阿里巴巴国际站中零效果的产品超过多少天会被系统自动下架？

　　A．60　　　　　　　B．90　　　　　　　C．180　　　　　　D．365

(5) 阿里巴巴国际站数据管家统计的上一周数据都是每周几更新的？

　　A．周一　　　　　　B．周二　　　　　　C．周四　　　　　　D．周五

(6) 在阿里巴巴国际站中，用户首次被权利人投诉的一般侵权行为，将扣多少分？

　　A．不扣分　　　　　B．2　　　　　　　C．6　　　　　　　D．12

(7) 用户被知识产权所有人投诉几次将关闭账号？

　　A．1　　　　　　　B．2　　　　　　　C．3　　　　　　　D．4

(8) 阿里巴巴国际站中的用户严重侵权一次会有什么处罚？

　　A．限权 7 天 + 考试　　　　　　　　B．搜索屏蔽 7 天 & 旺铺屏蔽 7 天

　　C．搜索屏蔽 14 天 & 旺铺屏蔽 14 天　　D．关闭账号

(9) 阿里巴巴国际站中的用户知识产权侵权扣 6 分会有什么处罚？

　　A．严重警告

　　B．搜索屏蔽 7 天 & 旺铺屏蔽 7 天

　　C．搜索屏蔽 14 天 & 旺铺屏蔽 14 天

　　D．关闭账号

(10) 阿里巴巴国际站中的用户知识产权侵权扣 12 分会有什么处罚？

　　A．严重警告

　　B．限权 7 天

　　C．搜索屏蔽 14 天 & 旺铺屏蔽 14 天

　　D．关闭账号

2. 多项选择题

（1）在下列使用他人知识产权的情形中，哪些可能违反了亚马逊的规定？

  A．在你的商品名称中使用他人的商标，从而让买家误认为你的商品是由他人制造的

  B．在未经他人许可的情况下，在你的包装上使用他人版权内容

  C．在未经版权所有者许可的情况下，从网站上复制一张图片并在你的详情页面上使用

  D．使用来自公共领域的内容

（2）如果亚马逊移除了你的商品，你应该做的是什么？

  A．立即致电亚马逊，以提交申诉

  B．查看收到的电子邮件，弄明白亚马逊为什么会移除该商品

  C．不能再以相同的 ASIN 重新发布该商品

  D．如果你认为亚马逊不应该移除自己的商品，请使用合适的支持文档提起申诉

（3）知识产权具有以下哪些特点？

  A．历史性 B．专有性 C．地域性 D．时间性

（4）专利分为以下哪几种？

  A．发明   B．实用新型

  C．外观设计   D．商标设计

（5）以下哪些图片属于侵权图片？

  A．盗用他人设计的作品、卡通形象 B．盗用他人官网的图片

  C．使用耐克、索尼等品牌 Logo   D．使用自己拍摄的图片

3. 简答题

（1）跨境电商的内涵特征有哪些？

（2）跨境电商与传统国际贸易的区别有哪些？

（3）调查主流跨境电商平台的功能、特征与现状，并进行优势与劣势比较分析。

（4）如何理解阿里巴巴国际站的几个平台规则？

第 2 章 数据分析与品牌定位

2.1 数据分析导论

自商务部于 2012 年 8 月颁布《关于利用电子商务平台开展对外贸易的若干意见》以来，到 2017 年，国家的几个重要部门先后出台相关政策，支持跨境出口，发展电子商务。这些政策涉及跨境电子商务的各个方面，从整体制度和环境建设（如试点跨境电子商务综合试验区），到跨境电子商务的具体方面（如税收支付、清关、海外仓等），为跨境出口电商的发展扫除障碍，创造各种有利条件，促进其快速发展。随着互联网信息技术的迅猛发展，全世界的数据量爆发式增长，"大数据"引起了各个领域人士的关注。跨境电商企业在营销过程中积累了各种类型的数据，比如客户信息、销售交易信息、行为数据等，这些数据承载了各个国家消费群体的信息，成为极有价值的资产。应用大数据正逐渐成为国际商业竞争的关键。

2.1.1 数据分析概念

数据分析是指收集、处理数据并获取信息的过程。具体地说，数据分析是指在业务逻辑的基础上，运用简单有效的分析方法和合理的分析工具对获取的数据进行处理的一个过程。

跨境电商数据分析指的是对跨境电商企业经营过程中产生的数据进行分析，在研究大量数据的过程中寻找模式、相关性和其他有用的信息，从而帮助企业更好地适应变化，做出更明智的决策。

1. 数据分析的目的

数据分析的目的是把隐藏在一大批看来杂乱无章的数据中的信息集中、提炼并萃取出来，以找出所研究对象的内在规律。在实际生活中，数据分析可帮助跨境电商企业经营者进行判断和决策，以便采取适当的策略与行动。例如跨境电商企业经营者准备开拓一个新的市场，则需要充分了解竞争对手的市场状况、市场潜力及销售预测，从而发现市场机会，找到突破口。这些都有赖于数据分析。

2. 数据分析的价值

数据分析的价值包含 3 个方面：一是帮助领导做出决策，二是预防风险，三是把握市场动向，如图 2.1 所示。通过数据分析，可以提供跨境电商企业需要改进的地方、出现的问题以及做得好的地方。

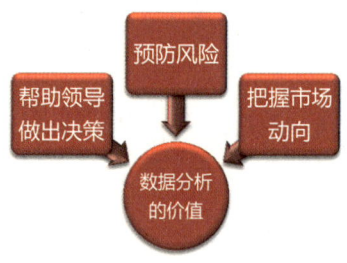

图 2.1　数据分析的价值

3．数据分析的作用

数据分析在跨境电商企业的日常经营分析中，具有以下 3 个方面的作用：

（1）现状分析。提供跨境电商企业现阶段的整体运营情况（其中包括各项经营指标的完成情况），以及跨境电商企业各项业务的构成（其中包括各项业务的发展以及变动情况），用于衡量跨境电商企业的经营现状。现状分析的结果表现为各种形式的日常通报，如日报、周报、月报、季报、年报等形式。

（2）原因分析。确定跨境电商企业所存在问题的原因，针对原因做出相应的解决方案。现状分析可以帮助跨境电商企业了解店铺的整体运营情况，同时发现运营中存在的问题，而寻找问题产生的根源就需要开展原因分析。例如本月店铺销售额环比下降了 10%，是什么原因导致的？是店铺流量减少了，还是转化率出现了问题，或是客单价降低了？通过原因分析找到根源所在，这样才能有助于真正解决问题。

（3）预测分析。对跨境电商企业未来的发展趋势做预测，便于跨境电商企业制订运营计划。例如跨境电商企业经营者一般都会根据近几个月销售额的变动趋势预测下个月的销售额，并作为店铺的运营目标以及对员工考核的依据。

4．数据分析分类

在统计学领域，一般把数据分析分为三类：EDA（Exploratory Data Analysis，探索性数据分析）、CDA（Confirmatory Data Analysis，验证性数据分析）和描述性数据分析。

探索性数据分析指的是对已有的数据在尽量少的先验假定下进行探索，侧重于在数据之中发现新的特征。探索性数据分析讲究的是从客观数据出发，探索其内在的数据规律性，让数据自己说话。

验证性数据分析在进行分析之前一般都有预先设定的模型，侧重于已有假设的证实或证伪。

描述性数据分析是对一组数据的各种特征进行分析，以便于描述测量样本的各种特征及其所代表的总体特征。描述性统计分析的项目很多，常用的如平均数、标准差、中位数、频数分布、正态或偏态程度等。这些分析是复杂统计数据分析的基础。

2.1.2 数据分析流程

跨境电商企业的数据分析流程一般分六步,包括明确分析目的和思路、收集数据、数据处理、数据分析、数据展现与报告撰写,如图2.2所示。

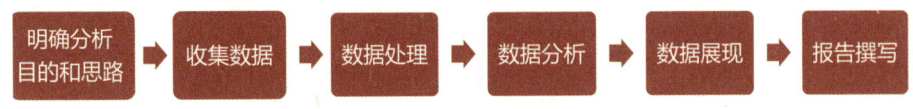

图 2.2 数据分析流程

1. 明确分析目的和思路

识别数据分析需求、明确数据分析目标,是确保数据分析过程有效性的首要条件。在开始数据分析之前,就应该冷静思考在数据分析过程中想要获得什么。例如是想要更精确地确定跨境电商企业的客户群,还是想要扩大跨境电商企业的客户群?抑或为了评估产品改版后的效果比之前有所提升?是找到产品迭代的方向,还是进行科学的排班,以至于不必在闲时浪费人力、在忙时缺少人手?明确通过数据分析要获得什么以及达到什么目标是至关重要的,就如同要明确这个过程中的挑战是什么以及如何确定是否能够达到目的一样。

明确了数据分析的目的,接下来需要确定数据分析思路。数据分析思路是指运用营销和管理的相关技术及方法,结合实际业务将数据分析的目的层层分解,形成一个结构化的数据分析框架。数据分析框架的构建有助于提高数据分析维度的完整性和分析结果的有效性。

2. 收集数据

当通过数据分析来揭示变化趋势时,数据量越大越好。对于任何类型的统计分析,样本量越大,所得到的结果越精确。仅仅追踪公司一周销售数据的价值是很难看出未来发展趋势的,3个月的会好一些,6个月的更佳。即使无法确定所寻找的是什么,也要确保所收集的数据包含的信息尽可能详尽和精确。试着弄清楚获得所需最优数据的途径,然后开始收集。如果没有数据,就不能够进行分析。

收集数据是如何将数据记录下来的环节。在这个环节中需要着重说明的是两个原则,即全量而非抽样,以及多维而非单维。今天的技术革命和数据分析2.0主要就体现在这两个层面上。

1)全量而非抽样

由于系统分析速度以及数据导出速度的制约,因此,在非大数据系统支撑的公司中,做数据分析的人员也很少能够做到完全全量地对数据进行收集和分析。但这在未来将不会再成为一个问题。

2)多维而非单维

另一方面则在于数据的维度上,即针对客户行为实现5W1H的全面细化,将交互过程的什么时间、什么地点、什么人、由于什么原因、做了什么事情、怎么做的全面记录下来,并将每一个板块进行细化。时间可以通过起始时间、结束时间、中断时间、周期间隔时间等细分;

地点可以通过地市、小区、气候等地理特征、渠道等细分；人可以通过多渠道注册账号、家庭成员、薪资、个人成长阶段等细分；原因可以通过爱好、人生大事、需求层级等细分；事情可以通过主题、步骤、质量、效率等细分。通过这些细分维度，增加分析的多样性，从而挖掘规律。

有目的地收集数据是确保数据分析过程有效的基础，需要对收集数据的内容、渠道、方法进行策划，主要考虑：

①将识别的数据分析需求转化为更具体的要求，如评价供方时，需要收集的数据可能包括其采集能力、测量系统不确定性等相关数据；

②明确由谁在何时何处，通过何种渠道和方法收集数据；

③记录表应便于使用；

④采取有效措施，防止数据丢失和虚假数据对系统的干扰。

3. 数据处理

数据处理指的是对已经采集到的数据进行适当的处理，清洗去噪。对所收集的数据进行抽取，从中提取出关系和实体，经过关联和聚合之后，采用统一定义的结构来存储这些数据。在数据抽取时，需要对数据进行清洗和整理，以保证数据的质量及可信性。常用的数据处理方法有清洗、抽取、合并、转换、计算、排序和分组。

4. 数据分析

数据分析是整个大数据处理流程里最核心的部分，因为在数据分析的过程中，会发现数据的价值所在。数据分析是指将收集到的数据通过加工、整理和分析后，将其转化为信息的过程。

常用的分析数据方法有排列图、因果图、分层法、调查表、散布图、直方图、控制图、关联图、系统图、矩阵图、KJ法、计划评审技术、PDPC法、矩阵数据图等。

在数据分析方法的基础上，还要进一步将分析方法应用在业务需求中。基于业务主题的分析会涉及很多领域，从客户参与跨境电商企业推广活动的转化率，到客户的留存时长分析，再到内部各环节衔接的及时率和准确度等。每一类数据都有独特的指标和维度要求，以及分析方法的要求，其中最重要的是围绕着营销、运营、客户这三大角度来展开分析。

5. 数据展现

对于广大数据信息客户来讲，最关心的并非是数据的分析处理过程，而是对大数据分析结果的解释与展示（即数据展现）。因此，在一个完善的数据分析流程中，数据结果的解释步骤至关重要。如果数据分析的结果正确但是没有采用适当的解释方法，则所得到的结果很可能让客户难以理解，在极端情况下甚至会误导客户。

数据解释的方法很多，比较传统的就是以文本形式输出结果或者直接在电脑终端上显示结果。这种方法在面对小数据量时是一种很好的选择；但是大数据时代的数据分析结果往往是海量的，同时其结果之间的关联关系极其复杂，采用传统的解释方法基本不可行。这时可以考虑从下面两个方面提升数据解释能力。

1）引入可视化技术

可视化作为解释大量数据最有效的手段之一率先被科学与工程计算领域采用。通过对分析结果的可视化，用形象的方式向客户展示结果，这种图形化的方式比文本形式更易于被理解和接受。

常见的可视化技术有标签云（Tag Cloud）、历史流（History Flow）、空间信息流（Spatial Information）等。在数据可视化工具中，报表类工具有 JReport、Excel、水晶易表、FineReport 等；BI 分析工具有 Power BI、Style Intelligence、BO、BIEE、象形科技 ETHINK、Yonghong Z-Suite 等；国内的数据可视化工具有 BDP 商业数据平台、大数据魔镜、数据观、FineBI 商业智能软件等。大家可以根据具体的应用需要选择合适的可视化技术和工具。

2）客户参与分析过程

让客户能够在一定程度上了解和参与具体的分析过程。这里既可以采用人机交互技术，利用交互式的数据分析过程来引导客户逐步地进行分析，使得客户在得到结果的同时能更好地理解分析结果的由来；也可以采用数据起源技术，通过该技术帮助客户追溯整个数据分析的过程，有助于其理解数据分析的结果。

6. 报告撰写

数据分析完成后一般会要求撰写数据分析报告，这是对整个数据分析过程的总结，是向企业决策者提供的一种参考，可为决策者提供科学、严谨的决策依据。一份优秀的数据分析报告，需要一个明确的主题，需要一个清晰的框架，以图文并茂地阐述数据、条理清晰地展现效果，使决策者能一目了然地看出报告的核心内容。最后需要加上结论和建议，并提供解决问题的方案和想法，以便决策者在进行决策时作为参考。

2.1.3 大数据分析

大数据本身是一个比较抽象的概念，单从字面上来看，它表示数据规模比较庞大。目前"大数据"尚未有一个公认的定义，不同的定义基本上是从大数据的特征出发，通过这些特征的阐述和归纳给出的。在这些定义中，比较有代表性的是 3V 定义，即认为大数据需要满足 3 个特点：规模性（Volume）、多样性（Variety）和高速性（Velocity）。维基百科对大数据的定义则简单明了：大数据是指利用常用软件工具捕获、管理和处理数据所耗费的时间超过可容忍时间的数据集。

1. 大数据的作用

无论跨境电商企业的规模大小以及所属领域如何，大数据及其发挥的作用都将影响到每一家公司，具体体现在以下 4 个方面。

1）对所有公司来说，数据都将成为一项资产

如今就连最小的公司也都在产生数据。如果公司有网站、有社交媒体账户、接受信用卡付款等，甚至哪怕它是一家只有一人经营的小店，也能从其客户的基本信息、客户体验、网站流

量等方面收集数据。这意味着各种规模的公司都需要一个针对大数据的战略,并对如何收集、使用和保护数据制订计划。这也意味着精明的企业将开始向各公司提供数据服务,哪怕对方是一家非常小的公司。这同时也意味着从未想过大数据将"为它们所用的"企业和行业会争着迎头赶上,因为企业想做出改进,就需要借助数据。数据就是一项资产,它可用于改进企业的经营状况。

2)大数据能让公司收集更高质量的市场情报和客户情报

一方面,不管企业喜不喜欢,与之开展业务的公司都会了解其很多情况,而且所掌握信息的数量和类别每年都在增加。每家公司都将对客户想要什么、使用什么、通常从哪个渠道购买等拥有更加深入的了解。而另一方面,是公司需要对制定和执行隐私政策采取积极主动的态度,所有的系统和安全防护措施都要到位,以保护这些客户数据。从现实来看,大多数客户会允许公司收集一些个人数据,但他们希望公司对收集了什么数据以及为什么收集这些数据保持透明,同时也希望可以选择不参与数据收集流程。

3)大数据成为公司改进的利器

从使用传感器到追踪机器性能、优化送货路线、更好地追踪员工绩效甚至招募顶级人才,大数据具备能够提高几乎任何类型的企业及众多不同部门内部工作效率并增大运营的潜力。公司可以使用传感器追踪货运和机器的运行情况,也可以追踪员工绩效。有些公司已开始使用传感器追踪员工的位置、压力水平、健康状况甚至他们与谁交谈以及使用的语调等。

此外,如果数据能够成功量化一名优秀CEO所应具备的特质,它就能用来改进任一层级的人力资源和招聘流程。

4)大数据可植入公司提供的产品

在所有可能的领域,公司都将使用他们收集的数据改进产品和客户体验。约翰迪尔(John Deere)就是一个绝佳的范例。它不仅使用数据让自己的客户受益,而且还把数据作为一个新的产品提供给客户。所有新生产的约翰迪尔拖拉机都配备了传感器,能够帮助该公司了解设备是如何使用的,同时可预测并诊断故障。但该公司安装传感器也是为了帮助农场主,为他们提供何时种植作物、在哪里种植,以及最佳的耕作和收割模式等方面的数据。对于一家成立年代久远的公司来说,这已成为一个全新的收入来源。随着我们生活中联网的事物越来越多——从智能恒温器到Apple Watch和健身追踪器——公司会有越来越多的数据、分析报告和信息回售给顾客。

2. 大数据分析技术

大数据具有数据量大、速度快、类型复杂、数据结构不相同以及价值分布密度低的特点,因此,进行大数据分析成为一件具有挑战性的工作。这时候需要利用一些技术来分析大数据,才能获取很多智能的、深入的、有价值的信息。常用的大数据分析技术如下:

(1)预测性分析。这也是大数据分析的使用价值之一,通过现有的数据分析,预测未来的数据发展趋势,更好地为行业的发展提供预测性数据。预测分析主要就是通过挖掘数据的特点,建立科学的数据模型,带入新的数据,得出新的预测结果,以作为行业发展过程中的参考。

(2)数据质量和数据管理。数据的质量怎么样,大数据的分析结果是不是和实际情况一致,这是要考验大数据分析结果的重要方面,也决定了数据是否真正具有价值。而能不能提取出高质量的数据,这就需要进行有效的数据管理。

(3)可视化分析。不管是对数据分析专家还是普通用户,数据可视化都是数据分析工具最基本的要求。可视化可以直观地展示数据,让数据自己说话,让观众"听"到结果。

(4)语义引擎。由于非结构化数据的多样性带来了数据分析的新挑战,因此需要一系列的工具去解析、提取、分析数据。语义引擎需要被设计成能够从"文档"中智能地提取信息。

(5)数据挖掘算法。大数据因为数据量大,一些简单的算法或者数理统计很难起作用,需要通过数据挖掘算法才能得到数据的特征以及数据的价值。集群、分割、孤立点分析以及其他数据挖掘算法能够深入数据内部,挖掘出大数据的价值。这些数据挖掘算法不仅要应对大数据的量,也要应对大数据的速度。

3. 云计算

Google 作为大数据应用最为广泛的互联网公司之一,2006 年率先提出"云计算"的概念。云计算是一种大规模的分布式模型,通过网络将抽象的、可伸缩的、便于管理的数据能源、服务、存储方式等传递给终端客户。根据维基百科的说法,狭义云计算指的是 IT 基础设施的交付和使用模式,指用户通过网络以按照需求量的方式和易扩展的方式获得所需资源;广义云计算指的是服务的交付和使用模式,指用户通过网络以按照需求量和易扩展的方式获得所需服务。目前的云计算包含 3 个层次的内容:服务(IaaS)、平台即服务(PaaS)和软件即服务(SaaS)。国内的阿里云与云谷公司的 XenSystem,以及在国外已经非常成熟的 Intel 和 IBM 都是云计算的忠实开发者和使用者。

云计算是大数据的基础平台与支撑技术。如果将各种大数据的应用比作一辆辆"汽车",支撑起这些"汽车"运行的"高速公路"就是云计算。正是云计算技术在数据存储、管理与分析等方面的支撑,才使得大数据有了用武之地。

2.2 产品定位与品牌策略

2.2.1 产品定位

在产品定位之前先了解一下品牌定位。品牌定位指的是跨境电商企业在市场定位和产品定位的基础上,对特定的品牌在文化取向及个性差异上的商业性决策。品牌定位要随企业经营状况的变化而适时进行战略调整,品牌的内涵和形式要不断修正,以保证品牌贴近市场,贴近消费者。品牌定位是建立一个与目标市场有关的品牌形象的过程和结果。

产品定位指的是企业推出某个具体产品来满足消费者或者市场的需求,这是品牌定位的支撑点。产品定位是对目标市场的选择与企业产品相结合的过程,目的是让消费者一产生类似的需求，就会联想起这种品牌的产品。

1. 影响产品定位的因素

一般而言，产品定位取决于4个要素：目标市场定位、产品需求定位、产品测试、营销组合定位。

（1）目标市场定位。通过大数据确定海外目标市场，确定细分消费群体，即明白为谁服务。例如，欧美发达国家或者其他某些国家的中高端市场注重产品的高质量；中东、印度、俄罗斯等国家或地区则较为注重产品的性价比。

（2）产品需求定位。根据市场对产品的消费需求，确定产品的类别、档次、产品构成、功能、外形及包装整体接受情况，以明确产品的竞争优势，明确目标市场的初步定位。

（3）产品测试：这是消费者对企业能力的考量，包括企业经营管理、技术开发、采购、交期准确性、市场营销、产品与质量，以及风险策略分析等方面，之后根据市场需求在竞争产品中找到产品推广的着重点。

（4）营销组合和基本营销策略。在跨境平台运营过程中，做好产品市场服务，提高产品的品牌化整体销售策略，这是一个产品价格、渠道策略和沟通策略有机组合的过程。

企业要从产品自身出发，把握好产品质量关，在产品材料、包装、宣传等多方面多做研究，及时了解竞争对手的情况，并通过市场调查掌握市场和消费者消费习惯的变化，在必要时修正产品的定位。产品的定位计划和实施要以市场为基础，不能以主观意识来决定，要接受市场定位的指导，以顾客为中心，创造产品特色，树立良好的品牌宣传形象，以增加顾客对产品的黏度。

2. 产品定位的方法

在跨境电商企业实施网络营销前，需要确认产品定位从何种角度或者层面着手，主要有以下8种定位方法。

1）档次定位

档次定位属于最常见的定位类型，它是品牌在消费群体心目中对不同级别认可的价值体现。"档次"拥有除了产品实物本身之外的附加值，例如来自档次定位所处阶层的认同感。高端定位的品牌具有卓越的品牌附加值，能为不少消费者带来心理的愉悦和自豪感；而中低端细分市场则更注重消费者对物美价廉的需求。不同的品牌往往被分为不同的等级，品牌价值是消费群体内心感知、品质、文化、价值观等的总体体现。

2）USP功能定位

USP是英文Unique Selling Proposition的缩写，意为"独特的功能性诉求"，指的是依据品牌向消费者所提供的独特的、其他品牌无法复制的利益定位。在产品日趋同质化的竞争格局中，企业需要对自身产品的优劣势和消费群体行为及喜好进行深入调研和分析，从自身的产品中提炼出最得目标群体青睐的特点，以及同时被竞争对手忽略或者竞争对手不具备的亮点，强化和深入推广产品的核心优势，以在消费者心中形成独特的功能性区分定位，让客户在消费时能更快、更便捷地"对号入座"。

3）使用者定位

使用者定位（User Positioning）指的是企业以深入调研目标客户群体的生活方式和现行状态、实际需求以及心理预期为策略制定基础，有针对性地开发推广产品以迎合消费者的行为。使用者定位能为品牌很好地塑造"人性化"形象，拉近品牌和消费群体的"心灵距离"，同时也是情感营销中的一个重要环节。

4）类别定位

类别定位指的是将自己的产品主动划入特定的产品类别当中，建立与之相关联的印象。例如，可以直接在推广中明确阐明自己的产品分别属于哪一类细分市场，以便让客户在想到这一细分市场的产品时就会随之想起相关联的该品牌，甚至在客户心中打造更强势的认知——直接将细分类产品认同为该品牌，只要对这类细分市场的产品有需求时，首选就是该品牌。

5）情景定位

情景定位（Situational Positioning）是一个过程，涉及物理、认知、情感和道德层面，使得品牌和包含以上层面的特定情景产生关联，引起消费群体对自身品牌及产品的联想。

6）比附定位

比附定位的核心是通过与竞争对手的优势品牌进行类比，取得有益的品牌联想，以提升自己的知名度和品牌价值并确立市场地位。对于比附定位来说，在参考对象的选择上需要非常慎重，通常会选择拥有很高知名度的行业领导品牌作为参照对象，才能有机会有效地提升自己的品牌价值。

7）文化定位

使用文化定位来丰富品牌的内涵是目前各大营销巨头最常用的营销手法之一，这种定位可将文化元素注入品牌的内涵中，并凝聚强大的品牌号召力：文化定位能很好地强调品牌的文化底蕴和魅力，满足客户在精神层面的更高期待，进而使得品牌获得消费者心灵深处的认可，随之在竞争格局中脱颖而出，形成品牌的个性化差异。

8）情感定位

作为维系品牌忠诚度的纽带，情感定位可以激起客户的共鸣和联想。情感定位是利用品牌带给客户的情感体验来进行定位的。

3. 产品定位的策略

产品定位指的是确定企业产品于消费者心目中所占据的位置。每一个企业的产品都具有其自身所特有的一些市场定位。具体来说，产品定位策略主要有以下几种类型：

- 产品专门化策略。也就是说产品组合比较单一，比如，可口可乐公司曾经在比较长的时间内实行产品专门化策略。该公司以统一的产品、包装、价格和宣传推广向全球消费者提供相同的可口可乐产品。这种策略在一定程度上将消费者的需求视为无差异的。
- 产品差异化策略。也就是说企业通过自身营销方面的努力，从而让产品组合向广度、深度方面发展。比如，同样作为可口可乐公司，在充分满足了消费者多样化需求的前提之下，生产了酷儿等产品，从更多角度满足消费者的需求。
- 产品边缘化策略。也就是说产品组合由深度转向关联度方面发展。比如以金利来为例，其产品组合最早仅仅为各种层次、系列和规格的男性领带，而现在其产品覆盖箱包、服装等众多领域，从多个方面满足广大消费者的生活需求。
- 产品多角化策略。该策略主要指产品组合由关联度转向广度方面发展，或者由深度转向广度方面发展。例如，海尔公司最初是依靠冰箱起家的，其在经历了几十年的发展之后，如今已经拥有了四十余种类型的 800 多个项目产品。海尔公司非常好地实现了产品组合由关联度转向广度，以及从深度转向广度方面的发展，从而实现了企业在生产经营方面的战略转移。今天的海尔产品已经成功走向世界，并且在很多国家实现了本地化的生产。

4．产品定位的步骤

产品定位主要有以下步骤：

（1）分析跨境电商企业竞争者的产品。这里主要是对于跨境电商企业本身，以及竞争者所销售的产品展开分析，是定位的良好起点。

（2）找出差异性所在。比较自身产品同竞争者的产品，对于产品目标市场的负面、正面差异性进行比较。有时，产品表面展现的是负面的效果差异性，但也许可以挖掘出正面的效果。

（3）列出主要的目标市场。这有助于更好地进行一些产品定位。

（4）指出主要的目标市场所具有的特征。目标市场的需求、期望等方面的一些特征，需要简明扼要地写出来。

（5）定位产品的目标市场需求。接下来就需要将产品所具有的特征同目标市场的需求及消费者的期望有效地结合在一起。有时，营销人员需要在目标市场和产品特征之间画出众多条线，以此来挖掘消费者尚有哪些最为重要的期望和需求没有被本公司的产品或者竞争者的产品所满足。

2.2.2 品牌策略

美国市场营销学会（AMA）认为品牌是一个"名称、专有名词、标记、符号，或设计，抑或上述元素的组合，其用于识别一个销售商群体的商品与服务，并且使它们与其竞争者的商品与服务区分开来"。品牌与符号有关，品牌外显为一个可视的符号。品牌是一种区分的工具，其存在的意义在于辨认或区别，其存在的前提是有同类产品或服务的竞争者。品牌的界定有两个视角，消费者利用品牌辨认产品或服务，企业利用品牌来区别自己与竞争品。

品牌策略指的是一系列能够产生品牌积累的企业管理与市场营销方法，包括 4P 与品牌识别在内的所有要素。品牌策略主要有品牌化策略、品牌使用者策略、品牌再定位策略、品牌延伸策略、多品牌策略、企业形象识别系统策略。

1. 品牌化策略

跨境电商企业在做品牌化决策时，一般都会建立自己的品牌和商标。虽然这会增加企业的成本，但却可以使企业在市场竞争中占有不少优势。

2. 品牌使用者策略

跨境电商企业在使用品牌时有三种策略：一是用自己的品牌，二是用中间商的品牌，三是上述两种品牌混合使用。

跨境电商企业可以使用自己的品牌，这种品牌叫作企业品牌、生产者品牌、全国性品牌。

跨境电商企业也可以将其产品大批量地卖给中间商，中间商再用自己的品牌将物品转卖出去，这种品牌叫作中间商品牌、自有品牌。

跨境电商企业还可以将一些产品用自己的品牌，另一些产品用中间商品牌。

3. 品牌再定位策略

品牌再定位策略指的是一种品牌在市场上最初的定位也许是适宜的、成功的，但是到后来企业可能不得不对之重新定位。其原因是多方面的，如竞争者品牌的逼近，使企业品牌的独特性逐渐消失，并削减了企业的市场份额；消费者的偏好改变，因而对企业品牌的需求减少；或者公司决定进入新的细分市场。

跨境电商企业在做出品牌再定位策略时，首先应考虑将品牌转移到另一个细分市场所需要的成本，包括产品品质改变费、包装费和广告费等。一般来说，再定位的跨度越大，所需的成本就越高。其次，要考虑品牌定位改变后可能产生的收益。收益大小是由以下因素决定的：某一目标市场的消费人数，消费者的平均购买率，在同一细分市场竞争者的数量和实力，以及在该细分市场中为品牌再定位要付出的代价。

4. 品牌延伸策略

品牌延伸策略指的是利用已经成功的品牌的声誉来推出改良产品或新产品，包括推出新的包装规格、香味和式样等。品牌延伸是品牌经营的基本策略，在进行正确的品牌定位之后还要选择恰当时机进行品牌延伸。在激烈的市场竞争中，品牌延伸是证明品牌价值、丰富品牌形象、维护并巩固原有品牌地位的有力手段；可以说，品牌延伸作为品牌树立全过程中的重要环节，是品牌运营的阶段性调整与品牌资产的有效利用。

世界著名企业大多靠品牌延伸实现自身的快速扩张。每一个实现品牌延伸的企业都必须选择自己的延伸产品类型，并评估消费者对母品牌的认知情况，设计实施延伸的品牌营销计划，塑造独特的品牌个性，形成特有的市场价值，以吸引相关的消费群体。虽然品牌延伸具有有利于企业规模的扩大、经营风险分散、满足客户的多样化要求，以及有利于后续的品牌延伸和品牌保护等正面的效应，但是也存在一定的潜在风险，比如损害原品牌的形象、使品牌淡化、有悖于消费者的消费心理、招致零售商抵制等。只有科学规划，并确保市场的优化细分和渠道的优化整合，才能保证品牌延伸的安全性，才能保证原品牌的形象不被损坏，才能保证企业的健康持续发展。

5. 多品牌策略

多品牌策略指的是跨境电商企业同时经营两种或两种以上相互竞争的品牌。这种策略由宝洁公司首创。宝洁公司认为，经营单一品牌并非万全之策。因为一种品牌树立之后，容易在消费者心目中形成固定的印象，不利于产品的延伸，尤其像宝洁这种横跨多种行业、有多种产品的企业更是如此。

多品牌策略的最佳结果应是跨境电商企业的品牌逐步挤占竞争者品牌的市场份额，或多品牌策略所增加的利润应大于因为相互竞争所造成的利润损失。

1）多品牌策略的优势

①多品牌有助于培植一个市场。尽管某一品牌起初一枝独秀，但一旦等它辛辛苦苦开拓出一片肥沃的市场，其他竞争者就会蜂拥而至。众多市场竞争者共同开拓一个市场，有助于该市场的快速发育与成熟。当市场分化开始出现时，众多市场竞争者的"广告战"往往不可避免，其效果进一步强化了该产品门类的共同优势。有的市场开始时生气勃勃，最后却没有形成气候，其原因之一就在于参与者寥寥。多个品牌一同出现是支持一个整体性市场所必需的。以个人计算机市场为例，如果只有苹果一家企业唱独角戏，没有其他计算机厂家跟进，绝对不可能形成今天这样繁荣的 PC 市场。

②多个品牌使企业有机会最大限度地覆盖市场。没有哪一个品牌能单枪匹马地占领一个完整的市场。随着市场的成熟，消费者的需求逐渐细分，一个品牌不可能保持其基本意义不变而同时满足几个目标。这就是有的企业要创造数个品牌以应对市场细分的初衷。与此同时，零售商自我品牌的崛起向制造商发出了有力的挑战，动摇着制造商在树立和保持品牌优势上的主动性和统治地位。多品牌战略有助于制造商遏制中间商和零售商控制某个品牌进而左右自己。

③多品牌提供了一种灵活性，有助于限制竞争者的扩展机会，使得竞争者感到在每一个细分市场的现有品牌都是其进入的障碍。在价格大战中捍卫核心品牌时，多品牌是不可或缺的。把那些次要品牌作为小股部队，给发动价格战的竞争者以迅速的侧翼打击，有助于使挑衅者首尾难顾。与此同时，核心品牌的领导地位则可毫发无损。核心品牌肩负着保证整个产品门类赢利的重任，其地位必须得到捍卫，否则，一旦它的魅力下降，产品的单位利润就难以提升，最后该品牌将遭到零售商的拒绝。

④多品牌有利于保护核心品牌。在维护核心品牌的形象时，多品牌的存在更显得意义重大，核心品牌在没有把握的革新中不能盲目冒风险。在西方，零售市场对品牌多样化的兴趣浓厚，制造商运用多品牌策略提高整体市场份额，以此增加自己与零售商较量的砝码。

所以，多品牌策略有助于培植市场、覆盖市场、降低营销成本、限制竞争对手，以及有力地回应来自零售商的挑战。

2）多品牌策略的劣势

多品牌策略虽然有着很多优越性，但同时也存在诸多局限性。

① 随着新品牌的引入，其净市场贡献率将呈现一种边际递减的趋势。经济学中的边际效用理论告诉我们，随着消费者对一种商品消费的增加，该商品的边际效用呈现递减的趋势。同样，对于一个企业来说，随着品牌的增加，新品牌对企业的边际市场贡献率也将呈现递减的趋势。这一方面是由于企业的内部资源有限，支持一个新的品牌有时需要缩减原有品牌的预算费用；另一方面，企业在市场上创立新品牌时会由于竞争者的阻力而达不到理想的效果。竞争者会针对企业的新品牌推出类似的竞争品牌，或加大对现有品牌的营销力度。此外，另一个重要的原因是，随着企业在同一产品线上品牌的增多，各品牌之间不可避免地会侵蚀对方的市场。在总市场难以骤然扩张时，很难想象新品牌所吸引的消费者全部是竞争对手的顾客，或是从未使用过本产品的人（特别是当产品的差异化较小，或是同一产品线上不同品牌的定位差别不甚显著时，企业各品牌间相互"蚕食"的现象尤为显著）。

② 品牌推广的成本较大。企业实施多品牌策略，就意味着不能将有限的资源分配给获利能力强的少数品牌，各个品牌都需要一个长期、巨额的宣传预算。对有些企业来说，这是可望而不可及的。

6. 企业形象识别系统策略

企业形象识别系统（Corporate Identity System，简称 CIS）策略指的是将跨境电商企业的经营理念与精神文化，运用整体传播系统（特别是视觉传播设计）传播给客户、员工和社会大众，并使其对企业产生一致的认同感与价值观。它由以下 3 个方面的因素构成：

（1）经营理念识别（Mind Identity，简称 MI）；

（2）经营活动识别（Behavior Identity，简称 BI）；

（3）整体视觉识别（Visual Identity，简称 VI）。

2.2.3 数据选品

数据选品指的是，根据市场需求变化，整理产品，制定目标市场的产品营销组合，在不同的跨境市场选择重点推广的产品组。阿里巴巴国际站有 17 个不同语言的市场站点，其在不同地区的市场研究需要重点推广的产品，并借助数据分析工具进一步把握目标市场的消费动向，结合供应商实力有目的地加大市场推广力度，从而为企业在跨境电商市场开拓出更广阔的空间。

1. 选品规则

（1）根据产品出口数据，选择细分出口市场，分析细分市场消费群体对产品的要求，包括客户对产品的基本需求。商家在了解了客户的需求后，要分析自身产品的实际情况。

- 材质：分析产品材质，考虑制作的可行性。
- 颜色：不同市场的客户对颜色的喜好也是选品中应该考虑的必要因素。

- 重量：根据消费习惯分析产品的规格一般在什么范围，以及什么样的规格比较容易被消费者所接受。
- 价格：综合考虑产品生产要素，计算产品的报价，以便制定合理的产品报价。或者根据市场被消费者所接受的价格区间来倒算合理成本价。

（2）分析同行的产品：分析与同行产品间的差距，比如价格、包装、规格、品牌、服务等。

（3）客户的反馈：产品在平台上实现可视化销售，注重客户群体对它的评论，分析产品的优点和不足。

（4）满足客户订单小、货期短、款式多样化的需求，做到快速生产、快速交货，同时给客户做好物流选择预案。

（5）平台上的产品信息：这些信息应能够清晰地反映产品的质量情况。若市场上有同行的产品，则分析同行产品的特点。

2. 平台内选品

在阿里巴巴国际站平台上，经过一段时间的流量数据沉淀，就可以在阿里后台通过数据显示顺利完成选品。

阿里巴巴国际站中的选品工具查看位置如下："营销中心"→"外贸直通车"→"推广工具"→"优化工具"→"选品工具"，如图2.3所示。

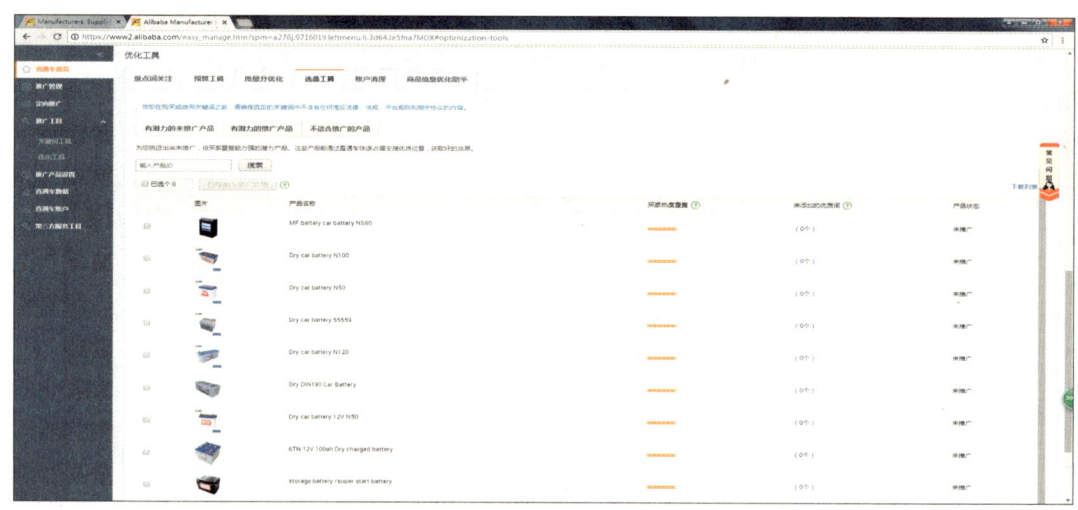

图2.3 阿里巴巴国际站中的选品工具

该工具可以依据商家已经发布的产品的潜力买家覆盖（即可以覆盖关键词的流量）能力，为商家推荐适合直通车推广的产品及其匹配的优质关键词，同时挑出当前不适合推广的产品：

（1）适合直通车推广但目前未推广的产品及其关键词，需要商家去添加的产品和关键词会出现在"有潜力的未推广产品"中。

（2）适合直通车推广的产品，但是目前还没有覆盖到优质关键词，需要商家去添加的优质关键词会出现在"有潜力的推广产品"中。

(3) 几乎没有获得什么流量的产品会出现在"不适合推广的产品"中，需要商家优化对应的产品信息质量。

2.3 精准客户定位

2.3.1 国际市场行情

国际市场行情调研对于跨境电商企业来说是不可缺少的一个环节。如果不进行调查研究，跨境电商企业在经营过程中容易做出错误的决策。比如决定生产某种产品，花很多钱投了产，但销售时却没有多少人购买。产品销售不畅的主要原因如下：市场情况不明、销售渠道没有选择好、定价不实际、缺乏有力的广告宣传等。因此只有认真调查研究，弄清楚国际市场的需要、市场容量及其发展趋势、预期价格变化等，才能顺利地解决出口商品的销售问题，找到最有发展前途的销售市场，建立最优化的出口商品结构。

1. 国际市场行情调研的范围

国际市场行情调研的范围十分广泛，它涉及不同国家或地区政治、经济、文化、政策法规等各个领域，具体包括以下几方面：

(1) 政治因素。我们要研究不同国家或地区能够影响贸易开展的有关政治情况、条件及变化因素等。例如，某些政策措施的变化、政局的稳定与否等可能会使某些业务活动开展得非常顺利，也可能会使某些业务活动的进展受到种种限制。

(2) 经济因素。经济因素直接关系到一个市场的规模和发展趋势，是行情调研的主要方面。如经济形势的好与坏、经济结构的变化、居民收入水平、市场竞争等，对于正确分析、判断某个国家或地区的市场形势，以及市场的供需状况和制定适当的交易价格都是十分重要的参考资料。

(3) 消费者因素。这主要包括消费者的消费习惯、消费结构以及购买动机等心理方面的研究，目的是为了使产品更能满足消费者的需要，做到适销对路。

(4) 科技发展因素。研究科技发展因素就是要注意了解科技发展及其应用的动向，研究新产品开发的动态，以及替代品的出现、产品结构的变化等。研究这些因素，有助于企业分析产品形势和竞争形势，掌握贸易动态，做到胸中有数，减少盲目性。

行情调研的范围很广泛，要做到有效地进入和巩固市场，除了以上几方面因素之外，还应注意会影响商品供与求的因素、自然因素等。

2. 国际市场行情调研的内容

国际市场行情调研的内容也是多方面的，与贸易有关的各种问题跨境电商企业都应当进行调研。一般说来有以下几点：

（1）国别调研。由于世界各国存在着很多差异，因此有必要对不同国家的具体情况进行研究，了解和分析不同市场的特点，以便使我们的业务活动增加计划性、减少盲目性。国别调研主要是研究某个国家的总体经济发展（如国民生产核算账户指标研究，以及工业生产、订单、固定资本投资指标、就业和失业、贸易指标、股票等有价证券、国际收支指标研究等）、经济政策、市场规模、市场竞争等方面的情况。

（2）客户调研。客户调研是国际市场行情调研的重要内容之一，因为这直接关系到选择什么样的外商或交易人进行交易，以及成交额的大小、是否能打开商品销路等问题。一方面，要了解与我们有贸易关系的国外厂商自身的情况，如资本数目、经营能力、信用程度、经营范围、组织机构等；另一方面，要了解国外厂商与我方进行贸易往来的情况、如历来业务联系情况、各年成交额、执行合同情况等。

（3）产品调研。这里主要指的是研究产品的供求情况、自身情况（如产品性能、质量、体积、包装、色彩、商标以及售后服务等）、消费者对某产品的态度、产品处在生命周期的哪一阶段、产品的需求弹性及供给弹性，以及竞争状况、发展变化、新产品开发等。

（4）价格调研。价格问题是交易中的关键问题，是行情调研的重要部分。一笔交易的成功与否，一种商品能否在国际市场上打开或扩大销路，最终要体现在商品交易价格上。价格调研主要是研究国际市场上有关商品价格的形成、变动规律、价格弹性、定价政策和策略，以及影响国际市场价格变动的因素等，从而掌握价格变化的规律和特点，为制定适当的价格提供参考和依据。

3. 国际市场行情调研方法

采用正确的国际市场行情调研方法，有助于获取准确的行情数据，以便为外贸业务的开展创造条件。首先确定和了解调研方向，然后确定调研目标，形成调研主题，最后制订调查计划。在制订计划时，关键是要注意选择调研方法。调研方法的恰当与否，会对调研结果产生重大影响。归纳起来，一般有如下3种方法：

（1）案头调研法。其又被称为纸上调研法，是调研的主要方法之一。进行这种调研主要涉及大量的案头工作，即需要从与某项市场交易活动有关的众多资料中分析、整理，并得出结论的方法。这时，行情调研人员或进行调研的外贸业务人员等相关人员，不能像进行国内市场行情调研那样随时进入实际的国际市场进行调查研究工作，而只能借助大量的现成书面资料开展工作。

调研人员要根据所要调研的主题，找出有关"第二手资料"。比如，主题为关于某商品本身所存在的问题，如质量等，这时就要广泛地收集有关资料、客户来函和成交动态中所反映出的情况等。调研人员要随着调研工作的展开而不断补充新资料。资料越详细，分析越有依据，结论就越可靠。之后运用这些已经确认的资料，进行分析判断，剔除无关因素，发现问题，指出原因，并提出解决问题的途径和方法。

例如阿里巴巴国际站数据管理的"知行情"频道有"行业视角"，其有助于商家在线快速全面地掌握买家的信息，而且也可以了解到同行业的供应商情况。Auto Batteries（电池）行业竞争度分析显示，卖家数量是供应商数量的 1.7 倍，如图 2.4 所示。

图 2.4　Auto Batteries（电池）行业竞争度分析

（2）实地调研法。即由调研人员（或企业业务人员等）直接到国外市场或生产基地进行调研工作。利用这种方法所收集到的资料为第一手资料。出于时间、精力和费用方面的考虑，此方法大都用于具有市场潜力的国际市场。

一般在从事实地调研前，必须做好一系列的准备工作，准备工作越细致越好，如决定调研的目的、选择对象、设计调研项目、绘制调研表、确定要解决的问题、安排进程，以及选择调研方法等。这样做会大大提高调研效果，以便保证调研目的顺利实现。实地调研法的种类很多，常用的有访问法、电话调研法、邮寄调研法和市场观察法。

①访问法。其又被称为面谈法，是调研人员（或业务人员等）与被调查者直接交谈的一种方法。采用访问法时，调研人员要准备好细致的访问计划，然后当面征求被调查者的意见或看法。这种方法的优点是问题的答复率较高，调研的深度、广度及准确度较高。另外，通过面谈，可直接观察到被调查者的反应，有一定的激励性。其缺点是调研费用高、时间长，且易受调研人员的主观意志或偏好的影响。

②电话调研法。这是调研人员通过电话征询被调查者意见或看法的一种方法。该方法适用于时间紧、费用不高、调研问题不多的情况。其优点是费用较低，问题反馈迅速简便、及时。其缺点是内容不易展开，难以判断被调查者的态度和反应。如果调研人员的语言（外语）水平差，

就会影响所获资料的准确程度。

③邮寄调研法。这是调研人员将设计的调查表寄给被调查者，请他填好后寄给调研人员的一种调研方法。这种调研法适用于居住比较分散的人的大样本调查。此法费用低廉，调研区域广泛，被调查者可有充足的时间思考答案。但其答复回收率低、选样不准确，这会影响调研成果。

④市场观察法。这是调研人员直接到所要调研的市场上，从旁直接观察并记录被调查者行为的一种方法，比如到各类超市、商场等去考察消费者的购买动向等。其优点是比较客观，具有直观性，所得到的资料比较具有参考价值。其缺点是不深入，具有表面性，易造成观察失误。所以，此法有一定的局限性。

（3）市场实验法。通过小规模的市场（如通过展览会、试销门市部等）进行实验，并采用适当的方法搜集、分析实验数据资料，以便测定产品是否值得大规模推广。当产品的质量需要提高、价格需要调整、包装需要改进时，均可采用这种方法来了解市场需求变化。即把一个特定的市场作为试销场所，以达到全面了解市场情况的目的。其优点是方法比较科学、可靠，可以获得较为准确的原始资料。其缺点是选择社会经济、文化、政治等环境相类似的实验市场颇为不易，由于可变因素较多且不易控制而难以比较实验结果，实验时间较长，费用一般也较高。

以上各种方法各有利弊，企业要根据实际资料情况、经费状况等诸多因素，恰当地选择适宜的方法。总之，跨境电商企业要想在国际市场竞争中取胜，顺利地开展贸易活动，不利用信息资源，不充分、全面地开展行情调研，就无法做出正确的决策，也就不会取得较佳的经济效益；只有注重调研，才有可能取得事半功倍的良好效果。

2.3.2 关键词分析

搜索引擎营销的核心是"关键词"，网民首先在搜索引擎上输入想要查找的某种产品或者某项服务的名称，之后搜索引擎会罗列出搜索的结果，网民通过点击想要了解的链接就可进入目标网站。关键词的选择又分为核心关键词和衍生关键词，核心关键词指的是对某产品的定位，而衍生关键词是对核心关键词的补充，通过不同的关键词可以捕捉到不同类型的访问者。在搜索引擎上，有很多关键词的竞争在行业内部非常激烈，只有不断优化自己的关键词列表，同时对网页的 URL、TITLE、META 标签以及对正文的标题、内容与链接再进行优化，才能获得较高的收益。搜索引擎的经营模式包括付费收录、付费排名、点击收费等。虽然这些服务都是收费的，但是在一定程度上却很值得跨境电商企业支付这笔费用，因为这样做将能够给商家的网站带来更多的浏览者且见效迅速。

1. 关键词的优先级

选择目标关键词是一个自然搜索或者付费搜索营销活动的真正开始。一旦选择了产品或者营销活动的其他目标，商家必须在开展自然搜索优化或者付费推广之前，谨慎地决定要以哪个关键词为目标。如表 2.1 所示，把营销活动中的关键词划分为 3 个级别。

表2.1 营销活动中关键词的优先级

等级划分	等级描述
最高优先级	关键词与跨境电商企业销售的产品非常匹配，产品很受欢迎或者比较受欢迎，并且还有比较高的转化率
中等优先级	关键词与跨境电商企业销售的产品比较匹配，有一定的流行度，并且有可以接受的转化率
低优先级	关键词与跨境电商企业销售的产品很匹配，并且有很多的相关搜索，值得做付费推广竞价，但是不值得做自然搜索优化

2．关键词的价值度分析

关键词分析中最重要的一环就是关键词的价值度分析。对跨境电商企业来说，首先是要找到那些有价值的关键词，并投入资金以提高排名。通过关键词获得排名之后，可为被动搜索获得展现或者点击；也就是说用户不搜索企业设置的关键词就不会被展现，或者不会被点击。这就是我们分析关键词价值度最重要的一项。用户搜索量越大的关键词，其价值度就越大。那么，怎样分析关键词的价值度呢？

（1）利用 Google 基于搜索的关键字工具。这个工具主要是供 AdWords 的用户参考关键词定位和定价用的，但其分析结果中的搜索量和竞争度等信息对网站的关键词也是有用的。基于搜索的关键字工具可提供关键词建议，包括以实际的 Google 搜索查询为依据，使客户网站上的特定网页与广告占有率和搜索占有率相匹配，如图 2.5 所示。

图 2.5　基于搜索的关键字工具可提供关键词建议

（2）利用 Google 的关键字规划师。在 Google AdWords "广告系列"里的"关键字规划师"中给出了关键词及相关词的详细搜索数据，该数据更为准确直观，如图 2.6 所示。这种关键词的价值直接体现在了搜索数量上。

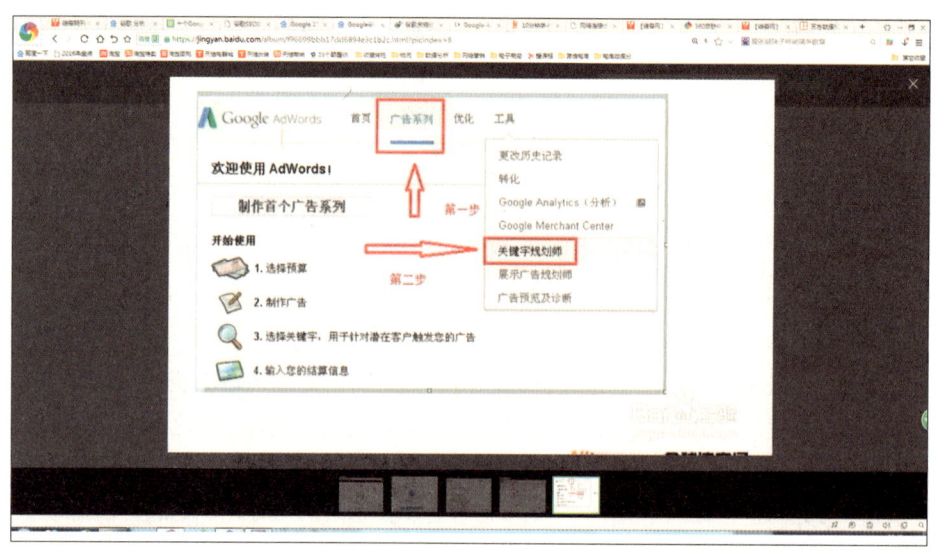

图 2.6　关键字规划师

（3）查看竞价网站的数量。竞价排名是要付费的，什么样的词是高转化的词，分析挖掘这类词是竞价员的核心工作内容。当一个关键词每一页的结果竞价数量都有 5 个以上时，无疑这类关键词的价值是很高的。

（4）利用 Google 下拉列表。在 Google 的搜索文本框中输入一个词，会出现一个下拉列表，下拉列表中的词是与用户输入的关键词相关的。下拉列表中的词一般与当前关键词的搜索量有关，下拉列表中的词也属于高价值度的词。

（5）用户搜索意图。用户搜索意图也能够体现关键词的价值。例如客户准备买一个发动机，就会先分析购买意向的关键词，包括发动机的价格、发动机厂商（通常，只有有意向购买发动机的客户才会关心价格和厂家）。但是搜索"发动机工作原理""发动机制造流程"等关键词的客户关注的是发动机的基础知识，这类词是很难转化的。

（6）利用阿里巴巴国际站的数据管家。阿里巴巴国际站数据管理"知行情"频道的"热门搜索词"功能能够显示关键词的搜索热度、卖家竞争度、橱窗数，如图 2.7 所示。

3．关键词的竞争度分析

了解关键词的价值度仅仅是个开始而已，关键是要知道所面对市场的竞争程度。判断一个关键词的竞争度，可以从以下几点来分析。

（1）看关键词的搜索结果数量

分别在百度中输入需要优化的关键词，查看一下搜索引擎返回的结果数量是多少。如果超过 5000 万条，就说明优化这个关键词很有难度；如果在 200 万条以下，就说明优化这个关键词没有什么难度，在很短的时间内就可以将其优化到搜索引擎首页。搜索引擎返回的结果数量和关键词的竞争度对照如表 2.2 所示。

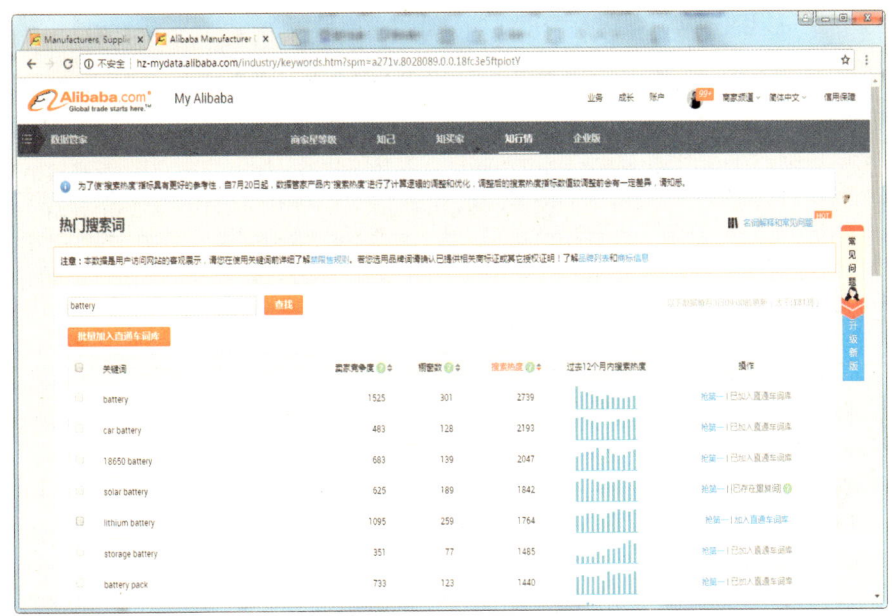

图 2.7 阿里巴巴国际站数据管理"知行情"频道的"热门搜索词"功能

表 2.2 搜索引擎返回的结果数量和关键词的竞争度对照表

搜索引擎返回的结果数量	关键词的竞争度	关键词的优化难度
搜索结果少于 200 万条	较小	这样的关键词稍微优化就可到搜索引擎首页
搜索结果为 200 万~500 万条	中等偏小	这样的关键词在网站中做一些简单的优化,再稍微做一下外链,就可以被优化到搜索引擎首页
搜索结果为 500 万~2000 万条	中等	这样的关键词对网站的结构、文章及链接结构稍微有些要求,而且站长要经常对网站进行更新
搜索结果为 2000 万~5000 万条	中等偏上,有一定难度	这对网站本身的质量、文章内容、网站外部链接都有很高的要求
搜索结果在 5000 万条以上	高难度	要求网站必须经常更新,文章最好是原创的,且需要大量的高质量外链指向网站。另外,关键词优化到首页的时间需要半年左右,极个别关键词的优化时间可能会更长

(2) 看关键词的结果页面是否有大品牌

假如某个关键词排在搜索引擎首页的前几个链接指向的是 Apple、Dell、爱马仕、路易威登等知名品牌,那么这个关键词具有一定的竞争难度。

(3) 看关键词的搜索次数

搜索次数越多,这个关键词的价值越大,从理论上来说这个关键词的竞争度也越大。但有的关键词却相反,搜索量非常大,竞争度却非常低,如果一个跨境电商企业碰到这样的词,就再好不过了。关键词的搜索次数与竞争度对照如表 2.3 所示。

表 2.3　关键词的搜索次数与竞争度对照表

序　号	搜索次数	竞　争　度
1	搜索次数少于 100 万条	小
2	搜索次数为 100 万~500 万条	中等偏小
3	搜索次数为 500 万~1000 万条	中等
4	搜索次数为 1000 万~5000 万条	中等偏上
5	搜索次数在 5000 万条以上	高难度

2.3.3　茶叶跨境电商企业的国际市场调研

茶叶跨境电商企业 OrganicTea 公司对我国茶叶出口市场展开调研，调研内容包括买家市场分析、卖家市场分析、阿里巴巴国际站的茶叶市场分析等。

1. 买家市场分析

据海关数据统计，2017 年 1 月—12 月，我国茶叶出口 35.5 万吨，金额约 16.1 亿美元，平均单价为 4531 美元/吨，同比分别上升 8.08%、8.40% 和 0.30%。其中，绿茶出口 29.4 万吨（约占总量的 83%），金额约 11.3 亿美元，同比分别上升 8.78% 和 6.49%；均价为 3849 美元/吨，同比下降 2.10%。红茶出口 3.6 万吨，金额约 2.8 亿美元，均价为 7801 美元/吨，同比分别上升 7.29%、8.24% 和 0.88%。乌龙茶出口 16 182 吨，金额约 1.1 亿美元，均价为 7284 美元/吨，同比分别上升 1.44%、31.28% 和 29.41%。花茶出口 6164 吨，金额约 5093 万美元，均价为 8261 美元/吨，同比分别上升 6.22%、6.69% 和 0.44%。普洱茶出口 2717 吨，同比下降 7.50%；金额 2949 万美元，均价为 10 854 美元/吨，同比分别上升 12.20% 和 21.29%。2017 年我国的茶叶出口至 128 个国家或地区。其中，出口量超过万吨的有 12 个国家或地区，占全年出口总量的 64.8%。这些茶叶主要进入了以下国家或地区的市场：摩洛哥、乌兹别克斯坦、毛里塔尼亚、加纳、美国、俄罗斯、塞内加尔、阿尔及利亚、中国香港、日本和德国。

据我国海关数据统计，2017 年 1 月—12 月我国茶叶销往的国家/地区的前 20 位如表 2.4 所示。摩洛哥、乌兹别克斯坦、毛里塔尼亚、加纳和美国分别占据前 5 位。在这些国家中，绿茶的销售占比最大。比如摩洛哥的 7 万多吨茶叶中，只有 650 吨其他类别的茶叶。值得注意的是，中国出口的茶叶，仍以散装、原材料供给为主，产品的附加值有待提高。该市场的稳定对我国绿茶产业的发展具有重要意义。在市场的实际销售中，我国的茶企应继续加强对出口产品品质的管理，以维护市场的稳定和繁荣。

2. 卖家市场分析

据中国海关数据统计，2017 年浙江省出口茶叶 17 万吨，占当年全国茶叶出口总量的 48%。另外，江西出口茶叶 8.5 万吨，占比为 24%；上海出口茶叶 1.8 万吨，占比为 5%；湖南出口茶叶 0.7 万吨，占比为 2%；安徽出口茶叶 1.1 万吨，占比为 3%；福建出口茶叶 2.45 万吨，占比为 7%；广东出口茶叶 3.6 万吨，占比为 10%，如图 2.8 所示。

表 2.4 2017 年 1 月—12 月我国茶叶销往的国家/地区的前 20 位

国家 （或地区）	出口量 （千克）	出口额 （美元）	均价 （美元/千克）	数量同比 （%）	金额同比 （%）	均价同比 （%）
摩洛哥	75 278 266	229 113 890	3.044	11.88	1.07	−9.66
乌兹别克斯坦	24 178 150	42 519 817	1.759	26.20	34.96	6.95
毛里塔尼亚	19 780 857	85 500 649	4.322	16.77	14.68	−1.79
加纳	15 437 222	64 635 794	4.187	11.69	7.88	−3.41
美国	15 111 779	82 632 322	5.468	−9.53	−8.81	0.79
俄罗斯	14 747 960	38 828 300	2.633	3.16	−5.43	−8.33
塞内加尔	14 029 676	56 114 865	4.000	−23.03	−28.35	−6.91
阿尔及利亚	13 544 439	44 892 760	3.314	6.19	−4.18	−9.76
中国香港	13 057 902	244 867 249	18.752	3.36	50.32	45.43
日本	12 900 320	52 397 783	4.062	7.51	2.87	−4.32
德国	12 594 124	44 293 113	3.517	13.77	1.36	−10.91
多哥	9 843 250	42 032 676	4.270	10.36	7.50	−2.59
喀麦隆	8 416 114	7 401 378	0.879	30.56	31.66	0.84
利比亚	8 234 740	20 480 381	2.487	150.61	106.62	−17.56
巴基斯坦	7 676 415	18 971 335	2.471	−5.49	0.47	6.30
贝宁	7 447 815	12 297 364	1.651	25.69	32.38	5.32
马里	4 972 635	21 674 332	4.359	−7.08	−3.22	4.14
泰国	4 910 059	37 382 121	7.613	−23.79	−3.15	27.08
法国	4 194 610	22 279 934	5.312	8.94	15.07	5.63
伊朗	3 976 256	10 576 308	2.660	50.91	76.91	17.23
总计	355 251 869	1 609 637 110	4.531	8.08	8.40	0.30

3. 阿里巴巴国际站的茶叶市场分析

OrganicTea 公司对在阿里巴巴国际站的茶叶市场情况做了分析，这些分析数据包括阿里巴巴全球买家分布数据、阿里巴巴全球买家询盘分布、买家搜索的最热门关键词 TOP20、卖家和买家数量对比、各地区买家反馈数量 TOP5 的国家或地区等。通过这些数据，企业可分析主要客户市场及客户消费能力、消费习惯、消费水平等。

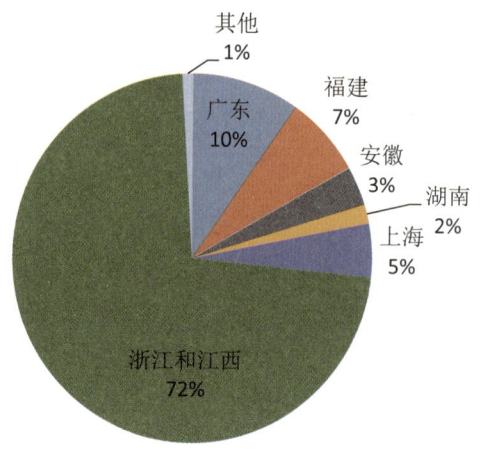

图2.8 中国的茶叶出口省市分布图

（1）阿里巴巴国际站茶叶的全球买家分布

阿里巴巴国际站茶叶的全球买家分布如图2.9所示。其中，北美市场占比最高，达到28%；第二是亚洲市场，占比为23%；第三是欧洲市场，占比为20%（数据来源：阿里巴巴（中国）网络技术有限公司）。

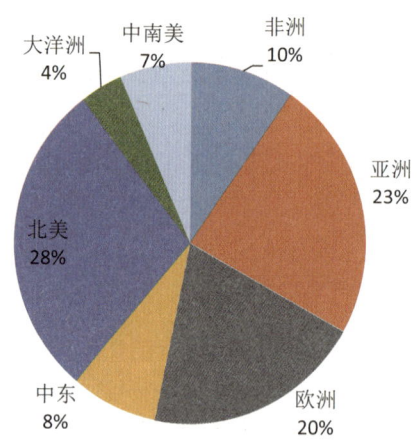

图2.9 阿里巴巴国际站茶叶的全球买家分布

（2）阿里巴巴国际站茶叶的全球买家询盘分布

阿里巴巴国际站茶叶的全球买家询盘分布如图2.10所示。其中，亚洲市场占比最高，达到78%；第二是中东市场，占比为6%；第三是欧洲市场，占比为5%（数据来源：阿里巴巴（中国）网络技术有限公司）。

第2章 数据分析与品牌定位 | 63

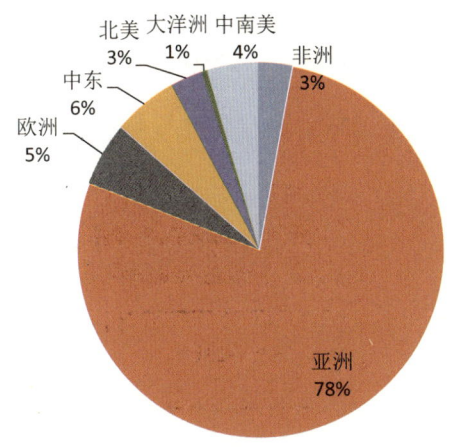

图 2.10 阿里巴巴国际站茶叶的全球买家询盘分布

（3）阿里巴巴国际站茶叶买家搜索的最热门关键词分析

在阿里巴巴国际站茶叶买家搜索的最热门关键词 TOP20 中，核心关键词"tea"的搜索量最大。衍生关键词还包括减肥茶（slimming tea）、排毒茶（detox）等（数据来源：由阿里巴巴（中国）网络技术有限公司整理）。

（4）阿里巴巴国际站茶叶的买家数和卖家数对比分析

2017 年 8 月—2018 年 7 月，阿里巴巴国际站的"Green Tea"行业趋势如图 2.11 所示。从该趋势上来看，茶叶搜索指数总体上升明显（数据来源：阿里巴巴（中国）网络技术有限公司）。

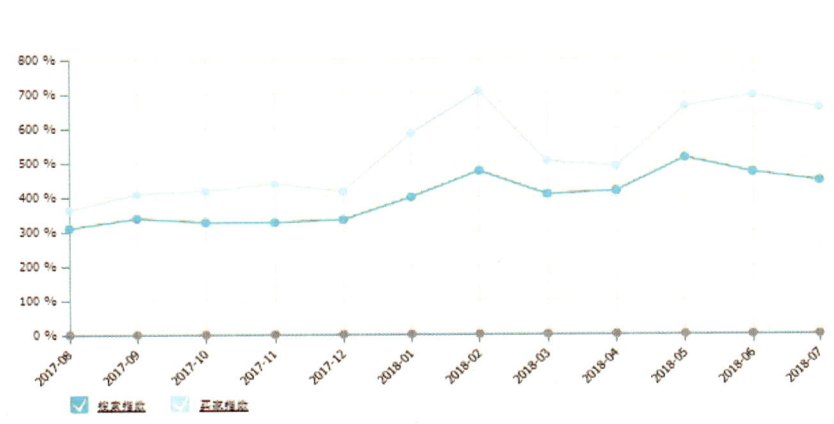

图 2.11 阿里巴巴国际站的"Green Tea"行业趋势

（5）阿里巴巴茶叶卖家国外的部分客户询盘信息

阿里巴巴茶叶卖家 OrganicTea 国外的部分客户询盘信息如图 2.12 所示。通过分析可以发现，客户比较关注的是茶叶的农业残留和人工香料的添加等（数据来源：阿里巴巴（中国）网络技术有限公司）。

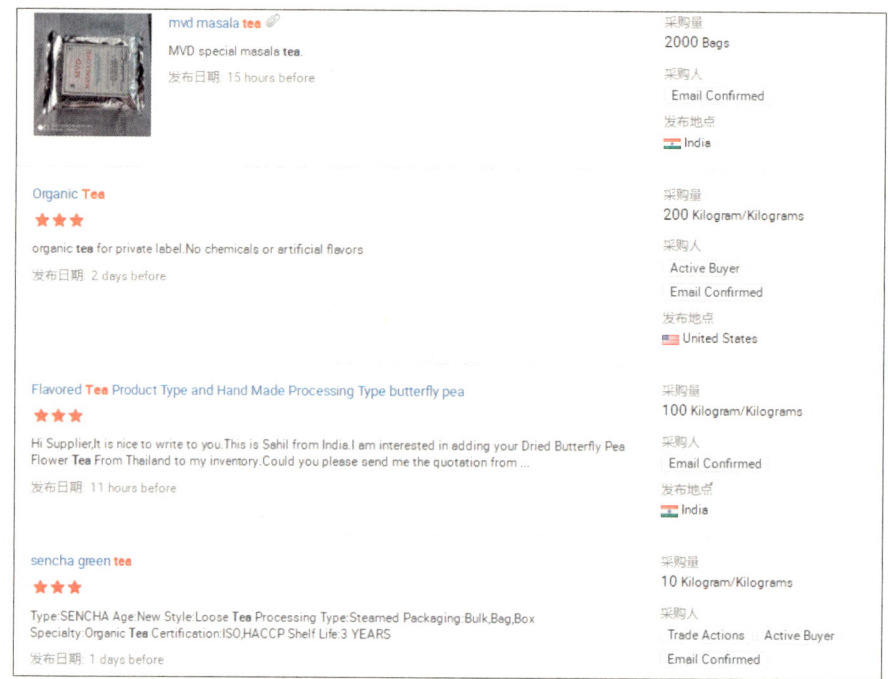

图 2.12　阿里巴巴茶叶卖家 OrganicTea 国外的部分客户询盘信息

（6）阿里巴巴国际站茶叶买家反馈数量 TOP5 的国家或地区

阿里巴巴国际站茶叶买家反馈数量 TOP5 的国家或地区如表 2.5 所示，欧洲排在前 5 位的国家是英国、俄罗斯、德国、西班牙和法国；亚洲排在前 5 位的国家或地区是印度、中国香港、巴基斯坦、马来西亚和斯里兰卡；中南美洲排在前 5 位的国家是巴西、智利、哥伦比亚、阿根廷和秘鲁；中东排在前 5 位的国家是伊朗、土耳其、阿联酋、以色列、沙特阿拉伯（数据来源：阿里巴巴（中国）网络技术有限公司）。

表 2.5　买家反馈数量 TOP5 的国家或地区

洲　　区	国家 / 地区	洲　　区	国家 / 地区
Europe （欧洲）	英国	Asia （亚洲）	印度
	俄罗斯		中国香港
	德国		巴基斯坦
	西班牙		马来西亚
	法国		斯里兰卡

续表

洲　　区	国家/地区	洲　　区	国家/地区
Central & South America（中南美洲）	巴西	Middle East（中东）	伊朗
	智利		土耳其
	哥伦比亚		阿联酋
	阿根廷		以色列
	秘鲁		沙特阿拉伯
Africa（非洲）	尼日利亚	Oceania（大洋洲）	澳大利亚
	埃及		新西兰
	南非		法属波利尼西亚
	阿尔及利亚		
	肯尼亚		
North America（北美洲）	美国		
	加拿大		
	墨西哥		

思考与实训

1. 判断题

（1）数据分析的目的是把隐藏在一大批看来杂乱无章的数据中的信息集中、提炼并萃取出来，以找出所研究对象的内在规律。（　　）

（2）对跨境电商企业现阶段整体运营情况的分析属于原因分析。（　　）

（3）品牌延伸策略是指跨境电商企业同时经营两种或两种以上相互竞争的品牌。（　　）

（4）企业实施多品牌策略，就意味着不能将有限的资源分配给获利能力强的少数品牌，各个品牌都需要一个长期、巨额的宣传预算。（　　）

（5）国际市场行情调研的范围十分广泛，它涉及不同国家或地区的政治、经济、文化、政策法规等各个领域。（　　）

（6）由于世界各国存在着很多差异性，因此有必要对不同国家的具体情况进行研究，了解和分析不同市场的特点，以使商家的业务活动增加计划性，减少盲目性。（　　）

（7）最高优先级的关键词与跨境电商企业销售的产品很匹配，并且有很多的搜索，值得做付费推广竞价，但是不值得做自然搜索优化。（　　）

（8）阿里巴巴国际站数据管理"知行情"频道的"热门搜索词"功能中搜索热度指的是设有该词及相关词的供应商数量。（　　）

（9）如果搜索结果在200万条以下，就说明这个关键词没有什么优化难度，在很短的时间内就可以将其优化到搜索引擎首页。（　　）

（10）"外贸直通车"→"推广工具"→"关键词工具"一次最多可添加1000个关键词。（　　）

2. 单选题

（1）数据分析的价值包含（　　）。
　　A．帮助领导做出决策　　　　　B．预防风险
　　C．把握市场动向　　　　　　　D．以上都正确

（2）对跨境电商企业数据分析流程描述正确的是（　　）。
　　A．明确分析目的和思路、收集数据、数据处理、数据分析、数据展现与报告撰写
　　B．明确分析目的和思路、收集数据、数据处理、数据展现、数据分析与报告撰写
　　C．明确分析目的和思路、收集数据、数据展现、数据处理、数据分析与报告撰写
　　D．明确分析目的和思路、收集数据、数据分析、数据处理、数据展现与报告撰写

（3）大数据需要满足的特点是（　　）。
　　A．高价值、多样性和高速性　　B．规模性、高价值和高速性
　　C．规模性、多样性和高价值　　D．规模性、多样性和高速性

（4）产品定位取决于（　　）。
　　A．产品需求定位、企业产品测试、营销组合定位
　　B．目标市场定位、产品需求定位、企业产品测试、营销组合定位
　　C．目标市场定位、企业产品测试、营销组合定位
　　D．目标市场定位、产品需求定位、营销组合定位

（5）下列不属于实地调研法的是（　　）。
　　A．访问法　　　　　　　　　　B．电话调研法
　　C．案头调研法　　　　　　　　D．邮寄调研法

3. 实训题

请选择一个产品，从阿里巴巴站内和站外两个方面展开国际市场调研，调研内容包括站外买家市场分析、站外卖家市场分析、阿里巴巴国际站市场分析。

第 3 章 阿里巴巴国际站应用基础

3.1 信息展示

3.1.1 产品信息质量

1. 产品信息质量的概念

产品信息质量指的是店铺所有商品的信息质量平均得分，这里从图片质量、文本质量、交易物流信息及其他维度对商品信息进行整体评估并给予分值。

产品信息质量的操作路径如下：通过"My Alibaba"→"数据管家"→"商家星等级"可以看到平台上的产品信息质量，如图 3.1 所示。

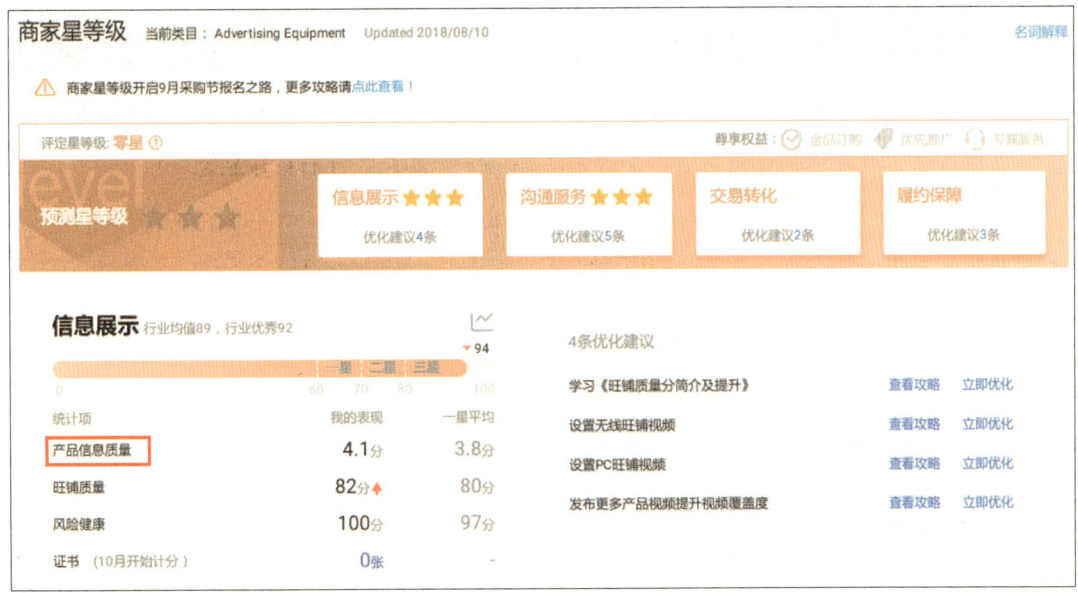

图 3.1 产品信息质量

如今阿里巴巴针对发布产品的质量进行了一个分数考核机制，根据分数的不同来分层为3类产品，依次为精品、普通产品、低质产品。具体区别如表3.1所示。

表3.1　3个层次的产品分类

精　品	普通产品	低质产品
该产品不是重复铺货产品且须满足以下任一条件： （1）产品信息质量分≥4分 （2）或产品信息质量分≥3.5分且最近90天为非零效果产品 精品曝光倾斜： （1）搜索优先排序——在同等条件下，在所有产品中进行优先排序 （2）营销大促活动优先准入及排序 （3）买家推荐场景（如Alibaba.com首页、买家询盘成功页等）优先推荐	该产品不是重复铺货产品且满足以下任一条件： （1）3.5分≤产品信息质量分＜4分且最近90天为零效果产品 （2）或2分≤产品信息质量分＜3.5分	该产品满足以下任一条件： （1）产品信息质量分＜2分 （2）或者该产品为重复铺货产品 低质产品的弊端： （1）问题商品无法进入搜索排序，其他低质商品无排序优势 （2）无法参与全站的营销活动

卖家发布的产品质量是以精品为目标的。产品信息质量分别以上传图片质量、信息完整性、描述相关性3个维度的指标来衡量，满分为5分。操作路径如下："My Alibaba"→"产品管理"→"搜索诊断"→"搜索诊断中心"，在此可以看出当前平台上的产品分层情况，以及需要优化的产品数量，如图3.2所示。

2．在产品信息质量发布过程中存在的问题

在产品信息质量发布过程中，经常存在以下问题。

1）重复铺货

卖家将同一件商品发布为多件商品进行展示销售（以公司为维度）。判断维度：商品的标题、属性、描述、图片等方面。

重复铺货行为细则（包含但不仅限于以下情况）：

同一个卖家的同一种商品，图片相同，商品标题、属性及详情描述高度雷同，将被视为严重重复铺货。

同一个卖家的同一种商品，图片相同，商品标题、属性及详情描述雷同，将被视为重复铺货。

同一个卖家的同一种商品，图片相似，商品标题、属性及详情描述雷同，将被视为重复铺货。

2）类目错放

类目错放指的是卖家在发布或者修改产品时将产品放在错误或者不适合的产品类目下面。

3）图片质量不佳

发布产品所用的主图不符合阿里巴巴最新规则，存在以下情况：图片形状不是正方形的；

图片的背景比较杂乱,不能凸显产品本身;图片带有边框。

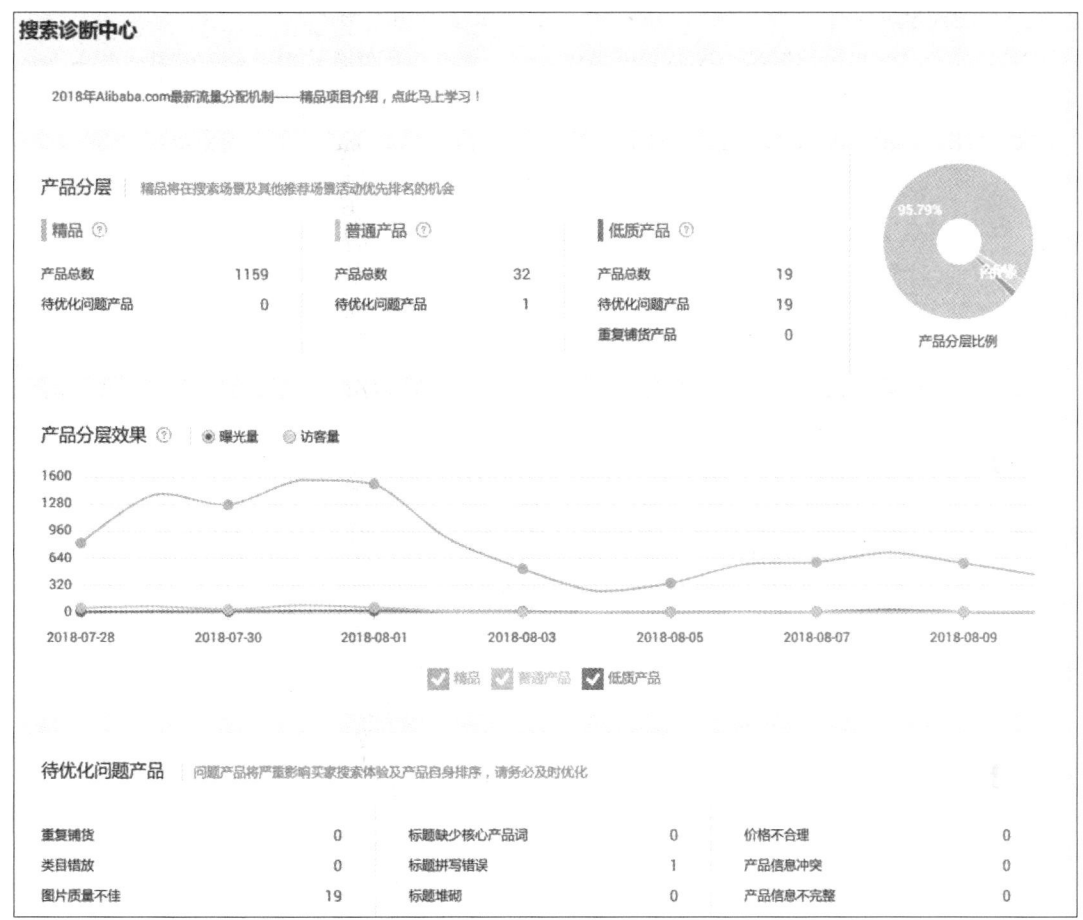

图 3.2　搜索诊断中心

4)标题拼写错误

产品标题中存在拼写错误的关键词或短语。产品标题拼写错误将影响买家对产品专业性的判断并会影响产品信息质量,继而影响产品的排序。

5)标题堆砌

如果产品标题中同一个词出现得过于频繁,会造成该产品的内容难于阅读,从而造成访问流量的损失。 标题堆砌将影响你的信息质量,从而影响产品排序。

6)标题缺少核心产品词

产品标题中只有修饰词,却缺少核心产品词。标题缺少核心产品词会影响买家对产品本身的判断,影响产品信息的质量,继而影响产品的排序。

7)产品信息冲突

产品信息冲突指的是同一产品的标题、图片、类目、属性、详细信息等描述中,存在信息互相冲突的问题。

冲突的产品信息出现在某个产品的产品信息中,将严重影响买家对产品的判断,影响产品信息质量和相关性,继而影响产品排序。

8）价格不合理
- 产品的价格存在如下情况：产品价格区间过大、不合理,比如,产品的最高价和最低价间相差千百倍。
- 产品价格缺失（发布产品时,价格缺失的,则无法发布）。
- 产品价格过低、不合理,比如,该产品价格仅为同行业产品平均水平的百分之一甚至更低。
- 产品价格不自洽,比如,产品价格和实际价值不符：图片、属性描述的是真皮座椅,价格处写的却是塑料座椅的价格。

9）产品信息不完整

完整的产品信息需要填全以下信息：产品的基本信息、产品属性、交易信息、物流信息、产品详情、产品分组。上述的一个或多个信息缺失,即产品信息不完整。

信息质量是一个影响排序的基本因素,不完整的产品信息将影响买家对产品的全面认知和判断。产品信息不完整会影响产品排序。

普通产品、低质产品都要进行及时的优化,根据系统给出的指示来优化对应的产品信息。直到产品分数达到 4 分及以上为止,如图 3.3 所示。

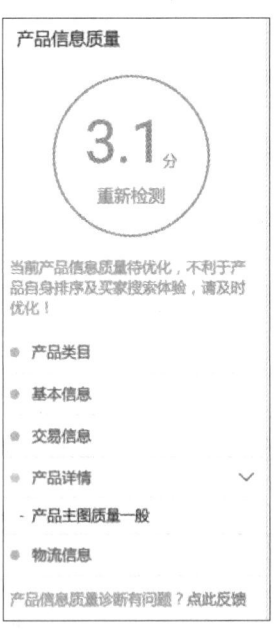

图 3.3　产品信息质量分

3.1.2 旺铺质量

旺铺质量指的是根据近 30 天旺铺访问时长、近 30 天旺铺访问深度、是否有 PC 旺铺视频、是否有无线旺铺视频、产品视频在店铺内产品的覆盖度，以及近 30 天旺铺视频有效播放次数、近 30 天旺铺视频平均播放时间、近 30 天产品视频有效播放次数综合计算得分，如图 3.4 所示。

分数类型	子分数项
旺铺访客综合行为	近30天旺铺访问时长
	近30天旺铺访问深度
多媒体信息表达能力	是否有PC旺铺视频
	是否有无线旺铺视频
	产品视频在店铺内产品的覆盖度
多媒体表达效果	近30天旺铺视频有效播放次数
	近30天旺铺视频平均播放时间
	近30天产品视频有效播放次数

图 3.4　旺铺质量分的定义

操作路径如下："My Alibaba"→"数据管家"→"商家星等级"，在此可以看到平台上的旺铺质量，如图 3.5 所示。

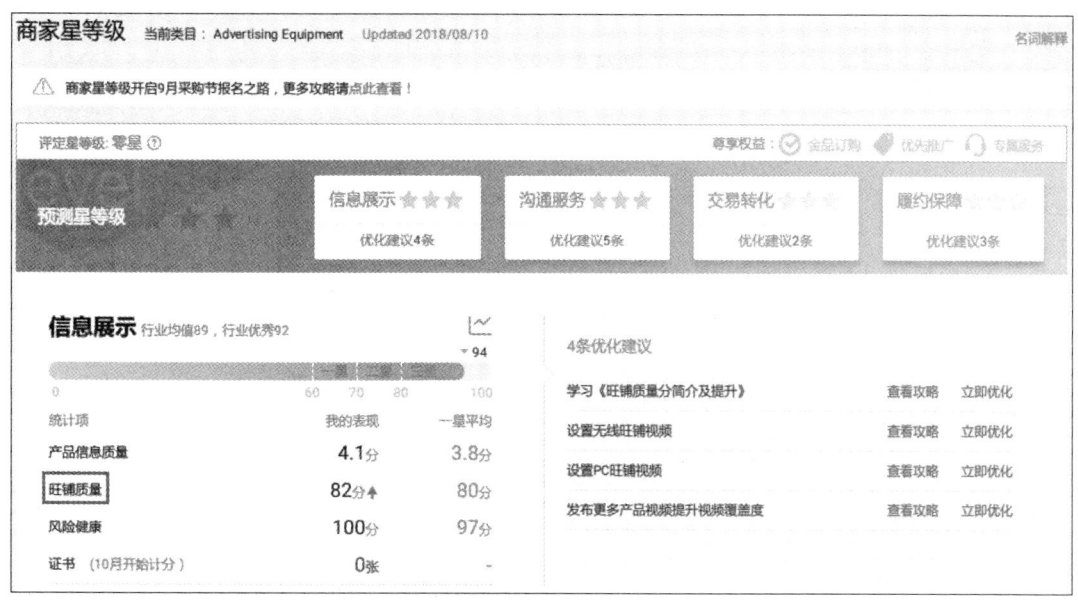

图 3.5　旺铺质量

若要提升旺铺质量分，应从对应的考核因素来优化调整，例如通过装修旺铺、设置无线和 PC 旺铺的视频、发布更多产品视频以提升视频的覆盖度这些途径来提升旺铺的质量分。

什么是企业旺铺

> 说明：请用手机自带的相机扫描书中相关章节的二维码（不要用微信扫描），然后复制网址，打开手机或电脑的浏览器，粘贴网址观看。读者需要按要求登录账号才可以观看，如有问题，请打电话 010-88254045 与本书编辑联系（全书操作都一样）。

3.2 账户管理

3.2.1 个人信息和账户安全

1. "管理个人信息"设置

在 My Alibaba 后台顶部的账户菜单上，可以对个人信息进行相关的设置操作，包括对个人信息的修改、头像上传、商业信息修改、隐私设置等，如图 3.6 所示。

图 3.6 "管理个人信息"设置

"管理个人信息"设置的方法如下：依次点击"账户"→"个人信息"→"管理个人信息"，进入"管理个人信息"界面，在此界面下可以设置姓名、性别、邮箱、手机等基本信息。在填写姓名、性别等个人信息时务必如实填写，以免造成海外采购客户不必要的误会。此外务必使用真实的邮箱和联系方式，以便海外采购客户可以直接联系到对应的供应商。

1）头像上传

依次点击"账户"→"个人信息"→"头像上传",进入"头像上传"界面。在此可以通过点击相关按钮或将图片拖曳至虚线框内进行头像的上传。头像的图片只支持 JPG 格式,头像图片的大小需要控制在 3MB 以内。上传时应注意使用正确的图片格式。账号的头像属于商业用途,建议使用符合商业定位的个人照片,避免使用合照。此外,务必上传与个人性别、年龄、身份相符合的照片。头像上传成功以后后台会进行审核,该头像在 24 小时内将会被展现在供应商的阿里巴巴网页上。

2）商业信息

依次点击"账户"→"个人信息"→商业信息",进入"商业信息"界面,在此界面下可以编辑账号对应的名片信息、采购信息及公司信息。在海外采购客户发送询盘和发布 RFO 时可以选择发送名片信息,从而让海外采购客户快速获得供应商的联系方式。采购信息主要包括所处行业、采购偏好、采购频率等,供应商填写准确的信息有利于得到海外采购客户更精准的回复。

3）隐私设置

依次点击"账户"→"个人信息"→隐私信息",进入"隐私设置"界面,在此界面下可以设置个人信息、采购信息的可见级别等。可见级别分为 3 种:所有用户可见、仅认证供应商可见、所有用户不可见。适度公开信息有利于海外采购客户更快地了解供应商的特点与实力;但是如果过度公开信息,则可能会在一定程度上造成隐私外泄。总而言之,这部分内容供应商应根据实际情况和自身需求进行设置。

4）积分中心

依次点击"账户"→"个人信息"→"积分中心",进入"积分中心"界面,在此界面下可以管理积分、进行积分兑换,以及查看积分赚取、兑换、订正 & 处罚记录。通过 RFQ 报价、直接支付信保订单等可以获取积分,该积分可用于兑换商机包、P4P 红包和 RFQ 报价权益。

5）邮件订阅中心

依次点击"账户"→"个人信息"→"邮件订阅中心",进入"邮件订阅中心"界面,在此界面可以设置订阅会员服务、通知等邮件。建议供应商开启各类邮件订阅,以便能第一时间获取商机咨询和网站的重要通知。

2. 账户安全设置

在 My Alibaba 后台顶部的账户菜单上,可以对账号的安全设置进行操作,包括修改注册邮箱、修改密码、设置安全问题、管理安全手机等,如图 3.7 所示。

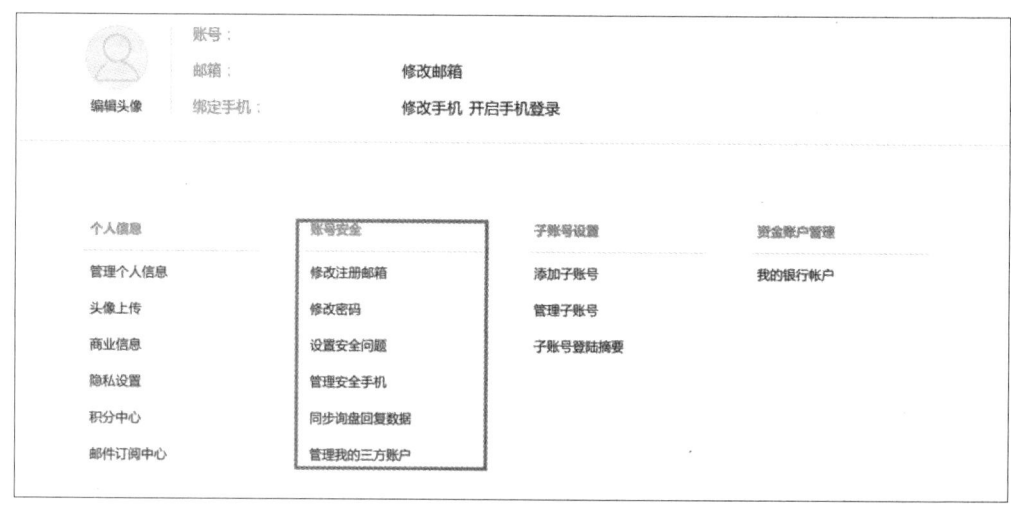

图 3.7 账户安全设置

1）修改注册邮箱

依次点击"账户"→"账号安全"→修改注册邮箱",进入"修改注册邮箱"界面,在此界面下可以修改账号的注册邮箱。修改注册邮箱属于敏感操作,需要验证修改者的身份,根据提示可以选择 4 种验证方式中的任意一种:手机验证码 + 证件号码、安保问题 + 证件号码、有效验证码 + 证件号码、人工服务。

2）修改密码

依次点击"账户"→"账号安全"→"修改密码",进入"修改密码"界面。与上述修改注册邮箱的流程一致,在验证完成后可以修改密码。

3）设置安全问题

依次点击"账户"→"账号安全"→"设置安全问题",进入"设置安全问题"界面,安全问题可以配合用于验证身份进行相关操作。与上述修改注册邮箱的流程一致,在验证完成后可以设置安全问题。

4）管理安全手机

依次点击"账户"→"账号安全"→"管理安全手机",进入"管理安全手机"界面,在此界面下可以设置与修改安全手机,安全手机用于后台登录以及与账号有关的敏感操作的身份验证。与上述修改注册邮箱的流程一致,在验证完成后可以管理安全手机。

5）同步询盘回复数据

依次点击"账户"→"账号安全"→同步询盘回复数据",进入"同步询盘回复数据"界面,在此界面下可以设置非阿里巴巴国际站绑定邮箱用于同步询盘信息及回复信息(注:同步询盘回复数据主要用于统计回复率使用,邮件内容并不会同步在网站上)。

如何填写公司信息

3.2.2 子账号设置与资金账户管理

1. 子账号设置

在 My Alibaba 后台顶部的账户菜单下可以进行子账号设置的一系列操作，包括添加和管理子账号、修改子账号的类型等，如图 3.8 所示。

阿里巴巴国际站的后台账号总共分为主账号（管理员账号）和子账号两种。其中子账号的类型有 3 种，分别为业务经理、业务员、制作员。主账号可以根据公司的情况来分配设置子账号类型，每个子账号只能有一种身份，身份不可重叠，可根据公司的实际业务需求来分层设置。各类子账号的权限如图 3.9 所示。

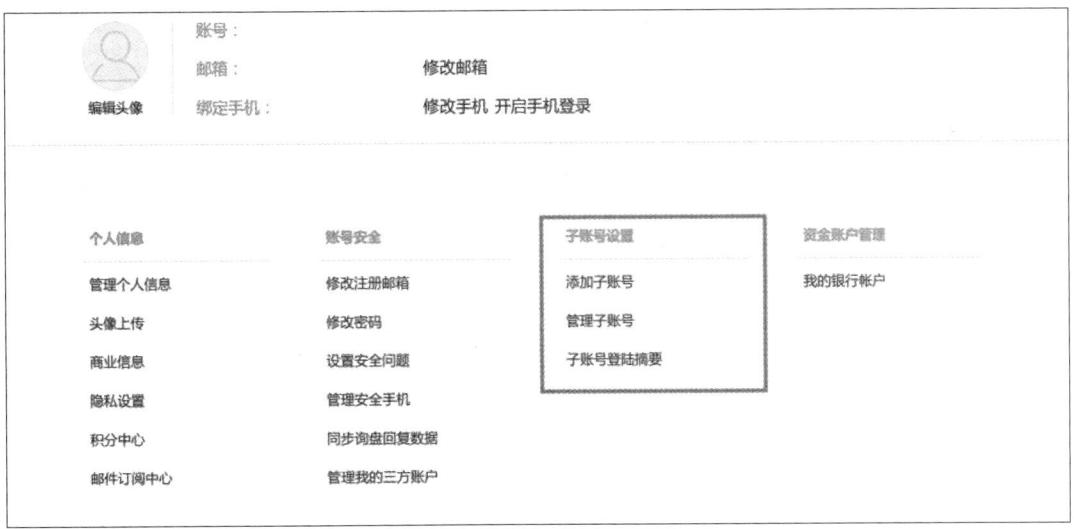

图 3.8　子账号设置

	功能	管理员	业务经理	业务员	制作员
产品管理	发布产品	√	√	√	√
	管理产品	√	√	√	√
	产品分组与排序	√	×	×	√
	管理橱窗产品	√	×	×	√
	管理认证产品	√	×	×	×
	管理图片银行	√	√	√	√
建站管理	管理公司信息	√	×	×	×
	贸易记录	√	×	×	×
	栏目	√	×	×	×
	管理全球旺铺	√	×	×	√
	域名管理	√	×	×	×
	A&V认证	√	×	×	×
询盘	已分配待处理询盘	√	√	√	√
	待分配询盘	√	√	√	×
	询盘搜索	√	√	√	×
	设置询盘分配规则	√	×	×	×
客户	待分配客户	√	√	√	×
	搜索客户	√	√	√	×
	新增客户	√	√	√	√
	搜索联系人	√	√	√	×
数据管家	诊断总览	√	√	√	×
	我的效果	√	√	√	×
	我的产品	√	√	√	×
	我的全球旺铺	√	√	√	×
	访客营销	√	√	√	×

图 3.9 各类子账号的权限一览

子账号设置方法如下。

1）添加子账号

依次点击"账户"→"子账号设置"→"添加子账号",进入"添加子账号"界面,在此界面下可以添加不同种类的子账号。My Alibaba 子账号最多可以添加 5 个,已经添加满 5 个子账号以后就不能再进行添加了。添加子账号属于敏感操作,必须先进行身份验证,通过安全邮箱验证后方可进行添加子账号操作。依次设置好邮箱、密码、账号类型、联系方式等信息后,点击"添加"按钮即可完成子账号的添加。

2）管理子账号

依次点击"账户"→"子账号设置"→"管理子账号",进入"管理子账号"界面,在此界面下可以进行删除子账号、冻结子账号、修改子账号类型等操作。下面以删除子账号和修改子账号类型为例进行讲解。

- 删除子账号

  勾选待删除的子账号，然后点击"删除"按钮，按照提示填写验证码即可删除已勾选的子账号。已冻结的子账号不能被删除，需要先解冻再删除。在子账号被删除后，该子账号的 RFQ、询盘、产品、人脉名片和客户会自动归入主账号（管理员账号）。如果要分配给其他账号，则需要先分配之后再删除该子账号。

- 修改子账号类型

  在子账号右侧点击"查看详情"，可以进入对应子账号页面，点击"编辑"按钮，在账号类型中重新选择新账号类型即可完成操作。其中，制作员能升级成业务员或业务经理，业务员与业务经理可互相调换，而业务员或业务经理不能转为制作员，主账号（管理员账号）也不能变更为任何类型的子账号。

3) 子账号登录概要

依次点击"账户"→"子账号设置"→"子账号登录概要"，可以进入"子账号登录概要"界面，在此界面下可以查看子账号登录时间、IP 地址、国家／地区等信息。如果发现子账号不在常规 IP 地址登录的情况，核实后应及时地冻结账号，以免发生因账号信息被盗而造成损失的情况。

2．资金账户管理

如图 3.10 所示，依次点击"账户"→"资金账户管理"→"我的银行账户"，进入"银行账户管理"界面。在此界面下可以添加在线收款账户与线下 T/T 收款账户，以及对信保收款、快捷支付进行提现等操作。

如图 3.11 所示，可以进入"银行账户管理"界面，进行银行账户的管理。

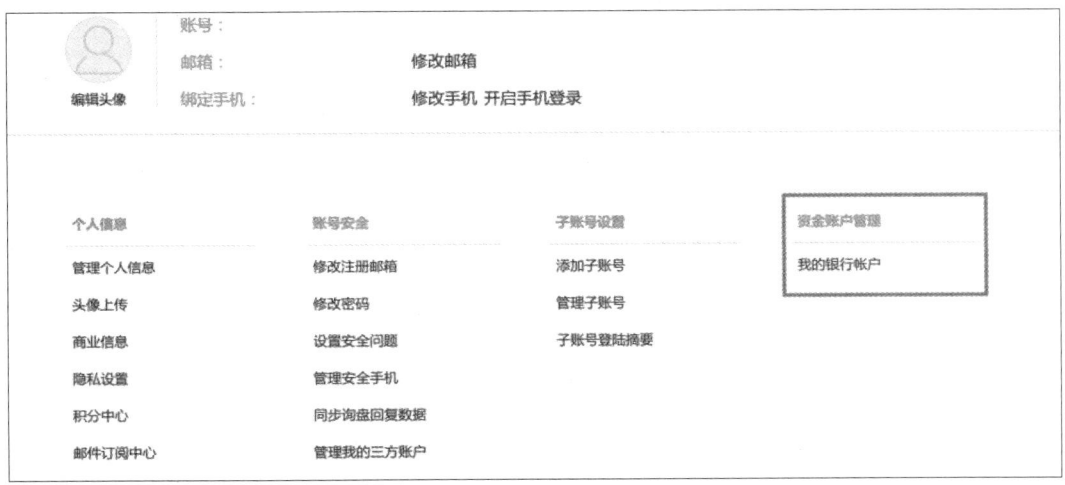

图 3.10　资金账户管理

图 3.11 "银行账户管理"界面

3.3 店铺管理

3.3.1 国际站后台概述

阿里巴巴国际站后台（My Alibaba）就像一个功能强大而全面的操作系统，所有跟国际站相关的功能入口都集中在 My Alibaba 后台，其功能包括但不局限于产品发布与管理、橱窗产品管理、网站数据查看、外贸直通车推广、RFQ 采购等。My Alibaba 后台的具体功能如下。

My Alibaba 后台的各个功能板块布局，如图 3.12 所示。

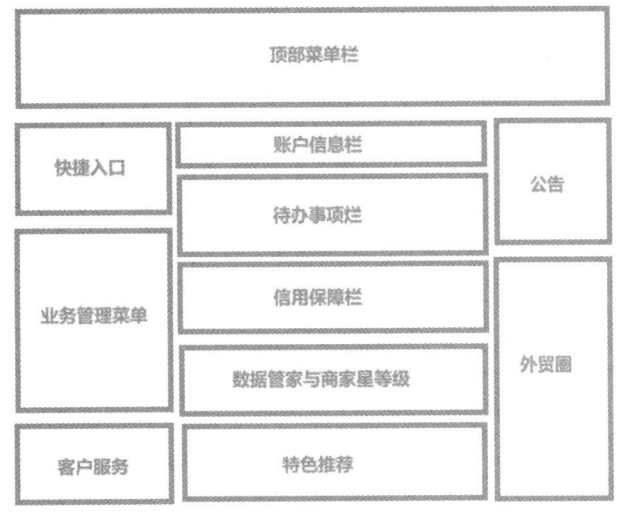

图 3.12 后台功能布局

1. 顶部菜单栏

顶部菜单栏分为左边、中间、右边 3 个区域。

左边的区域是阿里巴巴国际站的首页热点链接,点击 Alibaba Logo 区域可以跳转至阿里巴巴国际站首页。

中间的区域包含"业务""成长""账户"3 个子菜单。其中,"成长"菜单即原来的商家频道,里面包含了"商家成长"、"商家学习"、"商家活动"、"商家入驻"、"商家规则"、"商家帮助"以及一些实时商机活动板块(如"9 月采购节"),如图 3.13 所示。在"账户"菜单中则可以对账号进行设置,包括进行子账号管理等操作。

右侧的区域包括"消息中心"、"商家频道"、"界面语言设置"以及"信用保障介绍页"菜单。将鼠标移动至右侧区域的头像位置可以看到"账号中心"和"退出"按钮,以及"消息中心"弹出菜单,包括待处理订单、未读询盘、未读人脉等均显示于此。其中,"卖家频道"中主要包括"服务中心""外贸圈""采购直达"等子菜单。常用功能主要有"培训之家""外贸圈"等,供应商可进入对应板块进行拓展学习。

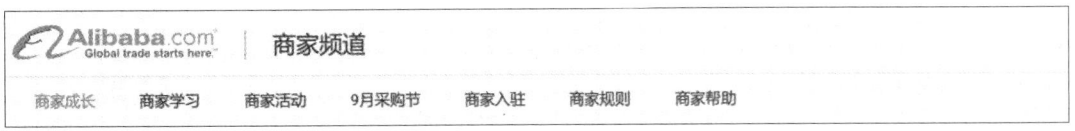

图 3.13 "商家频道"界面

2. 快捷入口

快捷入口中默认的菜单有"询盘""RFQ 市场""我的效果"等,可以点击右侧的"添加/设置"按钮来对快捷入口菜单进行管理,如图 3.14 所示。

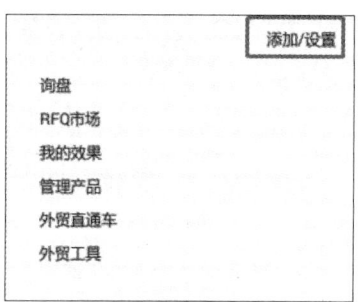

图 3.14　快捷入口界面

快捷入口最多可以添加 10 个菜单入口，点击左侧菜单项前的 + 符号可以将该项内容添加到快捷入口中，在右侧列表中可以通过拖曳来调整各项内容的排序，如图 3.15 所示。

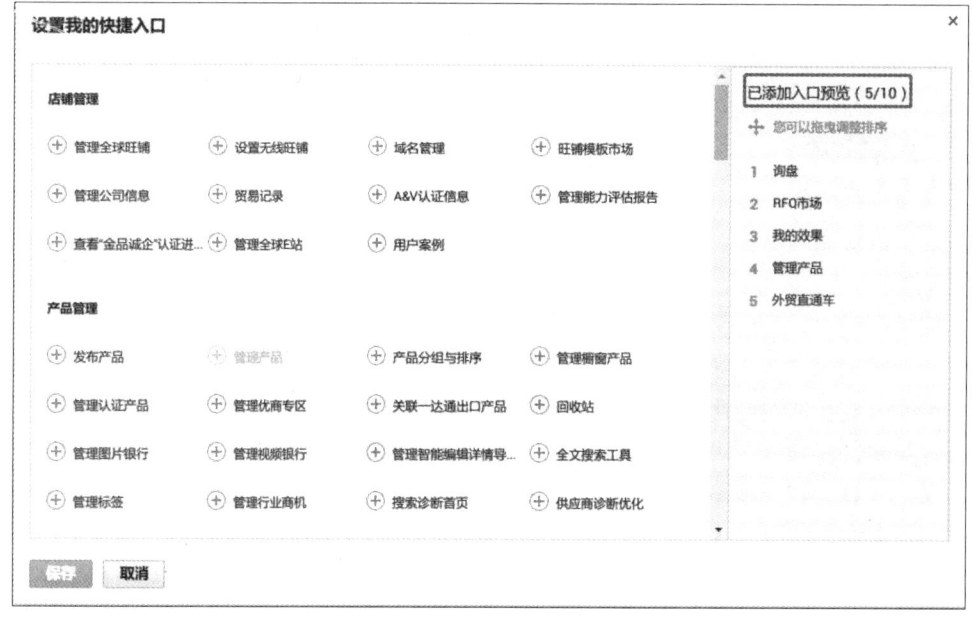

图 3.15　快捷入口设置界面

3．业务管理菜单

My Alibaba 后台所有与业务相关的功能均集成在业务管理菜单中，包括"店铺管理"、"产品管理"、"商机 & 客户中心"、"客户管理"、"信用保障交易管理"、"一达通出口服务"、"物流服务"、"资金 & 金融服务"、"数据管家"、"营销中心"和"我的外贸服务"11 个板块。

"数据管家"主要用于查看 My Alibaba 的各项数据指标，其菜单展开后如图 3.16 所示，其中包含"商家星等级""知己""知买家""知行情"等条目。从对应条目中可以看到"商家星等级"、"我的效果"、"我的产品"、"我的子账号"、"访客详情"及"热门搜索词"等信息。

图 3.16 "数据管家"菜单界面

"产品管理"可谓日常操作中打开频率最高的的菜单了,每一个新产品的编辑发布均在此菜单下进行操作。"产品管理"界面如图 3.17 所示,其主要由"发布产品""管理产品""多语言市场""搜索诊断"等子板块组成。

4．其他业务菜单

其他业务菜单的二级菜单可自行登录 My Alibaba 后台查看。

1) 客户服务菜单

客户服务菜单主要包括服务中心、关注服务中心微博的入口,以及供应商客户经理的个人信息及联系方式等。每一个供应商都配备了对应的客户经理,有关阿里巴巴国际站的问题可以向客户经理进行咨询。

图 3.17 "产品管理"界面

2)账户信息栏

账户信息栏包括平台账号的星等级、交易等级、诚信等级、积分、外汇等级等个人信息。

3)待办事项栏菜单

在供应商信息下方的待办事项栏中将展示待处理订单、未读 RFQ 等事项,不同事项后面的数字表示对应事项有多少条记录待处理,如"待处理订单 4"表示目前有 4 个订单等待处理。其中,待办事项后的数字最多显示到 99。如果超出 99 个事项要处理,则会显示为 99+。点击右侧的"添加"/"设置"按钮,可以对待办事项栏进行个性化设置,如图 3.18 所示。

图 3.18 待办事项

4)信用保障栏菜单

信用保障栏可以用于快速起草信用保障订单,也可以查看当前的信用保障额度,如图 3.19 所示。

图 3.19 信用保障栏

5)数据管家与商家星等级

在"数据管家"栏中会展示最近一日的网站曝光、点击、访客、反馈、及时回复率、已付款信保订单数等网站数据指标报表，报表中的数据均来源于"数据管家"。点击右上方的"查看数据详情"按钮可以跳转到"数据管家"→"我的效果"界面。"商家星等级"会展示最近一日的平台商家星等级，包括"信息展示"、"沟通服务"、"交易转化"及"履约保障"等星级。点击右上方的"查看更多"按钮可跳转到详细的星级展示界面，如图 3.20 所示。

图 3.20 "数据管家"与"商家星等级"界面

6)"特色推荐"栏

在"特色推荐"栏中会向供应商推荐采购直达（RFQ）报价信息，点击右上方的"查看更多商机"按钮可以跳转到采购直达（RFQ）首页，如图 3.21 所示。

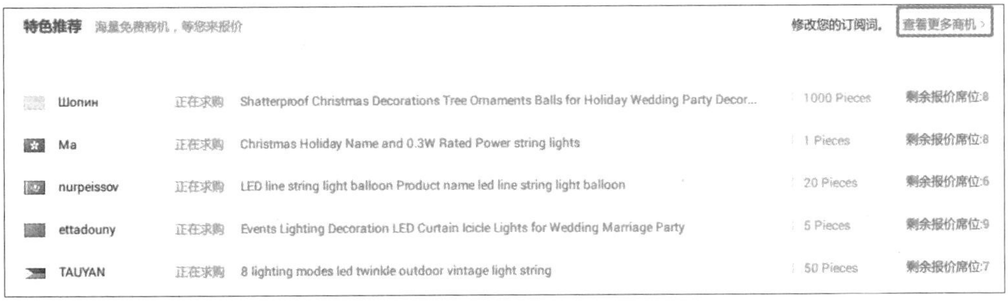

图 3.21 "特色推荐"界面

7)外贸圈

外贸圈是阿里巴巴的外贸论坛（waimaoquan.alibaba.com），以阿里巴巴的产品、外贸、电子商务三大块内容为主，为供应商与供应商之间、供应商与阿里巴巴之间提供了一个互相沟通、交流学习的平台。My Alibaba 外贸圈板块中会推送外贸圈公告和热议话题等信息。

8）公告

该板块会播报一达通外贸综合服务平台下的实时公告,以方便我们第一时间了解关于一达通物流的变化。

阿里巴巴国际平台介绍

My Alibaba 操作后台简介

3.3.2 开通店铺

阿里巴巴国际站平台的开通流程,需要进行 3 个维度的信息上传,分别是提交认证信息、提交公司信息、发布产品信息,如图 3.22 所示。

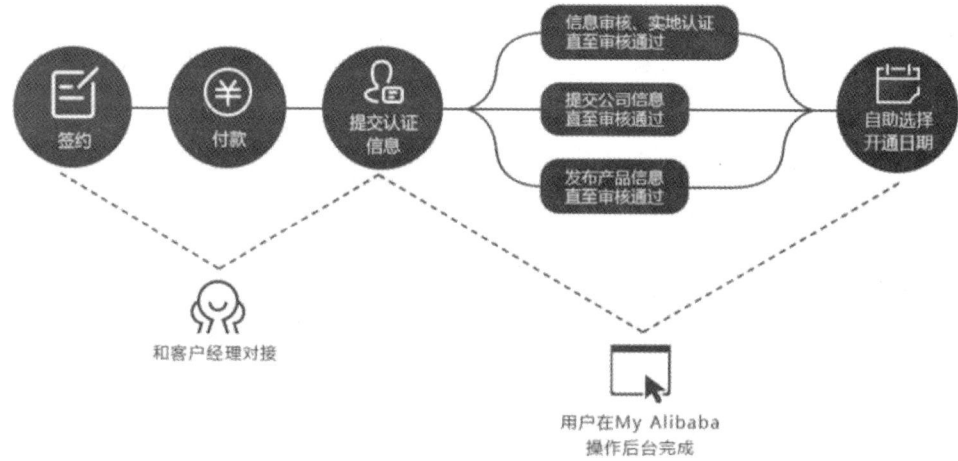

图 3.22　阿里巴巴国际站的开通流程

1. 资料上传的具体步骤

第一步:提交认证信息。注意:认证信息需要在到款后才能提交。如果无法提交,请确认是否已经成功支付款项。认证信息提交后,等待客户经理审核确认以及第三方机构认证审核。

第二步:提交公司信息。在提交认证信息后,可同步提交公司信息,并等待审核通过。

第三步:发布产品信息。在平台激活之前,可以提前发布 24 个产品。平台激活后,产品即正式上架,如图 3.23 所示。

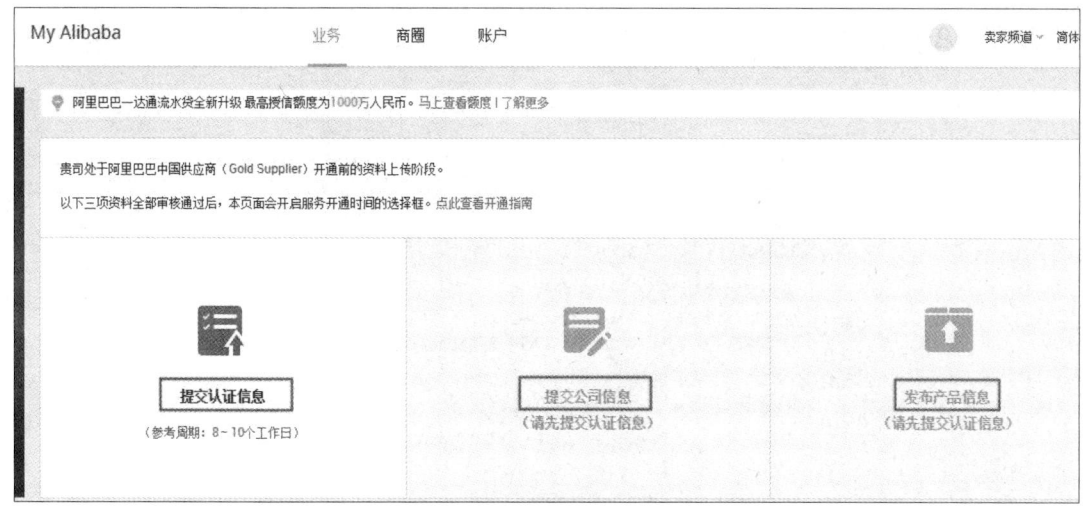

图 3.23　平台开通的资料上传界面

2．确认服务的开通时间

当前面三项步骤都完成后（包括认证通过、公司信息审核通过、提交的产品信息全部通过），会进入下一个环节（同步页面会更新，需要 2.3 小时同步时间）。此时可以选择开通服务的时间，如图 3.24 所示。

图 3.24　选择平台服务的开通时间

服务开通前会弹出《国际站新会员考试规则说明》。尽管目前的考试不是强制性的，但为了避免后续出现违规扣分的情况，强烈建议你学习并完成考试，如图 3.25 所示。

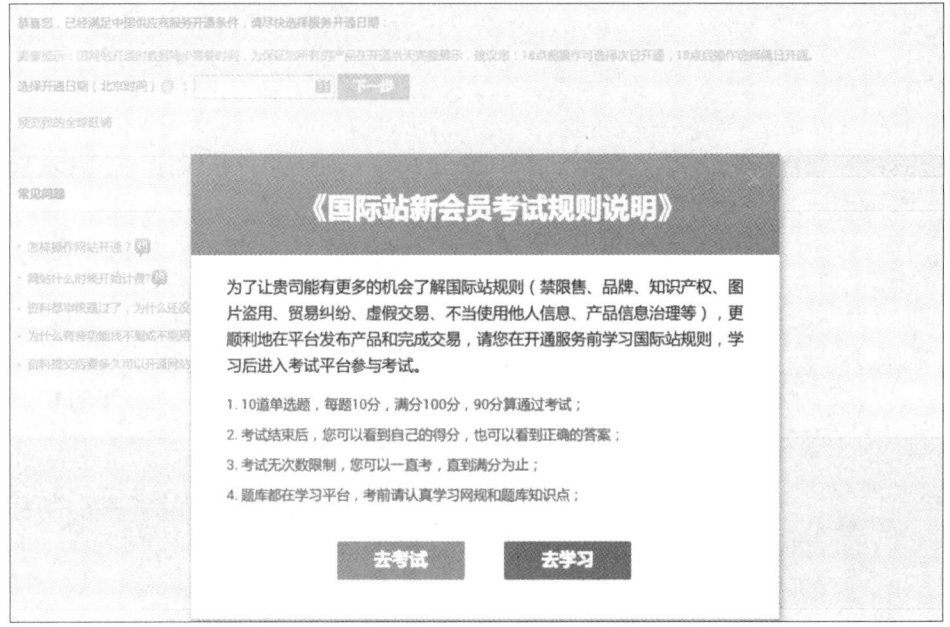

图 3.25　阿里巴巴国际站的新会员考试规则说明界面

注意：因网站开通时数据同步需要时间，为保证你所有的产品在开通当天完整展示，建议这样操作：在当日 18 点前操作可选择次日开通，在 18 点后操作可选择隔日开通。

3.3.3　店铺装修

全球旺铺（简称"旺铺"）是阿里巴巴平台提供给供应商的全球企业展示和营销网站，助力供应商开启全球网上贸易。全球旺铺除了提供公司以及产品的信息展示外，更着重突出企业自身的营销能力（注：只有主账号和制作员可以进行旺铺装修）。阿里巴巴国际站全球旺铺已于 2017 年 10 月升级至 2.0 版本。升级到 2.0 版本后的旺铺样式更加大气美观，同时无线旺铺、视频营销板块上线。PC 端旺铺还可一键同步到无线旺铺。

旺铺首页的主要板块分为"店铺分类"、"公司介绍"、"产品推荐"、"营销"和"视频"五大类。每一类都有不同的板块，板块添加的次数也有限制，如图 3.26 所示。

若要添加旺铺板块，则可从左边选择具体板块并拖曳到右边的首页，选择合适的位置放置即可，如图 3.27 所示。

图 3.26　旺铺首页的主要板块

图 3.27　在旺铺中添加板块

1. 店铺装修的主要板块与功能

（1）店铺分类：通过主营类目与产品分组两大板块，既可以展示公司目前主打产品的类目，方便客户了解公司的产品优势，便于买家匹配自己的需求；也可以向买家展示产品的分组情况，便于买家第一时间找到自己想要的产品。

（2）公司介绍："公司介绍"板块通过以公司图片、公司信息描述、主营市场、公司优势等图文结合形式向买家直观介绍企业，向买家展示公司的实力。"公司名片"板块则通过公司名、信保等级、及时回复率、平台年限等简要信息向客户展示公司的概况。

（3）产品推荐：通过橱窗产品、带类目产品、单品、产品平铺、重点产品推荐、主营产品认证、智能产品推荐等多个板块，根据平台的产品分层情况与推广目的来选取不同的板块，以进行产品的推广。每个板块都有各自的效果，依据平台产品而定，不需要将每个产品板块都添加进来。

（4）营销：通栏 banner 和轮播 banner 板块均通过主题图片滚播的形式来宣传企业的形象，并进行产品推广和活动推广等。多语言快链方便了小语言区域的买家进行更好的网上浏览。询盘直通车可以让客户在旺铺中直接发送询盘，节约了中间环节。客服模块最多可添加 5 个账号，并细分客服类型，以让买家更快地找到合适的服务人员，便于和买家直接沟通。企业可以根据行业的不同打造专属的行业海报，再配合产品板块搭配使用，可以让客户一目了然地找到对应行业下的专属产品。

（5）视频：旺铺可上传 10 分钟视频，视频内容主要以公司的介绍为主，侧重通过视频媒体形式展示公司的实力，包括公司的规模、工厂设备、产品的研发、人员配置等，以便让客户更加直观地了解到公司的软硬实力。

在旺铺装修的过程中，要注意结合自身的产品优势与公司优势，同时也要符合阿里旺铺质量分的评判标准。旺铺装修的注意点如图 3.28 所示。

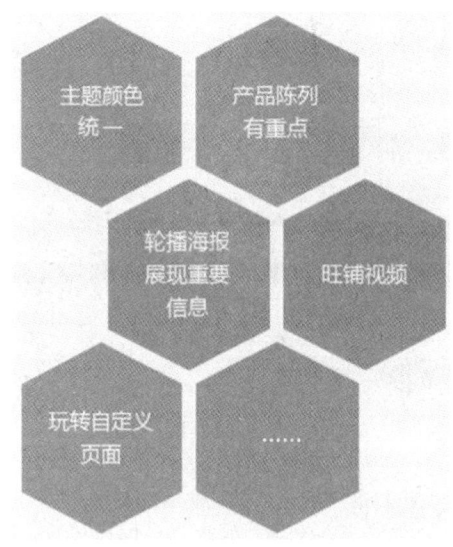

图 3.28　旺铺装修的注意点

阿里巴巴国际站首页的装修分为两个阶段，且 PC 端与无线端在装修上的方式大致相同。第一阶段是对装修中使用的图片进行处理，对文字资料进行准备。第二阶段就是要把相关的内容结合板块上传到阿里巴巴国际站平台，再对板块进行一个顺序的排版。

每个板块都有相应的功能键。右侧是上下顺序的调整与删除。"产品推荐"板块的界面如图 3.29 所示。

图 3.29 "产品推荐"板块的界面

点击板块位置,可以进入板块的具体设置,如图 3.30 所示。

图 3.30 "产品推荐"板块的设置界面

另外,所有板块进行编辑后,必须点击"保存"按钮后才可以保存所编辑的内容。

2. 店铺装修的具体操作流程

1)招牌设置

点击店招板块,右侧出现板块的具体设置。在"招牌底图"处,点击"上传"图标,选择合适的店招图片进行上传［PC 图片的建议尺寸为 1200 像素 ×280 像素(小于该尺寸将导致上传失败)。图片下方有 44 像素的高度将会被导航栏遮挡,请注意留出空间］,如图 3.31 所示。

也可使用默认的招牌图。上传公司 Logo,公司名称的字体、字号、效果等可根据自身需求进行选择,如图 3.32 所示。

2)banner 设置

banner 指的是网站页面的横幅广告,是表现卖家广告内容的滚动图片板块。成功的 banner

主题鲜明,可直观表现自己的产品或公司特点,一眼就可以吸引买家的注意力。设置方法如下:

在"营销"板块里添加"通栏 banner"或"轮播 banner"板块,通过拖曳的方式放到合适的位置,然后点击板块空白处进入板块设置界面,根据要求上传对应的 banner 图片,如图 3.33 所示。

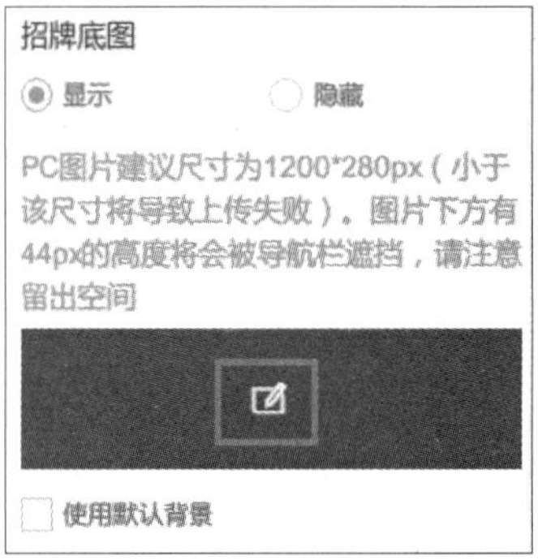

图 3.31　上传自定义的招牌图　　图 3.32　设置店铺招牌

图 3.33　"轮播 banner"的设置界面

轮播 banner 可以上传 4 张图片，通栏 banner 可以上传 5 张图片。这两个板块对产品的图片内容要求也不一样，轮播 banner 要求图片格式为 JPG、PNG；大小在 2MB 之内，建议宽为 900 像素，高有 3 种选择，分别是 250 像素、350 像素、450 像素。而通栏 banner 的图片要求宽度为 1920 像素，高度有两种选择，分别是 550 像素、650 像素。

3)"产品推荐"板块设置

"产品推荐"板块的样式较多，分为橱窗产品、带类目产品、单品、平铺、重点推荐、主营产品认证、智能产品推荐等。每个板块添加的次数都有限制，如图 3.34 所示。

图 3.34 "产品推荐"板块界面

这里可根据不同的产品板块，结合自身的产品特点进行添加设置。橱窗产品可否全部展示要具体根据橱窗产品数来决定。橱窗展示的顺序以后台橱窗产品设置的顺序为依据。平铺产品最多可展示 8 个产品，产品需要手动选择，可通过关键词、标题搜索或对应类目来选择相关产品。另外，还可以在板块上加入标题、链接等自定义内容，如图 3.35 所示。

图 3.35 平铺产品的设置界面

4）旺旺板块设置

通过添加营销板块中的客服模块到首页，点击板块进入编辑界面。输入每个旺旺的客服名及对应的 TM 账号，并上传对应的头像（建议客服头像的尺寸为 100 像素 ×100 像素，仅支持 JPG/PNG 格式），如图 3.36 所示。

图 3.36 旺旺模块的设置界面

（5）自定义板块设置

"自定义内容区"目前最多可以添加 15 次，适用于个性化的内容展示，提供 HTML 的编辑、文字录入、图片上传等功能，可在营销板块里设置自定义内容，如图 3.37 所示。

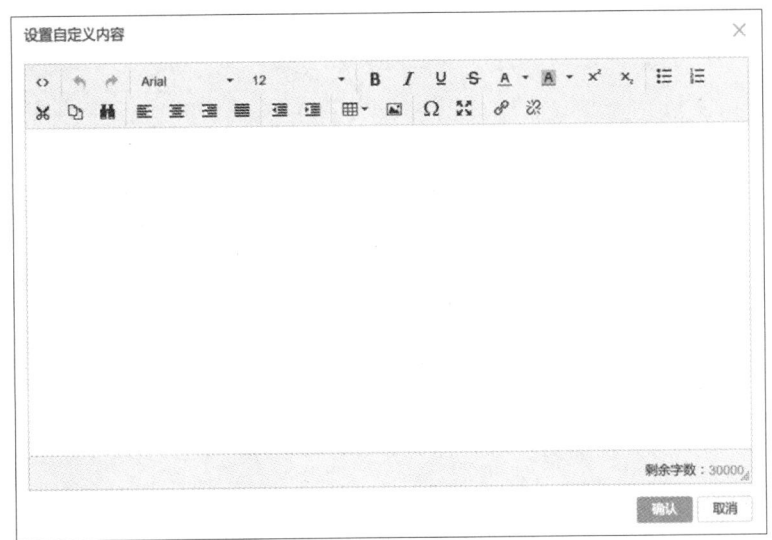

图 3.37　自定义内容设置界面

旺铺装修之页面管理

旺铺装修之首页装修

旺铺访客行为分简介及提升攻略

3.4　产品管理和发布

3.4.1　关键词表制作

关键词即产品的中心词，是对产品名称的校正，便于系统快速识别、匹配到买家搜索词，让买家尽快找到相关的产品。在国际站中查找关键词的常规方法如下：

（1）选择"My Alibaba"→"数据管家"→"行业视角"，选择行业后查看不同国家买家的热搜词、搜索上升最快词、零少词，如图 3.38 所示。

（2）选择"My Alibaba"→"数据管家"→"我的词"，这里会显示已经使用的关键词和买家通过搜索找到的相关词，以及该词的搜索热度和卖家竞争度。同时也可以通过关键词搜索查看当前时间段 TOP10 平均点击较高的词，这些词是非常值得借鉴参考的，如图 3.39 所示。

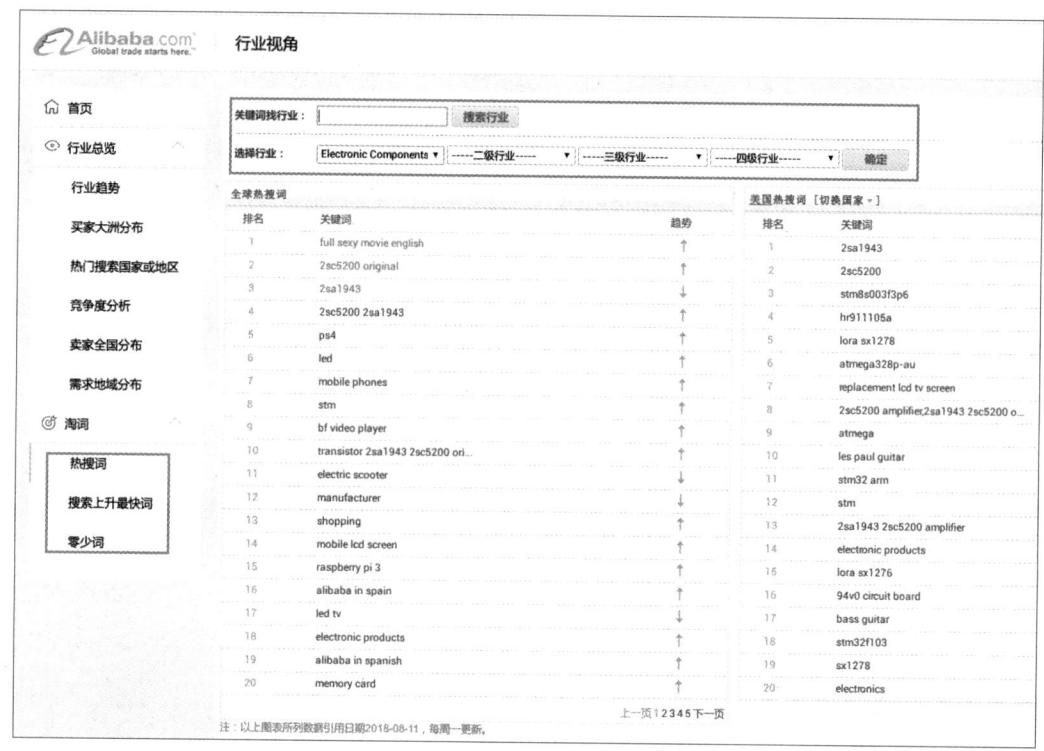

图 3.38　行业视角

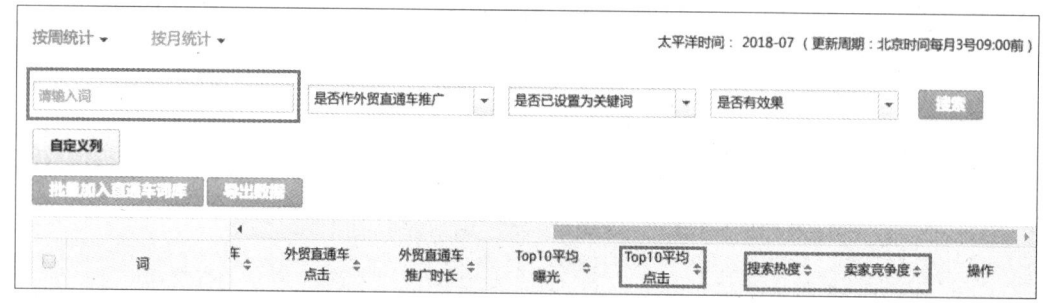

图 3.39　我的词

（3）选择"My Alibaba"→"数据管家"→热门搜索词"，直接输入关键词，会显示最近一个月的卖家竞争度、橱窗数和搜索热度，并可以查看该词近一年来的搜索热度趋势，如图 3.40 所示。

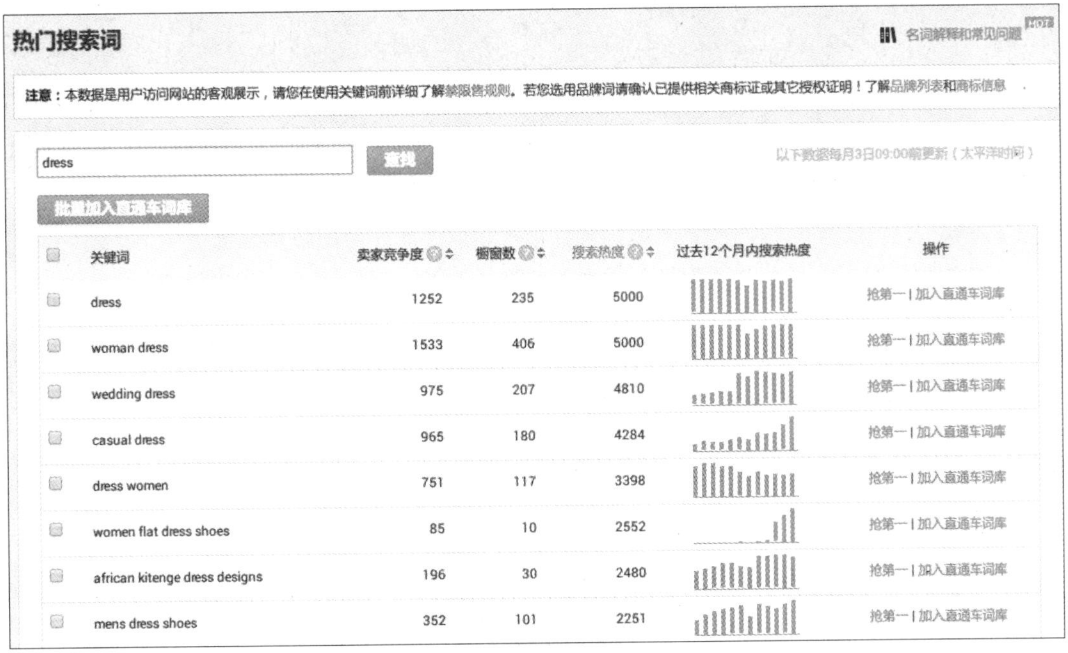

图 3.40 热门搜索词

卖家竞争度：在相应的统计时刻，在阿里巴巴国际站设有该词及相关词的收费供应商数量。

橱窗数：在相应的统计时刻，在阿里巴巴国际站设有该词及相关词的橱窗产品数量。

搜索热度：在相应的时间段内，该词及相关词在阿里巴巴国际站被访客搜索的热度，如 mp3 的搜索热度包含 mp3、mp3s 的搜索热度总和。热度越高，表示搜索次数越多。

（4）在首页关注同行发布的产品，排在首页的同行发布的产品所用的关键词可以作为参考。

制作关键词表：关键词表中应包括以下内容：关键词、中文翻译、卖家竞争度、橱窗数、搜索热度，以及我们的产品在该词下当前的排名（排名查询路径："My Alibaba"→"产品管理"→"排名查询工具"，输入关键词即可查询到平台产品在该关键词下的排名，若不在前 20 页内则不会显示结果）。关键词中的排名建议半月更新一次，以便查看排名，了解产品的数据变动，如图 3.41 所示。

关键词	中文翻译	卖家竞争度	橱窗数	搜索热度	7月15日排名	7月30日排名	8月12日排名
dress	连衣裙	1252	235	5000	第4页第5位	第3页第26位	第2页第7位
woman dress	女士连衣裙	1533	406	5000	第3页第8位	第2页第1位	第1页第21位
wedding dress	婚礼裙	975	207	4810	第6页第1位	第5页第23位	第4页第17位
casual dress	休闲连衣裙	965	180	4284	第8页第15位	第5页第16位	第2页第11位

图 3.41 关键词表

3.4.2 产品发布

1. 产品发布规则

在国际站上发布产品之前首先要了解发布产品的规则,具体如下。

(1)需发布真实、准确、合法、有效的产品信息。

①真实、准确。用户发布的信息应与实际情况一致,禁止发布虚假或夸大的情形。

②合法。用户发布的信息不得违反国家法律法规及阿里巴巴国际站禁限售规则。

③有效。用户发布的信息应符合电子商务英文网站的定位。

(2)若发布含有他人享有知识产权的信息,应取得权利人的许可,或者属于法律法规允许发布的情形。

(3)禁止发布假货、仿货等侵犯他人知识产权的信息。

(4)未经权利人许可,不得发布含有奥林匹克运动会、世界博览会、亚洲运动会等标志的信息。

(平台相关规则具体参考第1章相关内容。)

产品发布规则

2. 产品发布准备

在发布产品之前,我们需要做好相关的准备。

一般在产品发布前,需要做好以下的准备:

(1)了解并熟悉自己的产品及行业情况,以便筛选更精准的产品关键词,更贴切地描述产品。

(2)筛选出适用于自己产品的关键词,搜索热度和与产品的契合度是筛选的两大考量因素。

(3)对应不同类目货型号的产品图片(包含产品的多角度展示图、细节展示图,图片数量最好为6张,图片尺寸为750像素×750像素以上,图片形状为正方形,最好是白底的,且不带边框,如果需要加Logo则统一加在左上角),并对图片进行分类备注。

(4)对应不同类目或型号的产品参数信息(参数信息可参考发布产品时系统需要填写的属性)、交易信息以及物流信息。

(5)产品内页的设计模板(如导航栏)、通用模板(公司介绍、生产流程、展会、证书、物流包装、联系方式等)。

提前准备产品图片　　　　　　千牛工作台简介及下载

3. 产品发布流程

发布产品信息是网站建设的基础,也是最关键的一步。产品模板,就是根据平台产品发布提供的格式进行信息的填写补充,并加入必要的修饰,加入适量的图片和文字描述编辑制成的网页版面。每一种产品都应该有相对应的产品模板。

产品模板的制作:选择"My Alibaba"→"产品管理"→"发布产品"。发布产品页面分为基本信息、交易信息、商品描述、物流信息、特殊服务及其他五大板块。目前平台上的产品分为普通产品和规格化产品两种类型。规格化产品又分为两种,一种是支持买家直接下单的商品,另一种是不支持买家直接下单,但是有确定价格及规格属性的商品。

1)类目选择

类目是对产品的分类或归类。每个产品都有属于自己的类目,放错类目将导致买家无法找到操作者发布的产品。因此,找到符合产品的类目是发布产品的第一步,阿里巴巴系统中在"选择产品类目"位置有很多类目选项,如图3.42所示。找出最适合自己产品的类目,最好不要选"Others"类目,否则会影响排名。通过搜索关键词,根据系统匹配的类目来选择,这样选择的类目匹配最精准。

根据阿里巴巴的排名规则,主要选择对应产品匹配最精准的类目作为产品类目,提高排名;同时在自定义属性和详细描述中重复提到该类目。

类目的作用:产品的归类。产品类目的准确选择是第一步。客户会从类目中搜索产品,如果错放类目,产品就不会被展示,因而会失去一次重要的展示机会。

类目的填写要求:不要放错,尽量避免放在"Others"类目下。放错类目会降低信息的相关性,从而使得产品排序靠后;如果放在"Others"类目,那么买家在浏览类目时可能无法找到卖家发布的商品。

2)产品标题设置

在确定产品类目后,接下来就是设置产品标题。产品标题是产品的主要信息,是买家搜索的第一匹配要素。因此,标题的设置直接决定了买家是否能精确地搜索到推广的相关产品,也就是说,在同等产品信息质量分的情况下,产品的标题质量直接决定着产品的排名和买家的喜好度。

正确的标题 = 通用修饰 + 准确的产品属性描述 + 关键词(尽可能包含多的关键词)

例如：China best selling 100% cotton comfort women winter sweater

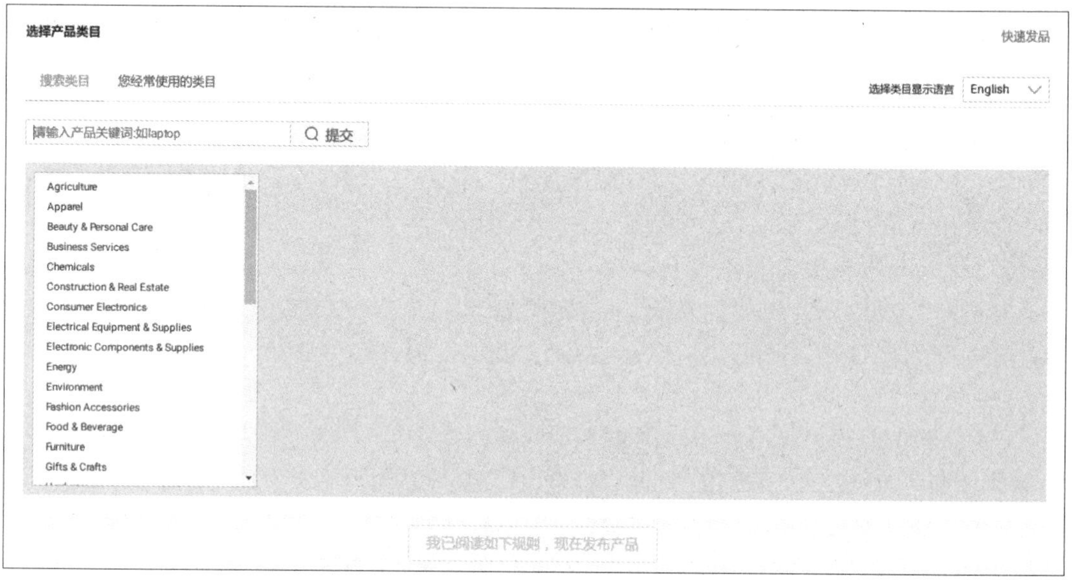

图 3.42　选择产品类目

设置产品标题应该注意以下几点：

（1）标题符合买家搜索行为习惯及偏好性。

以关键词 dress 为例：如果买家在用关键词 dress 搜索产品时，以下两种标题描述方式从文本相关性上讲是一样的，但是后者的标题在形容和描述上更具有吸引力，且涵盖了更多的关键词。

2018 nice women dress

Fashion design summer lace women dress

不要盲目地为了买家搜索词而不断用一个关键词发布产品，这样不断发布出来的产品对于排名的提升和产品的匹配没有太大意义。

标题中可使用介词 with/for，核心关键词要放置在介词前，例如：

Hot sale sport shoes for men

（2）产品名称长度适当。

产品的名称能切实描述产品的性质和优势就好，不要太短，也不要太长。具体判断标准以发布产品时的评分为标准，若系统没有提示产品标题过长或过短，则说明产品标题的长度没有问题。

（3）不要把多个关键词在名称中重复叠加。

产品名称罗列和关键词堆砌不会提升产品的曝光和排名，反而会影响产品的质量分和排名。

3）产品关键词设置

设置产品关键词需要注意以下几点：

（1）建议 3 个关键词中带 1.2 个有热度的关键词，让买家可以快速搜索产品。

（2）关键词不要太长，不要选公司内部型号或者自己编写的关键词来发布产品，这样的关键词热度不高或没有热度。

（3）每个产品可设置 3 个关键词，3 个关键词不分先后顺序，同等重要。不建议设置一模一样的关键词，这样对产品排名没有提升作用。

（4）关键词不区分大小写。

（5）不一定全要选高热度的关键词，一些行业的精准冷门词、蓝海词也可以作为关键词使用。

常见的关键词结果误区：

（1）3 个关键词必须填满。关键词是否填满不影响搜索结果排序，主关键词必填，另外两个关键词是对产品的名称描述多样化的补充，没有则不用填满，但建议 3 个关键词都填写完整。

（2）关键词比产品名称重要，所以产品名称可以简单，但是关键词一定要设置好。产品名称是搜索的第一匹配要素，关键词只作为产品标题的校正，所以两者都需要认真填写。

（3）用不同或者相近的关键词大量发布产品对搜索排序有利。大量发布类似的产品会被系统判定为重复铺货，对平台的产品信息质量分不利。此外，国际站现在的策略讲究的是优商优品，即产品的数量少，但是质量高、买家喜好度高即可。

（4）把 3 个关键词设置成一样的，有利于排名和匹配。把 3 个关键词设置为一样的，和设置一个关键词的效果是一样的，把关键词设置为不同是为了拓展搜索匹配的结果。

（5）关键词热度越高越好，低热度的词不需要发布产品。关键词的热度只是一个参考标准，具体要根据平台自身的产品情况来判断。热度高的关键词不一定是最适合的关键词，也可以参考一些行业的蓝海词、专业词以及最近一些热度突然上升的新词。另外，发布产品时把关键词全部设置为高热度关键词，对产品的曝光不会有太大提升作用。

4）产品主图设置

清晰美观的产品主图可以吸引买家的点击和反馈。具体要求如下（基础门槛必须满足，否则无法发布）。

（1）图片大小：不超过 5MB。

（2）图片比例：近似正方形（图片长宽比例为 1∶1~1∶1.3 或 1.3∶1~1∶1）。

（3）图片尺寸：大于 350 像素 ×350 像素（如 750 像素 ×750 像素、1000 像素 ×1000 像素等），近正方形的图片都可以使用。

产品主图优化建议如下。

（1）图片数量：建议使用 3 张以上，可以展示 SKU、产品正面、产品背面、产品侧面、产品细节、商品标签细节等。

（2）图片一致：产品名称和图片必须一致。

（3）主体：大小适中，居中展示，不宜过大或过小、不完整。

（4）背景：建议使用浅色或纯色底，推荐使用白底（如浅色产品可用深色背景），不建议使用彩色底及杂乱的背景。

（5）Logo 及标志：Logo 固定放在左上角。

5）产品属性设置

产品属性是买家关注度最高的产品特征或参数，体现了信息的完整度。现今，国际站对产品的属性填写要求越来越全面了，给出的属性模板也十分丰富。卖家可以根据自己的产品性质来填写国际站上的产品属性信息，如果还有一些属性没有展现，那么可以通过产品属性里的自定义属性来补充说明完整，如图 3.43 所示。自定义属性最多可以填写 10 个。

图 3.43　产品自定义属性

产品属性的作用：产品属性是对产品特征及参数的营销型提炼，便于买家在属性筛选时快速找到你的产品。

产品属性的填写要求：填全系统给出的所有属性。一个属性等于一个展示机会，所以要填全系统给出的所有属性，并增加自定义属性，更全面地描述产品信息。属性字段分为标准属性和自定义属性，标准属性只能选择属性值，自定义属性的属性名和属性值都需要手动添加。

产品属性的展示页面：你填写的属性会在每条信息的详细页面进行展示。

产品属性的筛选页面：买家通过属性筛选进行搜索的页面。

关于产品属性的几个小问题：

（1）属性是否填全，对搜索结果有无影响？

不填写属性字段或者少填，会影响此产品信息的完整度，从而减少系统读取这款产品及呈现给买家查看的机会。

（2）填写错误的影响大吗？

产品属性填写错误或者不填写将会影响产品的完整度。产品属性的填写会影响产品展示的准确性。

(3) 产品属性中出现关键词可以增加信息相关性，使信息的搜索结果靠前吗？

目前产品属性中是否出现关键词并不影响搜索结果的排序。相反，产品属性中罗列不相关的关键词会降低卖家的专业度。

(4) 自定义产品属性越多，搜索结果越靠前吗？

填写自定义产品属性横向增大了产品被买家搜索用词匹配到的概率，但并不会影响一个特定搜索条件下的排名结果。

6) 产品交易信息设置

相关交易信息都需要填写，例如 FOB 价格、最小起订量、支付方式等信息，如图 3.44 所示。

图 3.44　产品交易信息

当产品的属性页面存在产品规格这一属性时，此时将价格设置方式调整为根据数量设置价格，设置为阶梯价，此时发布的产品为规格品。如果采取传统的单一 FOB 价格，则发布的产品为普通产品。两者的区别在于产品属性页面是否有产品规格这一属性。如果 没有这一属性，则无论是根据数量设置价格还是单一 FOB 区间价格，发布出来的产品均为普通产品，如图 3.45 所示。

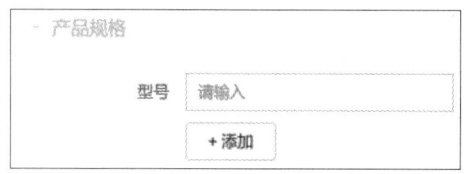

图 3.45　产品规格

7）产品物流信息设置

产品物流信息要填写完整,包括港口、供货能力、常规包装、发货期等信息,如图 3.46 所示。

图 3.46　产品物流信息

8）产品详情页设置

产品详情页从多方位展示产品、产品的制作、打包流程、公司相关信息介绍、产品认证以及相关产品的超链接等。

（1）图片选样和要求。

图片是对产品的直接描述,产品图片是直观展示产品细节和特征的最好途径之一。产品详情页中最多可以插入 15 张图片,支持手动调整图片大小和位置,产品详细描述只支持展示图片静态效果,不支持 GIF 动态闪图效果。

图片要求,主要体现在大图和细节图。大图和细节图的要求是不一样的,在功能上有实质区别,它们的功能点、侧重点是不同的；大图主要是吸引眼球用的,而细节图可能更多的是介绍产品用的,直观地展现产品细节,配合文字阐述产品的功能特性等。吸引买家的图片要求如下。

①清晰：主题突出。
②美观：不用杂乱背景，建议用白色或者浅色背景。
③专业：突出细节特征。
④专属：加或者不加水印。
在主图之外要加上细节小图，体现真实拥有的认证信息，突出产品优势的独特卖点等。
图片的作用：产品图片能直观地展示卖家的产品，让买家在浏览产品时获得更多的产品细节特征。丰富的高品质图片可以大大增加买家发送询盘的机会。
（2）主图的基本要求。
①清晰度。主要指的是拍摄图片的像素，对于主图来说，建议为750像素×750像素以上，保证图片清晰。
②大小占比适中。产品的主题在图片中的占比应该适中，不宜过大或过小。同时，不要加入边框、广告文字等占用产品主体展示面积。要突出产品主体本身。
③背景干净。主图背景要求干净，建议用白色或者浅色背景，背景不要杂乱，要能让客户一眼看到产品。好的主图，往往会直接吸引买家的注意力，增加发送询盘的机会。
（3）细节图的基本要求。
①细节图强调细节和使用环境。在展示产品细节的同时，加入产品的使用环境和应用领域，可以帮助客户更好地了解产品的用途和优势。
②图片风格要保持一致。细节图在风格上要保持一致，不要出现各种各样的图片风格，否则容易给客户带来不好的浏览体验，质疑产品的专业性。因此，图片在背景、产品表现形式上要保持一致。
③图片数量不要超过15张。产品的多角度展示图片为4~6张，其余包括公司、厂房、生产流程、证书、展会等的图片根据需要确定，但详情页内的图片最多只能放置15张，因此图片如何排版要根据产品与自己所有的资料来设置。
9）产品模板制作
（1）风格统一，模板设计要体现公司的文化底蕴，符合设计的审美观点，同时要适合产品自身特点，满足国际化市场的需求。
（2）图片精美，文字描述全面，属性表格简要专业。注意图文表相结合，不要只单纯用图片或文字的形式表述。
（3）展现产品的卖点，突出产品的竞争优势，包括产品自身的优势、与同行对比的优势。要表现出专业性，满足买家的需求。
（4）将产品的内容充分展示在详情描述中，将买家的疑问都消灭在产品介绍中。
10）产品详细描述
产品详细描述是对产品进行多维度的描述，描述不仅仅局限于对产品，还包含了公司、服务等更加全面的介绍。详情页的布局板块如图3.47所示。

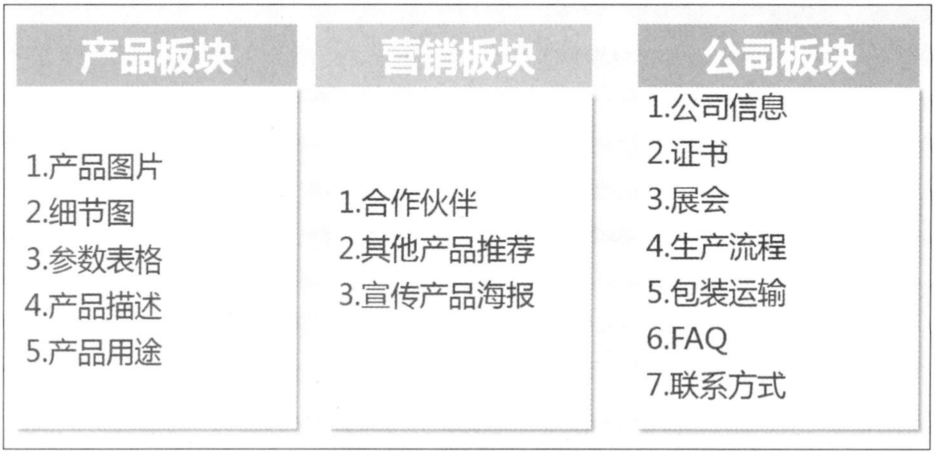

```
┌─────────────────┬─────────────────┬─────────────────┐
│   产品板块       │   营销板块       │   公司板块       │
│                 │                 │  1.公司信息      │
│                 │                 │  2.证书          │
│  1.产品图片     │  1.合作伙伴     │  3.展会          │
│  2.细节图       │  2.其他产品推荐 │  4.生产流程      │
│  3.参数表格     │  3.宣传产品海报 │  5.包装运输      │
│  4.产品描述     │                 │  6.FAQ           │
│  5.产品用途     │                 │  7.联系方式      │
└─────────────────┴─────────────────┴─────────────────┘
```

图 3.47　详情页的布局板块

（1）产品板块设置。

①产品图片。展示产品主体的图片，要求清晰美观、简洁大方，最好用白色或浅色背景。

②细节图。描述产品的细节图片，主要通过局部细节展现产品的专业性，与主图的风格一致，侧重展示细节。

③参数表格。介绍产品的属性，根据产品本身的性质制作表格。表格内容要求精简明了，能够全面地展现产品的重要属性。

④产品描述。用文字对产品进行描述介绍，与产品属性表格不同。这里的描述更加倾向于对产品的介绍，包括产品的优势、特点等。产品描述的内容要凝练，抓住客户的需求点即可。

⑤产品用途。通过图文形式阐述产品的应用领域，帮助客户更好地了解产品的使用范围。

（2）营销板块设置。

①合作伙伴。介绍公司的合作伙伴，若合作伙伴是知名或大型企业，则可以借此展现公司的硬实力。若没有，则无须展示。

②其他产品推荐。推荐本类目下的其他产品，或推荐平台其他类目下的产品，或展现平台其他的主营类目。这几种推荐方式都可以，根据自身平台的情况选择，"其他产品推荐"板块要加入超链接，链接到推荐的产品页面下，方便客户直接点击图片了解更多产品细节。

③宣传产品海报。一般海报会放在详情页开头，起到产品宣传的作用。海报的内容可选择展示平台主打产品或平台最新优惠活动等内容，具体根据平台自身情况调整，设置好海报后加入相应的超链接，方便客户从海报点击跳转到海报展示内容的详细页面，了解更多信息。

(3) 公司板块设置。

①公司信息。展现公司办公场景图片和工厂外景与车间内景图，并通过文字描述的形式介绍公司的规模、优势、卖点。

②证书。展现公司产品的认证证书，常见的证书类型有 CE、ISO、UL、SGS 等。若有国际认证证书可以展示在详情页中，体现产品优势和特点。

③展会。如果有参加国际展会的照片就可以展示在详情页中，这也是展现公司实力的一种表现。

④生产流程。将产品从下单到生产到出厂发货的过程用流程图的形式展现出来，让买家更加直观地了解产品的生产过程，对产品的质量更加放心。

⑤包装运输。主要介绍产品的包装形式，通过什么样的包装形式和什么样的物流运输形式将产品运送到客户手中，让客户了解清楚。

⑥FAQ。整理客户在了解产品中可能会提出的问题，并给出相对应的答案。不要将产品属性中展现出来的信息再在 FAQ 中表现出来，这样的 FAQ 不能给客户提供太大的帮助。要从客户出发，站在客户的角度提出问题并做出解答。

⑦联系方式。将自己的联系方式设计成名片的形式提供给客户，给客户更多的联系渠道。方便客户在询盘不能得到及时回复时，能在第一时间找到我们。

11) 产品详情页导航设置

产品详细描述导航功能可以将产品的信息拆分为多个模板，方便操作者管理产品详情页信息的结构，并且可以让买家快速定位到宝贝描述关键信息。产品导航最多可以容纳 20 000 个字符，最多可以设置 15 个导航栏。

导航锚点：加入锚点后，买家可以在产品详情页页面中快速定位到该锚点下的区域。

区块标题：加入导航锚点后，会自动带入标题，该标题会在产品展示中出现，帮买家清晰地区分区块。区块的标题可以自定义修改和删除。

产品描述区：在该区块，操作者可以根据导航锚点的内容添加适合的产品介绍信息。例如，在 Product Description 下，添加产品的图片、属性表格、文字描述、产品优势等。

(1) 使用系统导航。

插入导航：当通过 My Alibaba 后台发布或者编辑产品时，产品详情页编辑页面的右侧会默认展开导航栏，用鼠标点击对应模块即可插入（每个模块只允许插入一次）导航，如图 3.48 所示。

图 3.48　系统默认导航

结束导航：点击导航锚点后方的"×"，可删除该导航，如图 3.49 所示。

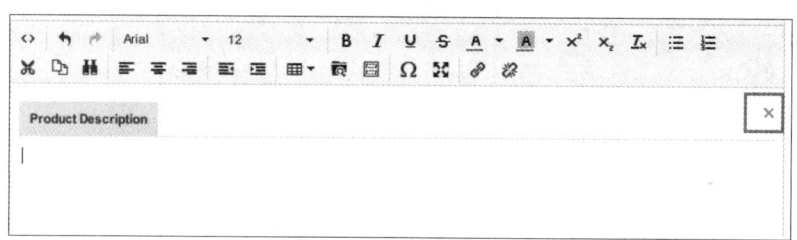

图 3.49　删除导航

（2）使用自定义导航。

当编辑产品详细描述时点击"添加自定义导航"，如图 3.50 所示，在弹出的页面中编辑需要设置的内容。在输入导航名称、备注信息、模板内容后，选择"立即使用"或"立即使用并保存模板"。注意：一款产品最多可以添加 8 个导航栏。

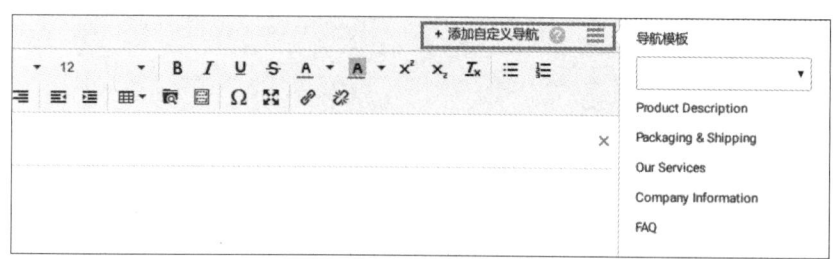

图 3.50　添加自定义导航

(3)前台展示导航栏。

在产品详情页中,当买家点击某导航后,页面跳转到对应的描述区,如图3.51所示。

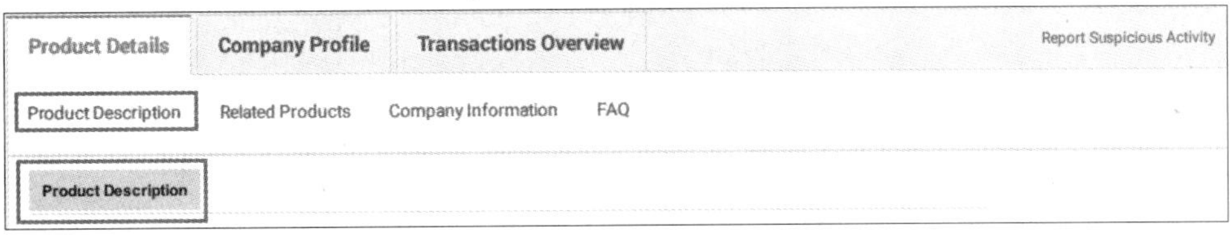

图 3.51　产品导航栏功能展示

12)智能编辑模板设置

"智能编辑"为供应商在 My Alibaba 后台发布产品时提供可以直接套用的格式化字段和行业特性展示的功能,可以在很大程度上提升供应商发布产品的便利性和行业专业度,从而提升买家对产品详情的关注度。

操作"智能编辑"的方法如下。

(1)登录 My Alibaba 后台,依次点击"产品管理"→"发布产品",找到"智能编辑"。

(2)在产品详情页中选择"智能编辑",并点击"立即体验"按钮,如图3.52所示。

图 3.52　智能编辑

(3)选择合适的行业模板,如果没有相应的行业模板,就选择基础模板进行操作,如图3.53所示。

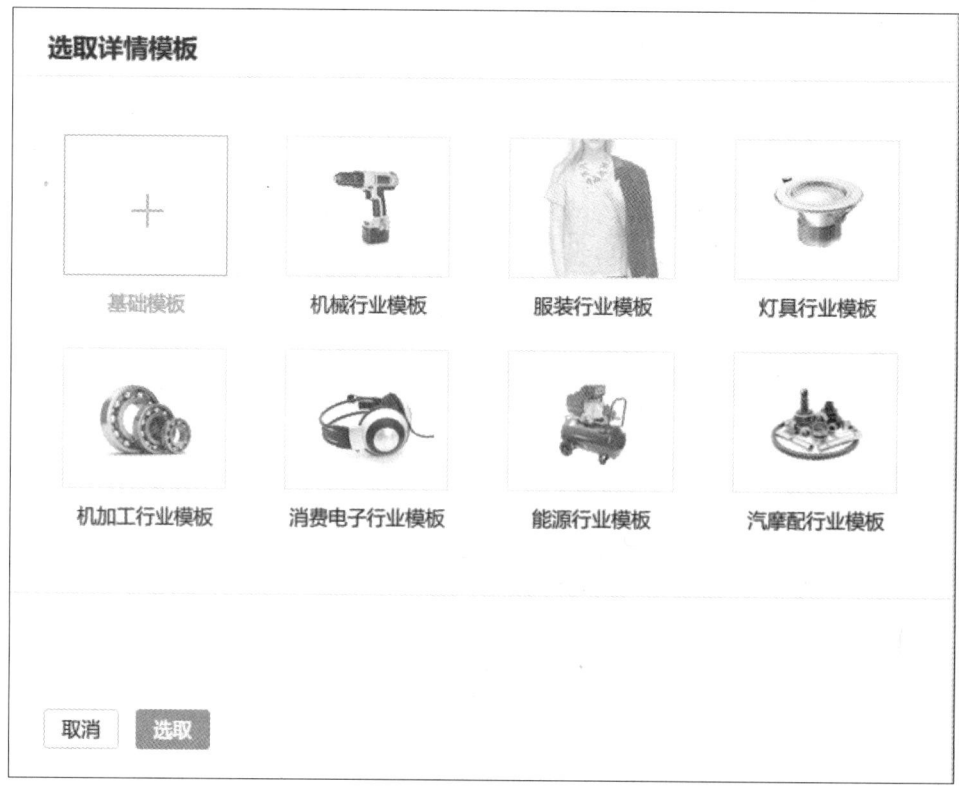

图 3.53 选择行业模板

（4）对于选取模板后的页面操作布局，建议先从右侧操作布局界面自由选择添加导航模块，自定义合适的导航风格，如图 3.54 和图 3.55 所示。

图 3.54 选择产品详情导航

图 3.55 导航设置

产品导航：通过自由添加信息、排序和自定义等功能组合自己需要的产品详情导航模块。

导航风格：可以根据自己的需求和喜好选择色调与字体等导航风格模块。

（5）根据自己的需求通过左侧图片、文字、图文和表格进行模板自由组合与填充内容，如图 3.56 所示。

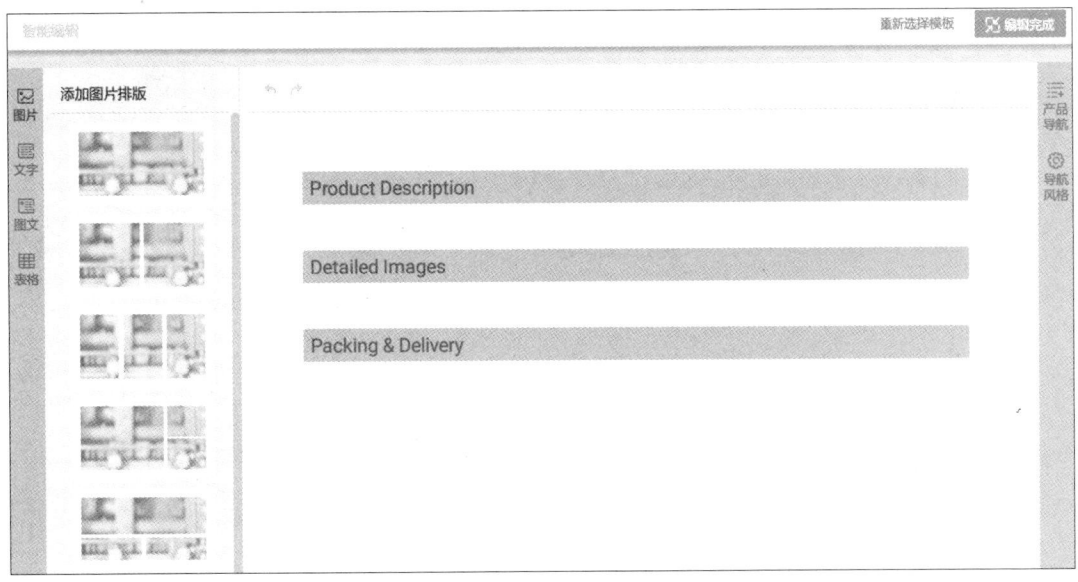

图 3.56 修改、编辑产品详情排版内容

（6）模板保存及调用。操作者可以保存并导出已经编辑好的自定义导航模板。

将鼠标放到导航栏上，会显示"保存"图标按钮，可以将当前模板导出并保存为自定义导航模板，以便下次发布产品时直接使用。当保存模板数超过最大限量时，会有管理模板的提醒，如图 3.57 所示。

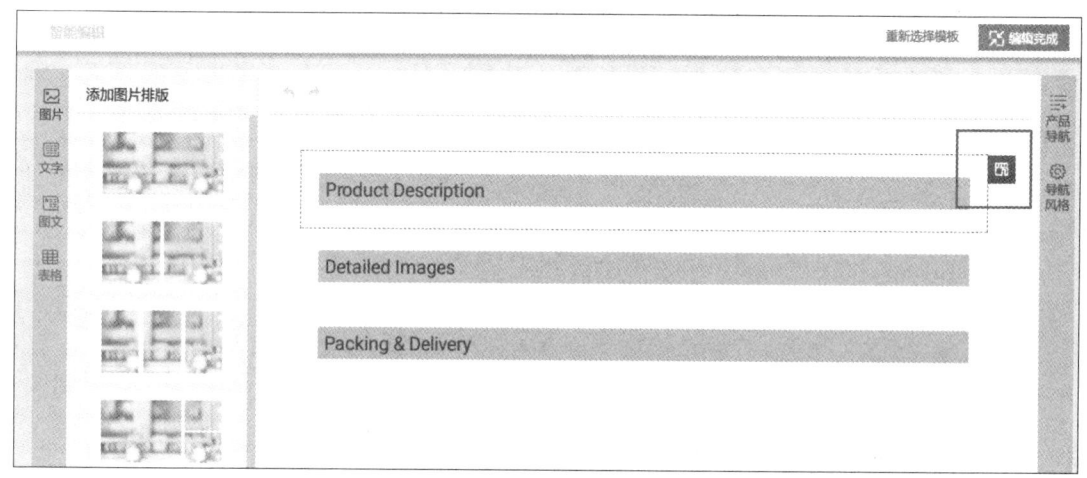

图 3.57　导出并保存自定义导航模板

导入自定义导航：操作者可以导入并调用已经保存过的自定义导航模板，如图 3.58 和图 3.59 所示。

图 3.58　导入自定义导航

图 3.59　导入自定义导航设置

（7）完成产品详情内容编辑，提交并完成产品发布。

操作者可以通过智能编辑导航管理自己已经保存过的模板。同时，还可以复制已经保存的模板到"我的导航"，路径为"产品管理"→"工具中心"→"管理智能编辑详情导航模板"，如图 3.60 所示。

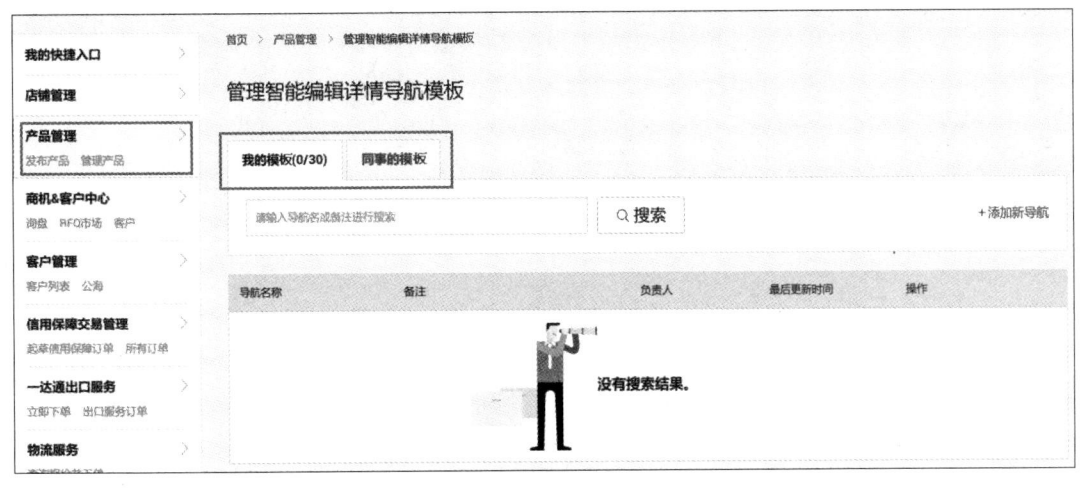

图 3.60　管理智能编辑详情导航模板

如何发布产品

视频产品如何发布

3.4.3 管理产品

1. 产品分配

产品分配：将产品的负责人分配到对应的子账号下，子账号登录平台后可选择"My Alibaba"→"产品管理"直接修改产品。当有客户对产品发送询盘时，询盘会自动分配给该产品的负责人。

操作权限：主账号可以管理公司的所有产品；业务经理可以管理自己及其下属子账号的产品。

同步时间：操作分配后，后台立即生效，旺铺需要 24 小时左右的同步时间。

如何操作：选择"My Alibaba"→"产品管理"→"管理产品"，勾选需要调整的产品（可单选某个产品，或同时勾选多个产品），点击"分配给"按钮，选择目标负责人，点击"确认"即可，如图 3.61 所示。

图 3.61 产品分配过程

产品分配注意事项:

(1) 产品的负责人只能为一个,如果将产品从 A 账号分配给 B 账号,则 A 账号中将不显示该产品。

(2) 对于制作员账号发布的产品来说,负责人均为管理员账号。

(3) 目前支持逐页操作,可在右下角设置一页显示 10 个、30 个或 50 个。

2. 产品分组

产品分组:产品的分类,通过分组可以将不同类型的产品归为一类,便于管理和维护。平台分组也会直接在全球旺铺首页中体现出来,在导航栏中就有"产品分组"一项,客户通过分组可以快速找到自己想要的产品。.

1) 新建产品分组的方法

(1) 操作权限:管理员、制作员有权限操作;子账号没有"分组管理与排序"的模块。

(2) 添加一级分组:选择"My Alibaba"→"产品管理"→"分组管理与排序",点击"分组管理与排序"页面左上角的"添加一级分组",输入产品分组名称,点击"确认"即可,如图 3.62 所示;在产品分组创建完毕后,可马上添加产品到该产品分组中,点击"组内产品管理"→"添加产品"即可。

(3) 添加二级子分组:进入"分组管理与排序",选中组名,添加子分组。

(4) 添加三级子分组:进入"分组管理与排序",选中二级组名,添加子分组。

产品分组注意事项如下:

(1) 产品组总数为 200 个,支持三级分组,最多可以创建 20 个一级分组。

(2) 产品组名称必须唯一,支持重命名。

(3) 只能将未删除的公共产品添加到产品分组中。

(4) 可以添加任意多个产品到产品分组中。

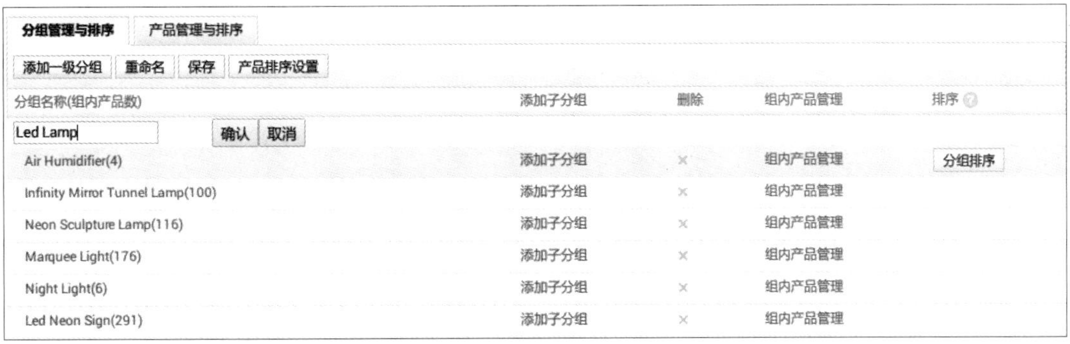

图 3.62 添加产品分组

2）产品分组重命名

（1）操作权限：管理员、制作员有权限操作。

（2）操作方法：选择"My Alibaba"→"产品管理"→"分组管理与排序"，点击对应的产品分组，再点击页面上的"重命名"即可，如图 3.63 所示。

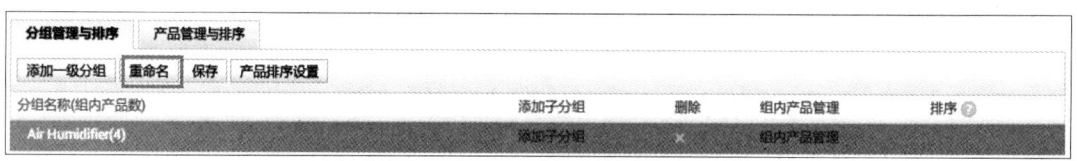

图 3.63　产品分组重命名

3）删除产品分组

（1）操作权限：管理员、制作员有权限操作。

（2）操作方法：选择"My Alibaba"→"产品管理"→"分组管理与排序"，选中需要删除的产品分组，点击"×"即可删除产品分组，如图 3.64 所示。

如果该产品分组下有子分组，则无法删除，需要先将子分组删除后再删除上级分组。

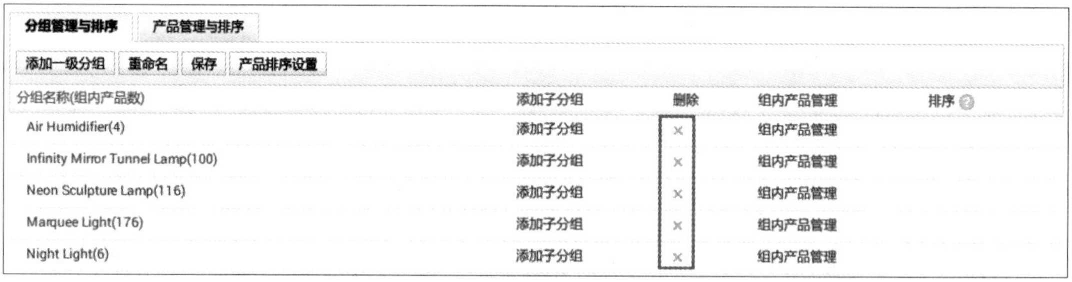

图 3.64　删除产品分组

4）调整产品分组

（1）操作方法：选择"My Alibaba"→"产品管理"→"管理产品"，选择产品，点击"移动到"进行调整。

（2）提醒：同一个产品只能在一个分组下，管理员可将产品分配给产品业务员、业务经理或管理员自己，如图 3.65 所示。

图 3.65 调整产品分组

3．橱窗产品设置

橱窗产品：橱窗（即橱窗展示位）是一种营销推广工具，添加到橱窗的产品在同等条件下享有搜索优先排名权益（无额外标志），同时可在全球旺铺中做专题展示。可根据公司推广需求，自行选择要推广的产品，如推广效果好的产品、新品或主打产品等。国际站出口通服务包含 10 个橱窗（若平台是合作金品诚企，则包含有 40 个橱窗）。

1）添加橱窗产品

进入路径："My Alibaba"→"产品管理"→"管理产品"→"管理橱窗产品"，点击"添加橱窗"按钮或每个橱窗位上的"+"按钮，弹出选择产品界面，通过产品分类查找或关键词搜索，找到需要设置为橱窗的产品，点击"确定"即可，如图 3.66 所示。

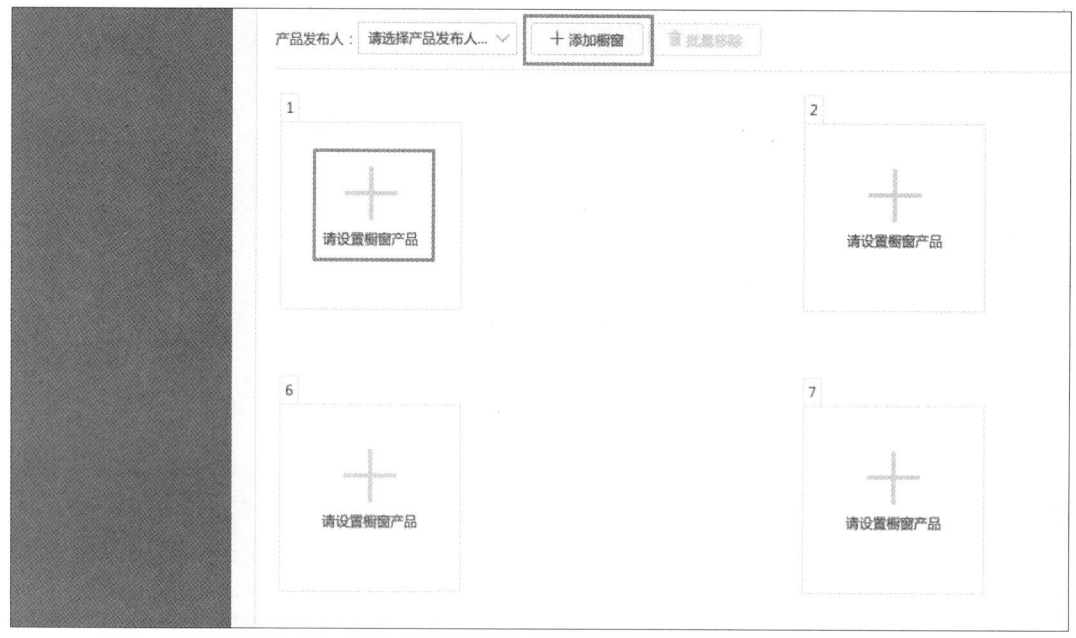

图 3.66　添加橱窗产品

2）删除橱窗产品

在"橱窗产品管理"的页面上，把鼠标移动至需要移除的橱窗产品图片上，选择"移除产品"，系统会弹出提醒，点击"确认"后即移除成功，该橱窗位后面的橱窗产品会依次前移，如图 3.67 所示。

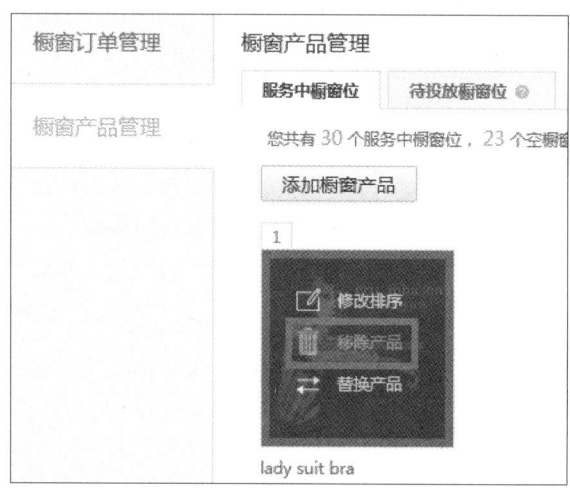

图 3.67　删除橱窗产品

3）替换橱窗产品

第一步，在橱窗产品管理的页面上，把鼠标定位在需要替换的橱窗位图片上，点击"替换产品"，会弹出选择产品框。

第二步，选中你想要替换的新产品，点击左下角的"提交"按钮，系统会自动替换并保存，无须再单独保存，如图 3.68 所示。

图 3.68　替换橱窗产品

修改没有次数限制，修改之后需要 24 小时的同步时间。

4）调整橱窗产品的顺序

方法一：把鼠标移动到需要调整在旺铺上展示排序的橱窗产品上，点击浮出的"修改排序"，写上调整后的排序数字，点击"保存"按钮即可。

方法二：点击每个橱窗位左上角的数字标，直接修改数字并点击"保存"按钮即可，如图 3.69 所示。

注：原页面通过拖曳修改排序的方式已经被取消。

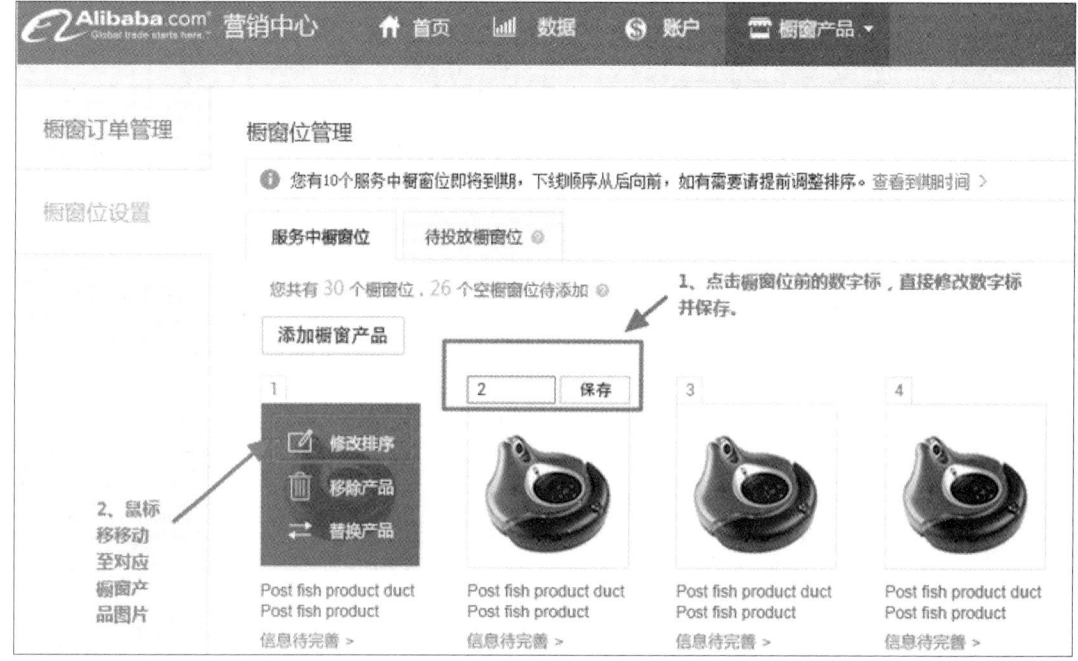

图 3.69 调整橱窗产品顺序

4．零效果产品优化

零效果产品指产品详情页的访客数、收藏数、分享数、比价数、询盘、TM 咨询、批发订单、信用保障订单等全部数据都为 0 的产品。

零效果产品的更新时间：每天上午更新，显示的是 2 天前的数据结果。

零效果产品的查看路径："My Alibaba"→"数据管家"→"我的产品"→"零效果产品"，如图 3.70 所示。

1）零效果产品的优化建议

针对 180 天以内的零效果未下架产品：查看位置是"My Alibaba"→"数据管家"→"我的产品"→"零效果产品"。若为主推产品，则建议供应商在优化好产品信息质量的同时，将主推产品设置为橱窗/P4P 产品，让产品有更多的展示机会；若为非主推产品，则建议优化后观察效果；若供应商打算淘汰该产品，则建议直接对该产品做删除处理。

针对 180 天以上的零效果下架产品：查看位置是"My Alibaba"→"产品管理"→"搜索诊断中心"→"零效果下架"。若仍需售卖，则建议编辑产品，对产品信息做最新的、有效的更新，让信息更专业、更丰满后再次上架，让该产品开启一个新的生命周期；若无须售卖，则建议直接删除。

图3.70 零效果产品

2）注意事项

单个删除零效果产品后，产品及后面的编辑删除按钮会变成灰色，实际上该产品已经在回收站了，但需要2天同步后才会从零效果产品中消失。一键删除零效果产品后，产品及后面的编辑删除按钮会变成灰色，同样需要2天同步后才会从零效果产品中消失，但是该产品不会进入回收站，一旦删除无法恢复。

如何管理产品

商品信息的提优方法

3.4.4 多语言市场的产品发布

1. 多语言市场介绍

阿里巴巴多语言市场已于2013年7月17日正式向供应商开放，它是为帮助供应商开拓非英语市场而建立，且独立于阿里巴巴国际站（英文站）的语种网站体系，现包括西班牙语市场、葡萄牙语市场、法语市场、俄语市场等15个语种市场，除覆盖传统欧美市场中的非英语买家群体外，南美、俄罗斯等新兴市场更是多语言市场重点的拓展区域。

（1）11个市场已开放产品发布功能：西班牙语、日语、葡萄牙语、法语、俄语、阿拉伯语、德语、意大利语、越南、土耳其、韩语供应商自主发布的产品，搜索排名优先。

（2）4个市场暂未开放产品发布功能：泰语、荷兰语、希伯来语、印度尼西亚语网站产品仅基于英文站自动翻译产品。

多语言市场和国家对应表如表 3.2 所示。

表 3.2 多语言市场和国家对应表

语 种 市 场	网　　址	主要应对国家
西班牙语市场	http://spanish.alibaba.com	墨西哥、西班牙、阿根廷、秘鲁、智利、哥伦比亚、委内瑞拉等
俄语市场	http://russian.alibaba.com	俄罗斯、哈萨克斯坦、乌克兰等
葡萄牙语市场	http://portuguese.alibaba.com	巴西、葡萄牙、安哥拉等
法语市场	http://french.alibaba.com	法国、比利时、多哥、贝宁等
日语市场	http://japanese.alibaba.com	日本
德语市场	http://german.alibaba.com	德国、瑞士、奥地利、卢森堡等
意大利语市场	http://italian.alibaba.com	意大利
韩语市场	http://korean.alibaba.com	韩国
阿拉伯语市场	http://arabic.alibaba.com	阿联酋、沙特阿拉伯、埃及等
土耳其语市场	http://turkish.alibaba.com	土耳其
越南语市场	http://vietnamese.alibaba.com	越南
泰语市场	http://thai.alibaba.com	泰国
荷兰语市场	http://dutch.alibaba.com/	荷兰、比利时、南非、苏里南等
希伯来语市场	http://hebrew.alibaba.com/	以色列
印度尼西亚语市场	http://indonesian.alibaba.com/	印度尼西亚

阿里巴巴多语言市场具有以下特点：没有广告付费排名；拥有海量的海外买家市场，客户的精准度高；多语言市场竞争度低，产品的优势更加容易凸显出来。多语言市场平台简单易用，容易上手。

2．多语言市场产品发布

方法一：选择"My Alibaba"→"产品管理"→"发布产品"→"选择语言市场"→"选择产品类目"→"填写产品表单"，提交并进入审核，审核通过后，展示在相应的站点上，如图 3.71 和图 3.72 所示。

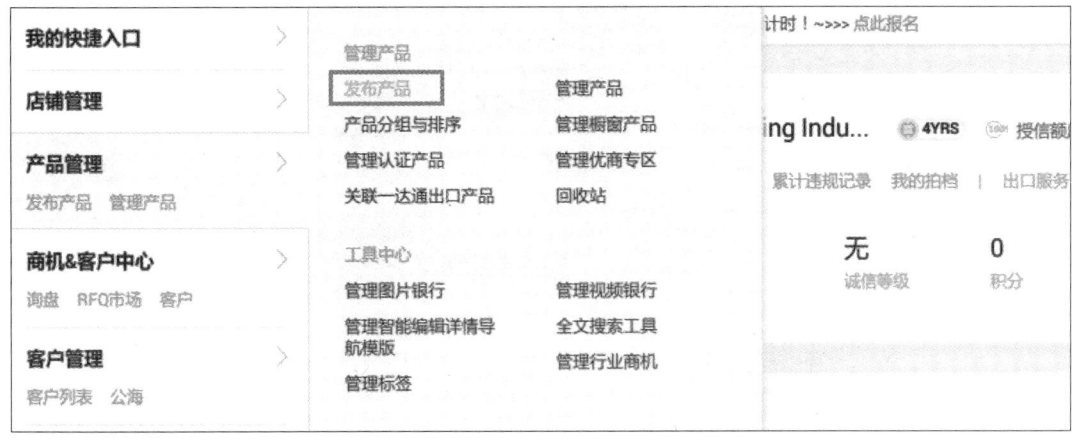

图 3.71 发布多语言市场产品（一）

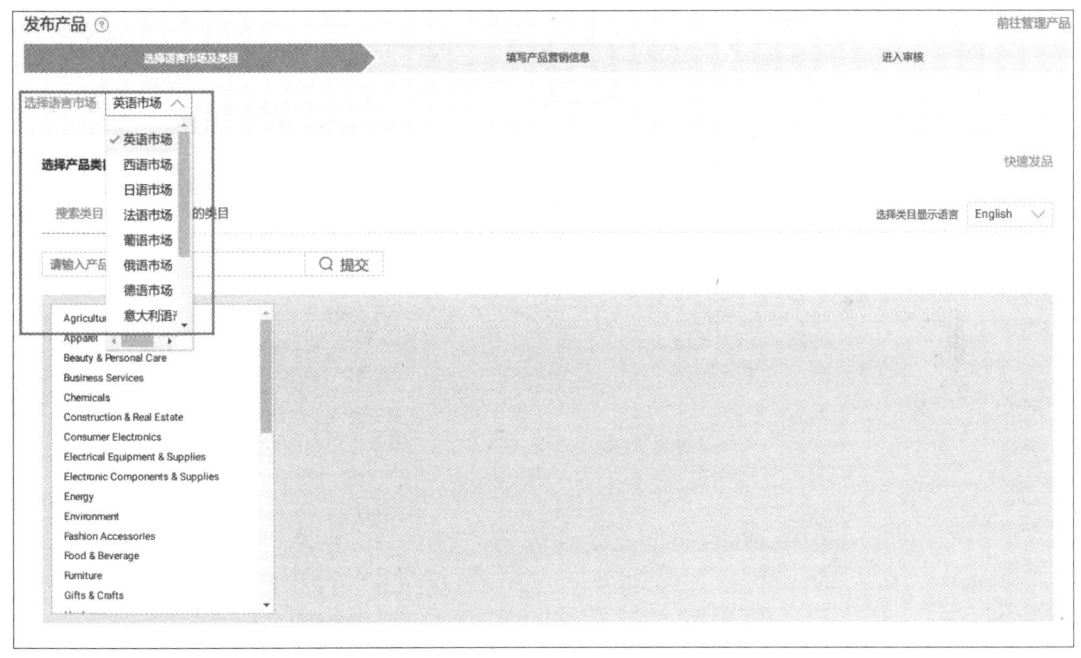

图 3.72 发布多语言市场产品（二）

方法二：选择"My Alibaba"→"产品管理"→"多语言市场首页"→选择对应市场→"发布产品"→"选择产品类目"→"填写产品表单"，提交并进入审核，审核通过后，展示在相应的站点上，如图 3.73 和图 3.74 所示，要注意每个语种最多可以发布 600 个对应语种产品。

图 3.73 发布多语言市场产品(三)

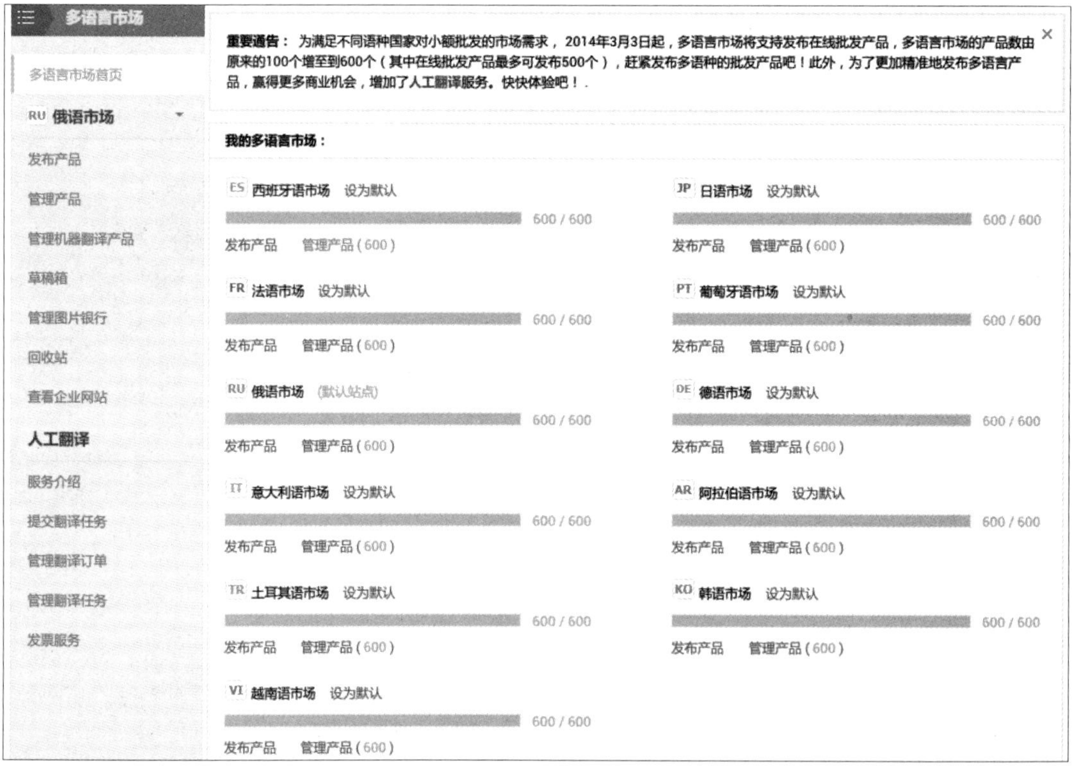

图 3.74 发布多语言市场产品(四)

多语言市场产品的编辑：选择"My Alibaba"→"多语言市场"→选择对应的多语言市场→"管理产品"，找到对应的多语言在线批发产品，点击"编辑"，如图 3.75 所示。

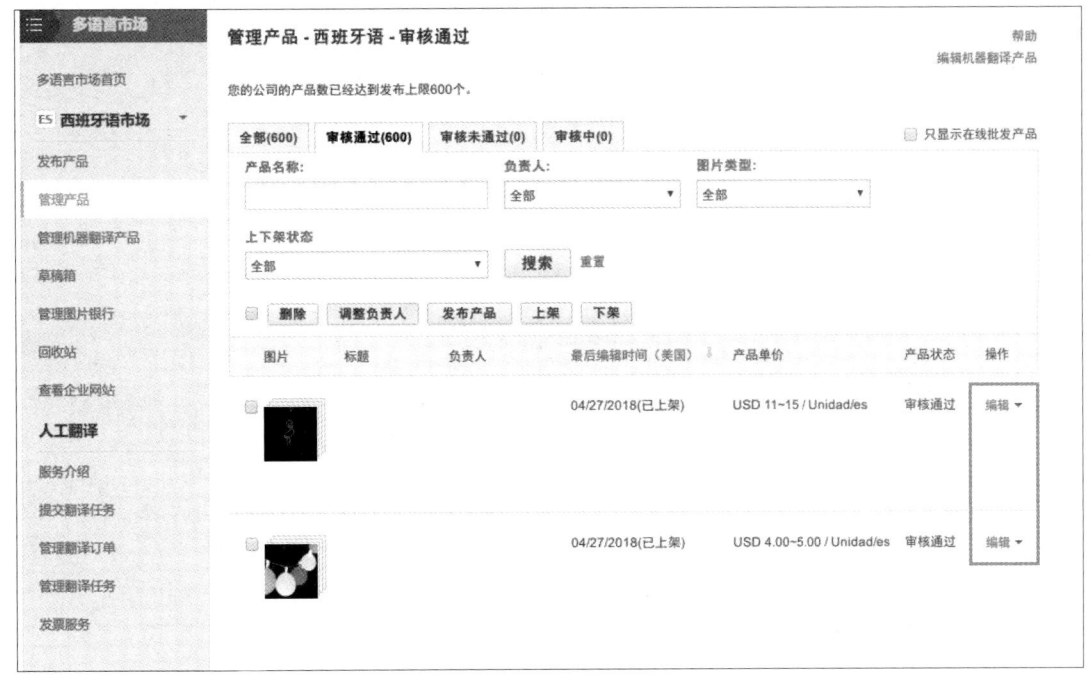

图 3.75　编辑多语言产品

思考与实训

1．国际站开通

在国际站运营中，提交认证信息和公司信息是开店的重要环节。请根据所提供的信息登录 www.alibaba.com 后台，进入店铺管理，管理公司信息页面，完成公司相关信息的填写。

要求：

（1）认证信息填写完整。

（2）公司信息填写完整。

2．关键词查找

假如你在阿里巴巴国际站开了一个店铺，售卖产品是一款水壶（如图 3.76 所示），现在查找该产品的关键词。

图 3.76　水壶

要求：

（1）针对该产品信息和特征进行关键词查找，至少查找 50 个以上的关键词，制作关键词表，并写出词来源和词热度。

（2）从以上关键词中选出最合适的 5 个关键词。

3．标题组合

假如你要发布一款手提包（如图 3.77 所示），已提供如下关键词，请根据下列关键词组合一个标题，标题越优质，分数越高。

图 3.77　女士手提包

提供的关键词如下：
①营销词：2018 new arrival，top selling，for sale。
②属性词：leather，PU，lady，red，designer。
③主关键词：handbag，tote bag。
要求：
（1）标题精准、有吸引力，有营销词、属性词和主关键词，字数不超过 60 个英文字母。
（2）标题符合英语语法，并且没有拼写错误。

4．发布产品

假如你是一名水壶类生产公司的外贸业务员，请准备好发布相关产品需要的资料并发布一款新产品。
要求：
（1）产品信息填写正确和完整。
①根据产品素材正确选择商品类目。
②产品主图不少于 6 张，并按照逻辑顺序展示。
③产品主图为正方形设计、像素为 800 像素×800 像素、大小不超过 3MB。
④产品内页设计不能出现中文字样、不能出现别人的品牌 Logo 等信息。
⑤根据素材将产品的基本信息、交易信息、物流信息填写正确和完整。
（2）产品详情描述采用普通编辑模式，包含产品图片描述、包装物流信息、公司信息和 FAQ，按照逻辑顺序展示、排版清晰、有条理。

5．旺铺装修

请完成 2.0 旺铺装修并发布。
要求：
（1）店招设置。
（2）添加通栏 banner 模块，并上传符合店铺类目的产品海报。
（3）添加不少于 3 种产品推荐模块，且选择符合店铺类目的产品。
（4）添加轮播 banner 模块，并且海报上传完整。
（5）公司介绍模块添加完整。
（6）旺旺客服模块添加不少于 3 名客服，且客服的名字、头像填写完整无误。
（7）添加多语言快链模块。
（8）添加自定义内容模块，并上传一张符合店铺类目的产品海报。
（9）添加橱窗产品模块，并且填满 10 个产品。
（10）添加询盘直通车模块。
（11）整体主题色设置符合企业、产品定位。

第 4 章 商机获取与产品推广

4.1 外贸邮的应用

4.1.1 外贸邮的主要功能

外贸邮是阿里巴巴为广大中小外贸企业量身打造,集专属买家档案、企业邮件安全为一体的外贸专用企业邮箱,即用自有域名申请的阿里巴巴的企业邮箱。一般应具备以下两个条件才可以开通外贸邮:一是阿里巴巴中国供应商会员,二是拥有独立的企业域名。外贸邮具备专业、安全、易于管理的特点。

(1)专业:企业邮箱可以树立企业形象,快速获得买家信赖。外贸邮统一企业邮箱后缀,更加彰显企业的专业性,如图 4.1 所示。

图 4.1 外贸邮的域名

(2)安全:防止业务邮件流失,确保贸易邮件信息安全。外贸邮的企业回收站能保留所有被删除的企业邮件,可以一键找回误删邮件!自动帮企业保存一年内被删的邮件,有备无患。外贸邮的回收站如图 4.2 所示。

图 4.2 外贸邮的回收站

（3）易于管理：管理员可管理下属业务员邮箱，轻松掌控业务动向。管理员可以轻松管理所有公司邮件，掌握公司客户和询盘被跟进的状态，有效地指导业务员回复客户邮件，如图4.3所示。

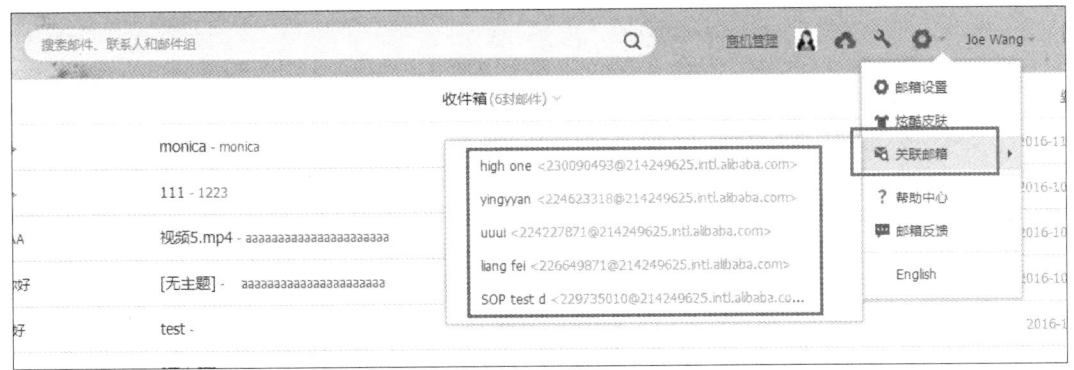

图 4.3　邮箱关联界面

4.1.2　外贸邮的开通方法

（1）判断公司是否有自有域名（注：此自有域名是指从外部域名提供商处购买的域名）。如果没有自有域名，建议联系域名提供商购买。如果平台的自有域名已开通其他企业邮箱且在使用中，建议谨慎操作步骤（2）；如果用此域名开通了外贸邮，那么原来用该域名开通的企业邮箱将无法使用。

（2）修改邮件交换记录，针对已有域名进行 MX 解析，如图4.4所示。

主机名	类型	对应Mail主机名	优先级
（不填写）	MX记录	mx01.mail.alibaba.com	5
（不填写）	MX记录	mx02.mail.alibaba.com	10

图 4.4　修改 MX 指向

（3）选择"My Alibaba"→"商机 & 客户中心（询盘）"→"设置"，进入邮箱域名管理申请开通。点击添加后进入域名验证，验证完成后即可针对对应账号添加域名邮箱，如图4.5所示。

（4）完成域名验证后，可由主账号选择"My Alibaba"→"商机 & 客户中心（询盘）"→"设置"→"邮箱账号设置"，针对对应账号添加域名邮箱，如图4.6所示。

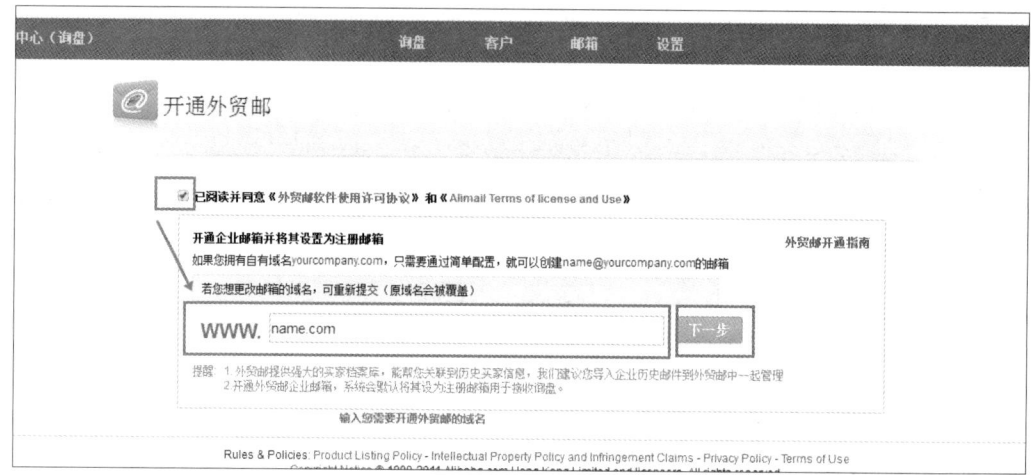

图 4.5 填写域名

图 4.6 添加域名邮箱

外贸邮和询盘的区别：

询盘是阿里巴巴平台接收询盘的系统，位于"商机 & 客户中心（询盘）"页面中，可以理解为站内信。

外贸邮开通以后，功能和普通邮箱相同，邮件可以从"商机 & 客户中心"中查收，也可以登录网址 alimail.alibaba.com 查收。

推广引流的主要方式

4.2 外贸直通车（P4P）

4.2.1 P4P 含义解读

P4P 全称是外贸直通车（Pay For Performance），是阿里巴巴会员企业通过自助设置多维度关键词，免费展示产品信息，并通过大量曝光产品来吸引潜在买家，按照点击付费的全新网络推广方式。

1. 外贸直通车（P4P）首页名词解释

1）首页相关

账户冻结：当账户为冻结状态时，显示推广状态为"未推广，平台的账户目前处于冻结状态，已停止所有推广。如果有问题请与阿里巴巴国际站服务人员联系"。

账户休眠：账户在长期欠费后就会进入休眠状态，看不到直通车的后台操作界面，页面显示"前去充值"的按钮；如果账户长期未产生消耗，那么也看不到直通车的后台操作界面，页面显示"前去激活"的按钮。

无推广信息：当账户为正常状态，账户余额大于 0，且没有创建任何推广信息时，显示推广状态为"未推广，您还没有创建推广信息，现在就去创建推广信息"。点击创建推广信息链接会跳转到创建推广信息新页面。

推广信息全部暂停：当账户为正常状态、账户余额大于 0，且有创建完成的推广信息，但是全部都设置为"暂停"状态时，即快捷推广和关键词推广均暂停，将显示推广状态为"未推广，目前平台的推广信息全部处于暂停投放状态，现在就去激活推广信息"。

账户欠费：当账户为正常状态且账户余额小于等于 0 时，显示推广状态为"未推广，平台的账户欠费，已停止所有推广。请您及时充值"。点击"充值"链接会跳转到充值页面进行支付宝在线充值。

达到每日预算限额：当账户为正常状态、余额大于 0，且今天的消耗总额已经达到设定的日广告预算时，所有推广信息都被拉下线，显示推广状态为"未推广，今天推广总消耗额已达预期限额。可以提高每日预算以延长投放时间"。

阿里巴巴外贸直通车首页界面如图 4.7 所示。

2）推广相关

账户可用余额：指阿里巴巴国际站用户的现金账户与红包账户的可用余额。如果账户余额不足，那么点击推广服务的使用将自动停止，按账户的扣款规则扣费。

今日已花费：实时显示账户今日已经产生的现金＋红包扣费金额，系统会按照红包和现金账户的余额等比例扣除。例如，阿里巴巴国际站用户的现金账户有 8000 元，红包账户有 2000 元，每消耗 100 元系统会从现金账户扣除 80 元，从红包账户扣除 20 元。

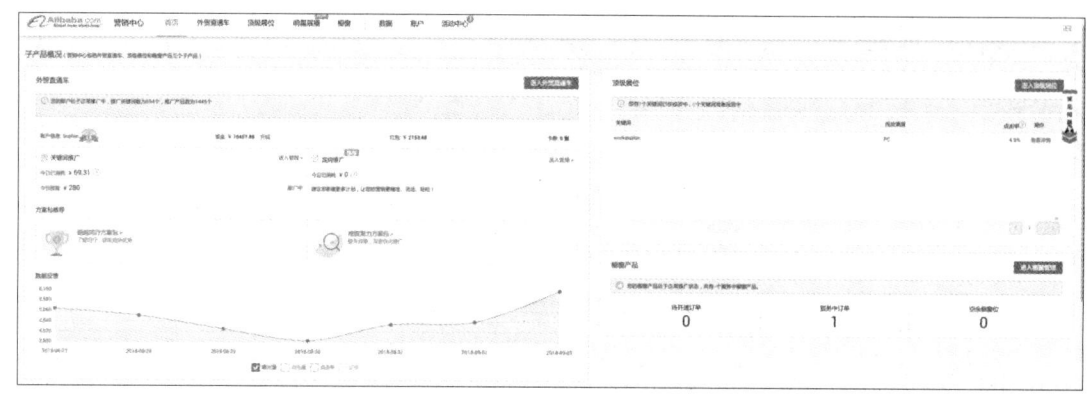

图 4.7　外贸直通车首页

每日投放预算上限：显示账户当前设定的日最高推广消费上限额。

推广产品：表示已经选择进入外贸直通车推广的产品。

在线推广关键词数：是指账户在线时，处于启动状态的关键词数量。

快捷推广：一种相对于关键词推广更加快捷的设置方式，仅需要设置统一出价和每日预算即可，系统根据已经加入直通车推广的产品自动推荐相关关键词进行推广。假设在关键词 A、B、C 下推广产品都曾经获得一定的曝光与点击，且这几个词未加入 P4P 关键词推广中推广，那么在快捷推广中，这三个关键词将会参与推广。

通用账户：通用账户中的钱是可以自由支配的，可以用来购买阿里巴巴的各种服务。

外贸直通车推广展示图如图 4.8 所示。

图 4.8　外贸直通车推广展示图

3）效果相关

曝光量：显示最近 7 日在搜索结果页面通过外贸直通车推广获得的买家浏览量的情况。

点击量：显示最近 7 日整个账户由外贸直通车推广获得的点击量的情况。

点击率：显示最近 7 日整个账户的点击转化率，点击率 = 点击量 / 曝光量。

日花费：显示最近 7 日整个账户的单日花费情况。

平均点击花费：显示最近 7 日在推广过程中每次点击的平均花费情况。

推广时长：显示最近 7 日整个账户的在线推广时间。

外贸直通车效果展示如图 4.9 所示。

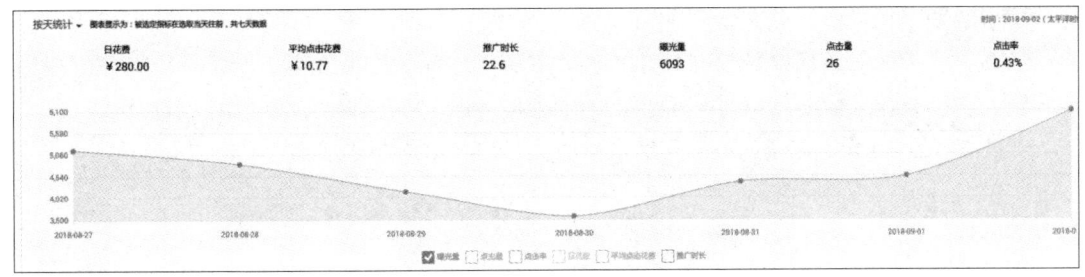

图 4.9　外贸直通车效果展示

4）调整 P4P 每日预算

选择"营销中心"→"外贸直通车"→"直通车首页",可以设置今日预算金额,点击"确定"保存即可。预算是当天最多会花费的点击扣费,而不是每天必扣的费用,每日扣费没有下限,只有买家在 P4P 展示位上点击才会产生扣费。调整 P4P 今日预算如图 4.10 所示。

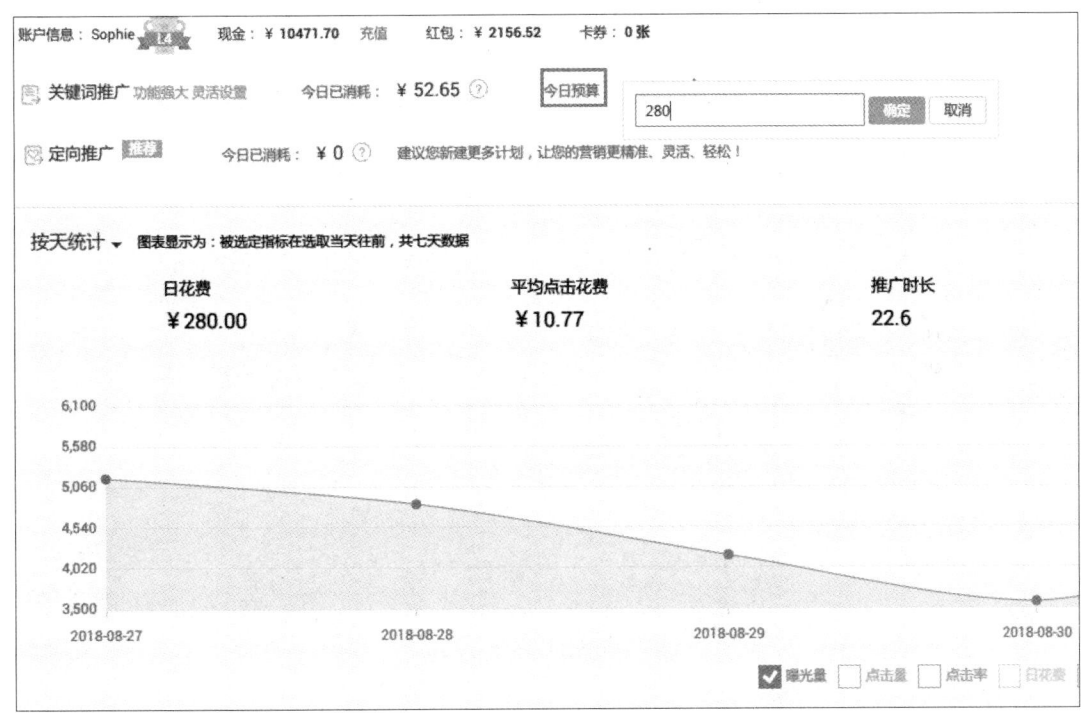

图 4.10　直通车的"今日预算"设置

5）查询账户历史明细

点击"营销中心"→"外贸直通车"→"直通车账户",在账户查询页面最下方"账户历史明细"处,通过筛选时间可查看外贸直通车的收入和支出明细。

如果有红包,那么现金和红包按等比例扣费,即账户余额中的现金金额：红包金额＝扣费中的现金金额：扣费中的红包金额。

例如，目前账户余额中显示有 12 000 元，其中 10 000 元是充值的现金金额，2000 元是红包金额，若今天花了 600 元，则在现金账户中扣掉 500 元，在红包账户中扣掉 100 元。

点击“最近 30 天”按钮，可以查看账户历史明细，如图 4.11 所示。

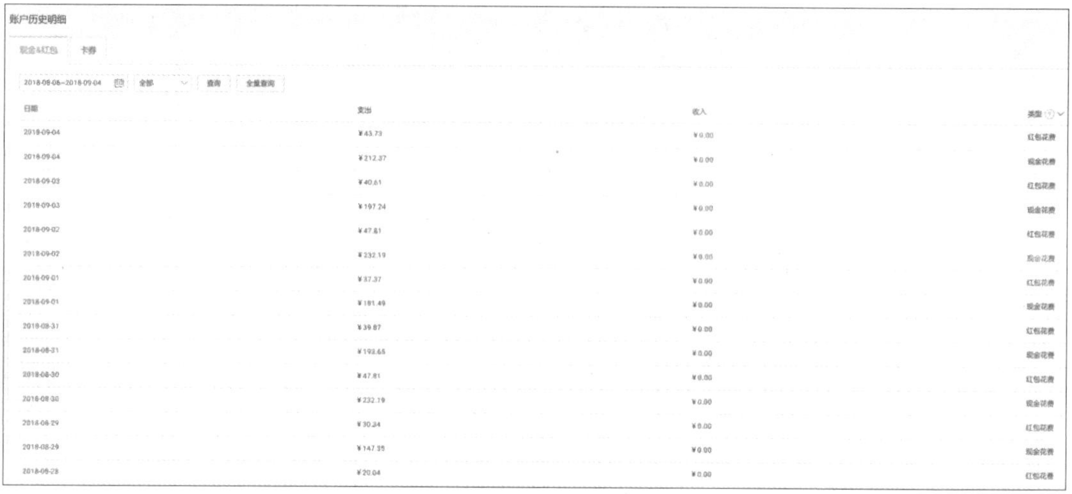
账户历史明细

现金&红包　卡券

2018-08-06~2018-09-04　全部　查询　全量查询

日期	支出	收入	类型
2018-09-04	¥43.73	¥0.00	红包花费
2018-09-04	¥212.37	¥0.00	现金花费
2018-09-03	¥40.61	¥0.00	红包花费
2018-09-03	¥197.24	¥0.00	现金花费
2018-09-02	¥47.81	¥0.00	红包花费
2018-09-02	¥232.19	¥0.00	现金花费
2018-09-01	¥37.37	¥0.00	红包花费
2018-09-01	¥181.49	¥0.00	现金花费
2018-08-31	¥39.87	¥0.00	红包花费
2018-08-31	¥193.65	¥0.00	现金花费
2018-08-30	¥47.81	¥0.00	红包花费
2018-08-30	¥232.19	¥0.00	现金花费
2018-08-29	¥30.34	¥0.00	红包花费
2018-08-29	¥147.35	¥0.00	现金花费
2018-08-28	¥20.04	¥0.00	红包花费

图 4.11　账户历史明细

2．直通车推广管理名词解释

1）关键词组

关键词组为关键词添加的属性，一个关键词可以放置在多个关键词组中，但关键词的启动、暂停、出价都是统一的。

2）高级筛选

高级筛选为系统定义的筛选条件，其中包括花费、曝光量、推广评分、平均点击花费几个维度。

①花费。划分为高花费、低花费、0 三个维度。“高花费”为当前账户层级内非零花费前 20% 的关键词的点击花费；“低花费”为当前账户层级内非零花费后 20% 的关键词的点击花费；“为 0”为当前账户层级内花费为零的关键词的点击花费。查询结果为当前账户层级符合该查询条件的关键词的点击花费。

②曝光量：划分为高曝光量、低曝光量、0 三个维度。“高曝光量”为当前账户层级内非零曝光前 20% 的关键词的曝光量；“低曝光量”为当前账户层级内非零曝光后 20% 的关键词的曝光量；“为 0”为当前账户层级内曝光量为零的关键词的曝光量。查询结果为当前账户层级内符合该查询条件的关键词的曝光量。

③推广评分：划分为 0 星、1 星、2 星、3 星、4 星、5 星六个维度。星级越高表示关键词和产品的相关度越好。所有星星全部都是灰色的关键词是当前账户层级内推广评分为 0 星的关

键词；只有一个星星是黄色的关键词是当前账户层级内推广评分为 1 星的关键词。以此类推，查询结果为当前账户层级符合查询条件的关键词。

④平均点击花费：划分为高花费、低花费、0 三个维度。"高花费"为账户内平均点击花费前 20% 的关键词的点击花费；"低花费"为账户内平均点击花费后 20% 的关键词的点击花费；"为 0"为当前账户层级内平均点击花费"为 0"的关键词的点击花费。查询结果为本账户层级符合该查询条件的关键词的点击花费。

3）我的出价

我的出价是指对关键词设置的每次点击的最高扣费价格。这个价格将直接影响关键词排名，但是不一定等同于每次实际点击花费。在大多数情况下，实际点击花费会低于这个出价。当每次发生扣费时，系统会根据实时监控到面临的竞争情况自动计算出保持关键词排名所需的最低价格，从而保证每次实际点击扣费金额小于或等于出价。关键词的出价和推广产品的推广评分两个因素共同影响、决定了关键词排名。

4）预估排名

预估排名是指根据出价，在当前这一时刻买家搜索这个关键词时，推广产品将会展示的排名位置。如果当前排名显示为第一到第五名之间的一个名次，则表示此刻在这个关键词下，将会有推广产品能够展现在搜索列表前五名以内的对应名次上；如果当前排名显示为"其他位置"，则表示产品将有机会展示在搜索结果每一页下方横排的 4 个智能推荐位置和每一页右边的 10 个智能推荐位上，而不会展示在搜索列表页面中。

什么是外贸直通车

如何开通外贸直通车

4.2.2 P4P 展示规则

1. P4P 展示的优势

P4P 展示有流量大、免费、全面覆盖、精准推广等优势。

Aleax 是网站流量查询平台，站点 alibaba.com 下属子站点的流量占比如下，其中 offer.alibaba.com 占了 61.54% 的流量，也就是 P4P 所占的流量，超过阿里巴巴主站的一半，可见流量之大。

通过 P4P 的定义可以知道 P4P 产品的特点是免费展示、点击扣费。阿里巴巴平台的流量逻辑是"曝光→点击→反馈"，当产品获得大量曝光后，点击在一般情况下成正比，进而才会有反馈，这一系列就会形成数据积累，单个产品的数据积累好了，久而久之整个平台权重就提升了，权重提升后对 P4P 出价产生影响，价格的变动又会对流量有新的作用。在一轮又一轮的数据积累后，最终得到的结果就是整个平台效果的提升。所以，免费展示可以让用户获得大量的数据积累。外贸直通车流量逻辑如图 4.12 所示。

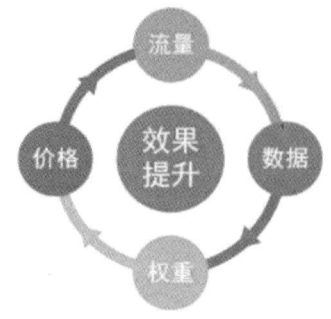

图 4.12　外贸直通车流量逻辑

（1）实现全面覆盖流量。根据 P4P 的定义可以知道，P4P 是通过添加多维度关键词来进行全面推广的，也就是无论卖家是搜索热度高的关键词还是搜索热度低的关键词，只要有人搜索，就会有用户的产品展现在买家面前，这种推广方式称为"撒网模式"。

（2）实现精准推广。可以通过产品推广灵活设置用户想推广的产品，比如对于不是当季的产品，可以先取消推广，相应关键词也暂停推广。

可以根据客户市场的时段手动开启、关闭 P4P 推广服务来精准把控 P4P 推广的时间段。

2．P4P 展示的规则

P4P 在阿里巴巴搜索首页会有 19 个位置，首页主搜区有 5 个位置，每页右侧区有 10 个位置，每页底部智能区有 4 个位置（如图 4.13 所示）。除搜索首页有主搜区外，从第二页开始没有主搜区。故首页共有 19 个 P4P 位置，其他页面有 14 个 P4P 位置。

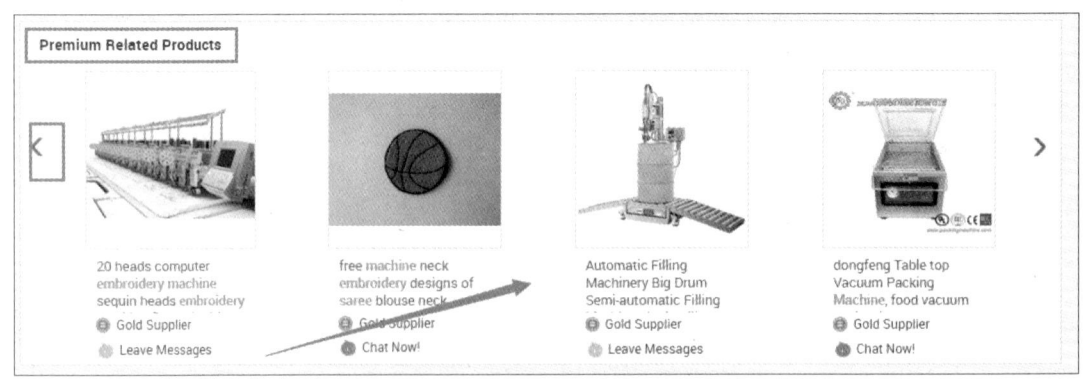

图 4.13　底部智能搜索区 4 个直通车展示位

3. 直通车排名规则

P4P 产品的排名到底是由哪些因素决定的？直通车的排名是按照"关键词的出价 × 推广评分"进行排序的。

推广评分，即产品星级，是指关键词和产品的相关程度以及产品的信息质量，是影响产品展现区域以及排名的重要因素之一，单单一个产品拿出来是没有评分可言的，只有与不用的关键词匹配之后才会有评分的概念。点开关键词对应的推广产品数的数字，会看到关键词对不同的产品会有不同的推广评分，这里的产品是按照与这个关键词关联之后的推广评分由高到低进行排列的，其中：

推广评分为 5 星表示很好，建议维持，表示能通过比较有竞争力的竞价排到前五名。

推广评分为 4 星表示点击率较好，建议维持，也能通过竞价排到前五名。

推广评分为 3 星表示相关性较好，建议进一步优化产品的信息质量和点击率，也能通过出价排到前五名；

推广评分为 2 星表示产品的关键词与产品的匹配相关性较差，无法进入主搜。出再高的价格也无法直接展示在前五名，只能在右侧和每页下方的智能推荐中被展示出来。

推广评分为 1 星表示产品与关键词的相关性较差，无法进入主搜，需要针对产品的信息进行优化，包括类目与关键词的匹配。

推广评分为 0 星表示产品与关键词不相关，无法进入推广。

4.2.3 P4P 关键词管理

1. 拓词渠道

在 P4P 推广初期，要尽量多的添加关键词。关键词的覆盖面越广，产品被展示的机会也就越大，所能吸引的潜在买家也就越多。那么在 P4P 里如何添加关键词呢？

1）系统推荐

系统会根据推广的关键词推荐相关各维度的关键词，主要有综合推荐、网站热门、高转化词、低成本词、同行推训、我的效果词、新增商机、行业词表等。图 4.14 所示为阿里巴巴国际站外贸直通车的系统推荐添加关键词。

图 4.14　系统推荐添加关键词

2）相关搜索

还是在同一个界面，用户可以用主打关键词来搜索，搜索出来的关键词就是 P4P 板块的关键词，用户可以根据需求添加。阿里巴巴国际站外贸直通车的相关搜索添加关键词如图 4.15 所示。

3）批量加词

直接在左侧的方框中输入用户想要添加的关键词（每次最多添加 500 个），接着点击"下一步"按钮，出价即可。把关键词复制粘贴到空白处，一行写一个关键词，点击"下一步"按钮出价，最后完成即可。注意每次最多加 500 个关键词。阿里巴巴国际站外贸直通车的关键词工具批量加词如图 4.16 所示。

第4章 商机获取与产品推广

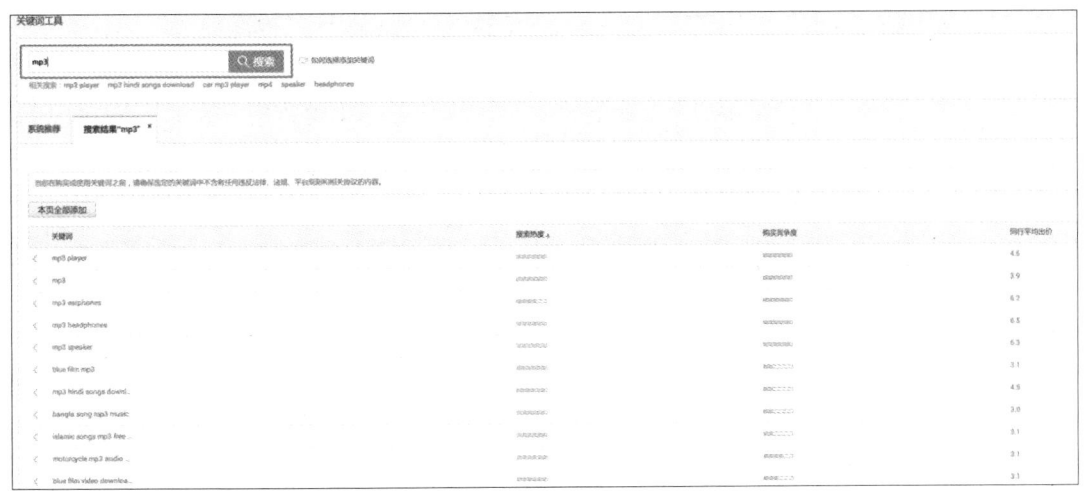

图 4.15 搜索添加关键词

图 4.16 直通车批量加词

4)热门搜索词

选择"My Alibaba"→"数据管家"→"热门搜索词",通过搜索关键词得到的结果,将合适的关键词通过点击"批量加入直通车词库"按钮直接加入P4P推广关键词中,如图4.17所示。

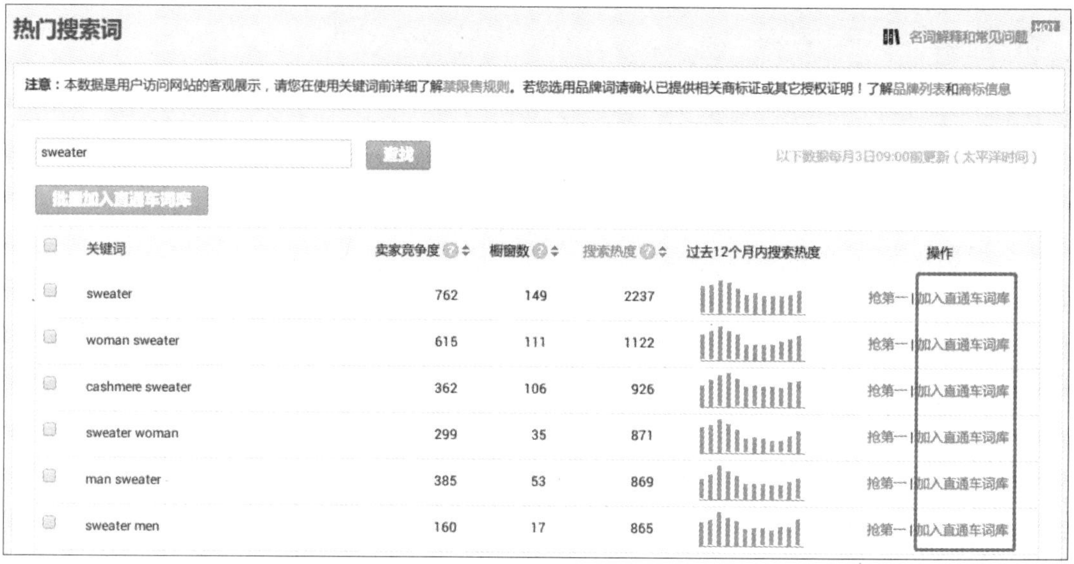

图 4.17 热门搜索词

5)平台流量关键词

选择"My Alibaba"→"数据管家"→"我的词",通过时间段搜索平台的流量关键词,将合适的关键词依次选中后,点击"批量加入直通车词库"添加到P4P推广关键词中,如图4.18所示。

2. 关键词分组

选择"营销中心"→"外贸直通车"→"推广管理",在左侧关键词中点击"新增关键词组"输入对应的关键词组名称后,点击"确认"即可新建一个关键词组,如图4.19所示。

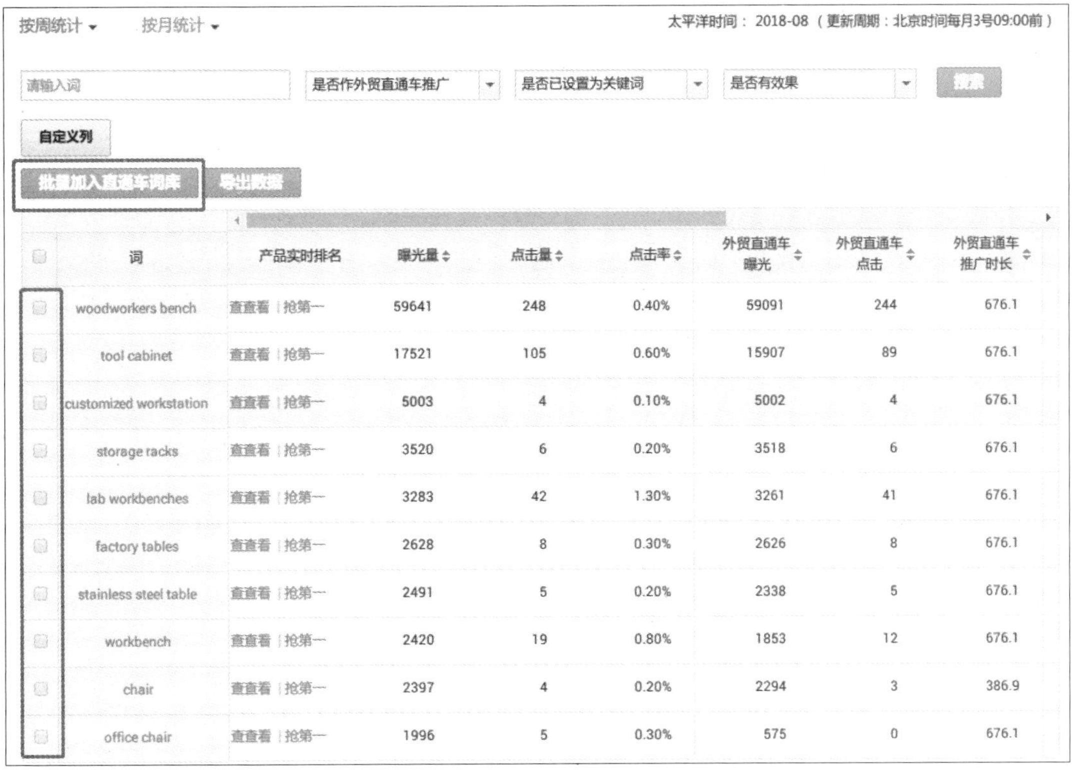

词	产品实时排名	曝光量	点击量	点击率	外贸直通车曝光	外贸直通车点击	外贸直通车推广时长
woodworkers bench	查查看 | 抢第一	59641	248	0.40%	59091	244	676.1
tool cabinet	查查看 | 抢第一	17521	105	0.60%	15907	89	676.1
customized workstation	查查看 | 抢第一	5003	4	0.10%	5002	4	676.1
storage racks	查查看 | 抢第一	3520	6	0.20%	3518	6	676.1
lab workbenches	查查看 | 抢第一	3283	42	1.30%	3261	41	676.1
factory tables	查查看 | 抢第一	2628	8	0.30%	2626	8	676.1
stainless steel table	查查看 | 抢第一	2491	5	0.20%	2338	5	676.1
workbench	查查看 | 抢第一	2420	19	0.80%	1853	12	676.1
chair	查查看 | 抢第一	2397	4	0.20%	2294	3	386.9
office chair	查查看 | 抢第一	1996	5	0.30%	575	0	676.1

图 4.18　我的词

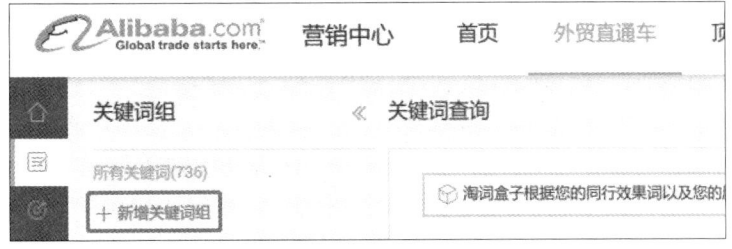

图 4.19　新增关键词组

选择“营销中心”→“外贸直通车”→“推广管理”，在“未分组”中勾选要放进去的关键词前的复选框，点击“修改所属组”（注：一个关键词可以出现在多个分组中），如图 4.20 所示。

实际应用时要注意，P4P 管理分组尽量控制在 10 组以内。每个分组内词量为 200~300 个；分组维度参考：星级、效果、花费、产品。暂时无效果的关键词要统一管理。

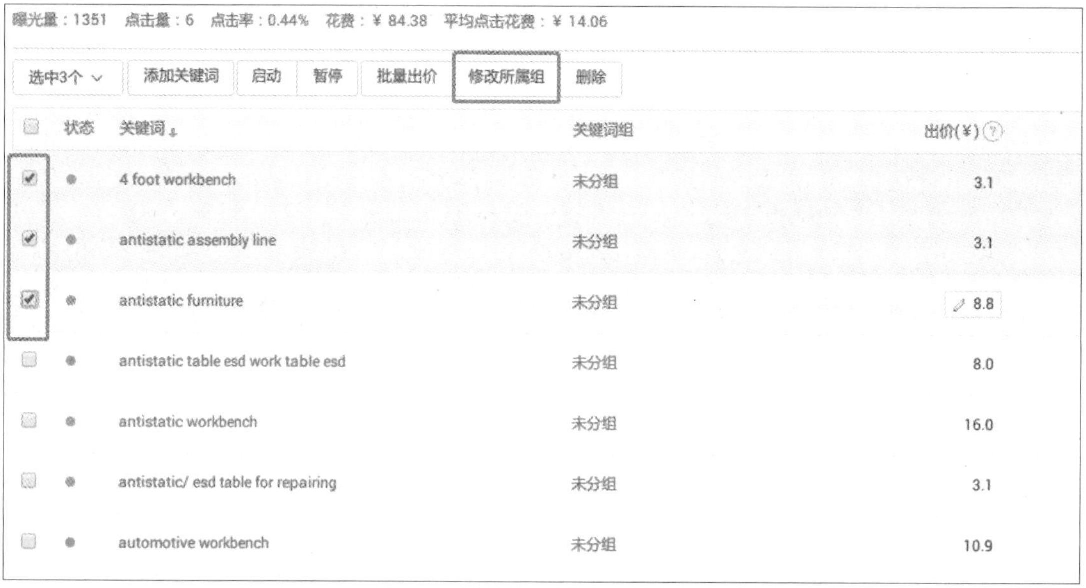
曝光量：1351　点击量：6　点击率：0.44%　花费：￥84.38　平均点击花费：￥14.06
选中3个
添加关键词
启动
暂停
批量出价
修改所属组
删除
状态
关键词
关键词组
出价(￥)
4 foot workbench　未分组　3.1
antistatic assembly line　未分组　3.1
antistatic furniture　未分组　8.8
antistatic table esd work table esd　未分组　8.0
antistatic workbench　未分组　16.0
antistatic/ esd table for repairing　未分组　3.1
automotive workbench　未分组　10.9

图 4.20　修改关键词分组

好的分组会让用户的操作效率更高，以下是几个参考维度。

（1）0.2 星词。把这些关键词归到一个组，后期可以用这些关键词发布类目匹配的高质量产品，通过优化产品与关键词的匹配度将这些 0.2 星词转变成 3.5 星词。

（2）3.5 星词。把这些关键词归到一个组，便于查看 P4P 中匹配度较高的关键词，方便查看维护，定期检查是否有关键词星级下降，做好优化工作。

（3）核心关键词。与产品相关度高，能够带来询盘的关键词，需要经常调价关注，保证排名。

（4）价格不变词组。价格不变或者不常变动的关键词比较稳定，因此在出好价格以后可以较少关注排名，放在一个分组，节省调价时间成本。

（5）点击词。花费所在。需要每周把有点击的关键词归类为一个分组，通过对关键词来源产品的效果进行对比排查，及时暂停和降低无效关键词的推广与花费，以避免造成浪费。

4.2.4 P4P 设置推广产品

在推广产品设置中，用户可以自主设置想要推广的产品，或者取消某个产品的推广，操作方便，快捷灵活。选择“营销中心”→“外贸直通车”→“推广产品设置”，可对每个分组的产品进行加入推广、取消推广等操作，选中对应产品，点击相应的按钮就可以完成推广产品的调整，十分方便、快捷，具体如图 4.21 所示。

图 4.21 P4P 推广产品设置

若想将上传的新产品直接加入外贸直通车推广中,在"新增产品默认"一栏中,点击"加入推广"即可,如图 4.22 所示。

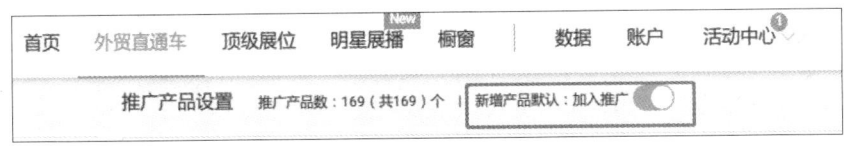

图 4.22 P4P 新增产品默认加入推广

注意:若 P4P 中的关键词出现上传一定数量产品后仍为 0 星级的话,除产品关键词与类目不匹配外,还存在上传产品没有加入直通车产品推广库中,故系统无法识别,所以要自行检查是否加入直通车推广。

4.2.5 P4P 出价扣费原则

P4P 被点击后,到底按照什么标准扣费?

P4P 扣费的具体计算公式如下:

$$P4P 扣费 = \frac{下一家出价 \times 下一家推广评分}{自己推广评分} + 0.1$$

注意：底价≤扣费≤出价，每天美国西部时间的 0 点（北京时间为夏令时 15 点、冬令时 16 点）会重新计算当天的累计扣费。

当产品排在竞争该关键词客户的最后一名时，或者当产品是这个关键词下曝光的唯一的推广产品时，所需要支付的点击价格为该关键词的底价（底价在关键词出价页面会展示出来），如图 4.23 所示。

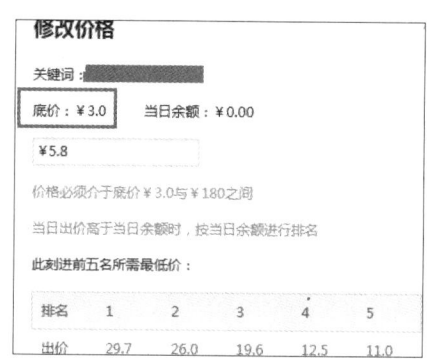

图 4.23 关键词出价界面

如果一个 IP 在一段时间内被重复点击多次，算一次扣费；免费曝光，只有在外贸直通车的推广位上被点击了才会产生费用。

扣费不一定等于出价，即扣费≤出价。

例如，6 家供应商的出价、推广评分、得分、排序以及扣费如图 4.24 所示。

产品	推广评分	出价	得分	排序	扣费
A	10	9	90	6	5
B	20	13	260	1	(20*11/20)+0.1=11.1
C	10	10	100	5	(10*9/10)+0.1=9.1
D	15	8	120	3	(12*10/15)+0.1=8
E	12	10	120	4	(10*10/12)+0.1=8.43
F	20	11	220	2	(15*8/20)+0.1=10.1

图 4.24 供应商扣费情况

从上述例子中可以看出，推广评分影响扣费的金额，所以提高推广评分是降低 P4P 花费的关键要素。

例如，目前当日扣费上限为 100 元，已消耗 95 元，现在被点击的关键词按照扣费标准应该扣费 8 元，但实际最后结算的扣费不会超过当日的消耗上限，所以最终扣费为 5 元。

4.2.6 P4P 合理预算设置

在 P4P 推广阶段，每日预算不得低于 80 元，定向推广不得低于 50 元。每日预算可根据自身产品的热度进行设置，若产品为中低热度，竞争度不高，则可以设置为 100~150 元，若产品为高热度且竞争度较高，则可以设置为 150~250 元。具体设置金额以自身推广的计划判断，后期可根据 P4P 的实际情况追加预算或降低预算。

在 P4P 推广一段时间后，可根据推广首页"账户诊断中心"中每个行业的平均预算调整自身的预算，如图 4.25 所示。

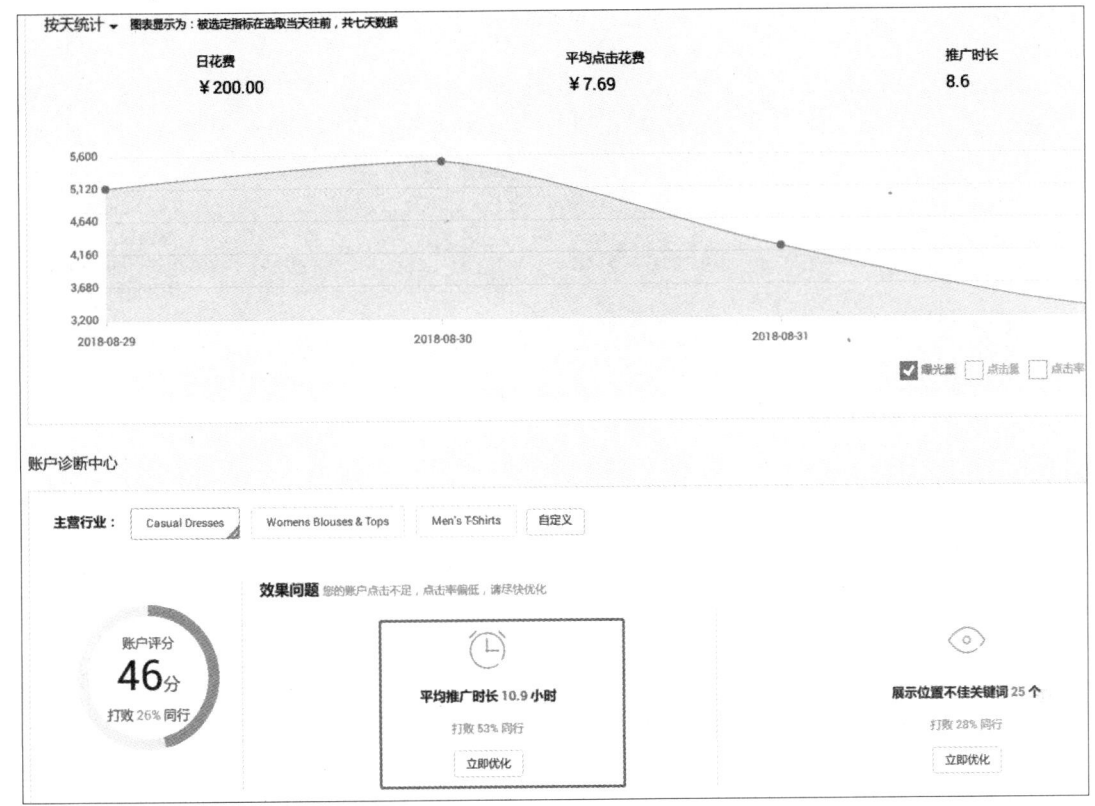

图 4.25　账户诊断中心

在关键词的出价上，可以参考如下技巧：

（1）每天两次，北京时间早上 9—10 点，下午 6—7 点。早上 9—10 点调整是因为，经过一晚上激烈竞争后，很多供应商已经没有余额了，所以这个时候竞争相对小，价格低，因此可以提高出价。下午 6—7 点调价是因为大多数国外客户开始上班，客户群体大。

（2）中低价、高相关的关键词尽量保持排名。高价大词在右侧边栏或智能区挑时段展示，积累数据。

（3）对于不知道出价的关键词，可以参考平均点击花费，出价为平均点击花费左右即可。

（4）针对长时间段都保持在低价的关键词，可以出价在关键词低价上浮 1.2 元，即可保证不会因为关键词价格的波动而影响排名。

（5）合理利用花费，尽量 24 小时推广。

4.3 顶级展位

4.3.1 顶级展位的优势

顶级展位,是阿里巴巴国际站提供的品牌营销产品,可将你购买的关键词展现在搜索结果的第1位。展示效果如下:位于搜索结果第一页第一名,并带有专属皇冠标志和"Top Sponsored listing"的字样。(根据词的不同档位,展示效果会有轻微区别)。顶级展位当前支持经典样式、新创意样式两种样式。经典样式如图4.26所示。

图 4.26　顶级展位的经典样式

新创意样式如图4.27所示。

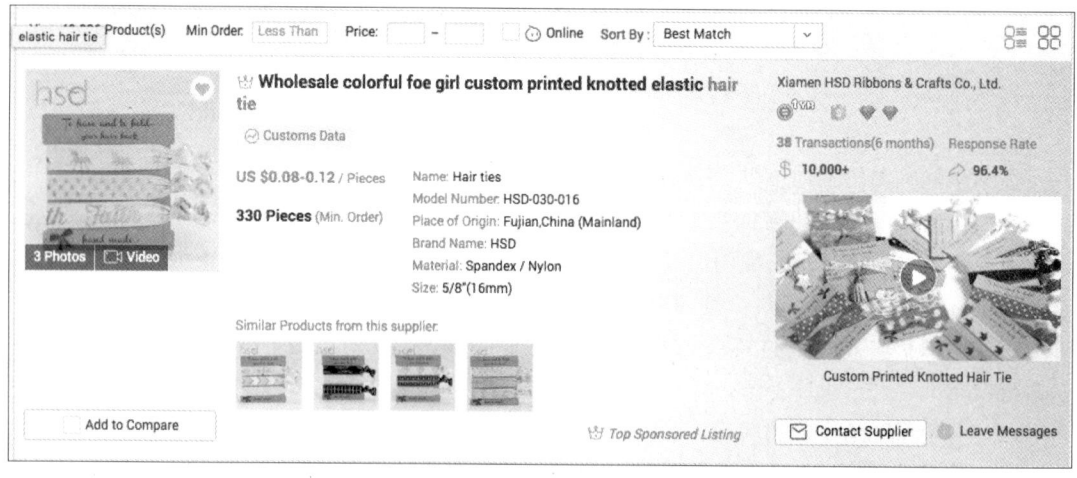

图 4.27　顶级展位的新创意样式

顶级展位在关键词展位上有先天性资源,客户在搜索关键词后,能在搜索结果页面中第一眼看到顶级展位产品,增加了产品的曝光量和被点击的概率,尤其是新创意样式下的视频展示，更能引起客户的注意。这样的推广位置可以提升产品的曝光量和点击率，吸引更多客户了解公司和平台的产品，提升产品的询盘转化，带动整个平台的流量。顶级展位目前分为 PC 端和 App 端，两者的顶级展位是区分开的。

什么是橱窗

4.3.2 顶级展位的竞拍

首先要理解什么样的客户能参与线上竞价，由于顶级展位线上竞价采用直通车余额进行付款，所以只有直通车用户才能参与顶级展位线上竞价。

参与线上竞价的步骤如下：

（1）登录顶级展位后台，接受协议。首次参与竞价需先接受竞价协议，协议只能由主账号接受，如图 4.28 所示。

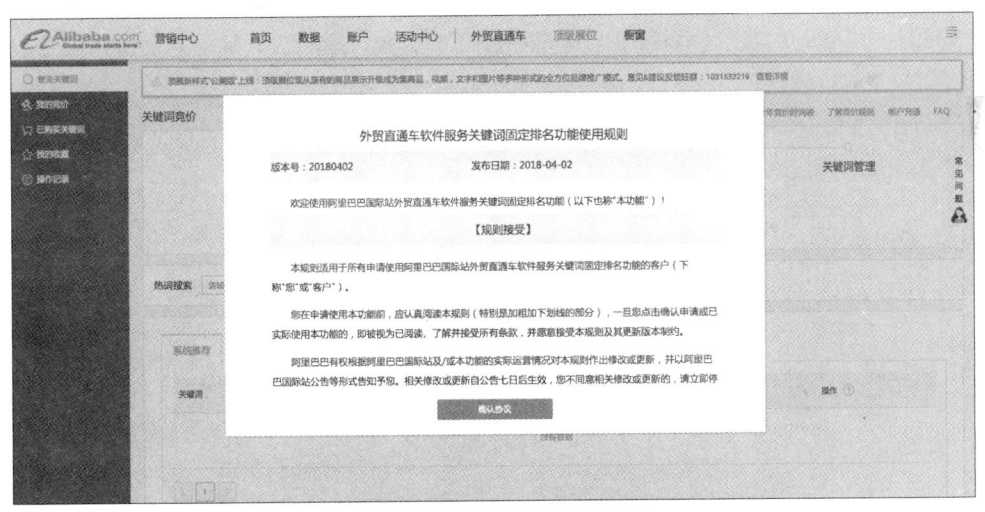

图 4.28　顶级展位的竞价协议

（2）售卖前的准备。

收藏关键词：在竞价未开始前，我们可以通过系统推荐提前收藏好需要参与竞价的词，如果在系统搜索中没有你想要的关键词，也可以通过进度条下方的热词搜索找到。

检测：你可以通过点击"检索"按钮，查看当前网站上是否有能和该关键词绑定为"优"

的产品,如果没有,则建议提前发布,如图4.29所示。

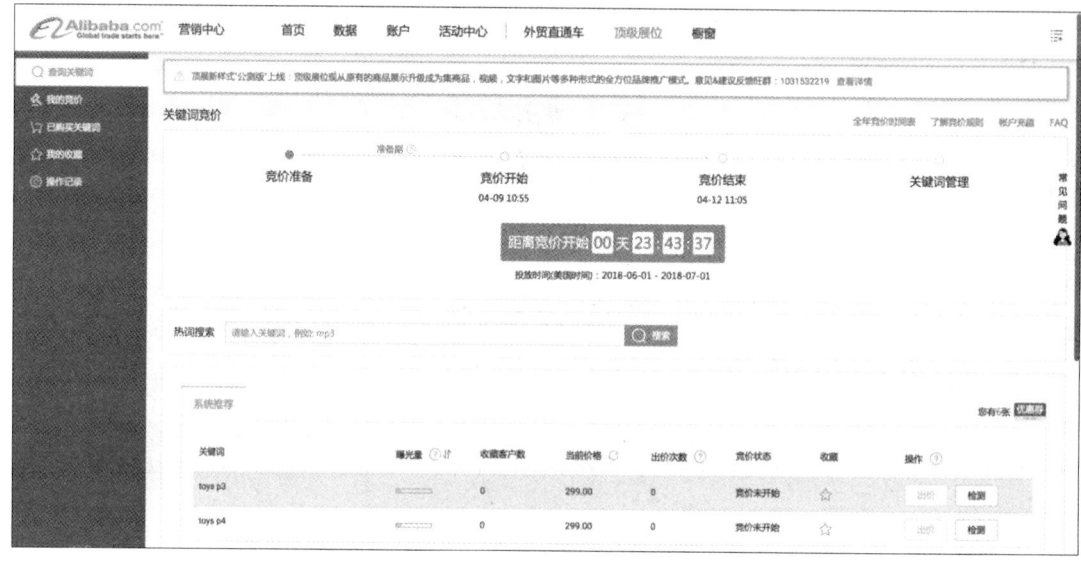

图 4.29 查询关键词

(3)售卖开始,进行出价。

当售卖开始的时候,"出价"会变成黄色,此时点击"出价",会弹出出价框,出价提交之后即表示参与了该词的竞价,系统会自动冻结平台的金额,直到有其他用户出价领先了,平台的出价金额才被释放。

出价幅度:

①当该关键词在本次竞价中为首次竞价时,出价为底价,无须加价,如图4.30所示。

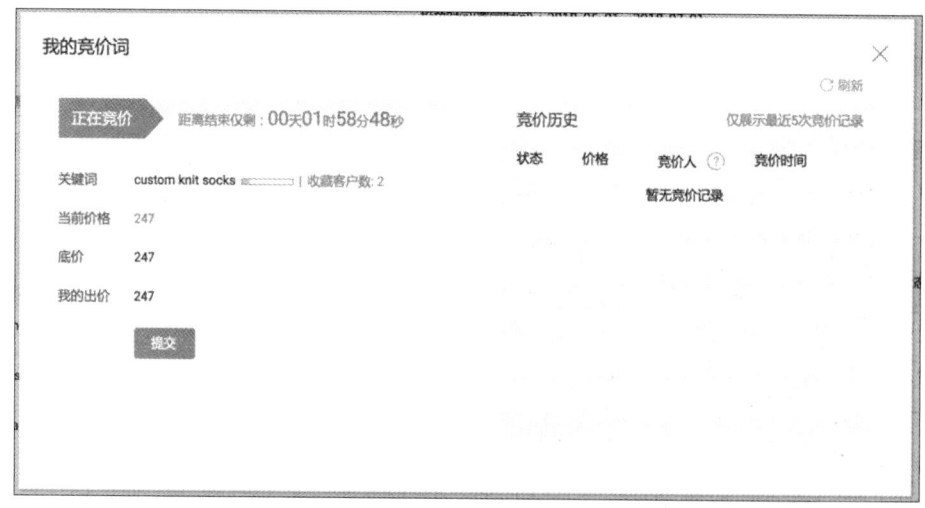

图 4.30 首次竞价

②当该关键词在本次竞价中第二次及以上竞价时，加价幅度可自定义，自定义范围为20~1000元，金额为不含小数点的整数。从出价框右侧可看到该词最近的5次竞价记录，如图4.31所示。

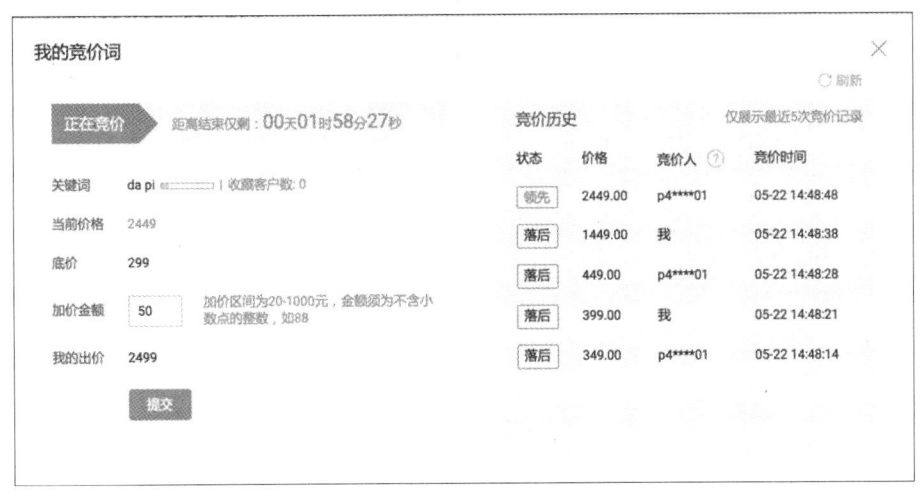

图 4.31　竞价过程

管理竞价：可以在"我的竞价"中管理本次已经参与过竞价的关键词，监控竞价状态以及重新出价。

竞价状态："领先"表示你的当前出价为第一，"落后"则代表当前有人出价高于你，可以重新点击"出价"进行新的出价，如图4.32所示。

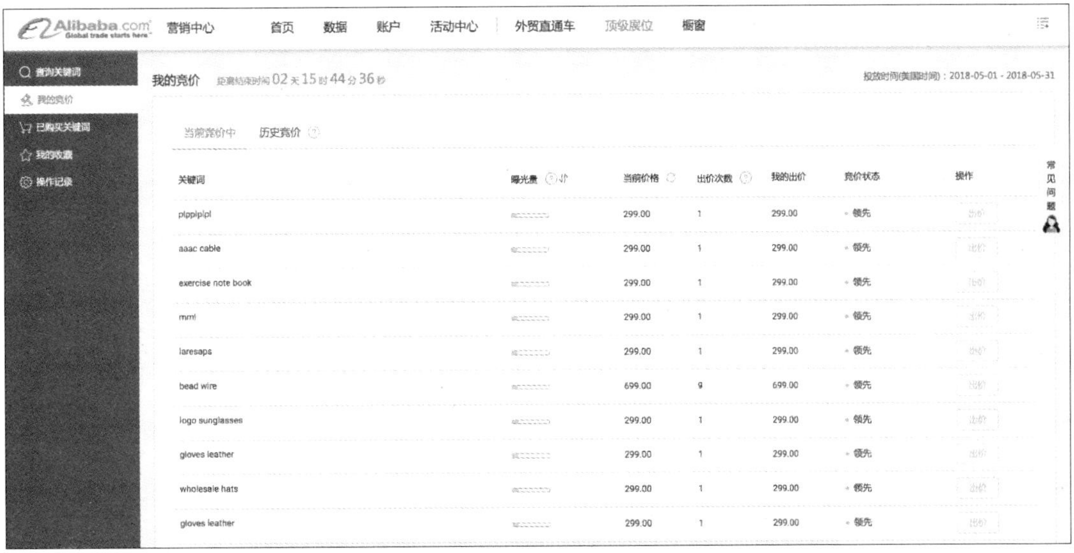

图 4.32　"我的竞价"界面

延时竞价：当本次竞价只有最后一分钟时，如有客户仍然在继续出价，那么对应词的结束时间将会往后延，最多延30分钟。每个词的具体延时情况，可见"竞价状态"的倒计时，如图4.33所示。

图4.33 竞价状态

延时竞价案例：

假设竞价在10点结束。

（1）在9点59分0秒到9点59分59秒期间无人竞价，那么竞价就会自动结束。如果这个期间有人竞价，就会自动延长3分钟。

（2）在10点0分0秒到10点2分59秒期间无人竞价，那么该词竞价就会自动结束。如果在10点2分3秒的时候A客户参与了竞价，该词的竞价时间就会延长至10点5分3秒，对应该词的倒计时会在A客户拍下的当下开始新的倒计时3分钟。

竞价结束后，可以在"我的竞价"的"竞价状态"中看到是否成功。当词的状态是"我已买下"时，代表已经成功竞到该词，而"他人已买下"则代表未竞得该词。竞价结束2小时内，可以在"已购买关键词"中查看到买到的词，并进行创意绑定，如图4.34所示。需要注意的是，顶级展位PC端和App端的秒杀方式相同，在此不作赘述。

什么是顶级展位

如何设置我的橱窗

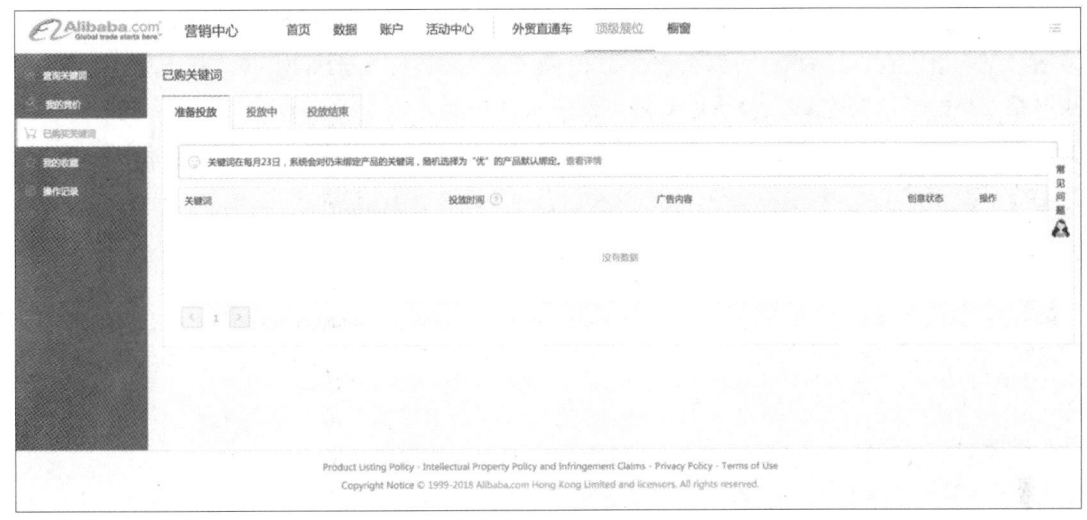

图 4.34 已购关键词

4.4 数据管家浅析

4.4.1 数据管家

1. 数据管家分析板块功能介绍

数据管家是阿里巴巴国际站的数据类产品,为呈现公司在阿里巴巴国际站上操作及推广效果的数据。通过多维度的数据统计分析及诊断,我们不仅能了解自身的推广状况,有针对性地进行效果优化,也能洞察买家行为和行业趋势,从而进一步把握商机,提升店铺整体推广效果。数据管家目前总共由商家星等级、知己、知买家、知行情、企业版几个板块组成。本书这里重点介绍知己板块,也是我们用来分析平台数据最常用的板块。

知己板块又分为我的效果、我的店铺、我的产品、我的词、我的子账号 5 个板块。下面我们逐一进行介绍。

1)我的效果

为了让客户快速地了解全局业务视图、各板块指标统计维度和周期的差异,更好地进行业务部署,"我的效果"总共分为 5 个分析板块(从上至下):流量及商机概览、外贸直通车概览、RFQ 概览、(信保)订单概览、产品概览。

流量及商机概览和外贸直通车概览板块的时间统计维度分别为天、周、月,统计的内容包括整个网站在对应的时间段内的曝光、点击、访客、反馈、TM 咨询客户数和及时回复率,也包括外贸直通车曝光和外贸直通车点击。

各个维度旁边有一个向下的图标,点击下拉箭头还能看这段时间内行业 TOP10 以及行业均值的情况。在"按月统计"部分，展开数据指标后可以查看最近 6 个月的效果趋势；在"按周统计"部分，展开数据指标可以查看最近 12 周（最近 3 个月）的数据；在"按天统计"部分，展开数据指标可以查看最近 30 天的数据，如图 4.35 所示。

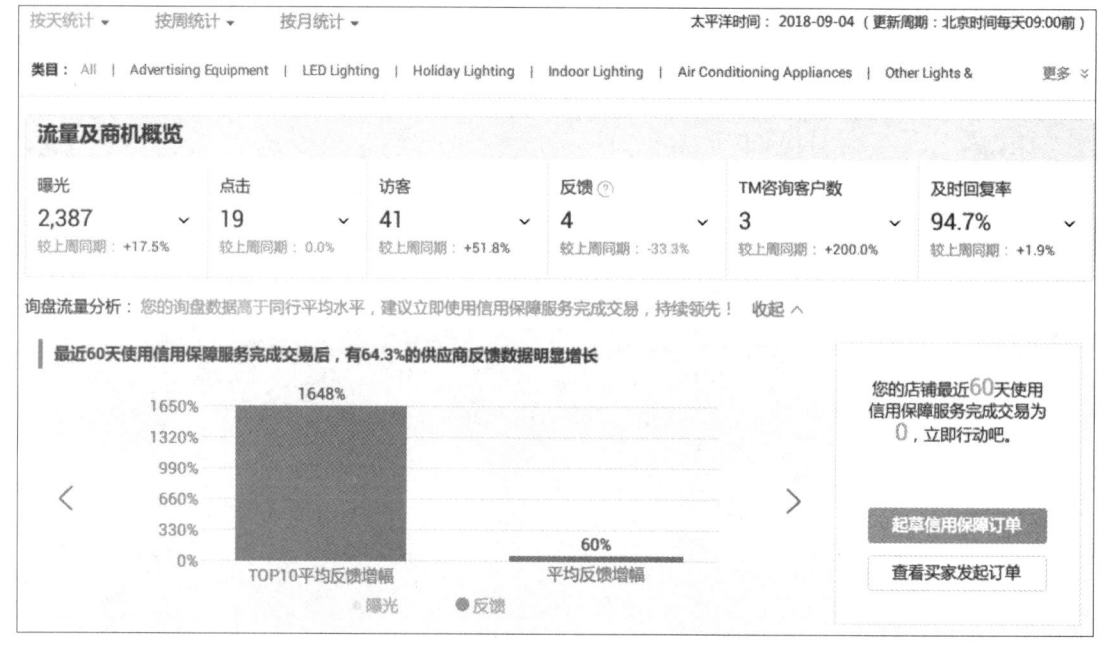

图 4.35　流量及商机概览

数据分析板块中常见的问题如下。

①什么是反馈？

反馈是指买家针对平台的产品信息和公司信息发送的有效询盘。例如，买家搜索后，对平台的产品或公司发送的有效询盘，或者通过其他外部搜索等渠道找到平台的公司或产品，直接发送的有效询盘（这部分行为不纳入曝光、点击的统计）。

②什么是曝光？

曝光是指平台的产品信息或公司信息在搜索结果列表页或类目浏览列表等页面被买家看到的次数。当搜索结果页面 1 页展示 38 个商品（供应商）时，若买家停留在该页面，则此页面上的所有产品（供应商）的曝光量计为 1 次。（举例：当买家搜索一个词 abc，若买家停留在搜索结果的第 1 页，则第 1 页展示的顶级展位产品（包含原固定排名产品）、P4P 推广位的产品和 38 个自然排名的产品（供应商）的曝光量各计为 1 次，但此时搜索结果的第 2 页及以后的所有产品（供应商）的曝光量为 0；如果该买家继续点击搜索结果的第 2 页，则第 2 页的所有产品（供应商）的曝光量各计为 1 次。

③什么是点击？

点击是指平台的产品信息或公司信息在搜索结果列表页或类目浏览列表等页面被买家点击

行为。买家进行搜索后,在搜索结果中点击浏览了平台的产品信息或公司信息,则该产品或公司的点击数计为1次。如果买家通过A产品进入我们的旺铺页面里点击到B产品,则这时A产品同时计算点击数和访客数,B产品不计算点击数只计算访客数。

④什么是访客?

访客是指访问了平台的产品页面、公司页面的买家,或者通过其他页面给你发送询盘或TradeManager联系的买家。主要有两种类型用户:a. 访问平台的全球旺铺/企业网站页面中任何一个页面的买家;b. 通过平台的全球旺铺/企业网站以外的其他页面,给你发送询盘或用ATM与你沟通的买家。例如,如果买家通过A产品进入我们的旺铺页面里点击B产品,则这时A产品同时计算点击数和访客数,而B产品不计算点击数只计算访客数。

⑤为什么在"访客"的指标下没有分行业的数据?

目前对访客的主营行业识别有一定的难度,因为一个访客通常可能会访问多个行业下的产品或供应商,在这样的情况下访客的行业数据容易失真,所以暂时不提供访客的行业数据。

⑥为什么访客和曝光的数值有差异?

有曝光不一定有访客,有访客也不一定有曝光。通常有以下几种情况:

平台的产品或公司信息在搜索结果页面被买家看到,但买家没有点击。在这种情况下,只有曝光,没有访客。

买家通过站外搜索或者收藏直接访问平台的全球旺铺/企业网站或者产品页面。在这种情况下,没有曝光,但有访客,因为曝光数统计的是产品信息或公司信息在搜索结果列表页或类目浏览列表等页面被买家看到的次数,不包含直接访问平台的全球旺铺或者产品页面的次数。

买家在阿里巴巴的推荐等其他页面,如询盘成功页面推荐、TradeManager推荐等渠道给你发送询盘或用TM联系你,在这种情况下,没有曝光,但有访客。

当平台的产品或公司在搜索结果页面被买家看到,并且买家进行了点击,在这种情况下,既有曝光,又有访客。

⑦为什么访客和点击的数值有差异?

有点击不一定有访客,有访客也不一定有点击,一个访客可以有多个点击。通常有以下几种情况:

平台的产品或公司信息在搜索结果页面被买家看到,买家进行了点击,并且看到了平台的产品或旺铺页面,在这种情况下,既有点击,又有访客;但如果买家点击后,页面未加载完全就被买家关闭了,这种情况下,有点击,但可能没有访客。

买家通过站外搜索或者收藏直接访问平台的全球旺铺/企业网站或者产品页面,在这种情况下,没有点击,但有访客。

买家在阿里巴巴的推荐等其他页面,如询盘成功页面推荐、TradeManager推荐等渠道给用户发送询盘或用TM联系用户,在这种情况下,没有点击,但有访客。

⑧为什么访客和反馈之间的数值有差异?

有反馈一定有访客，有访客不一定有反馈，一个访客可以有多个反馈。通常有以下几种情况：无论买家通过什么页面给你发送有效询盘，均会计入反馈中，发送询盘的买家也会被记为访客。

同一个访客可以对你发送多个询盘，在这种情况下，有多个反馈，只有一个访客。

部分访客访问了平台的产品或网站但没有发送询盘，则有访客的数据，但没有反馈的数据。

⑨曝光、点击、反馈、访客的数据是否包含中国的？

曝光、点击、反馈、访客总量均包含来自中国的，中国也有买家。但数据管家同时提供了各大洲曝光、点击、反馈、访客数据的 TOP 国家，欢迎你查看。

⑩行业均值是怎么算的？

行业均值 = 付费供应商所获得的该行业效果总和 / 付费供应商数量。比如，行业曝光均值 = 付费供应商所获得的该行业曝光总和 / 付费供应商数量。行业点击均值、行业反馈均值、行业访客均值均以此类推。

⑪TOP10 均值是怎么算的？

TOP10 均值 = 该行业效果前 10 位的付费供应商效果总和 /10。比如，TOP10 曝光均值 = 该行业曝光前 10 位的付费供应商曝光总和 /10。TOP10 点击均值、TOP10 反馈均值、TOP10 访客均值以此类推。

RFQ 概览以及（信保）订单概览，此板块考核内容分为 RFQ 和信保订单。统计的内容分别包括 RFQ 概览和订单概览，按天更新，每天早上更新至 2 天前的数据，点击具体便签可以查看最近 30 天的数据，默认展示最新一天的数据，如图 4.36 所示。

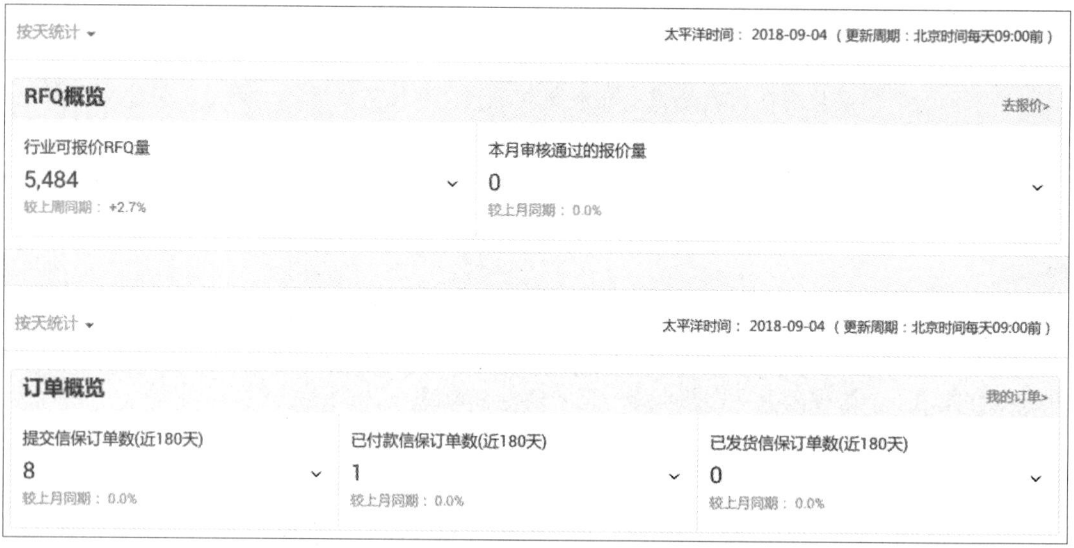

图 4.36 RFQ 概览与订单概览

这两个板块可以直观地让各个供应商了解到目前该行业下采购市场的 RFQ 量、平台使用的条数以及信保订单的数据信息。

产品概览,该板块主要展示产品的零效果时长分布,方便供应商查看当前平台上的零效果产品占比以及零效果时长的数据,也展示了最近 15 天内反馈排行 TOP5 的产品,方便供应商根据产品的效果做出调整和优化,如图 4.37 所示。

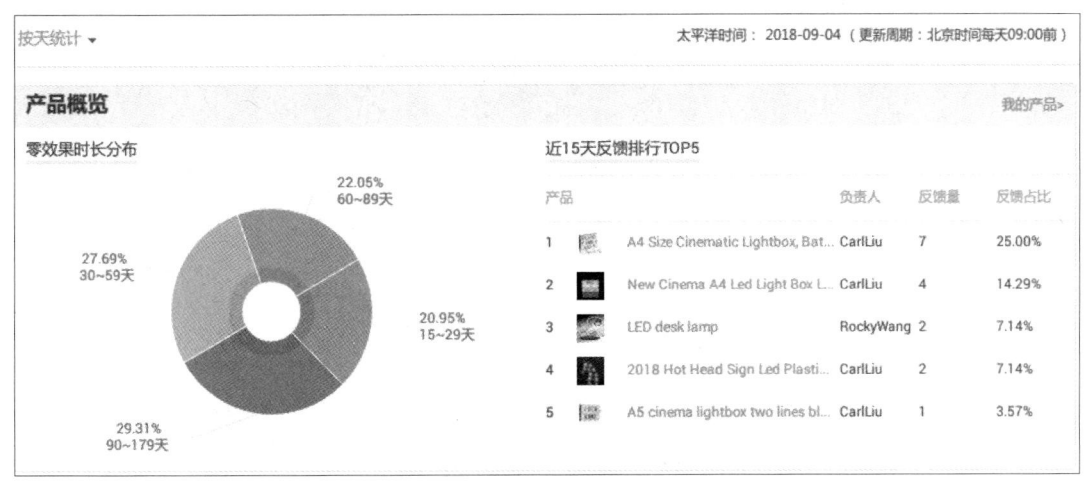

图 4.37　产品概览

2)我的店铺

我的店铺显示的内容主要是与供应商的旺铺有关的数据,包括店铺效果总览、访客行为分析、首次访问页面、店铺访问详情、流量来源分析。

店铺效果总览包括店铺访客数、店铺访问次数、店铺询盘客户数、店铺 TM 咨询客户数、店铺询盘总数和店铺转化率,可查看按日、周、月三个时间段的效果,也分为全部、PC 端、无线端三种终端类型,如图 4.38 所示。

图 4.38　店铺效果总览和访客行为分析

店铺访客数：访问供应商店铺页面的用户均被记为店铺访客。
店铺访问次数：访问供应商店铺页面的总数。
店铺询盘客户数：在供应商店铺页面，对你成功发起有效询盘的买家数量。
店铺 TM 咨询客户数：在供应商店铺页面，通过 TradeManager 与你联系的买家数。
店铺询盘总数：买家在供应商店铺页面，给你发送的询盘数量。
店铺转化率：（店铺 TM 咨询客户数 + 店铺询盘客户数）/ 店铺访客数。

通过首次访问页面和店铺访问详情，可以了解到客户进入旺铺的途径，以及在每个页面上停留的时间。通过这些数据可以优化对应的页面内容，提升旺铺的效果，如图 4.39 所示。

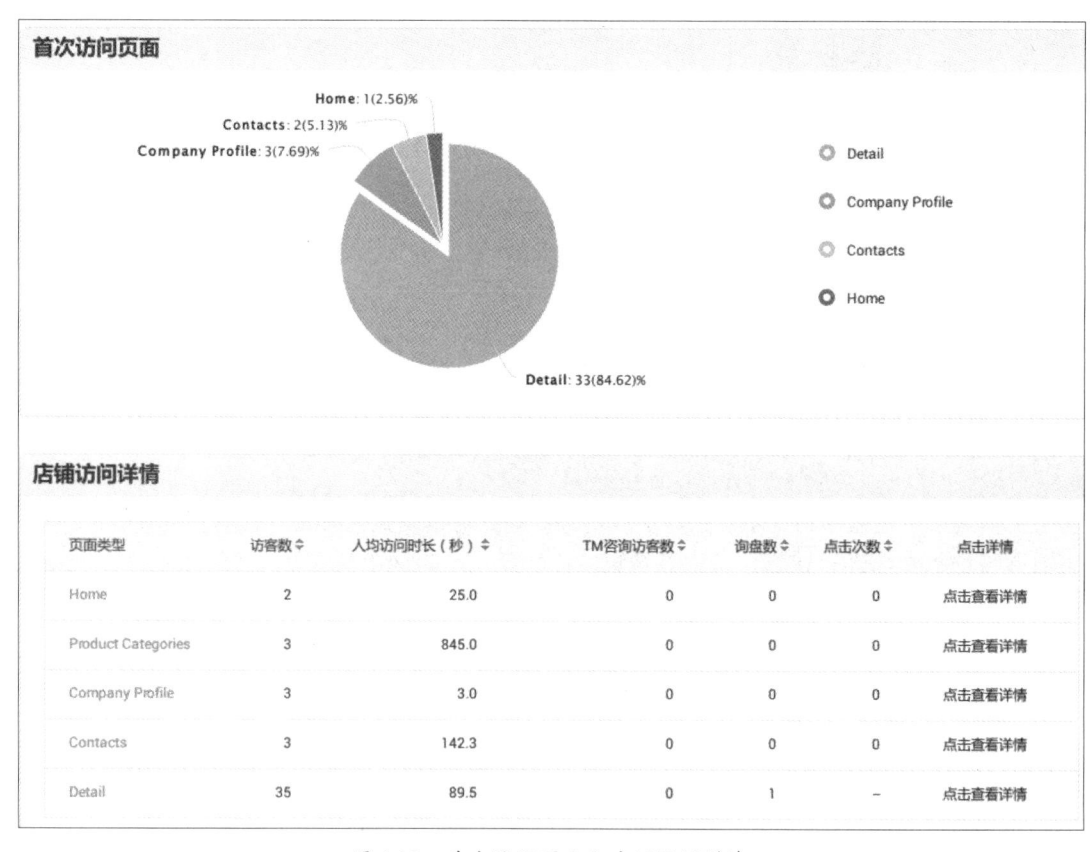

图 4.39　首次访问页面和店铺访问详情

通过流量来源分析，可以查看在当前时间段内旺铺的流量来源。通过点击每项数据后的"趋势"按钮，可以查看最近 30 天内这些渠道带来的店铺访客数、店铺询盘客户数、店铺 TM 咨询客户数以及店铺转化率，如图 4.40 和图 4.41 所示。

流量来源分析

流量来源	店铺访客数		店铺询盘客户数		店铺TM咨询客户数		店铺转化率		操作
首页	0	0%	0	0%	0	0%	0.0%	0%	趋势
搜索	21	↑90.9%	0	↓100%	0	0%	0.0%	↓100%	趋势
优商专区	0	0%	0	0%	0	0%	0.0%	0%	趋势
直接访问	11	↓26.66%	1	↓50%	0	0%	9.1%	↓31.8%	趋势
其他	14	↑55.55%	0	0%	1	–	7.1%	–	趋势

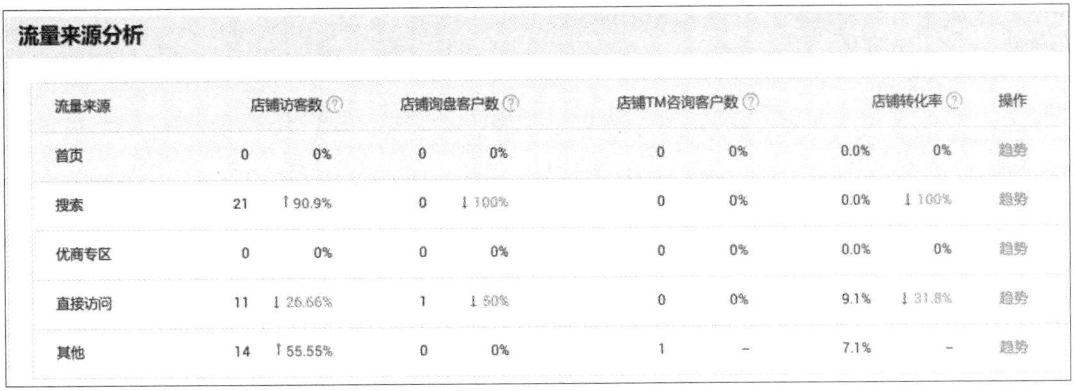

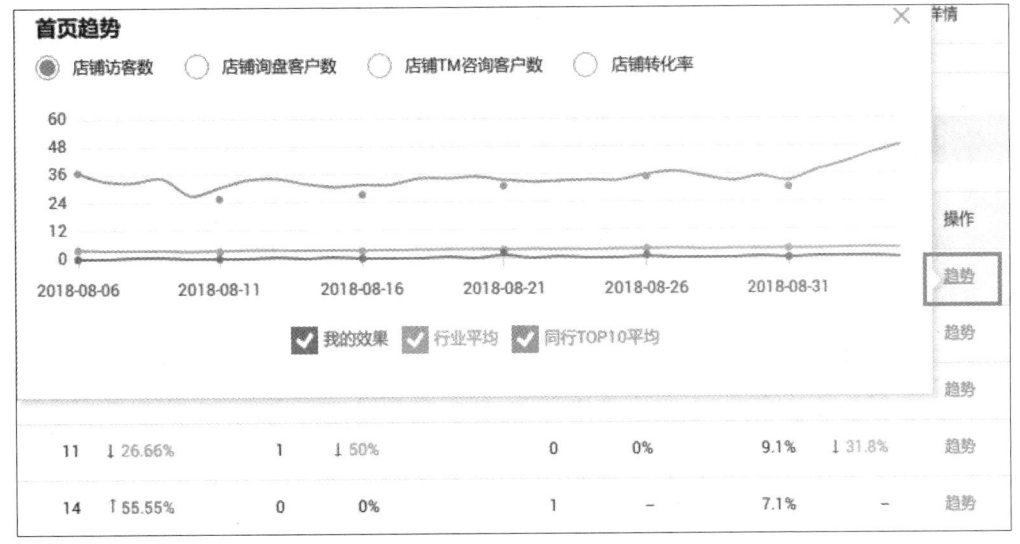

图 4.40 流量来源分析

图 4.41 流量来源分析下的首页趋势

3）我的产品

该板块主要统计供应商平台上与产品有关的数据，主要内容包括网站最近一个月内的有效果产品和零效果产品。

（1）有效果产品。

在统计周期内，产品详情页中访客数、收藏数、分享数、比价数、询盘数、TradeManager咨询数、在线批发订单数、信用保障订单数等任一数据不为0的产品称为有效果产品。在“我的产品”界面中，可以根据时间段选择查看每个产品的曝光、点击、点击率、访客、反馈、提交订单数等数据，也可以查看词来源。词来源是指给产品带来曝光、点击的买家搜索词。词来源显示曝光量为前30位的词，如曝光量低于30位，则按实际数量显示，如图4.42所示。若点击产品后的“查看效果趋势”按钮，则可查看该产品近半年的曝光、点击、反馈、访客数据，可按日、周、月分别查看，如图4.43所示。

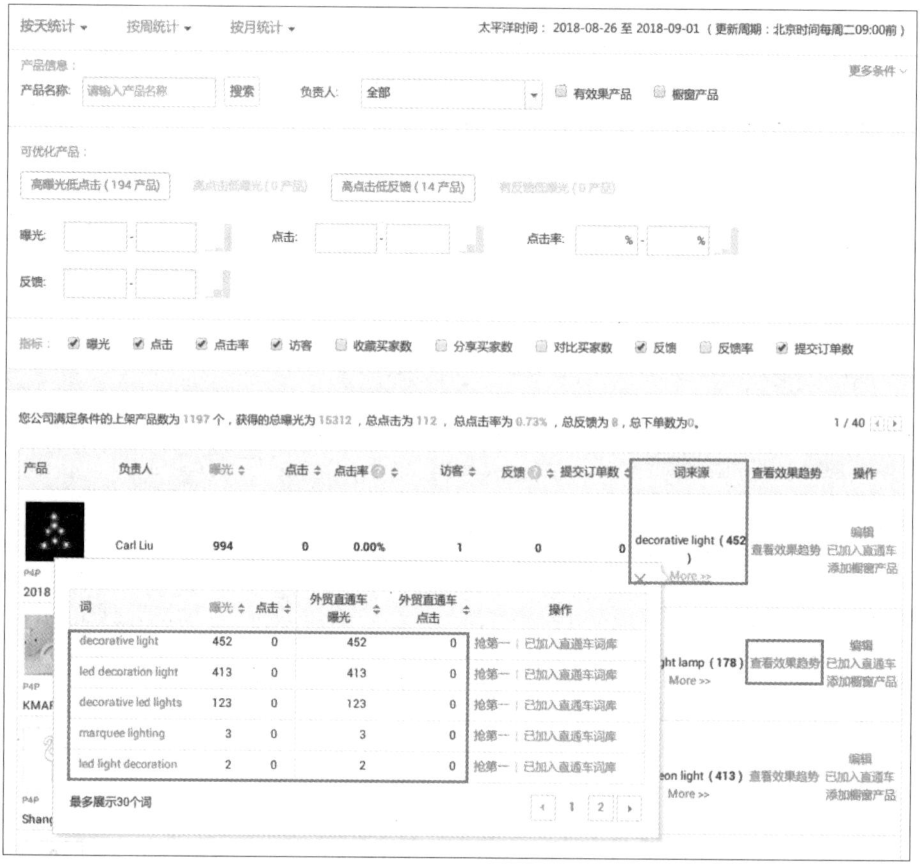

图 4.42 有效果产品

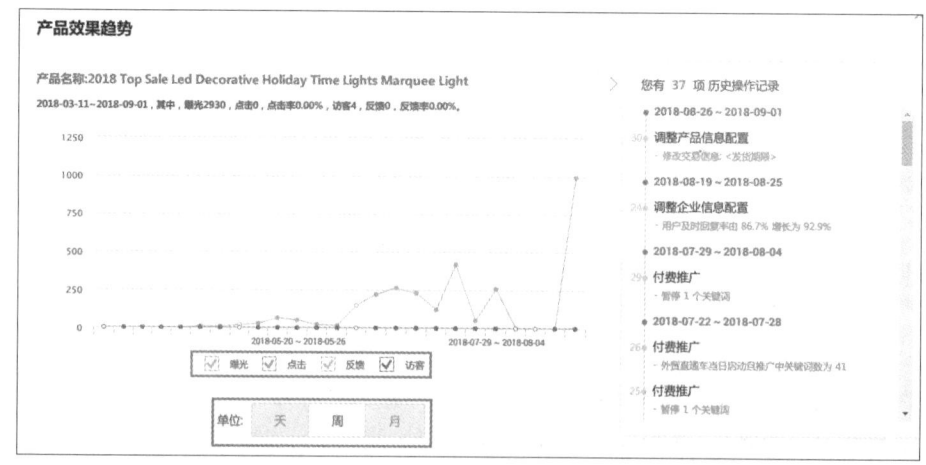

图 4.43 查看效果趋势

在有效果产品下面，有一个"可优化产品"板块。该板块会按照时间段找出目前网站上比较有潜力但仍需优化的产品，可以通过不同的优化方式，提升潜在产品的信息质量。优化内容包括高曝光低点击、高点击低曝光、高点击低反馈、有反馈低曝光四部分。这也是后期提升网站产品效果以及打造有效果产品的参照数据之一，如图4.44所示。

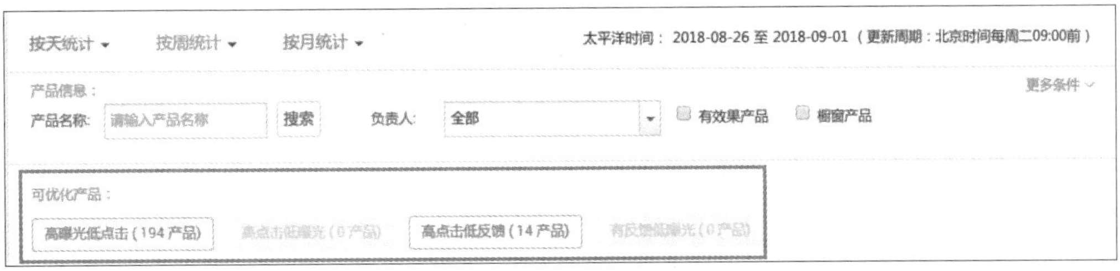

图4.44 可优化产品

（2）零效果产品。

零效果是指持续15天或者15天以上，产品详情页中访客数、收藏数、分享数、比价数、询盘数、TradeManager咨询数、在线批发订单数、信用保障订单数等数据均为0的产品，需要及时删除或者优化。单纯更新零效果产品的作用不大，建议优化产品的标题、关键词信息，检查产品的标题是否包含热门关键词、关键词的选择是否合理以及产品本身信息质量分是否达到4分以上的要求。超过180天以上的零效果产品会对平台产生影响，零效果产品占比越大，排名受影响的程度越大。建议下架删除180天以上的零效果产品，如果这些产品已经不需推广，删除即可。如果还需推广，那么可以重新发布同款的新产品，如图4.45所示。

4）我的词

在"我的词"中按周统计部分为北京时间每周二上午更新，按月统计部分为每月3日上午更新。"我的词"主要由两部分构成，一是我设置的关键词或参加外贸直通车推广的词，二是买家找到我的词。对于少数词量大于10 000个的供应商，只提供了10 000个词，选取带来曝光量最大和在网站搜索热度最高的前10 000个词，如图4.46所示。

（1）几个相关的名称解释。

曝光量：在相应的时间段内，该词及相关词给你的相关产品带来的曝光量总和。如mp3的曝光包含mp3、mp3s给你的相关产品带来的曝光量总和。

点击量：在相应的时间段内，该词及相关词给你的相关产品带来的点击量总和。如mp3的点击包含mp3、mp3s给你的相关产品带来的点击量总和。

点击率：在相应的时间段内，该词及相关词的点击量/该词及相关词的曝光量。

产品实时排名：在该词及相关词下，你的产品在阿里巴巴网站上的实时搜索排名，只展示前380名的产品。

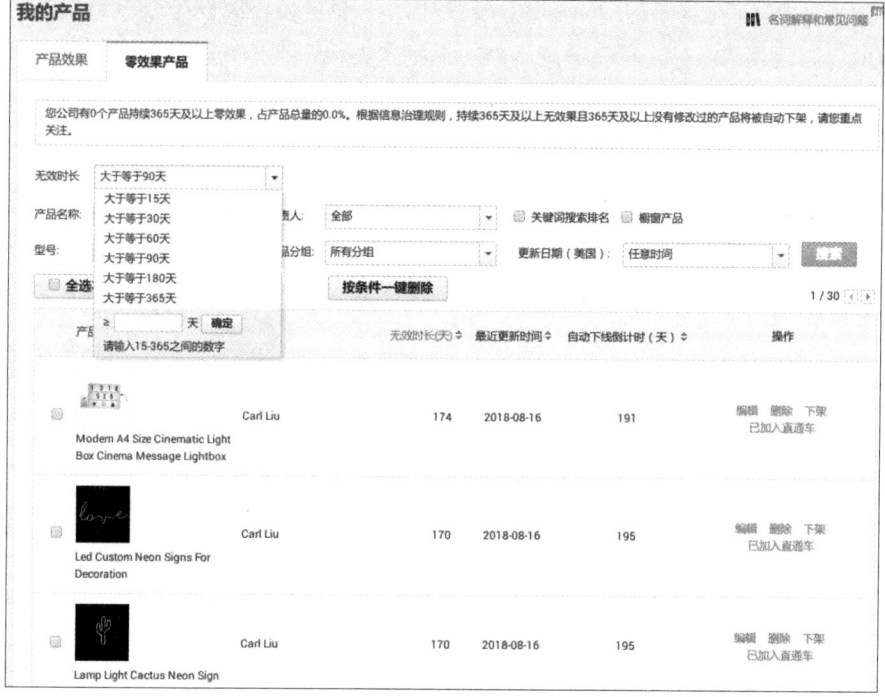

图 4.45　零效果产品

图 4.46　我的词

搜索热度：在相应的时间段内，该词及相关词在阿里巴巴网站被访客搜索的热度。如 mp3 的搜索热度包含 mp3、mp3s 的搜索热度总和。热度越高，表示搜索次数越多，但不等同于搜索次数。

卖家竞争度：在相应的统计时刻，在阿里巴巴网站设有该词及相关词的收费供应商数量。

TOP10 平均曝光：在相应的时间段内，全部收费供应商中，该词曝光量最高前 10 名的供应商所获的平均曝光量。

TOP10 平均点击：在相应的时间段内，全部收费供应商中，该词曝光量最高前 10 名的供应商所获的平均点击量。

外贸直通车曝光：在相应的时间段内，该词及相关词由外贸直通车推广带来的全部曝光，如 mp3 的曝光包含 mp3、mp3s 带来的曝光总和。

外贸直通车点击：在相应的时间段内，该词及相关词由外贸直通车推广带来的全部点击，如 mp3 的点击包含 mp3、mp3s 带来的点击总和。

（2）几个常见问题的解决方法。

①什么是已经设置的关键词？

已经设置的关键词是指在产品的三个关键词中已经设置了的关键词，与标题中是否有该词没有关系。未设置的关键词是指在全部的产品关键词中，都没有设置该词，与标题中是否有该词没有关系。

②为什么搜索词没有结果？

"我的词"仅提供你已经设置的词和买家找到你的词。如果你的词量超过 10 000 个，只选取给你带来曝光量最大和网站搜索热度最高的前 10 000 个词。建议你首先检查该词是否是你设置的词，再检查你的词量是否超过 10 000 个。

③为什么"我的词"中词的曝光、点击和"我的产品"中"词来源"的"曝光、点击"不一样？

"我的词"统计同一个词给多个产品带来的曝光、点击；"我的产品"中的"词来源"统计给相应产品带来曝光、点击的词。

④什么是相关词？

相关词是指词之间表达的内容一致或相似，搜索结果一致或相近的词。比如 mp3s 会被调整为 mp3 进行搜索匹配，两者的搜索结果是一致或相似的，因此 mp3s 就是 mp3 的一个相关词。目前多数相关词的搜索结果一致，少量词有差异。

⑤为什么有的词有很多相关词，有的词没有相关词？

相关词是根据词所表达的内容及相关度进行匹配调整的，原则是词义一致，并不以数量多少来论。

⑥怎么查看关键词效果，这里给出 2 种方法：

第一种方法：直接输入平台关注的关键词，点击"搜索"按钮，可以查看该词为平台带来的效果，包括曝光量、点击量、外贸直通车的推广效果，如图4.47所示。

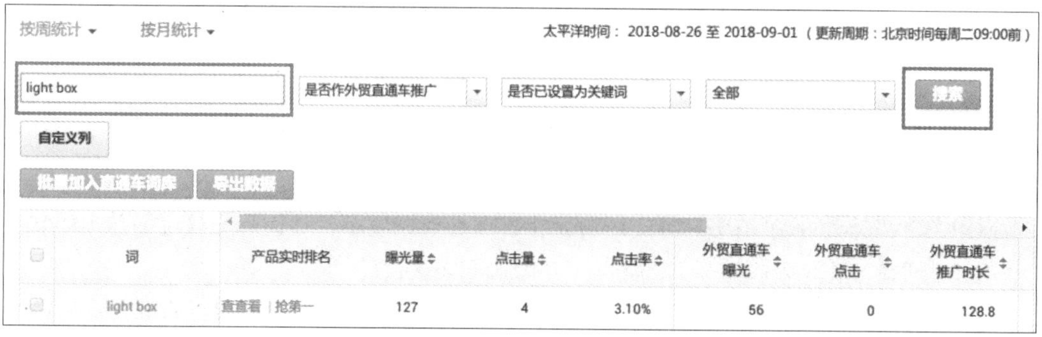

图4.47 "我的词"查询

第二种方法：按照曝光量、点击量、点击率进行排序，从带来效果的词开始，查看是否还有提升的空间，如图4.48所示。

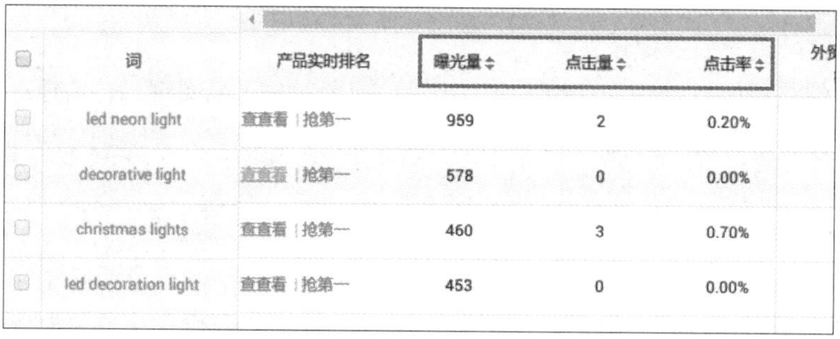

图4.48 "我的词"效果排序

⑦找到了需要关注的词，具体应该如何评估它们的效果，找到优化方向呢？

看曝光量：首先看看曝光量大的词是否是该平台的主推词。对于曝光量还不够的词，需要增加曝光机会，优化排名，可以先点击"查查看"，看看目前的排名情况，提升排名的主要手段有设置为橱窗产品、利用外贸直通车推广、优化产品信息质量分。

看点击率：对于点击率不佳的词，重点优化词对应的产品信息，影响点击率的主要因素为产品标题、产品图片、产品属性、及时回复率、信保订单交易额、信保交易等级。也可以在阿里巴巴网站首页使用该词搜索，参考其他供应商展示产品信息的方式，学习和借鉴好的样例。对于点击率已经不错的产品，可以再看看是否还需要提升这些词的曝光机会，以带来更多的点击。

看市场热度和竞争度：词的效果不好但市场热度高，说明仍然有市场机会，可以考虑增加推广力度，这时可以通过排名提升来增加曝光量，也可以通过优化产品信息来提升点击率。词的市场热度一般，说明市场机会已经有限，在这种情况下，要为该平台产品带来效果，尤其需要注意提升产品信息质量。

看已设置的词和买家找到该平台词的一致性：通过点击每个词，可以看到该词是否已经被设置为关键词，对于那些未设置为关键词但有买家搜索的词，可以筛选一下，看看是否能与产品匹配。如果相符，那么可以考虑设置为产品关键词。

5）我的子账号

"我的子账号"主要是各账号阶段性情况的汇总，以周和月为维度统计，为了便于操作员日常管理产品和查看业务员的各项数据情况。通过"我的子账号"可以查询每个子账号的My Aalibaba登录天数、产品数、新发产品数、审核通过的报价量，以及该子账号下的产品曝光、点击、询盘、及时回复率等，如图4.49所示。

账号	My Alibaba登录天数	数据管家访问天数	产品数	新发产品数	审核通过的报价量	曝光	点击	询盘	及时回复率
Rocky Wang	1	1	15	0	0	30	1	3	0.0%
Carl Liu	1	1	1421	0	0	2122	16	1	94.1%

图4.49 我的子账号

几个常见的问题如下：

①子账号的及时回复率中的询盘统计在谁名下？

以对应统计时间点的"询盘负责人"为准。比如，询盘发送给A，但A通过My Alibaba后台分配到B，则该询盘会计入B的及时回复率。在这种情况下，及时回复时间以买家实际发送成功询盘的时间开始计算。也就是说，询盘在A等待回复的时间，也会计入B的回复时间。所以收到询盘请及时回复或分配，不要影响被分配者的及时回复率！

②通过邮件转发询盘，及时回复率怎么计算？

如果A通过邮件将询盘转发给B，B即使回复了该询盘，系统依然认为询盘是A的（因为此时A仍然是询盘负责人），所以建议通过My Alibaba后台分配询盘。

③如果一个买家给我们公司的A和B都发了询盘或给A和B都发送了TM，如何计算？

在统计子账号及时回复率时，该买家在A和B身上都算一次，也就是说A和B都需要及时回复该买家发送给你的询盘和TM，才能提高自己的子账号的及时回复率。但对于公司而言，A或B任意一个人及时回复了该买家，就不会影响到公司的及时回复率。

④子账号的及时回复率会展现给买家吗？会影响该子账号发布产品的排名吗？

不会。子账号的及时回复率为公司内部管理提供参考数据，不会影响该子账号发布的产品的排名。展现在前台给买家的，依然是公司的及时回复率。

⑤为什么"我的子账号"中的产品数量和现在的有差异？

"我的子账号"中的产品数量是按周或按月统计的，按周统计根据太平洋时间（西部时间）

每周六当天各账号所负责产品数进行统计，按月统计则根据太平洋时间（西部时间）每月最后一天各账号所负责产品数进行统计。产品在期间或之后可能调整负责人，如果不在"我的子账号"统计时间点上，就可能存在差异。

⑥为什么"我的产品"中根据负责人筛选出来的产品数量和"我的子账号"中的产品数不一致？

"我的产品"为了便于业务员日常管理产品，产品负责人变化后24小时内信息会同步更新。"我的子账号"主要是各账号阶段性情况的汇总，以周和月为维度统计，虽然一个阶段内产品负责人会有变化，但统计必须有一个时间点，所以按周统计根据太平洋时间（西部时间）每周六当天的产品负责人情况进行统计，按月统计则根据太平洋时间（西部时间）每月最后一天的产品负责人情况进行统计。

⑦为什么"我的子账号"中账号的询盘数量跟实际不一样？

"我的子账号"中统计的是相应时间段内该账号收到直接来自买家的询盘总和，不包含账号间手动转发分配的询盘数量。同时，询盘是根据太平洋时间（西部时间）进行统计的，你在询盘页面看到的是当地时间统计的数量，存在时差。

⑧为什么所有账号的曝光、点击总和与"我的效果"中的曝光、点击不一样？

子账号的曝光、点击根据各子账号负责的产品获得的曝光、点击汇总得到；"我的效果"中的曝光、点击是公司获得的曝光、点击，除了产品的曝光、点击外，还有公司的曝光、点击。

⑨什么是审核通过的报价量？

审核通过的报价量是指在相应时间段内，在采购直达市场中，该账号提交并审核通过的报价总量。特别提醒，上周提交报价但未审核通过，则上周审核通过的报价量为零。如果本周账号对上周审核未通过报价进行了修改，并且成功通过审核，则同样计入上周审核通过的报价量，而不计入本周审核通过的报价量。

2. 后台诊断常见问题以及解决优化

（1）选择"数据管家"→"商家星等级"查看平台目前的等级情况，每一项等级都会有对应的考核标准，通过查看当前的考核项下我们的表现与同行对比，完善自身的数据情况。对于每一项等级，系统都会给出对应的优化建议与具体的操作方法，建议逐条操作，一一完善，最终提升商家星等级，从而获取更多的流量资源，如图4.50所示。

（2）选择"数据管家"→"我的效果"查看每月的数据，根据每月的各项数据与同行平均、同行TOP10平均的对比诊断自身的问题，如图4.51所示。

图 4.50　商家星等级

图 4.51　我的效果

诊断中会出现以下几种情况：

低曝光、低点击：平台上的产品的数量少或者覆盖的关键词比较少导致平台的流量减少。建议多上传一些产品的数量，同时要保证上传的产品为精品，尽量多覆盖一些关键词，但关键词要与产品相关，不要为了提升曝光、点击而覆盖一些无意义的关键词，那样最终会导致平台的流量不精准。也可利用外贸直通车推广，快速借助有热度的关键词进行免费曝光、付费点击，最终提升平台产品的数据。

高曝光、低点击：平台上的产品流量足够多，但是无法吸引客户点击。这一般与产品的图片质量、产品的属性完整度、产品的标题质量，以及平台的及时回复率和信保等级、信保交易金额有关。建议提升产品的主图质量，尽可能地保证产品在干净的背景下，不给主图添加边框，最好不要加 Logo，保证一个图片简洁明了。在产品标题上，尽量结合产品的卖点与属性展示产品的信息，保证产品的标题有吸引力，同时与产品契合度高。产品详情页内发布的属性信息填写完整，这些都会直接展示在搜索页面中，方便客户了解信息。提升平台的及时回复率，另外加强平台的信保走单，提升信保等级与信保交易额，给客户信赖感，提升平台的点击量。利用外贸直通车和橱窗产品资源，推广有效果产品，提升平台的点击量。

高曝光、高点击、低询盘：平台上的产品点击量高，但是转化率低，说明产品的图片与标题是得到客户认可的，这时候要把优化点放在产品的详情页，包括产品属性的多样化、自定义属性的添加、产品主图视频与详情页视频的添加，通过视频介绍产品的特点和公司的优势，另外在详情页内也可以丰富内容，展示公司与产品信息，最终达到吸引客户发送询盘的目的。

（3）选择"数据管家"→"我的产品"→"产品效果"，这里每周会给出对应需要优化的产品，包括高曝光低点击产品、高点击低曝光产品、高点击低反馈产品、有反馈低曝光产品，如图 4.52 所示。

图 4.52　可优化产品

针对以上几种情况，给出以下优化建议：

高曝光低点击产品：优化产品的标题信息，加入营销词和属性词，使产品标题内容更加饱满。加入产品的主图视频，吸引客户点击。提升产品的主图质量，提起客户对产品的兴趣，另外补足产品的属性，展示平台的及时回复率和信保走单量与信用等级。

高点击低曝光产品：优化产品的关键词，选取有热度的关键词进行设置，同时标题里尽量多包含一些有热度的关键词，达到覆盖更多关键词的目的。利用外贸直通车对此类产品进行推广，提升产品的曝光。

高点击低反馈产品：提升产品的信息质量分，完善产品的属性，根据产品本身特性完善增加自定义属性，让客户更全面地了解产品的特点。增加详情页视频，可介绍产品的生产流程或公司实力，让客户对产品与公司更加放心。丰富产品的详情页内容，利用图、文、表的形式介绍产品的信息，同时介绍平台的其余主营产品以及公司的实力。以产品介绍为主、公司介绍为辅，相辅相成，提升产品的信息质感，给客户信任感与专业感。

有反馈低曝光产品：多上传一些该类型的产品，在保证信息质量的同时，丰富关键词与标题，尽可能多地覆盖有热度的关键词，将关键词与标题相互结合，标题内多包含关键词，从而达到流量提升、询盘提升的目的。利用外贸直通车对此类产品进行推广，更容易达到效果。

（4）选择"数据管家"→"我的词"查看当前平台想要推广的关键词的曝光量与点击量，查看自身排名情况，对比同行 TOP10 的曝光、点击发现自身关键词的不足，如图 4.53 所示。

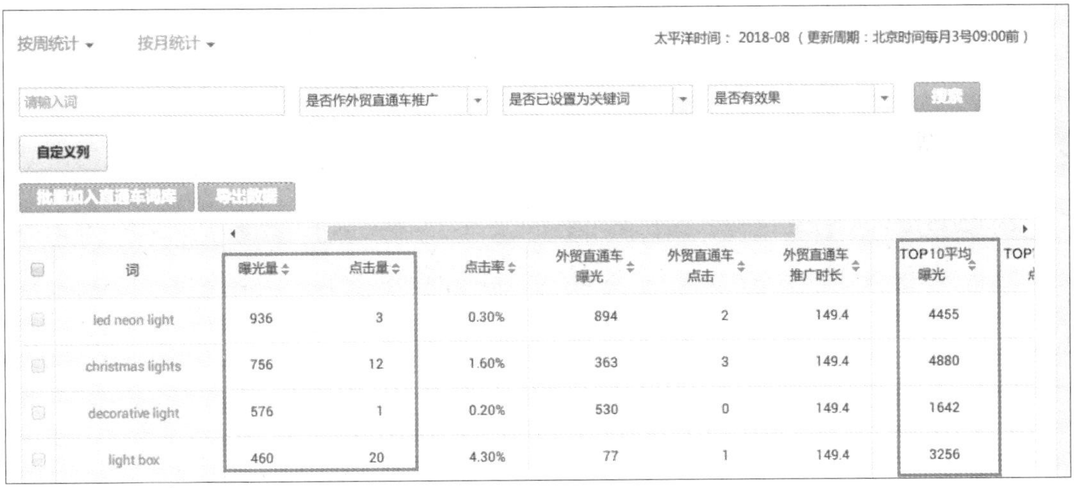

图 4.53　我的词与 TOP10 数据对比

在关键词推广中会出现以下几种情况。

主推关键词流量低：利用外贸直通车提升曝光、点击。利用橱窗资源位提升该关键词下的自然排名，优化产品信息质量，大力推广有效果的产品，从而提升产品的自然排名，带来更多流量。

流量高的词语为无效词：首先检查这些词是否为外贸直通车在推广的关键词，如果是与产品无关或者没有实质性效果的关键词,那么可以暂停推广或者降低推广出价。提高主推词的出价,把无效流量转变为有效流量。检查产品是否把无效词设置为关键词,若设置了,则可以优化替换其他有效果关键词或者主打关键词。

数据管家之诊断中心

4.4.2 商家星等级

1. 什么是"商家星等级"

商家星等级是根据平台商家的信息展示、沟通服务、交易转化、履约保障四大能力项综合评判其服务海外买家的意愿及能力的分层体系,一共包含一星、二星、三星3个等级。

2. "商家星等级"的评级标准

只有四大能力项同时满足一定标准的商家,才能成为星级商家。每个能力项对应的一星的标准均为60~69分,二星的标准均为70~79分,三星的标准均为80分及以上。四大能力项最低的一项决定了商家的星级,如图4.54所示。

3. 四大能力项指标定义

四大能力项一共包含13个算分子项。四大能力项得分根据各子项指标系数综合计算而得。各算分子项指标值越高,四大能力项分数越高。具体的算分子项如下:

1)能力项一:信息展示

信息展示包含产品信息质量、店铺转化率、风险健康、证书。

(1)产品信息质量。产品信息质量是指店铺所有商品的信息质量平均得分,从图片质量、文本质量、交易物流信息及其他维度对商品信息进行整体评估,并给予分值。

(2)店铺转化率。店铺转化率指的是最近30天店铺访客中转化成活跃客户的比例。活跃客户指的是有发过TradeManager咨询或者询盘的买家。该指标也可在"数据管家"→"我的店铺"中查看。

(3)风险健康。风险健康根据店铺最近365天内在网站发生的违规扣分、违规频次、严重程度综合打分,违规来源包括虚假交易、知识产权、禁限售、贸易纠纷、图片盗用、滥发信息等。

第4章　商机获取与产品推广 | 167

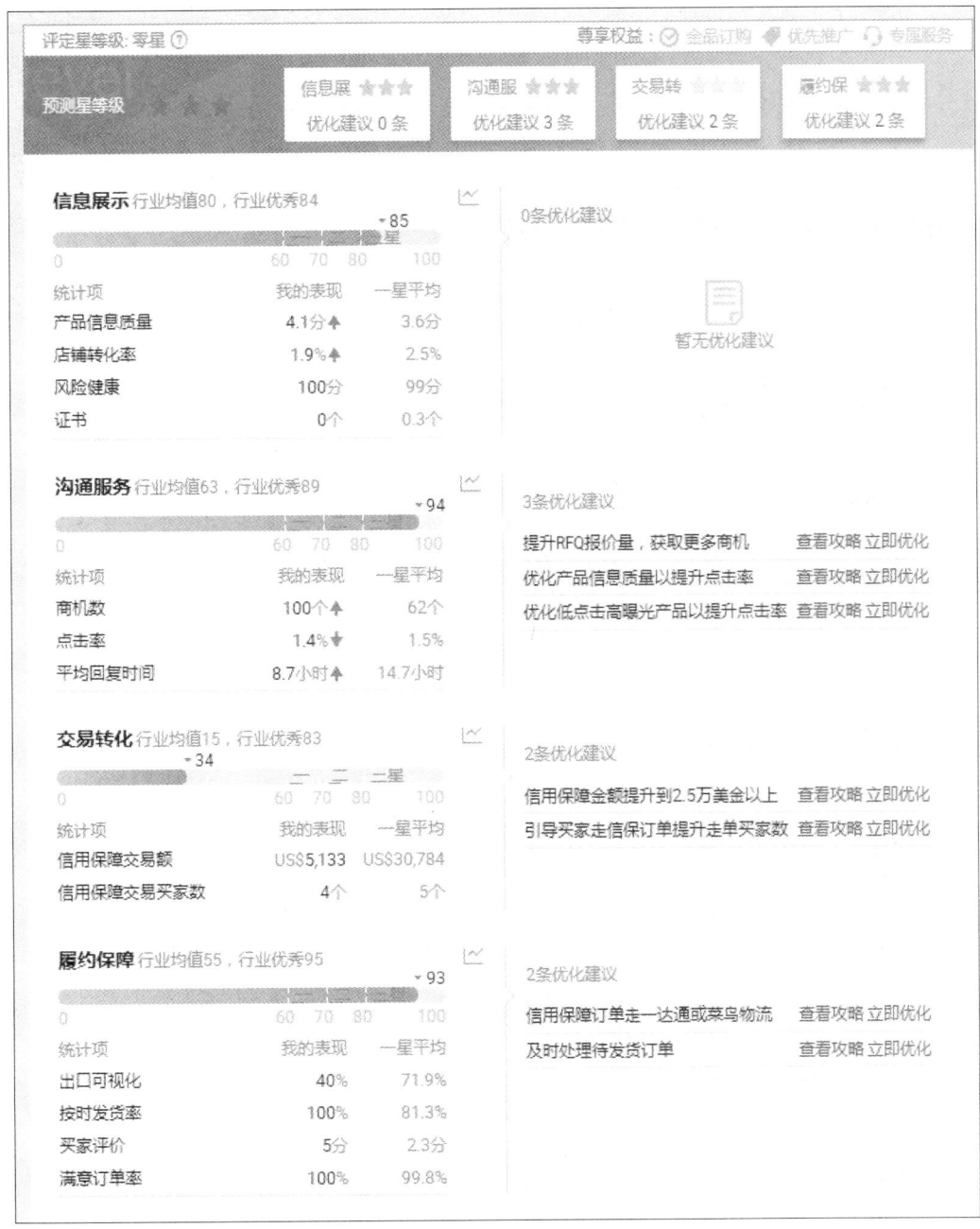

图4.54　商家星等级的评分标准

（4）证书选择"My Alibaba"→"店铺管理"→"管理公司信息"，上传并验证通过的证书会算分，系统会根据证书数量和权重综合计算得分。算分的证书类型包括企业体系类认证证书（如 ISO 系列）、产品认证证书（CE、UL 证书等）、商标证书（自有商标）以及专利证书。

2）能力项二：沟通服务

沟通服务包含商机数、点击率、平均回复时间。

（1）商机数。商机数是指最近 30 天针对产品信息和公司信息发送的有效询盘数和 RFQ 报价量。

（2）点击率。点击率是指最近 30 天内，您的产品信息或公司信息在搜索结果列表页或类目浏览列表等页面被买家点击/看到的次数，即点击量/曝光量。

（3）平均回复时间。平均回复时间是指对 7 天内买家发来的所有有效询盘的平均回复时间，以小时为单位计算，进行四舍五入。

3）能力项三：交易转化

交易转化包含信用保障交易额、信用保障交易买家数。

（1）信用保障交易额。信用保障交易额的统计订单范围为最近 90 天预付款匹配到账的订单（订单合同中的预付款金额比例要满足一定比例，且实际挂账的预付款金额也要符合预付款比例大于订单总额的一定比例）。信用保障交易额的统计金额为信用保障订单总额（刨除虚假交易订单）。

（2）信用保障交易买家数。信用保障交易买家数为最近 90 天匹配到账的信用保障订单买家数（刨除虚假交易订单）。

4）能力项四：履约保障

履约保障包含出口可视化、按时发货率、买家评价、满意订单率。

（1）出口可视化。出口可视化指的是可在线追踪的订单比率，是 0～100% 的一个值。计算公式为 180 天内使用一达通出口订单数 × 分值 A+ 阿里官方物流订单数 × 分值 A+ 上传线下发货凭证订单数 × 分值 B）/ 180 天内信保订单已挂账且发货订单数。备注：①分值 A＞分值 B。②客户同时使用一达通出口和阿里官方物流不重复计分。

（2）按时发货率。按时发货率 = 最近 180 天内按时发货且未取消的订单数 /（统计周期内的所有订单数 – 已取消的订单数 – 未到约定发货时间的订单数）。

（3）买家评价。买家评价是指买家在交易完成后对供应商的产品质量、卖家服务、按时发货 3 个维度的所有历史打分的平均得分。

（4）满意订单率。满意订单率 =180 天匹配到账且未升级仲裁的订单 /180 天匹配到账的信用保障订单。

4．FAQ

（1）后台的评定星等级和预测星等级分别是什么？

评定星等级：此处展示的是当月星级，也就是对应上个自然月月末那天的数据，当月星级数据在下月 5 日之前都不会变动。

预测星等级：此处展示的是当日等级，当日等级及四大能力项数据是每天更新的，由于网站数据统计会有约 2 天延时，所以实际看到的等级数据是当日往前倒推 2 天的数据。

评定星等级和预测星等级如图 4.55 所示。

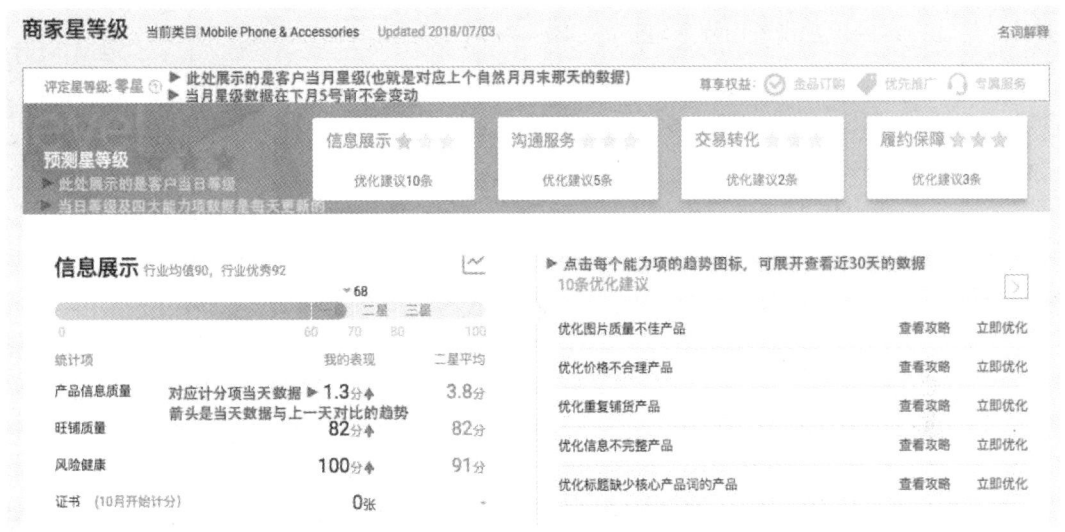

图 4.55 评定星等级和预测星等级

（2）最近 90 天信用保障交易额的统计逻辑是什么？

首先，最近 90 天指的是统计日倒推 90 天，比如今天是 7 月 5 日，因为网站数据统计会有约 2 天的延时，所以计算的是 7 月 3 日倒推 90 天，就是 4 月 5 日~7 月 3 日的数据。

其次，该交易额刨除了虚假交易的订单。如果订单被判定为虚假交易，那么订单不会被统计入内。

最后，基于交易的真实性与风险可控性，被统计进交易额的订单在挂账金额比例上是有要求的，未满足一定比例的订单暂不会被统计。

（3）要提升交易转化板块的星级，信用保障交易额是否有金额要求？

商家星等级是根据四大能力项的分数综合决定的，交易额是其中一个非常重要的指标，无论哪个行业，交易转化板块星级要做到一星（交易额至少为 2.5 万美元）、二星（交易额至少为 10 万美元）和三星（交易额至少为 30 万美元）。

数据管家之知己

数据管家之买家

4.5 招商引流

选择"My Alibaba"→"营销中心"→"专场活动",会看到国际站不时推出的一些专场活动,具体的活动内容以行业或者标签来划分,如图 4.56 所示。

图 4.56 专场活动分类

每个行业在不同时间段内会推出不同的活动,需要供应商平时注意。如果有行业举办专场活动,那么我们可以点击活动的详情了解报名的规则,看看是否符合报名的标准,如图 4.57 所示。

专场活动的内容详情一般分为报名时间和活动时间、会员要求以及活动详情。活动详情包含了活动主题、基础招商规则以及注意事项等,在仔细阅读以上内容后,若完全符合报名的要求,即可点击"立即报名"按钮,如图 4.58 所示。

图 4.57 专场活动项目

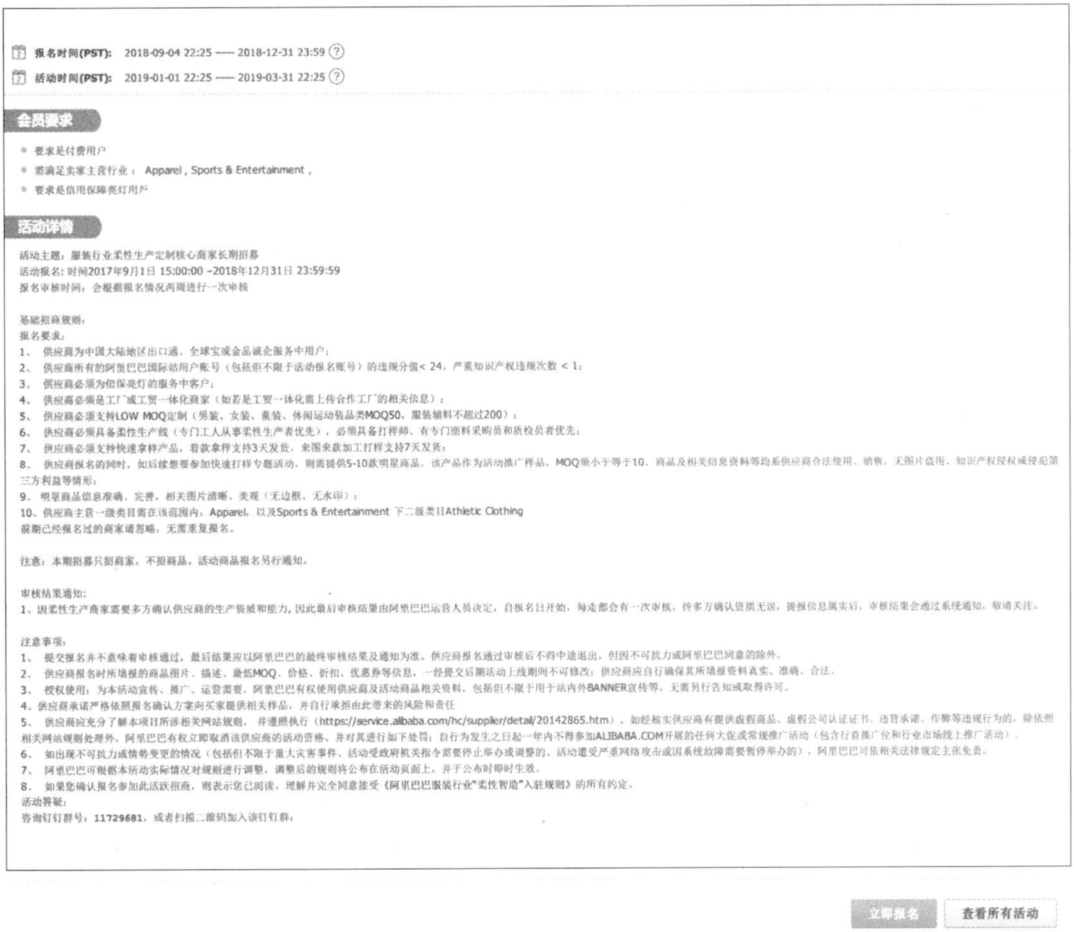

报名时间(PST)：2018-09-04 22:25 —— 2018-12-31 23:59

活动时间(PST)：2019-01-01 22:25 —— 2019-03-31 22:25

会员要求

- 要求是付费用户
- 需满足卖家主营行业：Apparel , Sports & Entertainment ,
- 要求是信用保障亮灯用户

活动详情

活动主题：服装行业柔性生产定制核心商家长期招募
活动报名：时间2017年9月1日 15:00:00 -2018年12月31日 23:59:59
报名审核时间：会根据报名情况两周进行一次审核

基础招商规则：
报名要求：
1、 供应商为中国大陆地区出口通、全球宝或金品诚企服务中用户；
2、 供应商所有的阿里巴巴国际站用户账号（包括但不限于活动报名账号）的违规分值< 24，严重知识产权违规次数 < 1；
3、 供应商必须为信保亮灯的服务中客户；
4、 供应商必须是工厂或工贸一体化商家（如若是工贸一体化需上传合作工厂的相关信息）；
5、 供应商必须支持LOW MOQ定制（男装、女装、童装、休闲运动装品类MOQ50，服装辅料不超过200）；
6、 供应商必须具备柔性生产线（专门工人从事柔性生产者优先），必须具备打样师、有专门面料采购员和质检员者优先；
7、 供应商必须支持快速拿样产品，看款拿样支持3天发货，来图来款加工打样支持7天发货；
8、 供应商报名的同时，如后续想要参加快速打样专题活动，则需提供5-10款明星商品，该产品作为活动推广样品，MOQ须小于等于10，商品及相关信息资料等均系供应商合法使用、销售，无图片盗用、知识产权侵权或侵犯第三方利益等情形；
9、明星商品信息准确、完善，相关图片清晰、美观（无边框、无水印）；
10、供应商主营一级类目需在该范围内：Apparel，以及Sports & Entertainment 下二级类目Athletic Clothing
前期已经报名过的商家请忽略，无需重复报名。

注意：本期招募只招商家，不招商品。活动商品报名另行通知。

审核结果通知：
1、因柔性生产商家需要多方确认供应商的生产资质和能力，因此最后审核结果由阿里巴巴运营人员决定，自报名日开始，每走都会有一次审核，待多方确认资质无误，提报信息属实后，审核结果会通过系统通知，敬请关注。

注意事项：
1、 提交报名并不意味着审核通过，最后结果应以阿里巴巴的最终审核结果及通知为准。供应商报名通过审核后不得中途退出，但因不可抗力或阿里巴巴同意的除外。
2、 供应商报名时所填报的商品图片、描述、最低MOQ、价格、折扣、优惠券等信息，一经提交后期活动上线期间不可修改；供应商应自行确保其所填报资料真实、准确、合法。
3、 授权使用：为本活动宣传、推广、运营需要，阿里巴巴有权使用供应商及活动商品相关资料，包括但不限于用于站内外BANNER宣传等，无需另行告知或取得许可。
4、供应商承诺严格依照报名确认方案向买家提供相关样品，并自行承担由此带来的风险和责任
5、 供应商应充分了解本项目所涉相关网站规则，并遵照执行（https://service.alibaba.com/hc/supplier/detail/20142865.htm）。如经核实供应商有提供虚假商品、虚假公司认证证书、违背承诺、作弊等违规行为的，除依照相关网站规则处理外，阿里巴巴有权立即取消该供应商的活动资格、并对其进行如下处罚：自行为发生之日起一年内不得参加ALIBABA.COM开展的任何大促或常规推广活动（包含行首推广位和行业市场线上推广活动）。
6、 如出现不可抗力或情势变更的情况（包括但不限于重大灾害事件、活动受政府机关指令需要停止举办或调整的、活动遭受严重网络攻击或因系统故障需要暂停举办的），阿里巴巴可依相关法律规定主张免责。
7、 阿里巴巴可根据本活动实际情况对规则进行调整，调整后的规则将公布在活动页面上，并于公布时即时生效。
8、 如果您确认报名参加此活跃招商，则表示您已阅读，理解并完全同意接受《阿里巴巴服装行业"柔性智造"入驻规则》的所有约定。
活动答疑：
咨询钉钉群号：11729681，或者扫描二维码加入该钉钉群；

立即报名　查看所有活动

图 4.58　专场活动的内容详情页面

思考与实训

1. 实训实操

关键词出价

在国际站平台中，卖家为了使产品最大限度地获取有效流量，常常在直通车中做付费推广。根据题目要求，请你完成以下操作。

要求：

在外贸直通车中对以下 4 个关键词进行推广，并且为这 4 个关键词设置分组，最后根据要求完成每个关键词的出价。

(1)添加 4 个关键词：handbag、lady handbag、Eco bag、tote bag。

(2)关键词分组名称：handbag。

(3)关键词的出价按照顺序分别为 4.1、4.2、4.3、4.4。

2. 简答题

(1)外贸直通车的调价需要注意哪些要点？

(2)在商家星等级中，哪一些考核点是通过平台运营就可以提升的？

第 5 章 商机管理与交易管理

5.1 询盘处理与回复

5.1.1 询盘设置

1. 询盘概述

询盘（Inquiry）又称询价，是指买方或卖方为了购买或销售某种商品，向对方发出的有关交易条件的询问及要求对方发盘的要求。

在国际贸易的实际业务中，买方（进口商）一般主动和卖方联系，询问出口商品的交易条件。一般来说，买家会询问价格、规格、数量、支付条件、包装、运输等内容，索取价目表（Price List）、目录（Catalogue）、样品（Sample）等材料。

阿里巴巴国际站询盘是指国内外买家通过 Alibaba 国际站，对发布的产品或公司信息发送的反馈或询价，询盘位置在"My Alibaba"→"商机 & 客户中心"→"询盘"，如图 5.1 所示。供应商查看账号收到的所有询盘信息（注：使用管理账号登录可查看自己及下属子账号的所有询盘，使用业务经理账号登录可以查看自己及下属业务员的询盘，业务员与制作员只能查看自己账号的询盘）。也可以在千牛工作台中选择"商机 & 客户中心"→"询盘"。还可以在阿里旺旺国际版（TradeManager）中点击"未读询盘"快捷键直接进入商机管理中心。

询盘卖家的商机管理中心的中英文版本内容是一致的。我们可以对照中文版理解英文的含义。新版的"商机 & 客户中心"分为以下 6 个模块，对应的位置如图 5.2 所示。

模块 1：所有询价单状态更新为全部、待回复、新询价、已下单、待支付、待确认，可通过顶部导航进行筛选，快速定位到同类状态的询价单。

模块 2：询价单的操作栏，包括分配给、移动到、删除、添加垃圾询价、更多（包括设置锦旗、标记为已读、标记为未读、添加客户和翻译）。

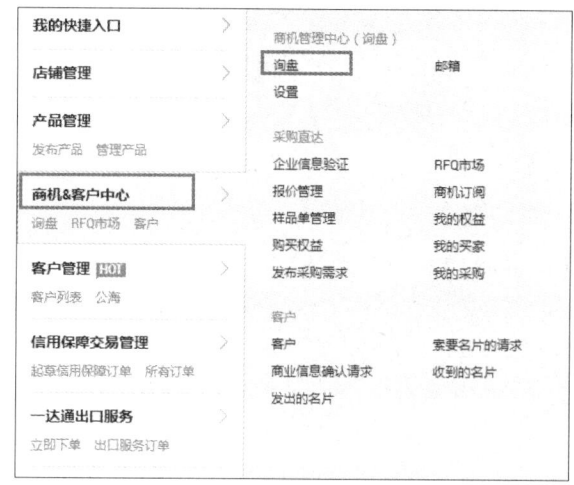

图 5.1 进入"询盘"路径图

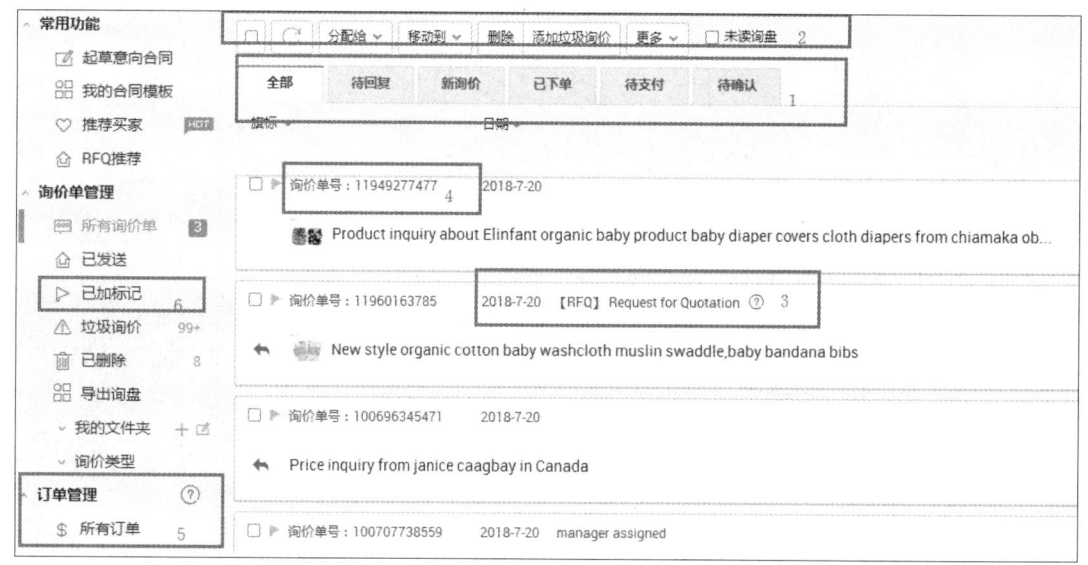

图 5.2 "商机 & 客户中心"6 个模块

模块 3：展示询盘的其他来源。

Request for Quotation：RFQ 类型的商机。

Recommend Quotation：系统推荐的商机。

Bonus Inquiry：信保走单奖励或积分兑换的商机。

Trademanger：ATM 发起的商机。

Online Exhibition Inquiry：线上展会的商机。

模块 4：询价单号，快速定位某个询盘。

模块5："左侧菜单"订单管理"选项。

模块6："已加标记"筛选项，直接筛选出一件添加标记的询价单。

2. 询盘管理功能

1) 实现客户管理

通过询盘和阿里旺旺国际版方式添加客户，并对客户按照分组、类型、来源、星级自行添加标记，如图5.3所示。

图5.3 添加客户

实现客户管理的路径：

（1）从询盘中添加：如果收到新客户的询盘，在该询盘详细页面的左侧添加为客户。

（2）通过TradeManager联系，且该客户是国际站会员：选择"My Alibaba"→"商机 & 客户中心"→"客户"→"添加新客户"→"从 TM 导入"，导入买家的信息。

（3）手动添加客户：选择"My Alibaba"→"商机 & 客户中心"→"客户"→"添加新客户"→"添加一个新客户"，添加单个客户信息。

2) 掌握买家动向

在接收到买家的邮件后，即可在邮件详情页右侧看到客户档案，也可以在"商机 & 客户中心"的客户里面，通过标记和名称查找客户。点击客户名称可查看买家档案，包括公司信息、关键行为信息、互动信息、意向产品、最新收到消息等。

可以通过访问数据、采购需求、贸易数据、询价数据和搜索数据这5个维度，计算买家近90天的活跃程度，从而判断买家的采购意向是否强烈，如图5.4所示。

3) 管理员询盘分配

主账号默认为管理员，子账号为业务员。使用主账号登录，点击"询盘"选项，就可以查看子账号的邮件来往记录，从而掌握公司所有业务的进行状态，指导和监督业务员。同时，管理员可以进行询盘分配。

图 5.4 查看买家动向

分配规则：

（1）产品分配：如果是买家针对某个产品的询盘，则分配给该产品的负责人；如果是买家针对公司发来的询盘，则分配给公司联系人。

（2）区域分配：把对应区域的买家发来的询盘分配给对应区域的负责人。一个区域只能分配给一个账号。把没有负责人的区域对应的买家发来的询盘分配给公司联系人。

（3）同一个买家的询盘自动分配给同一个业务员处理：若该项勾选了，则后续买家对不同业务员负责的产品发询盘，都会自动分配给同一个业务员处理，避免撞单，也可使买家与业务员建立良好的关系。

实现路径："商机 & 客户中心" → "设置" → "询盘分配设置"，如图 5.5 所示。

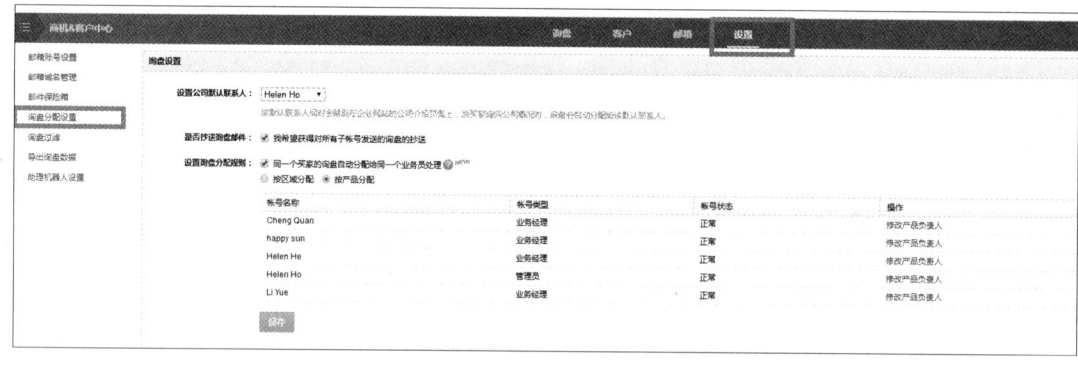

图 5.5 询盘分配设置

5.1.2 询盘回复

询盘主要分为一般询盘和具体询盘。一般询盘只是针对商品做一个整体的了解，通常会索取价目表和目录等材料，并表明下订单的可能性；而具体询盘则是打算购买特定的产品，通常会要求卖家报价，并询问有关支付方式、折扣、交货时间等方面的信息。

询盘对于询盘人和被询盘人均无法律上的约束力，但询盘往往是交易的起点，所以要慎重使用和对待。被询盘一方应对接到的询盘予以重视，并进行及时和适当的处理。

询盘的回复内容：

简短地重复询盘内容和日期并表示感谢，回答买家提出的问题，适当提供买家索取的材料展示自己的专业度，引导买家尽快下订单，表明积极促成业务的态度。

1. 询盘回复三大原则

1）针对性

在询盘回复时一定要理解买家在询盘中提出的问题，有针对性地提供买家索取的资料或者信息，展现自己的专业度。

2）及时性

询盘回复一定要及时，如果不能及时回复，则会给买家留下怠慢和不专业的印象。通常，买家会同时向多个卖家询盘，先回复的卖家有更多机会赢得订单。

3）专业性

回复询盘，要准确地回答买家的问题。如果买家询问技术指标，那么可以向技术人员或工厂咨询之后再回答；如果买家定制新规格的产品，那么应该仔细核实和计算之后再回答；如果买家询问交货期、支付条件、包装运输方式、通关与关税等具体问题，那么应该准确了解之后再回答。如果给客户留下不专业的印象，那么基本上没有希望再获得订单。要适当突出公司的优势，在一般情况下，能吸引买家的优势有多年生产或外贸经验、发货期短、绝对的价格优势、设计团队。

另外，询盘可以多次跟进，特别是一些国外的重大节日，可以给买家送去节日的祝福，增进感情交流。

2. 询盘回复的沟通模板

（1）在没有收到询盘时，可以主动发信推广自己的产品。

注意：要告知对方你的信息源，进行自我介绍，表达合作的意愿。

Dear Sirs,

We learned from your store on Alibaba.com that you are in the market for arts and crafts.

We are ABC company, specialized in the export of arts and crafts.We attach a list of products we are regularly exporting, you can also visit our store on Alibaba.com.Should you be interested in any of our products, please let us know and we shall be glad to give you our best quotation.

We look forward to receiving your inquiry soon.

Yours sincerely,

(Your name)

（2）推广促销活动。

Dear X,

Right now Christmas is coming,and there is a heavy demand for Christmas gifts.

Here is our Christmas gifts link, please click to check them. All the products are now available from stock. Thank you for your consideration.

Regards,

(Your name)

3．回复一般询盘

Dear X,

Thank you for your inquiry of May 5.

We have these items in stock, our products are both excellent in quality and reasonable in price. Right now, we offer a 5% discount for bulk purchase.

Thank you again for your interest in our products. If you would like to have more information, please let us know. We look forward to your early reply.

Best regards,

(Your name)

4．回复具体询盘

Dear X,

Thank you for your inquiry of May 5 and we are pleased to send you our quotation for the goods you required as follows:

commodity: Men's T Shirt in assorted colors. Item No. AC.101

Quantity: 100 dozens.

Size: Large(L), Medium(M), Small(S)

Price: at $60 per dozen CIF Kobe

Shipment: in June, 2018

Payment: by irrevocable L/C at sight

This offer is subject to our final confirmation. If you find it acceptable, please let us have your reply as soon as possible.

Yours faithfully,

(Your name)

5．报价

注意：回复询盘和报价，可以适当谈及市场和供应条件，催促对方下单。

Dear X,

Thank you for your inquiry of May 5, at your request，we are making you, subject to your acceptance reaching us not late than May 10, the following offer:

"1000 sets of Color TV Sets, at USD 500 per set CIF Hamburg. Other terms and conditions are same as usual." As we have been receiving a rush of orders now, we would advise you to place your order as soon as possible.

Yours sincerely,

(Your name)

6．回应买家砍价

Dear X,

Thank you for your letter of May 17. As regards your counter offer，we regret we can't accept it because we feel that the price listed is reasonable and leaves us limited profit already.

However, in order to meet you on this occasion, we are prepared to grant you a special discount of 5% on condition that your order is not less than 1000 pieces.

We hope to receive your order at an early date.

Best regards,

(Your name)

7．提供形式发票

Dar sirs,

Thank you for you letter of May 25, we are sending you here with the required Proforma Invoice in triplicate. Please note that our offer remains valid until November 15.

Please place your order as soon as possible, because we are running out of our stock.

Yours sincerely

(Your name)

形式发票（PI）的作用：形式发票列明了商品名称、规格、产地、价格、数量、付款条件、交货期、包装等内容，买家可以使用PI申请进口许可和外汇，卖家可以使用PI进行报价，代替报价单。

平均回复率介绍和攻略

5.1.3 及时回复率

1. 及时回复率的概念

（1）及时回复率（Quick Response）：询盘及时回复以及 TradeManager 及时回复的整体比例，体现卖家的服务态度与意愿。

$$及时回复率 = \frac{询盘\ 24\ 小时内的回复数 + TradeManager\ 1\ 小时内的回复数}{卖家过去\ 30\ 天收到的买家询盘数总和 + 30\ 天内收到的所有\ TradeManager\ 咨询数}$$

（2）询盘及时回复率：30 天内收到的所有有效询盘，在 24 小时内被供应商回复的占比。有效询盘：买家针对你的产品信息和公司信息发送的询盘，不包括垃圾询盘和退回询盘，并且会去重同一买家 24 小时内发来的询盘，去除在垃圾箱、询盘为删除状态、被退回的询盘，去除注册地和发送地为 CN 的询盘，去除买家账号在 24 小时内被 disable 的询盘。

（3）TradeManager 及时回复率：30 天内收到的所有有效的 TradeManager 咨询，在 1 小时内被供应商回复（去除自动回复）的占比。

有效的 TM 咨询：去除同一天内的重复咨询、排除注册地/发送地为 CN 的咨询、去除拉入黑名单的咨询、去除买家通过手机端发送的消息。

（4）重点注意：

①及时回复率包含询盘 +TradeManager 咨询，要想数据好，两边都要好。

②自动回复不算及时回复率（不管是询盘还是旺旺）。

③及时回复率是你公司整体的情况，不看单一子账号，看公司所有主子账号的回复情况。

④开通和关闭的操作只有你公司的主账号才能操作。

⑤及时回复率不算询盘数，只算买家数。

⑥注册国家和发送 IP 为 CN 的都不算在及时回复率里。

当 1 个客户在同一天内［太平洋时间（西部时间）的一天］给你发了 N 个询盘时，你只需回复客户其中的一封，保证其中的一封询盘在 24 小时内回复即可。

⑦对于你不想回复的询盘建议你退回询价或者添加垃圾询盘，不要做直接删除询盘的动作，以免影响你的及时回复率。

⑧如果你把垃圾询盘恢复为正常询盘，那么这个询盘也需要在 24 小时内回复。询盘回复时间是从接收时间开始计算的，而不是从恢复为正常询盘的时间计算的。

2. 及时回复率展示位置

1）卖家在后台查看/设置展示与关闭

登录主账号，选择"My Alibaba"→"店铺管理"→"贸易记录"→"及时回复率"设置"我要展示"或"取消展示"，也可以在此页面中查看及时回复率，如图 5.6 和图 5.7 所示。

图 5.6　贸易记录

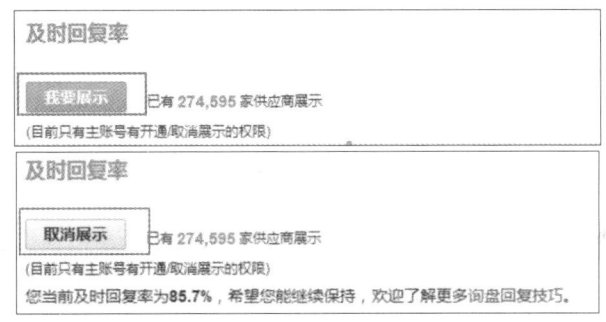

图 5.7　及时回复率展示功能

2）在买家前台查看及时回复率的途径

（1）买家在产品搜索页面，取得前台产品搜索界面的及时回复率展示，如图 5.8 所示。

（2）在产品详情页面，取得产品详情页的及时回复率展示，如图 5.9 所示。

3）同步询盘回复数据

同步询盘回复数据针对未使用阿里巴巴沟通工具（询盘模块／外贸邮）回复询盘的供应商，可以将自有的个人邮箱或者企业邮箱回复询盘的数据同步对接到阿里巴巴系统，从而统计询盘及时回复率的功能。同时需要注意以下几个方面：

"同步询盘回复数据"功能只用于统计询盘及时回复率，邮件的信息安全受法律保护不会展示。

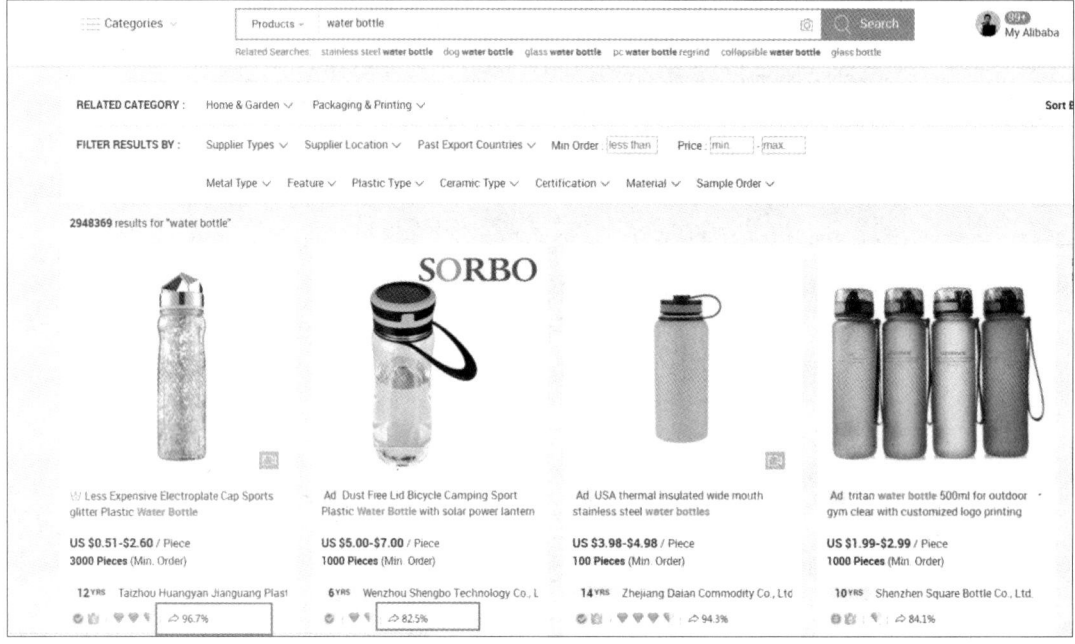

图5.8　前台产品搜索界面的回复率展示

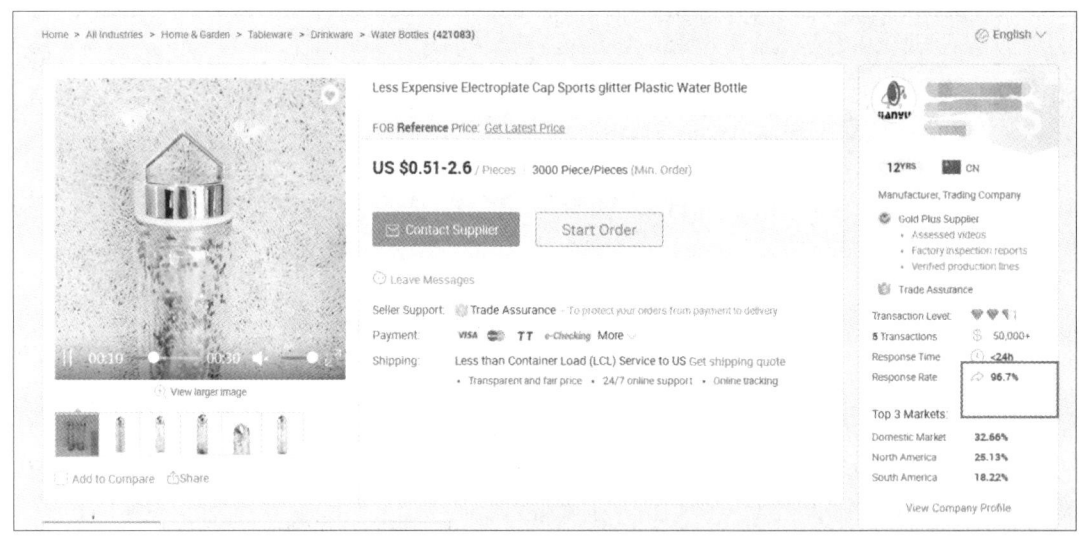

图5.9　产品详情页的及时回复率展示

同步回复数据是给予在阿里巴巴平台外的供应商统计及时回复率的替代方案,但因为个人邮箱等外部邮箱在阿里巴巴统计都有不确定性,所以数据的准确性不能保证。因此,还是建议使用阿里巴巴后台进行询盘处理,以保证数据的准确性。

在同步询盘数据设置以后,系统抓取的是你的企业邮箱网页版发件箱中的内容,请务必保证邮件回复记录在网页版邮箱发件箱中有保留,否则即使设置了同步询盘回复数据,系统在发件箱中也抓取不到回复的记录(通过 Outlook、Foxmail 等客户端回复可能会有此情况)。

及时回复率介绍和攻略

5.2 客户管理和名片营销

5.2.1 名片客户分层

1. 名片的来源

(1)买家在发送询盘的时候选择发送了名片,如图 5.10 所示。

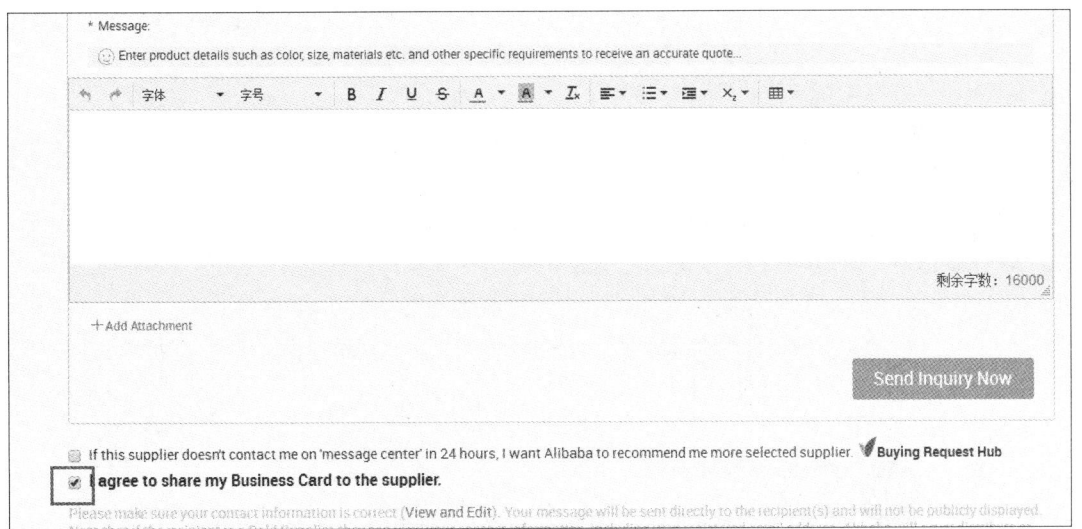

图 5.10 询盘选择名片分享

(2)买家在发送 RFQ 的时候选择发送名片,如图 5.11 所示。

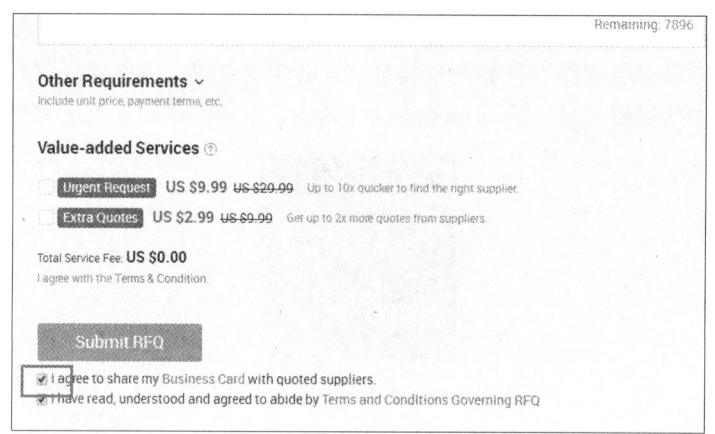

图 5.11 发送 RFQ 选择名片分享

（3）在询盘后台或者 RFQ 后台向买家申请名片后，买家同意发送名片，也可以收到名片，如图 5.12 所示。

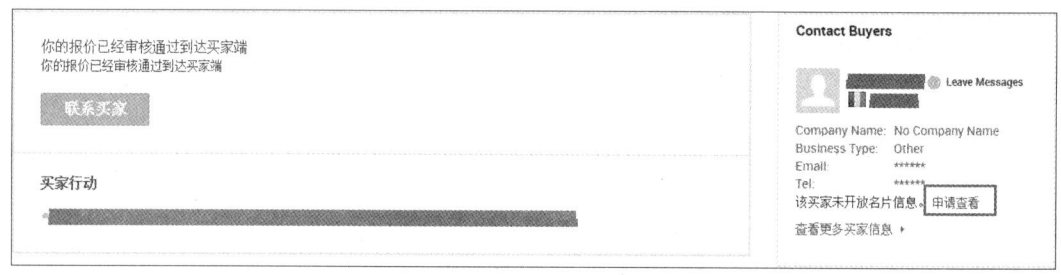

图 5.12 向买家申请名片

（4）买家在自己的管理后台"商圈"→"Connections"场景直接发送名片，如图 5.13 所示。

通过非询盘和 RFQ 的场景获得沟通关系，如实时营销、访客营销、推荐买家等买家记录也会呈现在客户名片中，只是卖家需要索取名片，而不是直接展示名片。

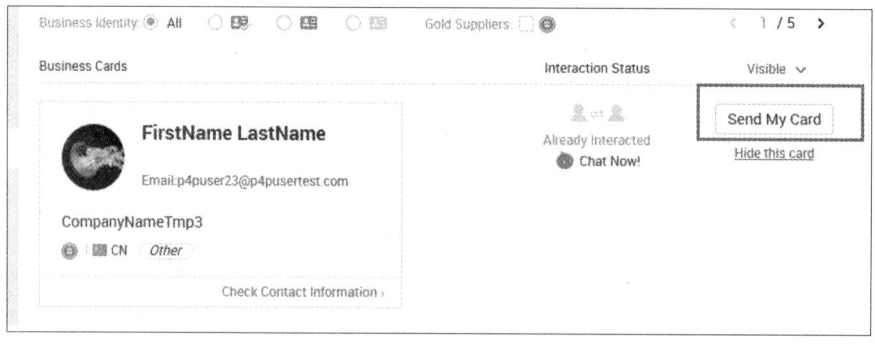

图 5.13 买家发送名片界面

2. 名片来源的查看

如果要查看名片的来源，可以在收到的名片下直接看到来源，具体如图 5.14~图 5.16 所示（名片页面路径为"My Alibaba"→"商圈"→"Connections"）

（1）名片来自询盘，如图 5.14 所示。

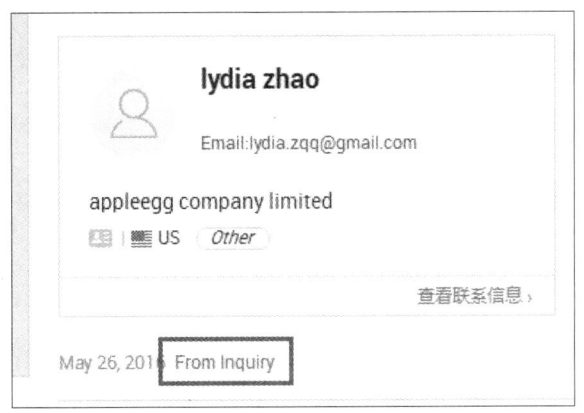

图 5.14　名片来自询盘

（2）名片来自 RFQ，如图 5.15 所示。

图 5.15　名片来自 RFQ

（3）名片来自商圈交换，如图 5.16 所示。

图 5.16　名片来自商圈交换

5.2.2　访客行为分析

首先需要了解什么是"访客",数据管家中的"访客"主要有两类用户:

(1)访问商家企业网站页面中任何一个页面的买家。

(2)通过商家企业网站以外的其他页面,给商家发送询盘或用 TradeManager 与商家沟通的买家。

通过访客数据,商家可以了解每天有多少客户进入了商家的网站、浏览了商家的产品等,从而更好地经营网站、留住买家、提升效果。

相似访客是指浏览行为、产品搜索词、偏好行业等跟当前的访客大概一致,每个访客的相似访客最多显示 10 个。

查看访客行为:登录 My Alibaba 后台,选择"数据管家"→"知买家/访客详情",如图 5.17 所示。

可通过统计周期、地域、搜索词等多重条件对访客数据进行筛选。

常用搜索词:最近 30 天内,访客在阿里巴巴上搜索次数最多的 3 个关键词,以及所选时间段内,访客搜索到您的平台旺铺或产品页面时,所使用的搜索词(后面会有标志)。通过判断买家的常用搜索词可以判断该买家是否是意向客户,是否是行业客户。通过买家搜索到平台旺铺或产品的词可以判断买家的购买产品意向。

旺铺行为:在所选时间段内,访客针对您的店铺或产品产生过的关键行为。通过行为可以判断买家的购买意向度,以及是否对产品有兴趣。

网站行为:在所选时间段内,访客在阿里巴巴网站产生过的关键行为。通过该行为可以判定买家的采购意向,比如在 30 天内只有较低的浏览量,则说明买家采购意向不高。

图 5.17 访客详情界面

RFQ 意向行动率介绍及攻略

5.2.3 访客营销

访客邮件营销是供应商进行 EDM 邮件营销的入口，商家可以通过 Alibaba 平台给感兴趣的访客发送营销邮件，通过有竞争力的产品报价和优惠打折活动让他们再次光临店铺。

1. 访客详情页面

在访客列表的"操作"列会有相应标识，客户可筛选需要营销的访客，"操作"列会有标识是否可以营销，如图 5.18 所示。若无法营销，则一般原因参考如下：

（1）由于访客未注册、所在地为 China 等若干原因，您无法对该访客申请邮件营销。

（2）您已对该访客申请邮件营销，30 天内无法再次申请。

（3）其他供应商已经营销过，3 天内无法再次对该买家营销。

（4）访客未登录阿里巴巴网站、访问网站时 IP 所在地为中国或 E-mail 地址失效。

（5）最近 6 个月已对您发送过反馈或 TM 咨询。

（6）访客注册成阿里巴巴国际站会员时的角色是卖家。

（7）因地域法律监管等因素不能进行营销的国家或地区。

（8）未订阅阿里巴巴网站邮件。

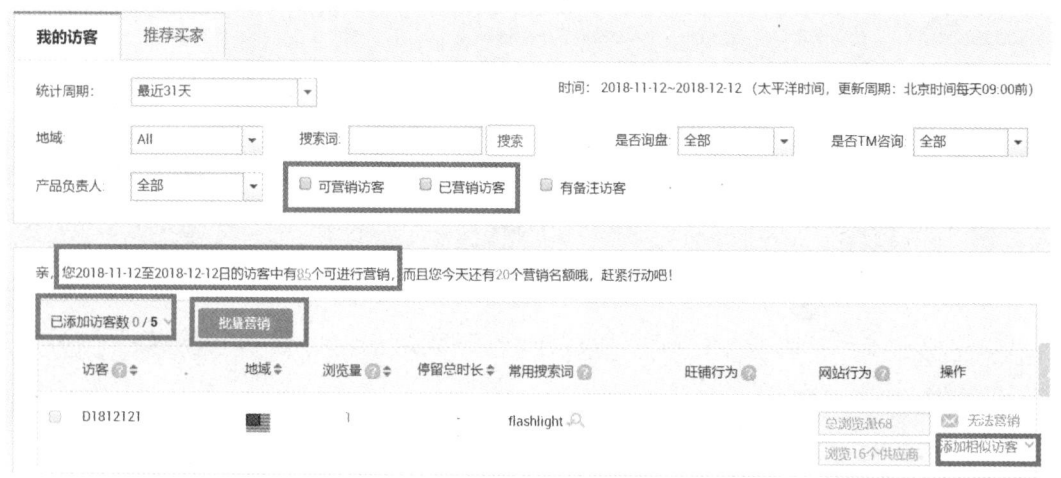

图 5.18 访客详情状态

访客详情页面操作注意事项如下：

（1）每个账号每天批量营销最多 20 个，每次最多 5 个。

（2）可对当前访客及当前访客的相似访客进行营销。

（3）"我的访客"选项卡默认展示最近 30 天的数据，推荐买家默认展示最近 7 天的数据。

2．营销表单页面

点击"申请营销"按钮后，进入到营销表单页面介绍，如图 5.19 所示。表单中可以填写：

（1）产品信息（必填，可以选择系统推荐的产品，也可以从产品库选择，或者手动填入产品 ID/ 产品 URL）。

（2）港口（必填）。

（3）FOB 阶梯报价，第一条报价（必填）。

（4）特殊说明。

（5）同意协议。

图 5.19 营销表单页面

营销表单页面操作的几个 FAQ：

（1）系统推荐的产品选择逻辑是什么？

答：系统根据买家近 90 天在阿里巴巴平台的访问行为，推荐供应商网站上其可能感兴趣的产品。

（2）为何我的营销表单页面没有系统推荐产品显示？

答：如果买家在阿里巴巴网站上没有访问产品，或者产品没有匹配的相似度信息，就无法生成推荐。

（3）系统最多推荐多少个产品？

答：系统最多推荐 14 个产品。

（4）从产品库选择产品，一次只能添加一个产品吗？

答：是的，目前暂时只能支持单选。因为在多选的情况下，6 个产品不好分配，尤其是有些已经选好，有些没有选；另外在多选的情况下，哪个产品作为主推，哪个产品作为辅推，也很难控制。

（5）选择"从产品库选择"后，页面上显示"本页全选"按钮，但是点击该按钮后又提示"只能选择一个产品"，什么原因？

答：目前"从产品库选择"操作确实只支持一次选择一个产品，"本页全选"按钮暂时不起作用，后续也会考虑优化。

（6）点击"批量营销"按钮，买家收到的营销邮件是专门针对自己营销的邮件，还是能看到所有被此次营销的买家的邮件？

答："批量营销"操作发送的多个营销邮件，买家这边收到的是单独针对自己的营销，邮件是独立的。

（7）卖家对访客进行营销后，营销邮件是否会出现在"已发送"文件夹？是否会出现在"所有询价单"列表？

答：会出现在"已发送"文件夹，但是仅在买家有回复的情况下才会出现在"所有询价单"列表。

3．营销邮件模板

营销邮件中会展示以下内容：

（1）展示供应商自己填写的产品、阶梯报价、港口。

（2）根据供应商产品推荐的相似产品。

（3）根据供应商产品推荐的同类目热门产品。

5.3 采购直达RFQ

5.3.1 RFQ 采购直达概述

1．采购直达的概念

采购直达（Request For Quotation，RFQ）是指买家在阿里巴巴平台发布采购信息，以寻找合适的卖家；供应商查看到客户的采购需求后，根据买家要求及时报价以建立联系。

采购直达采购服务能够在大幅度提升买家采购效率的同时，帮助供应商更好地完成订单转化，并赢取更多高质量买家。采购直达频道界面如图 5.20 所示。

图 5.20 采购直达频道界面

2. 采购直达的服务流程

买家需求发布→需求审核→供应商报价→报价审核→买家查看→双方沟通。

3. 采购直达的优势

（1）买家可以更快捷地找到适合自己的供应商。买家把自己的采购需求展示出来，可以获得更多供应商的报价，从而快速找到优质供应商。

（2）供应商可以主动寻找买家。通过采购直达，供应商可以直接掌握买家需求，然后经过分析发送报价，主动开发客户。

（3）方便报价与订单管理。RFQ 中有既定的报价表单，为供应商报价信息的整合提供了便利。利用报价管理可进行交易跟踪和客户管理。

什么是采购直达

5.3.2 RFQ 规则解读

1. 基础服务规则

供应商利用 RFQ 可以查找更多客户的采购需求，是否就可以无限量报价呢？不同类型的旺铺是否具有相同的报价权限呢？

如图 5.21 所示，用户类型不同，所能进行的报价权益也不同，业务员需要根据自己的阿里巴巴国际站的类型和现有的权限，合理地进行 RFQ 的选择和报价。

用户类型	服务前提【注4】	报价权益【注5】	奖励权益	其他权益来源	惩罚	备注
中国大陆（内地）供应商用户【注1】 中国港台供应商用户【注2】	以相关合同为准	（1）基础报价权益条数：20条/月； （2）发放纬度：公司纬度发放； （3）发放时间&有效期：每月1日太平洋时间（西部时间）发放，当月有效【注6】	以公司为纬度，每月3日根据用户上月在采购直达市场的表现分进行报价的奖励【注8】	还可通过参加采购直达市场运营活动或购买加油包获取报价权益【注9】	用户若有违反相关服务合同及/或阿里巴巴国际站规则的行为，阿里巴巴将视情况处以冻结或限制报价权益的处罚，具体的处罚规则待后续通知	报价修改：每条报价有一次修改机会，被判定为"主营不符"的报价除外
购买采购直达市场商机服务基础套餐包的中国大陆（内地）用户【注3】	以采购直达市场商机服务订购相关合同为准	（1）报价权益条数：根据购买的产品包，获取对应的每月报价权益； （2）发放纬度：公司纬度发放； （3）发放时间&有效期：以合同为准				

图 5.21　RFQ 用户类型

相关注释如下。

注1：即签署阿里巴巴国际站《中国供应商服务合同》或《金品诚企服务合同》、其合同有效存续并在正常服务中的中国（台湾等地区除外）阿里巴巴国际站用户。

注2：即签署《阿里巴巴国际站香港供应商服务协议》或《阿里巴巴国际站台湾供应商服务协议》或对应的《金品诚企服务合同》、其合同有效存续并在正常服务中的阿里巴巴国际站用户。

注3：即签署《采购直达市场商机服务合同》，订购商机服务基础包服务，其合同有效存续并在正常服务中的用户。

注4："服务前提"为用户享有服务权益的前提条件，不满足条件的用户将不能使用采购直达服务。

注5："报价权益"指该类会员固有的报价权益。

注6：中国供应商用户拥有20条/月/公司的基础权益，每月1日发放，月底清零。

注7：购买商机服务基础包的会员，根据购买的产品包获取对应的每月报价权益。

注8：阿里巴巴将以公司维度计算用户在采购直达市场的表现，进而依据每月表现分发放奖励权益。

注9：采购直达市场会不定期举办相关活动，活动奖励可能包括报价权益，建议及时关注。加油包的购买请联系客户经理或通过线上购买。

2．市场表现分奖励规则

RFQ报价条数不是固定不变的，除了基础报价权限以外，还可以通过市场表现分奖励规则来获取自己的报价条数。

1）市场表现分定义

以分值的形式对用户（公司维度）在采购直达市场的表现进行衡量，市场表现越佳，分值越高。市场表现分衡量的因子包含RFQ报价量、RFQ登录天数、买家好评率、平均报价响应时长、24小时报价响应率、RFQ入口提交的通关完成的信用保障订单量以及订单金额。

2）市场表现分奖励规则

每月3日（美国时间），系统根据用户上月在采购直达市场的表现分奖励报价权益。用户根据表现分数获取对应的奖励条数，如图5.22所示。

市场表现分	$0 \leqslant X < 200$	$200 \leqslant X < 300$	$300 \leqslant X < 400$	$400 \leqslant X < 500$	$500 \leqslant X < 600$	$600 \leqslant X < 700$	$700 \leqslant X < 800$	$800 \leqslant X < 900$	$900 \leqslant X < 1000$
赠送权益（条）	0	2	3	5	8	12	18	28	45

图5.22 市场表现分奖励规则

3）市场表现分影响因子

如图5.23所示，市场表现分影响因子有6个部分。阿里巴巴多语言市场，是为帮助供应商开拓非英语市场而建立的，且独立于阿里巴巴国际站（英文站）的语种网站体系。多语言市场主要包括西班牙语、葡萄牙语、法语、俄语等13个主流语种，除覆盖传统欧美市场中的非英语买家群体之外，南美、俄罗斯等新兴市场是多语言市场重点的拓展区域。多语言市场菜单展开以后，包括多语言市场首页、西班牙语市场分页等13个条目。

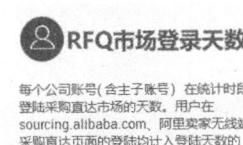

图5.23　市场表现分影响因子

市场表现分的影响因子所占权重不一且会根据采购直达市场情况进行调整。（其他规则：本规则自2016年10月1日生效。阿里巴巴有权随时修改或更新本规则；规则修改或更新后，用户继续使用采购直达市场商机服务的，即表明其认可及接受修改或更新的规则。）

3．购买RFQ"加油包"

购买RFQ"加油包"的途径：购买RFQ加油包后，进入My Alibaba操作后台，进入采购直达→我的权益，开通RFQ加油包，如图5.24所示。

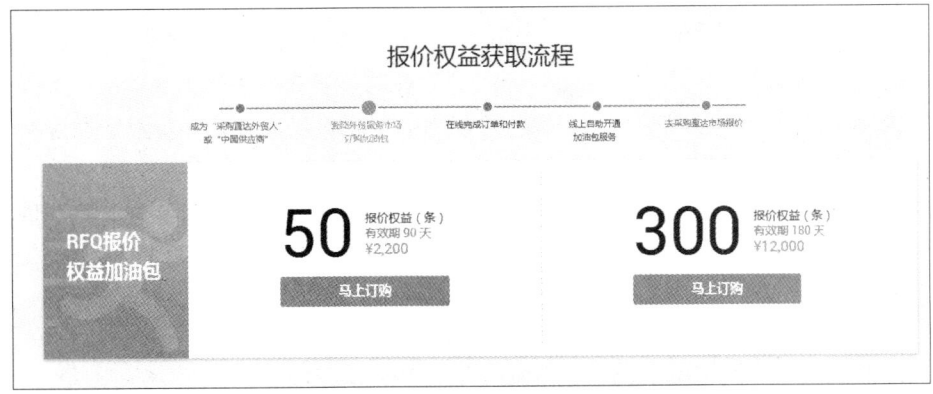

图5.24　购买RFQ加油包界面

RFQ 加油包购买流程：商机 & 客户中心→购买权益→立即购买→购买成功。

5.3.3 RFQ 精准推荐设置（一）

打开阿里巴巴后台，可以从待办任务或者左侧"商机 & 客户中心"→"RFQ 市场"导航进入，如图 5.25 所示。

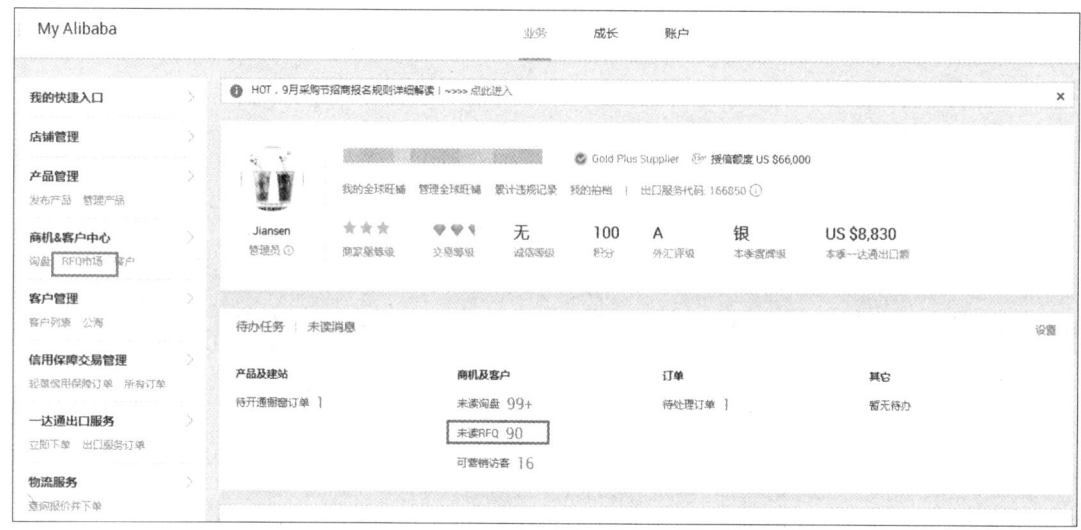

图 5.25　RFQ 的后台入口

获取 RFQ 主要精准推荐设置有三种途径，具体如下。

1. 系统推荐 RFQ

Alibaba 根据供应商在平台上展示的主营产品、主营类目，以及报价行为等信息，为供应商匹配最新的、与其产品和地区相符的 RFQ。供应商可以在采购直达频道首页直接获取推荐的优质商机，同时能收到邮件通知服务，提醒供应商前来报价，如图 5.26 所示。

2. RFQ 市场搜索查看

进入采购直达频道（sourcing.alibaba.com）后可直接在搜索栏中输入关键词，查找与该关键词相关的采购信息。主动搜索可以根据供应能力的变化查找 RFQ，不受经营类目和主营产品的限制，如图 5.27 所示。

另处，主动搜索还可以精准查找，通过对时间、类目、语言、买家所在地、采购量、有剩余席位、Paid RFQ、附件、畅行可报价等条件进行筛选，获得符合我们要求的精准 RFQ，如图 5.28 所示。

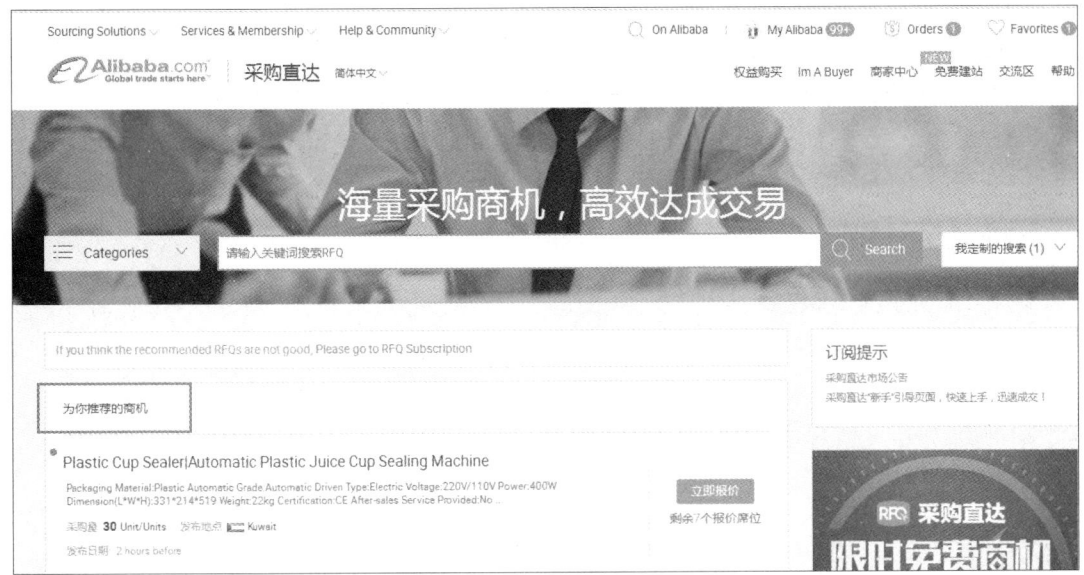

图 5.26 RFQ 推荐商机

图 5.27 RFQ 市场搜索查看

3. 自我定制 RFQ

进入采购直达频道后，如图 5.27 所示在搜索栏中搜索产品关键词，即可通过"+加入我定制的搜索"按钮把该关键词添加到"我定制的搜索"中。

完成定制后，与该关键词相关的 RFQ 就能够通过邮件和旺旺通知的方式发送到关联的邮箱和阿里旺旺国际版上。也可以在"我定制的搜索"中快速选择该关键词，主动查看 RFQ 市场中的相关采购信息。如图 5.29 所示，删除关键词可以点击"Delete"链接。

图 5.28 RFQ 的筛选设置

图 5.29 自我定制的搜索

完成定制设置后,就可以等符合条件的 RFQ 信息主动上门,但是如果定制好了还是收不到信息,可考虑是否为以下原因:

(1)如果刚定制,要次日生效。

(2)如果不是刚定制,可判断是否存在以下问题:关键词的热度是否太低或者范围太广;关键词和类目是否匹配;客户发布 RFQ 时是否会使用该关键词;开放频道上该关键词下是否有有效的 RFQ 可进行匹配(国内会员不做匹配)。

如何获取采购直达

5.3.4 RFQ 精准推荐设置（二）

1. 搜索展示

搜索展示是快速判断 RFQ 的第一关，如图 5.30 所示。

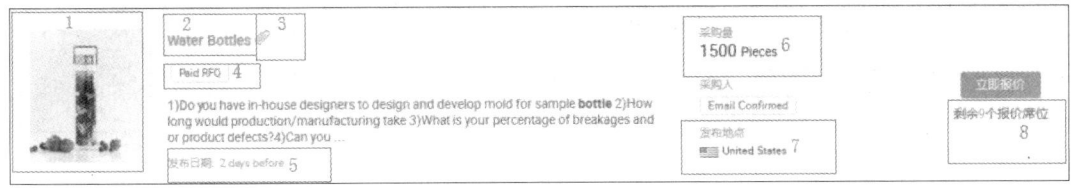

图 5.30　RFQ 信息展示

（1）标 1 区域为买家样品图。

（2）标 2 区域为标题，可以从这里判断客户的需求是否和我们的供应相匹配。

（3）标 3 区域为该 RFQ 是否带有附件的标记。

（4）标 4 区域为 Paid RFQ，表示该条 RFQ 买家已付费，要及时认真报价。如果有"Sample Purchase"标识，说明此 RFQ 可能为样品单或试单，建议把握机会。

（5）标 5 区域为买家发布 RFQ 时间。

（6）标 6 区域为买家意向采购数量。

（7）标 7 区域为买家国别。

（8）标 8 区域为表示剩余报价席位，当它为 0 时，代表已经有 10 个供应商完成了报价，除非使用畅行权限，否则就没有机会报价。如果采购产品、采购量和采购国家符合我们的要求，就可以双击标题做进一步分析。

2. 详情校对

进入该产品的求购页面后，就可以查看到更多详细的细节，如图 5.31 所示。

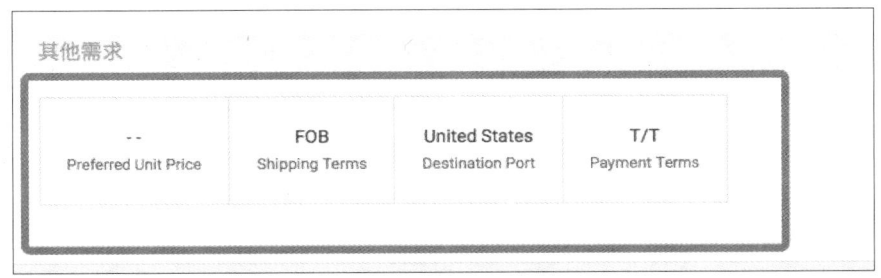

图 5.31　RFQ 采购需求

图 5.31 所示为贸易方式。显示客户指定的术语和付款方式，如果客户没有填写，则不显示。

图 5.32 所示为 RFQ 报价细节部分，是客户自主编写的信息，一般会编写清楚需求产品的描述、报价要求等，并会上传产品图片和文档等附件。通常，该部分内容越详细，RFQ 的质

量就越高。

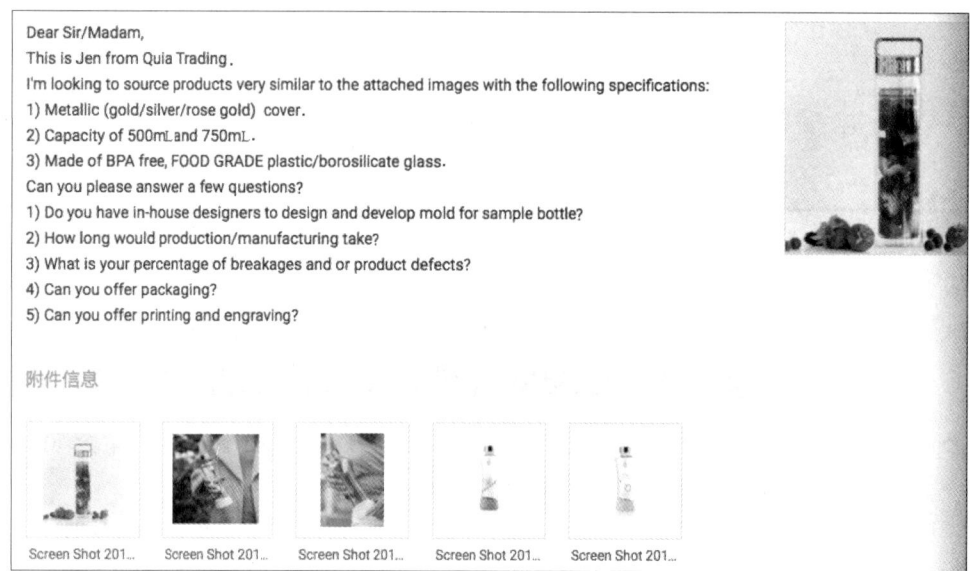

图 5.32　RFQ 采购报价细节

3．买家信息

获取更多的买家信息，根据买家采购偏好、频率等信息准确判断其此次采购的可行性，供应商就能够有的放矢地进行产品推荐和报价。阿里巴巴通过对买家的数据沉淀，已为供应商提供了相应的客户行为数据，可点击"买家信息"和"报价记录"链接查看。

（1）如图 5.33 所示，买家信息包含采购 RFQ 发布者的"个人信息""最近 90 天买家搜索词""最近 90 天买家询盘产品""采购信息"和"公司信息"。查看"个人信息"让商家明确是在和谁打交道；"最近 90 天买家搜索词"是指在这段时间内，该卖家可以参考这个数据，从而决定用哪些产品关键词在网站上展示；"最近 90 天买家询盘产品"可以帮我们判定客户的求购活跃度和市场竞争度；"采购信息"体现了对方所在行业和采购习惯。

"公司信息"可以帮助我们了解买家公司的具体情况。有了这些信息，报价时就能根据对方的性别、职位、采购惯例和公司情况等特征，应其所需，投其所好。

第5章 商机管理与交易管理

BUYER PROFILE
Martin Ilnicki

最近访问网站时间：
2018-12-13

最近90天买家网站行为信息

登录天数	0 搜索次数	0 最近浏览产品	-- 有效询盘数
2 天	1 有效RFQ数	2 RFQ收到报价数	2 查看报价数

最近90天买家搜索词

在90天内暂无记录。

最近90天买家询盘产品

在90天内暂无记录。

采购信息

所在行业：--
商业类型：Other
主营产品：--
供应商地区偏好：--
偏好供应商类型：--
最常采购类目：Water Bottles, Glass

公司信息 ⑦

公司名称：No Company Name
平均采购频率：--
年采购额：--
官网：NONE
注册地址：--
邮编：--
关于我们：--

图 5.33 买家信息

报价记录如图 5.34 所示，可以在报价记录里查看有多少同行对这条 RFQ 进行报价，优质的 RFQ 往往能迅速收到十几条报价（包含畅行特权），很可能我们的报价就淹没在这些报价中，买家可以查看这里的报价记录，查看其他供应商的大概情况。

公司	商业类型	地区	报价时间(U.S. PST)
X******************** ************	Manufacturer	China (Mainland), Fujian	04/08/2018 16:57
L******************** ******************	Trading Company	China (Mainland), Shandong	02/08/2018 19:20
Y******************** ******************	Manufacturer	China (Mainland), Zhejiang	02/08/2018 03:43
Z****************** *************	Manufacturer, Trading Company	China (Mainland), Zhejiang	02/08/2018 02:08
S****************** *********	Manufacturer, Trading Company	China (Mainland), Shandong	01/08/2018 07:34
J********************* ********************	Manufacturer	China (Mainland), Fujian	31/07/2018 23:41
H******************** **************	Manufacturer, Trading Company	China (Mainland), Zhejiang	31/07/2018 23:39

报价记录（12）

图 5.34　报价记录

5.3.5　RFQ 报价标准

1. RFQ 报价

分析完 RFQ 和买家信息，除去质量不高和不能满足的信息后，对于产品匹配度高、采购需求明确的 RFQ 就可以报价了，我们虽然能看到买家的基本信息，但却没有买家的联系方式。点击"立即报价"（Quote now）按钮，填写报价表单，就能对该 RFQ 进行报价。

报价表单和我们常说的报价单不同，它是平台提供的回复 RFQ 的固定格式，其中标注"*"号为必填项，如图 5.35 所示。

1）产品名称

名称需与买家的 RFQ 名称高度匹配，但最好不要完全一样。标题一定要提炼精华，吸引买家注意。另标题太长会让人失去耐心，最好不超过 50 个字符。买家是否点开我们的报价，取决于我们 RFQ 报价的主标题，标题一定要吸引买家，可以注明自己是工厂、出货快、工厂价格等信息。

2）产品编号

产品编号是产品的公司内部编号，可根据编号规则编制，非必填项。

图 5.35 RFQ 报价表单

3）产品细节

好的产品细节需要包含完整的产品描述说明、产品的卖点和优势，并为顾客特别提出的问题予以答复，以及清晰明了的排版。具体内容可包含参数、型号、产品特征、产品用途、出口市场、相关认证等。虽然这一空间可输入 8000 个字符，但过多的纯文字会让查看者难以抓住重点而失去耐心，最好控制在 2000 个字符左右。

注意：请勿完全复制产品详情描述，结合买家需求提炼精华即可。

4）产品图片

产品图片虽然不是必选项，但为了增加对客户的吸引力，我们尽可能地上传清晰、符合顾客要求的图片。图片以正方形（1000 像素 ×1000 像素）为宜，否则图片在显示时会留对称白边，影响美观度。最多可添加 6 个附件，每个附件大小不超过 5MB，可依次放置产品正面、侧面、细节、材质等图片。

5）价格详情

根据客户提出的术语和付款方式填写报价，如果客人没有说明，则根据产品出口惯例填写。注意必须填写报价有效期，但不要时间过长，一方面在行业价格或者汇率波动较大时，时间越长风险越大；另一方面，也暗示顾客早下单，避免价格上涨。

需要注意的是，买家发布 RFQ 后，有 10 家以上的供应商可提供报价，价格无疑是第一竞争要素。报价不可虚高，避免在明显的对比下直接被筛选掉，但价格也不能过低，让对方产生低质量的印象。此时，合理地设置阶梯式价格，既给买家一个讨价还价的标准，也能激励客人追加采购量从而获得优惠。

6）添加更多产品价格

如果客户求购的产品有很多种，或我们为客户推荐多种适合的产品，可点击"+ 添加更多产品价格"链接，依次填写。

7）提供样品

样品信息适用于可以提供样品的供应商。如果能提供样品，最好填写上去，这也是 RFQ 报价的一个优势体现。选择"是"选项后就可以填写样品费、运费和寄样日期。

注意：样品费需包含费用划分、打样时间、寄样时间等。

案例：

According to our company's rule, sample is freely provided, but freight cost need to be paid by your esteemed company. And we will return the cost to you when you place the first order with us.

样品费用除系统规定的字段外，其他补充字段可在"给买家的消息"中说明。

8）给买家的消息

给买家的消息可采用还盘的格式书写，可从以下几个方面着手。

（1）基于买家 RFQ 本身的提问：针对买家需求信息做细节补充。

（2）针对买家 RFQ 中不清楚或者不一致的信息进行提问：如付款方式意见不统一，样品费用划分等。

（3）RFQ 以外的提问：试着向客户询问第一单货量或货值是多少？如果价格合适，确认下单时间，同时尽量体现公司优势，如产品供应能力、免费提供设计等。

注意：错落有致，条理清晰，避免过度客套与信息过长。

9）文件上传

若平台规定字段依然不能把我们的优势表达完全，则可以选择上传附件。通常，附件包含以下内容。

（1）公司相关产品目录（相关产品推介）。

（2）买家关注的信息（产品的证书、重点合作的工厂、生产线能力、参展信、知名品牌合作案例）。

（3）公司实力展示（如厂区、流水线、工人工作状态、大型设备、仓库、样品间）。

附件最多可上传 6 个，最大不能超过 5MB/ 个。

还需要注意以下几点：

（1）把 Word、Excel、PPT 等文件转化为 PDF 发送，避免因版本问题导致不能查看。

（2）尽量减少顾客下载文件查看的程序，避免使用压缩文件。

（3）文件命名简洁清晰、一目了然，名称中包含公司名称，便于客户区分。

（4）发送的文档和图片中，需要包含公司的名称、Logo、联系方式，便于客户随时联系，如图 5.36 所示。

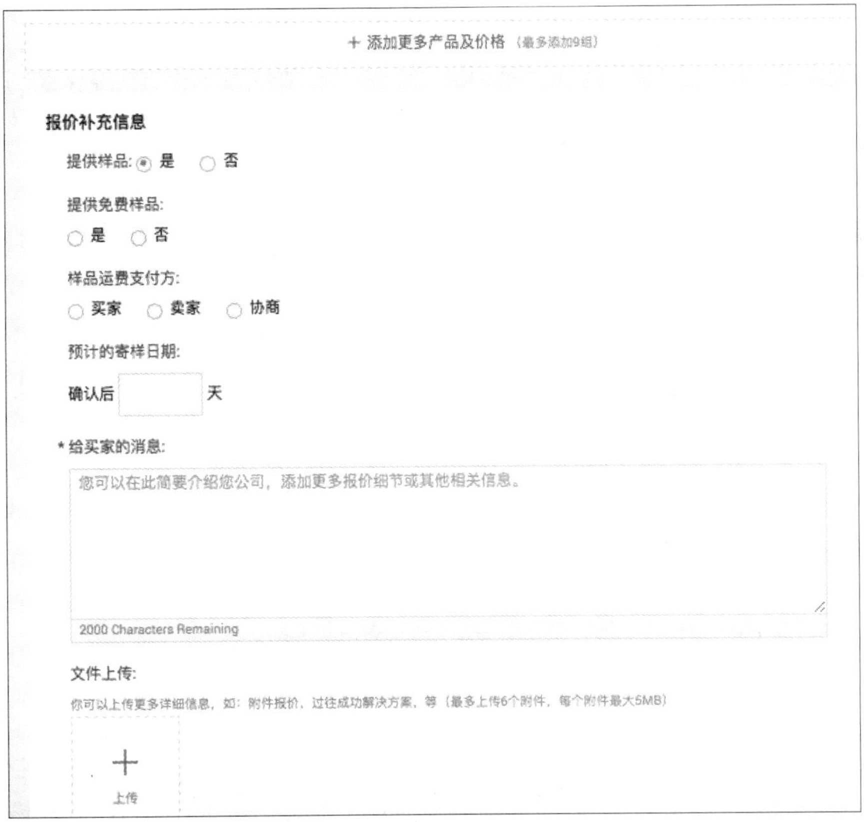

图 5.36 报价补充信息

2. RFQ 报价跟进与管理

所有报价了的 RFQ 都在阿里巴巴的管理后台有记录，可以看到客户是否查看了我们的报价，如图 5.37 所示。如果报价很久没有回复，可以点击"立即联系"按钮，进入如图 5.38 所示的界面。

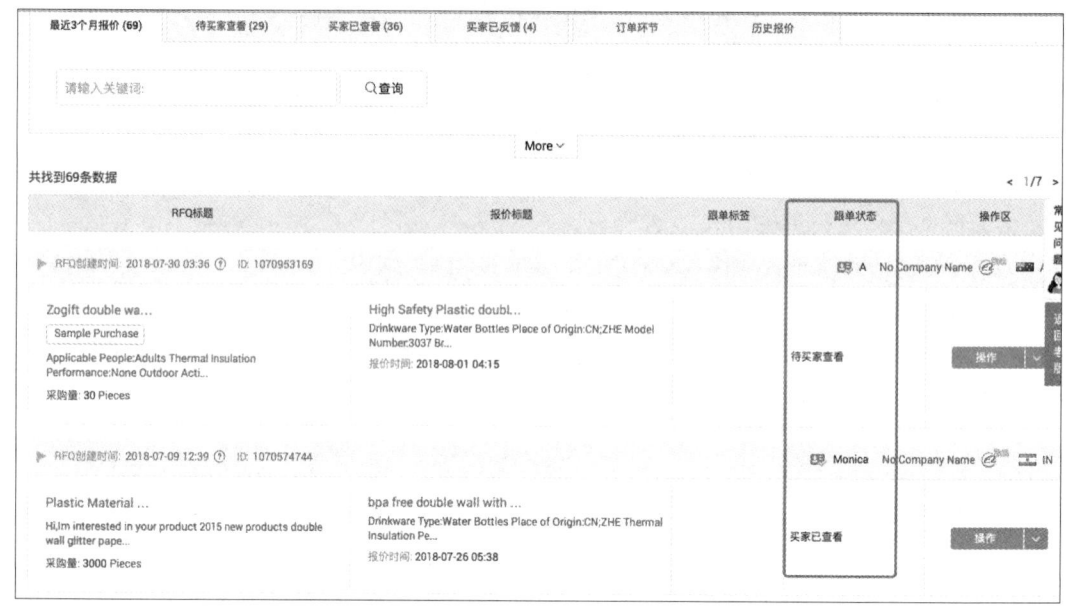

图 5.37　报价管理

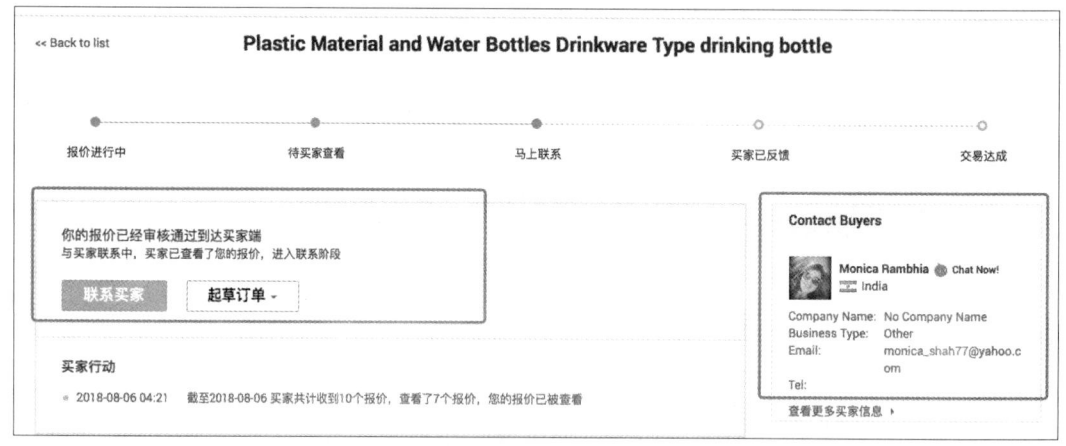

图 5.38　报价跟踪

从报价跟踪界面能清晰地看到买家近期的行为，共计收到多少个报价，是否查看其他人的报价，是否查看我方的报价，以及帮助我们管理和回顾 RFQ 的过程。另外更重要的是，在此界面可以看到买家的联系方式，我们可以通过其他的业务模式与客户联系。

采购直达报价与跟进

5.4 交易管理

5.4.1 信用保障服务简介

1. 信用保障服务的价值和意义

信用保障服务（Trade Assurance）是全球第一个跨境 B2B 中立的第三方交易担保服务，是阿里巴巴根据每个供应商在国际站上的基本信息和贸易交易额等其他信息综合评定并给予一定的信用保障额度，用于帮助供应商向买家提供跨境贸易安全保障的一种服务。您可以将信用保障服务简单理解为国际站上一种交易方式，这种交易方式可以帮助买卖双方解决交易过程中的信任问题，给买卖双方带来更多保障。

调研显示，64% 的供应商在订单达成环节遇到买家对交易安全的担忧。2015 年，阿里巴巴国际站携手买家卖家由信息平台向信用和交易平台全面转型，这是第一个跨境网上 B2B 交易解决方案和标准。它通过外贸大数据为中国外贸企业向全球买家做信用背书。

帮助供应商向买家提供贸易安全保障，解决国外买家对国内卖家的信用质疑，促成交易快速达成，使外贸交易数据化、透明化，形成网上交易信息流、货物流和资金流的完整闭环。信用保障服务的推出，将供应商在国际站上的行为及真实贸易数据等信息不断沉淀，并作为其在信用保障额度的累积依据。

2. 信用保障服务开通方法

信用保障服务可以在线申请，多种申请方式如下，阿里巴巴国际站非付费会员也可以免费申请开通。

小单开通方法（适合于非一达通保关信用保障订单与买家通过点击一口价产品"buy now"起草的信用保障订单）：直接登录信用保障服务的运营页面（http://bao.alibaba.com）。点击"免费开通"按钮，如图 5.39 所示。

另一种方法，使用阿里巴巴国际站主账号登录阿里巴巴操作后台：在后台首页点击"免费开通"按钮，如图 5.40 所示。

图 5.39　信用保障服务页面

图 5.40　开通信用保障

3. 信用保障具体流程

简单用公式表达：信保订单 = 在线双方确认 + 信保支付 + 一达通出口（小于或等于5000美元也可不通过一达通出口）。

信保订单可以由卖家发起，买家确认，也可以由买家发起，卖家确认。需要双方确认无误后才可以。

确认后的订单，买家在后台选择合适的付款方式付款，包括TT（电汇）、信用卡和e-Checking。然后信保订单需要通过一达通的单据，报关出口。最后把信保订单和一达通的相关单据进行关联。

说明：e-Checking是阿里巴巴信用保障服务提供的一种新的在线支付方式，支付流程全程网上进行，操作便捷（类似信用卡在线支付，填写账户信息授权后等待扣款即可）。

信用保障服务的价值

信用保障服务的买家宣传

5.4.2 信用订单操作流程

起草信用订单，主要步骤是准备好PI（Proforma Invoice，形式发票）、合同、产品清单、图片等内容，可以由买家起草也可以由卖家起草。

1. 买家起草信用订单的具体详细步骤

（1）登录My Alibaba后台→信用保障交易管理→起草信用保障订单，如图5.41所示。

（2）填写各部分相关信息。（注：页面中打"*"的为必填项）。

1）买家信息

买家的邮箱必须是海外邮箱，国内的邮箱（比如QQ邮箱）无法作为买家邮箱起草订单。订单起草后，买家信息无法修改，如图5.42所示。

2）产品信息

可以选择添加产品和上传PI两种方式。直接添加已发布的产品，如图5.43所示。

添加未发布产品需要上传文件（最多上传5个附件），如图5.44所示。

3）添加合同

买家卖家都可直接"上传线下合同"。线下合同中不要写收款账号，信保订单提交后系统会生成新的收款账号。每次订单的账号不一样，如图5.45所示。

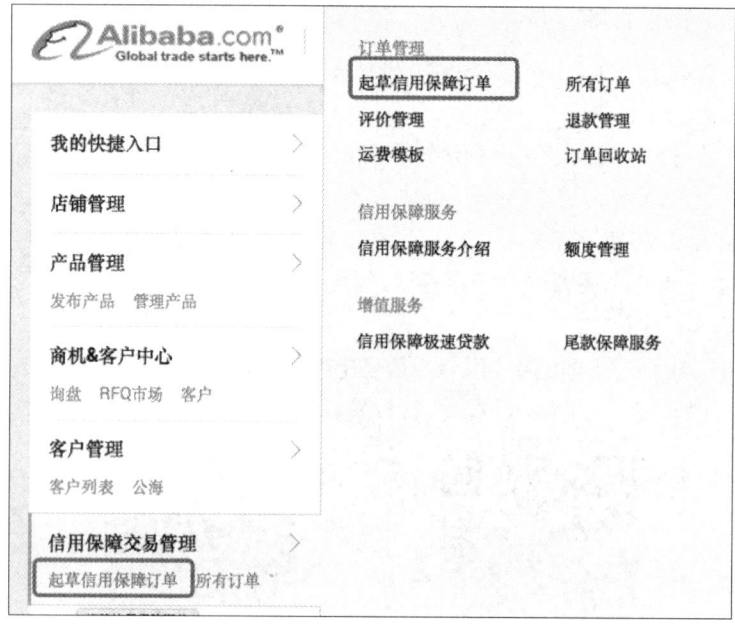

图 5.41 起草信用保障订单

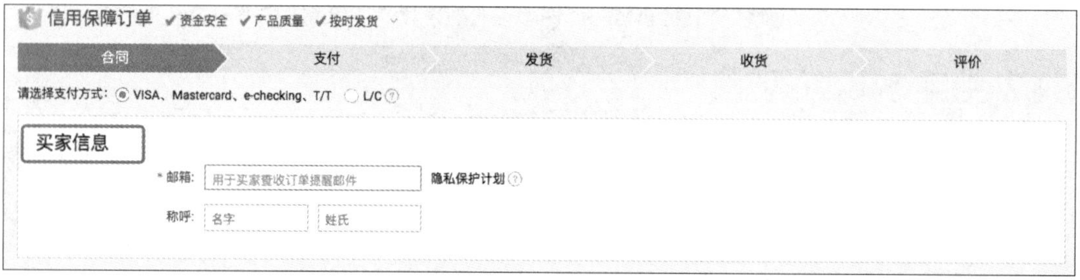

图 5.42 信用保障订单合同

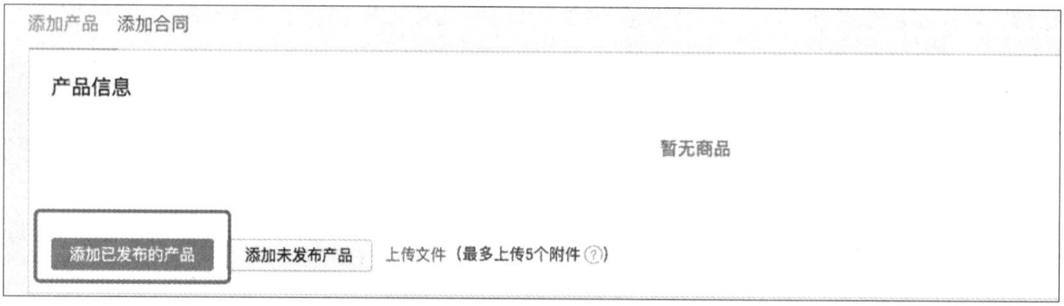

图 5.43 添加已发布的产品

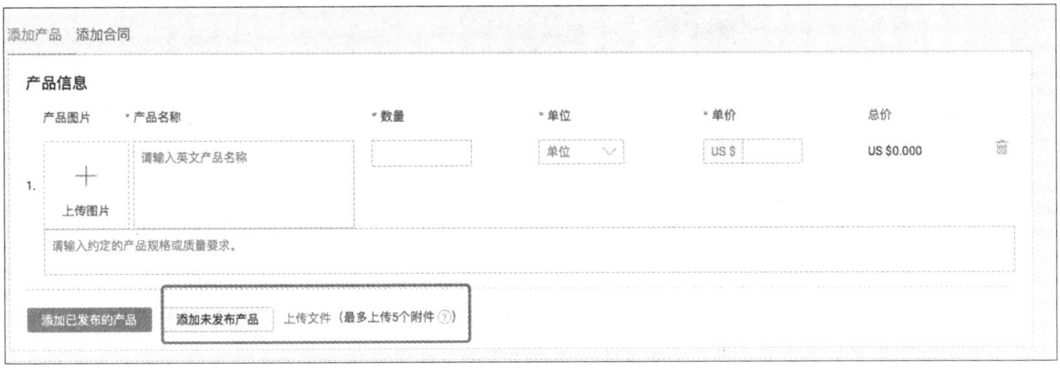

图 5.44 添加未发布的产品

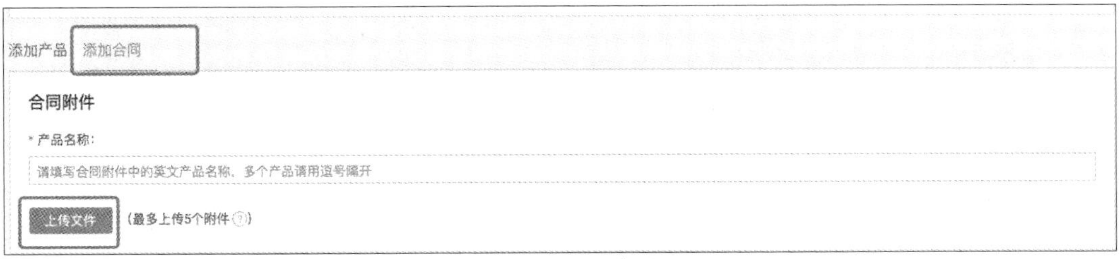

图 5.45 添加合同

4）运输条款

运输条款包含收货地址、运输方式、贸易术语、发货日期和出口方式等内容，如图 5.46 所示。

图 5.46 添加运输条款

收货地址：建议和买家确定订单信息时，提前确定收货地址，如后期需要修改，预付款到账前，供应商可直接修改；预付款到账后，供应商提请修改，买家确认，如图 5.47 所示。

图 5.47 填写收货地址

运输方式：支持选择快递运输方式时，会有阿里推荐的运费试算，如图 5.48 所示。

图 5.48 填写快递运输方式

发货日期：填写发货日期时，请将周末和节假日时间加入，且填写确定的日期数，系统会按照最少的日期计算发货日期，如图 5.49 所示。

图 5.49 填写发货日期

出口方式：订单总金额在 5000 美元以下（2018 年 4 月 2 日由 3000 美元升级为 5000 美元）的信用保障订单，起草时，可以自主选择"使用一达通报关出口"或者"不使用一达通报关出口"两种方式。选择"不使用一达通报关出口"的订单，称为非一达通订单，非一达通订单发货可选择阿里物流或上传第三方物流凭证（需收取部分交易服务费），二者的区别如图 5.50 所示。

订单类型	信用保障流程收费环节				
	支付宝手续费			交易手续费	提现手续费
	信用卡	e-Checking	TT（电汇）		
TA一达通订单（通过一达通代理出口）	订单金额2.95%（买家承担）买家支付时扣除	15美元/笔（活动期间免费）（买家承担）买家支付时扣除	由银行收取，一般30~50美元（买/卖家承担）	TT支付有1美元入账费（卖家承担）	联系一拍档一达通
TA非一达通订单（不通过一达通代理出口）				收取订单实收金额的2%或者1%，100美元封顶（卖家承担）	美元提现：15美元/笔（银行收取）
SP融合TA订单（买家通过一口价产品buy now入口下单）	无手续费	无手续费		收取订单成交金额的5%（卖家承担）	人民币提现：（结汇金额×0.17%+代发服务费1元）/笔

图 5.50　信用保障流程收费比较

订单总金额在 5000 美元以上（2018 年 4 月 2 日由 3000 美元升级为 5000 美元）的，必须选择"使用一达通报关出口"，通过一达通代理出口的订单，发货需关联一达通委托单。

起草"不使用一达通报关出口"的订单，供应商无须开通一达通服务。

出口方式一经选定，在付款前只可修改一次，付款后不能再修改，如图 5.51 所示。

图 5.51　填写出口方式

5）支付条款

预付款必须≥1 美元，起草订单时，统一用美元核算，如图 5.52 所示。

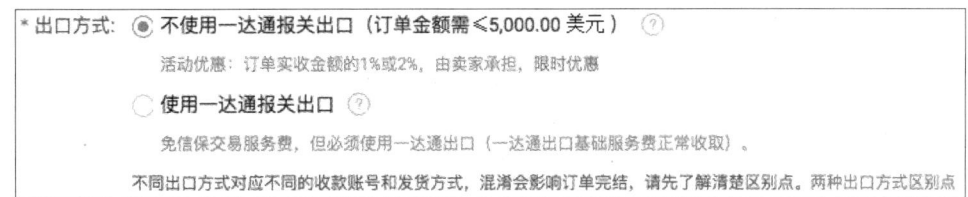

图 5.52　填写支付条款

注意事项：支付方式支持 VISA、MasterCard、e-Checking 和 T/T 支付等。

关于支付手续费：信用保障服务是免费的，但买家需向银行支付手续费，不同支付方式的手续费不同。VISA 和 MasterCard：当笔付款金额的 2.95%，买家付款时自动扣除；T/T：不同银行的手续费不同，建议提前向银行咨询；e-Checking：免费。

6）订单备注质量条款

预付款必须≥1美元，起草订单时，统一用美元核算。有国际标准的，写国际标准，无国际标准的，可参考行业通用标准或合格率。总之，越明确越好，如图 5.53 所示。

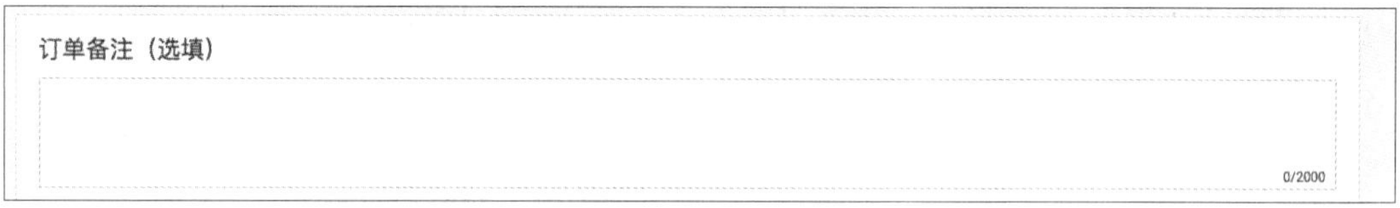

图 5.53 订单备注

都设置完成后，可以提交订单，如图 5.54 所示。

图 5.54 提交订单

提交订单后，提醒客户端确认订单，即完成了信保订单的起草。

2. 卖家起草信保订单详细流程

卖家起草信保订单流程如图 5.55 所示。

进入 My Alibaba → 信用保障交易管理 → 所有订单 → 待确认页面，核对订单的相应信息，查看是否需要修改，如需修改，点击"修改订单"按钮，如图 5.56 所示。

起草信保订单的流程：

1）起草信保订单

填写买家信息，填写产品信息，同时单价和数量均可修改。填写运输条款，选择运输方式，发货时间以及出口方式，填写预付款金额；起草订单之后确认订单，提交给买家确认。

2）订单成功提交，待买家确认

订单提交成功后，供应商可以复制订单链接发送给买家，买家登录（需要与合同对应的买家账号）后即可直接确认订单。

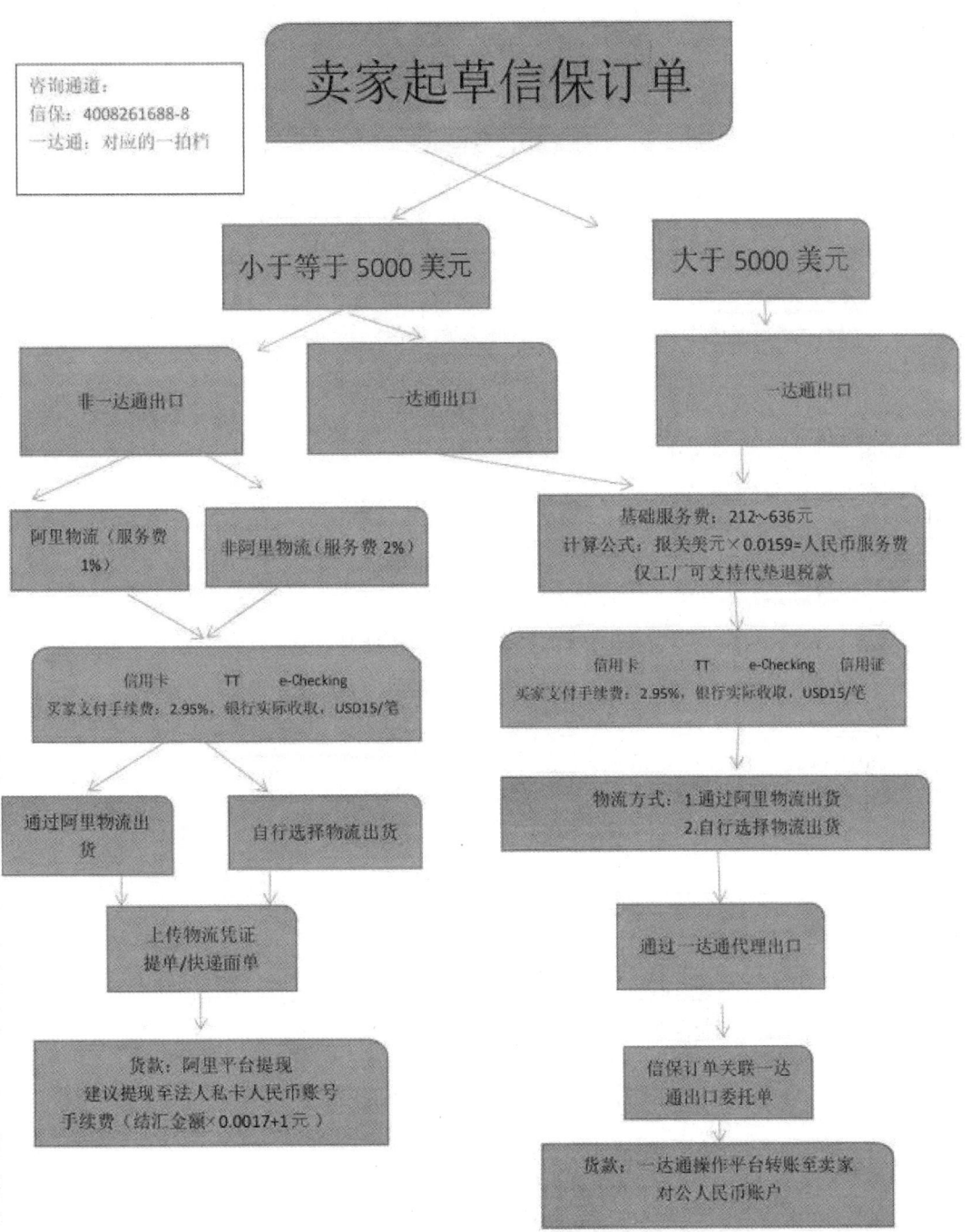

图 5.55 卖家起草信用订单流程图

图 5.56　修改信保订单

3）确认合同，完成支付

信用保障订单目前支持两种出口方式，不同出口方式买家可选择的付款方式，如图 5.57 所示。

付款方式	使用一达通报关出口	不使用一达通报关出口
信用卡（VISA/MasterCard）	√	√
e-Checking（支持有美国支票账户的买家进行美元支付）	√	√
TT付款	√	×

图 5.57　信保订单付款方式

具体付款操作如下：

（1）在订单详情页点击 Send Initial Payment，如图 5.58 所示。

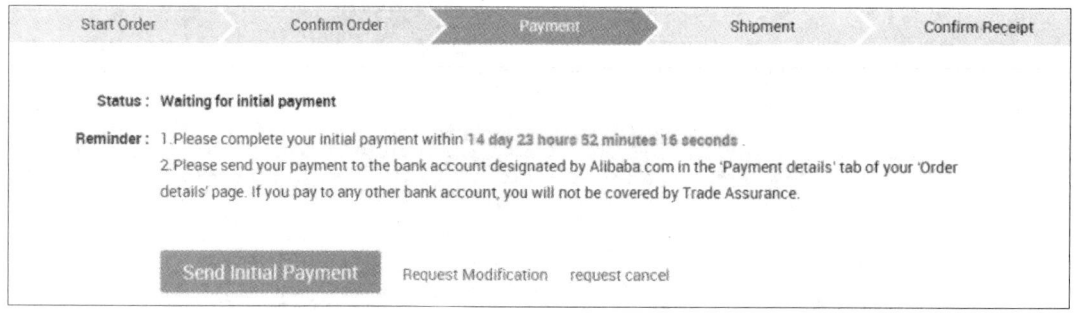

图 5.58　信保订单付款界面

（2）买家选择用 Credit Card 付款（目前支持 VISA、MasterCard），TT 汇款，或 e-Checking 支付（仅支持有美国银行账户 US checking account 的买家使用），并点击"Make Payment"按钮，如图 5.59 所示。

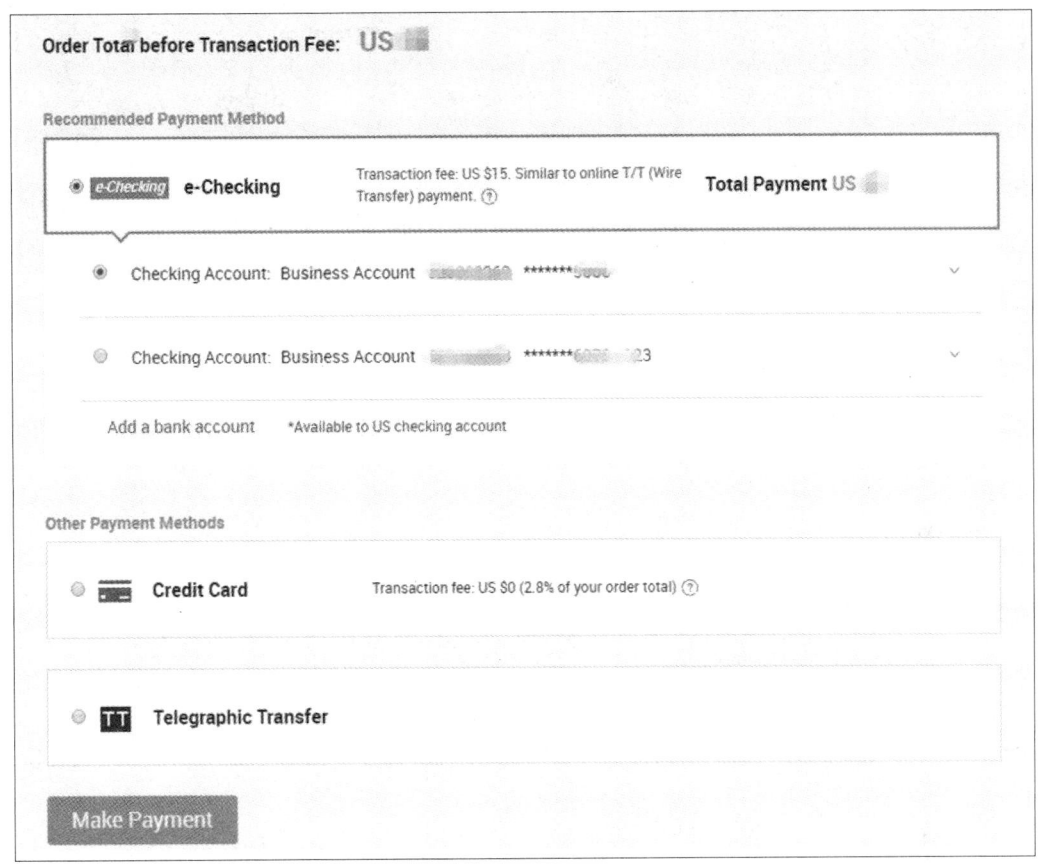

图 5.59　订单付款选择界面

Credit Card 支付：

若买家选择 Credit Card 支付，点击"+Add a new card to pay in USD($)"按钮后进入付款页面，需要输入信用卡信息，然后再次点击"Confirm and Pay"按钮，系统将直接扣款，无须手动输入付款金额，如图 5.60 所示。

e-Checking 支付：

若选择 e-Checking 支付，点击"Make Payment"按钮进入付款页面后，买家需勾选已阅读并遵守协议的复选框，然后点击"Confirm Payment"按钮，即可一键完成授权支付，如图 5.61 所示。

TT 支付：

若选择 TT 支付（仅"使用一达通出口"的订单可选择 TT 支付），会弹出需要支付的账号信息页面，买家可以选择打印账号信息。

买家支付到页面中显示的您的"Citibank account"，每一对买卖家之间会有一个独立账户，便于外汇匹配，如图 5.62 所示。

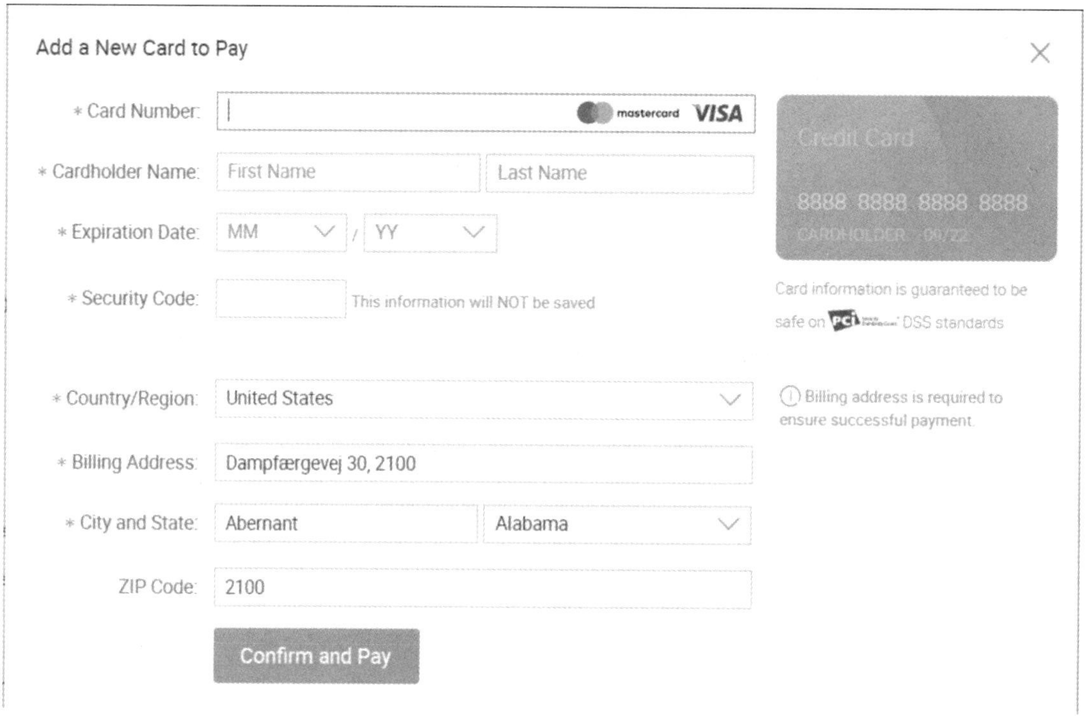

图 5.60 Credit Card 支付

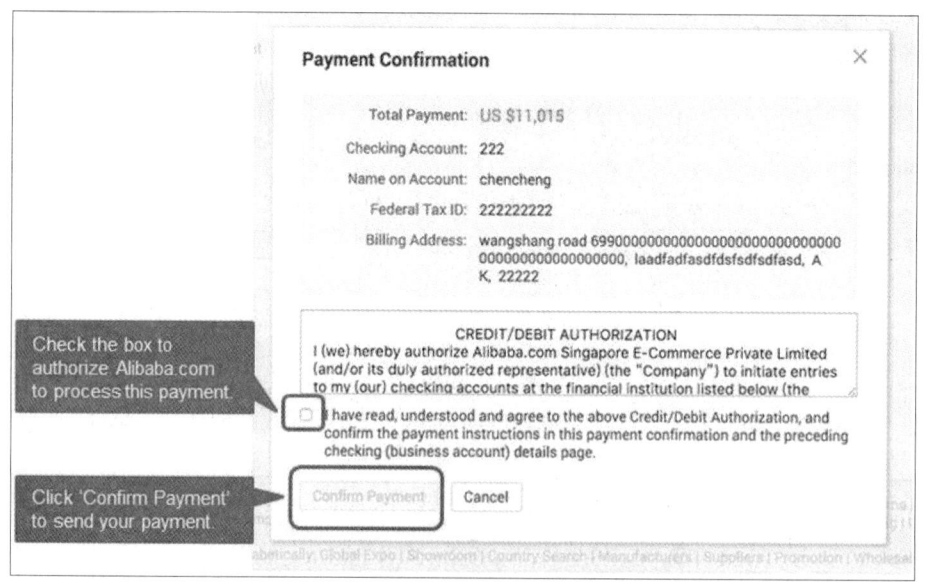

图 5.61 e-Checking 支付

第5章 商机管理与交易管理 | 217

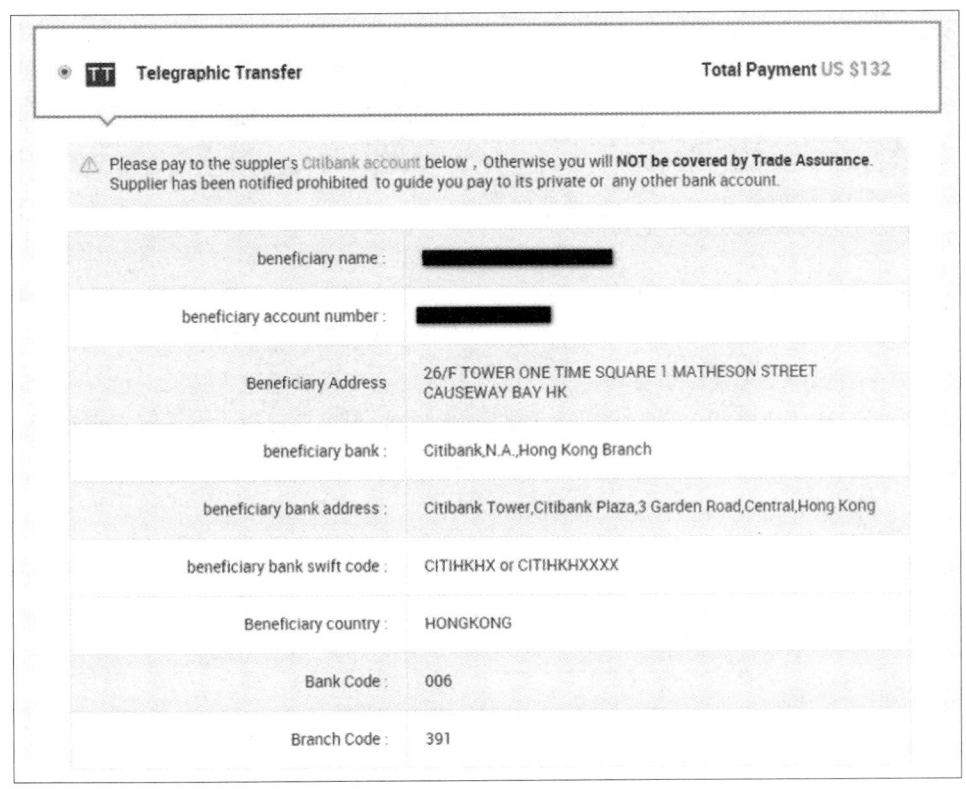

图 5.62　TT 支付

4）卖家发货

信保订单收款后，按照约定的时间发货。信保订单发货可分为通过一达通发货和不通过一达通发货两种方式。

需要通过一达通发货保关出口的情况，按下面的步骤进行操作。

发货台入口：在"My Alibaba"信用保障交易管理页面入口，筛选待发货的订单，点击"去发货"按钮，进入发货台操作页面，如图 5.63 所示。

图 5.63　信用保障管理页面

情况一：如果没有起草一达通出口服务订单，可以点击"起草一达通出口委托单"，选择合适的订单类型，如图 5.64 所示。

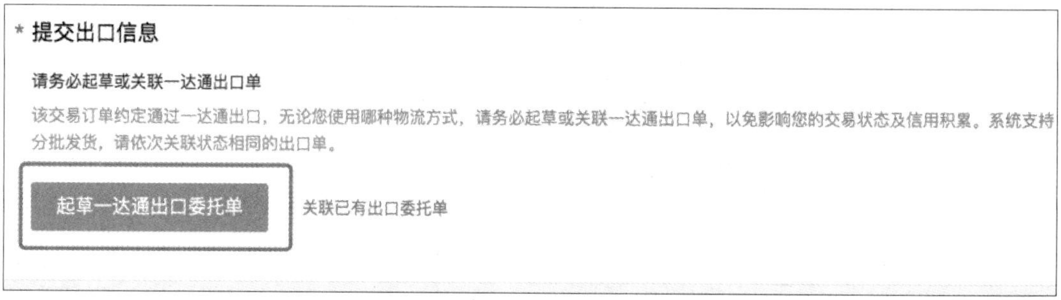

```
* 提交出口信息
请务必起草或关联一达通出口单
该交易订单约定通过一达通出口，无论您使用哪种物流方式，请务必起草或关联一达通出口单，以免影响您的交易状态及信用积累。系统支持
分批发货，请依次关联状态相同的出口单。

[ 起草一达通出口委托单 ]   关联已有出口委托单
```

图 5.64　起草一达通出口委托单

情况二：若已有一达通出口订单，可点击"关联已有出口委托单"链接，选择相应的一达通出口订单后，点击"确认关联"按钮即可绑定到当前信保服务订单，订单状态更换为"发货中"，待一达通出口订单通关完成以后，订单状态更新为"待买家确认收货"，如图 5.65 所示。

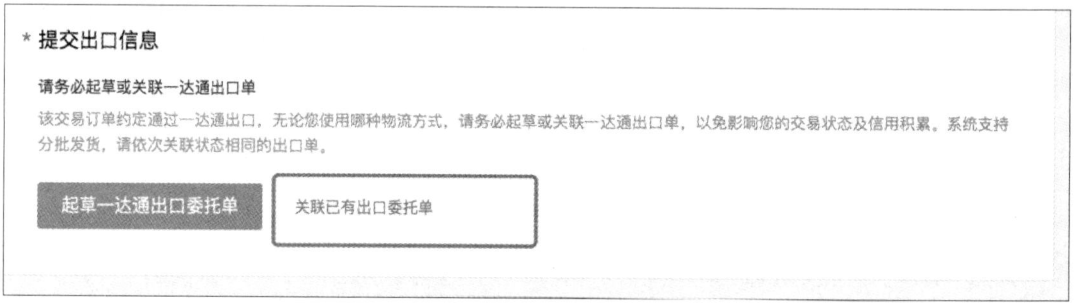

```
* 提交出口信息
请务必起草或关联一达通出口单
该交易订单约定通过一达通出口，无论您使用哪种物流方式，请务必起草或关联一达通出口单，以免影响您的交易状态及信用积累。系统支持
分批发货，请依次关联状态相同的出口单。

起草一达通出口委托单   [ 关联已有出口委托单 ]
```

图 5.65　关联已有一达通出口委托单

不需要通过一达通发货保关出口的情况，按下面的步骤操作。

目前不通过一达通出口的发货方式主要有两种：

一是阿里物流发货渠道发货（即通过阿里平台发货），二是第三方线下物流发货渠道发货（即自己叫物流发货）。

阿里物流发货渠道发货（即通过阿里平台发货）具体操作如下：

（1）发货台入口：在"My Alibaba"信用保障交易管理页面入口，筛选待发货的订单，点击"去发货"按钮，进入发货台操作页面，如图 5.66 所示。

（2）选择需要起草的快递、海运等渠道，如图 5.67 所示。

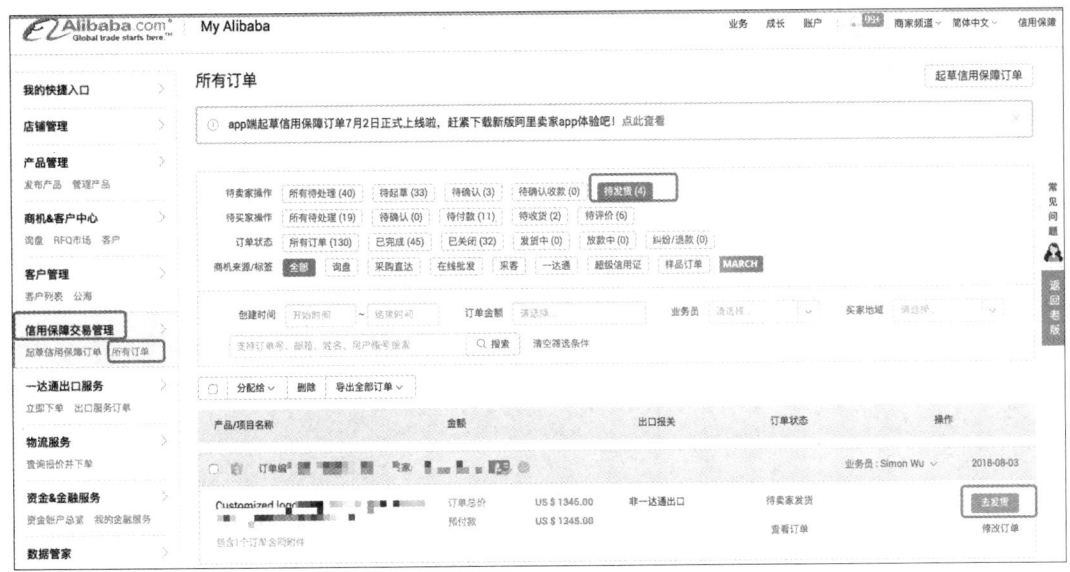

图 5.66　信用保障交易管理页面

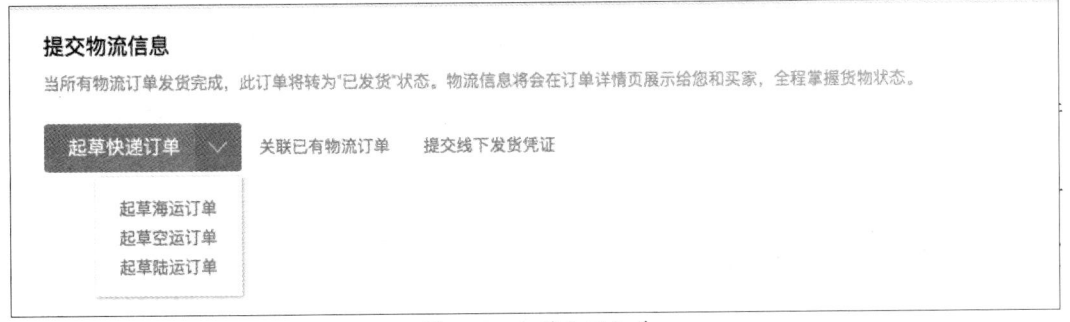

图 5.67　起草快递订单

若物流订单已经存在，则直接点击"关联已有物流订单"链接，选择可关联的物流订单，点击"确认关联"按钮后订单页面自动刷新为"发货中"或"已发货"（快递订单若上门取件即算已发货），如图 5.68 所示。

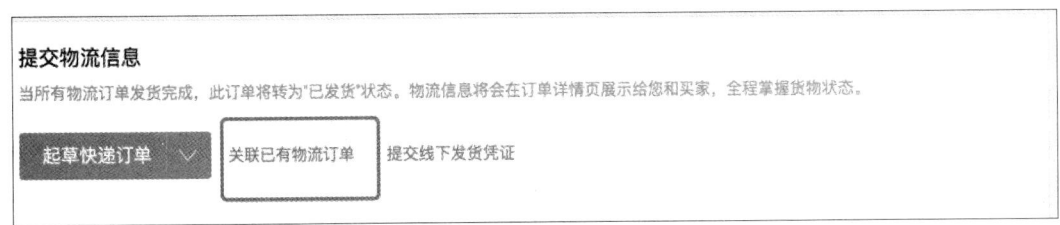

图 5.68　关联已有物流订单

若尚未起草物流订单，可点击"起草快递订单"按钮并选择对应的物流方式，输入必要信息，查询并选择合适的物流方案下单。

（3）订单提交成功后，手动刷新页面，查看成功关联的物流订单。

当物流订单支付成功且物流状态为"服务商已取件"，则表示发货完成，如图5.69所示。

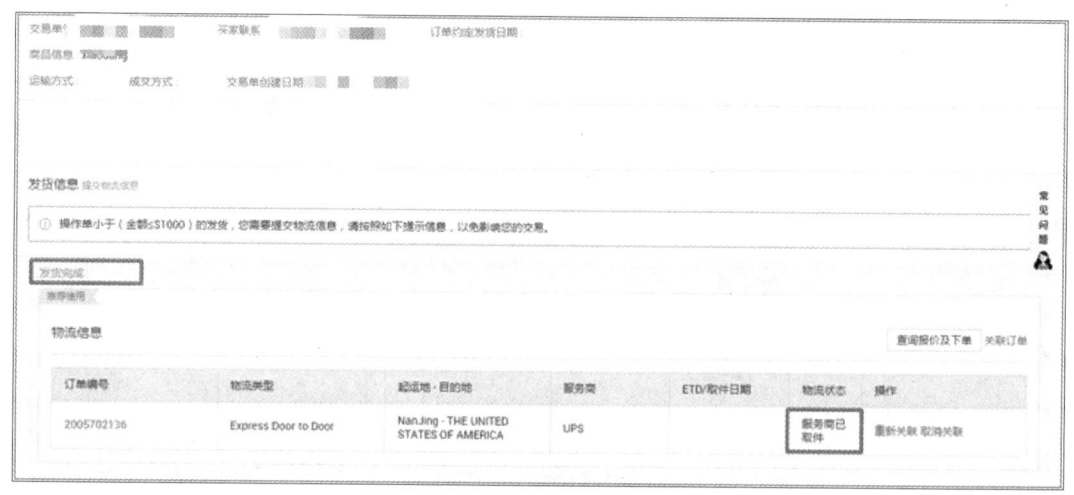

图 5.69　物流订单列表

第三方线下物流发货渠道发货（即自己叫物流发货）具体操作如下：

（1）发货台入口：在"My Alibaba"信用保障交易管理页面入口，筛选待发货的订单，点击"去发货"按钮，进入发货台操作页面，如图5.70所示。

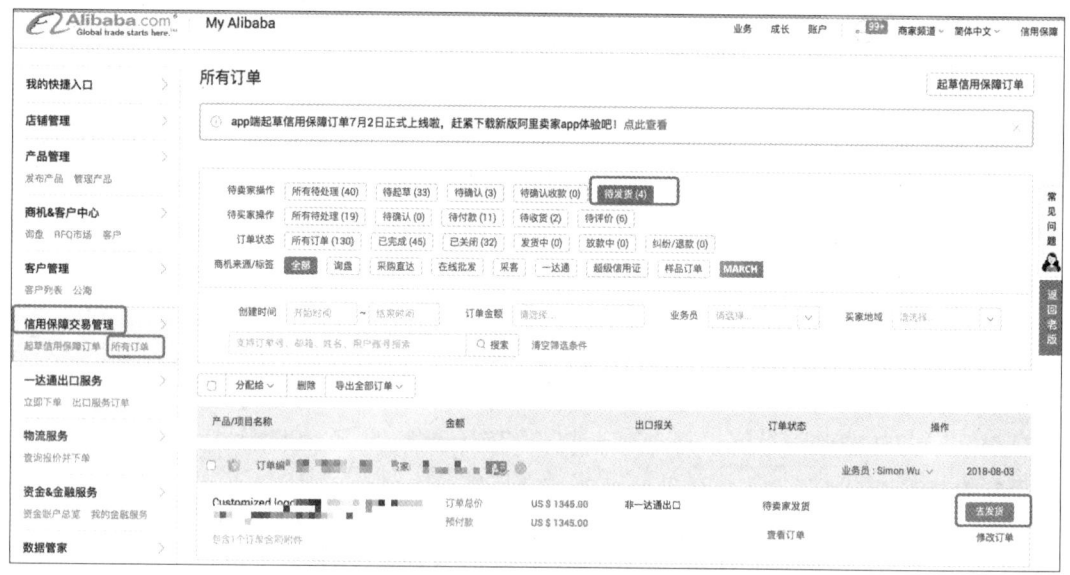

图 5.70　信用保障交易管理页面

（2）选择发货方式与物流单号，如图5.71所示。

第5章 商机管理与交易管理 | 221

图 5.71 提交线下发货凭证

（3）成功上传。另外要注意，不同类型、不同金额的信用保障订单，可选择的发货方式不同，如图 5.72 所示。

订单金额要求	订单类型	可选择出口方式	发货方式	如何操作订单发货
≤5000美元	买家通过点击一口价产品"Start Order"下的信用保障订单	非一达通出口	阿里物流或线下第三方物流	关联阿里物流订单或上传线下发货凭证
	买家通过点击规格化产品"Start Order"下的信用保障订单	非一达通出口	阿里物流	关联阿里物流订单
			线下第三方物流	上传线下发货凭证
	其他场景下的信用保障订单	非一达通出口	阿里物流	关联阿里物流订单
			线下第三方物流	上传线下发货凭证
		一达通出口	一达通抬头报关	关联一达通出口委托单
>5000美元	一般场景下的信用保障订单	一达通出口	一达通抬头报关	关联一达通出口委托单

图 5.72 信保订单发货方式

5）买家确认收货

收到货物，买家觉得没有任何问题，确认收货，也可以提交评价，卖家也可以邀请买家评价，如图 5.73 所示。

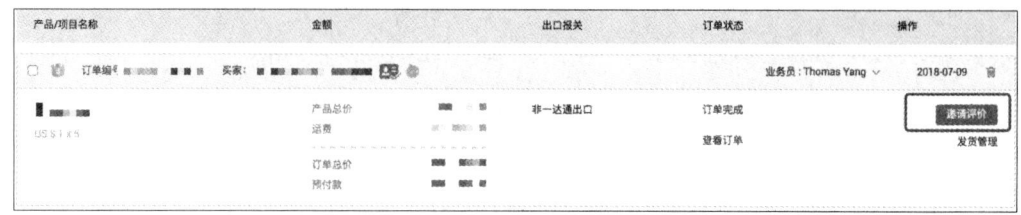

图 5.73 买家确认收货

如果买家一直未确认,将根据不同的运输方式自动完结订单。具体要考虑以下几个问题:

(1) 具体时间:订单选择的是快递物流方式,通过邮政大小包(Post Air Parcel)发货 60 天后,其他承运商发货 15 天后。

订单选择的是陆运物流方式:发货 30 天后;订单选择的是空运物流方式:发货 15 天后;订单选择的是海运物流方式:发货 45 天后。

注:信用保障订单升级以后,订单统一为保障到收货后,保障到收货后相关内容如图 5.74 所示。

变化内容	更新后细则
保障范围	统一保障到"收货后",范围至买家收货后30天; 备注:部分历史遗留保障到发货前订单,保障范围仍为保障到发货当天(按时发货)或发货后+15天(逾期发货)。 买家收货定义: (1) 买家手动确认收货; (2) 系统自动确认收货:空运/快递(发货后15天)、陆运(发货后30天)、海运(发货后45天)
保障金额	订单实收金额
纠纷后最大赔付金额	订单实际收到的全款
信用保障额度释放时间	(1) 通过菜鸟物流或一达通:卖家真实发货后; (2) 其它第三方物流公司:买方收货后+30天(收货指手动确认收货或自动确认收货)

图 5.74 收货保障内容

(2) 评价和争议处理:信保订单结束后买家评价,当信用保障订单状态为"交易完成"时,30 天内,买家可以对该信保订单进行评价或修改评价,同时卖家也可邀请买家对尚未评价的订单进行评价,如图 5.75 和图 5.76 所示;买家留评后的 30 天内,可以回复买家的评论或者联系买家修改评论内容(每个订单买家仅有一次修改机会);当买家的评论内容具有侵犯性用词时,可以在买家留评后的 7 天内向阿里巴巴平台发起申诉,联系服务申诉;若买家修改了评论,也将获得一次修改回复的机会(30 天后失效)。

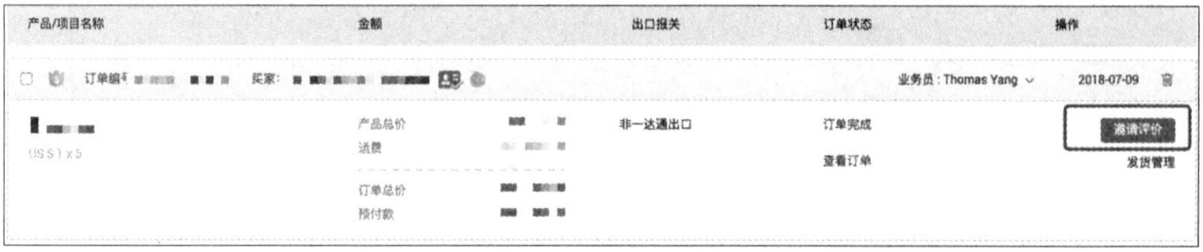

图 5.75 卖家邀请买家评价

图 5.76　买家评价

（3）评分总览：评价总分为三项评分的平均值，每一项评分值为供应商该项的累计评分值除以该项评分次数。注意每个自然月，相同买卖家之间交易的评分，仅计取前三次，刨除已删除的评分。如图 5.77 所示，当买家做完评价后，信保订单才算真正意义上的完结。

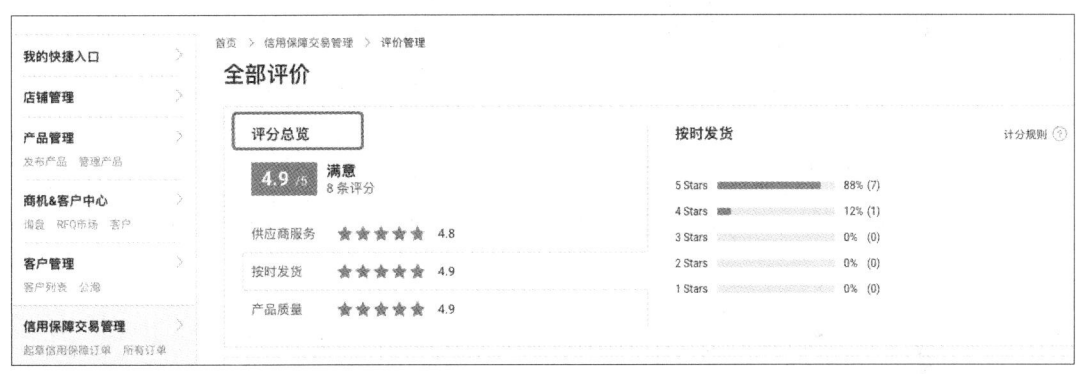

图 5.77　评分总览界面

（4）信保订单争议处理：这里需要解决信保平台发货的两个问题，如果发货后买家（客户）不满意，提起投诉怎么办？阿里巴巴会如何处理？

收到买家投诉后，商家需要积极配合买家处理纠纷。如果在 5 个自然日内没有线上响应买家纠纷，买家可以在后台申请由阿里巴巴纠纷团队介入协助处理。在协商期的纠纷建议卖家积极响应，可以同意或提出新方案，响应后耐心等待买家回应，如果买家超过 7 天不响应，纠纷会自动关闭；如果买家提起 3 天后卖家跟买家已经多次协商未成，无法再协商下去，也可以主动申请阿里巴巴介入。退款申请发起后 30 天未达成一致或撤销，则自动升级仲裁。阿里巴巴介入后，会根据买卖双方举证的内容进一步取证仲裁，已经完成举证的请耐心等待，若需要补充举证的纠纷处理人员也会主动与卖家联系，请卖家关注。卖家这边可以做的主要就是积极配合举证，尽量与买家协商解决。如果仲裁阶段买家超过 3 天不举证，纠纷会被自动关闭。

阿里巴巴纠纷团队介入协助处理原则参考如下。

针对未如期发货问题：根据信用保障服务规则及合同约定的发货期判定买家卖家责任；

针对产品质量问题：若在收货后 30 天内对产品质量仍有疑义（这里的收货是指手动确认

收货或系统自动确认收货,可以向阿里巴巴验货平台提起验货查验请求,根据信用保障服务规则、合同约定的产品质量标准及第三方验货公司(BV、TUV、SGS)出具的验货报告判定买家卖家责任。验货费用先由买家付款,最后由责任方承担。

备注:针对历史遗留的保障到发货前的信用保障订单,则在发货前(逾期发货则在发货后+15天),如果买家对质量有疑义则可在平台发起纠纷。

如何开通信用保障服务

信用保障订单起草

信用保障订单的修改与取消

买家如何付款 & 卖家如何挂账提现

发货(上):下单时发货信息约定

发货(下):发货流程及日期计算

信用保障:纠纷处理流程和规则

5.4.3 一达通服务

1. 一达通产品的价值和服务流程简介

1)一达通简介

一达通是阿里巴巴旗下一站式外贸综合服务平台,为中小企业提供专业、低成本的通关、外汇、退税以及配套的物流和资金服务。这"一揽子"外贸服务解决方案即为"一达通外贸综合服务"。

一达通成立于 2001 年，是全中国服务企业最多、服务地域最广的外贸综合服务企业。目前,阿里巴巴客户使用的一达通的服务,可以通过阿里巴巴"一拍档"配合完成。每个企业账户,可以绑定一个一拍档帮助该企业实施一达通的各项服务。目前一达通可以提供通关服务、外汇服务、退税服务、金融服务和物流服务。

2）一达通开通流程及操作

（1）首先登录一达通官方网站：http://onetouch.alibaba.com/，如图 5.78 所示。

图 5.78　一达通官网首页图

（2）点击"申请一达通服务"按钮，跳转到一达通服务界面，若已有阿里巴巴国际站账号，可点击"马上登录"按钮直接输入国际站账号和密码登录,根据页面提示留下联系方式等信息,客户经理会与商家联系。

若还没有阿里巴巴国际站账号，可以填写以下信息，立即报名，如图 5.79 所示。

客户经理将在 3 个工作日内与商家联系。

备注：客户经理与商家联系后，需要与商家沟通签约事宜，签约一达通需要以下资料。

营业执照、法人（复印件或原件）及授权人身份证（原件）、税务登记证、公章、合同、专业清空表并且需要法人支付宝实名认证。

联系阿里巴巴客户经理提交协议之后,就需要准备一达通出货产品的预审和工厂的预审(这部分客户经理会协助完成)，审核通过后，就可以使用一达通服务。

3）一达通产品提交预审

（1）首先，登录阿里巴巴一达通平台，然后点击"进入操作平台"按钮，如图 5.80 所示。

图 5.79 一达通服务申请页

图 5.80 一达通操作平台

（2）进入 My Alibaba→一达通出口服务→产品管理，然后点击"添加产品"链接，如图 5.81 所示。根据产品的品名（不确定品名时，可以用产品关键词）搜索，如图 5.82 所示，或者 HS 编码进行搜索，如图 5.83 所示。

第5章 商机管理与交易管理

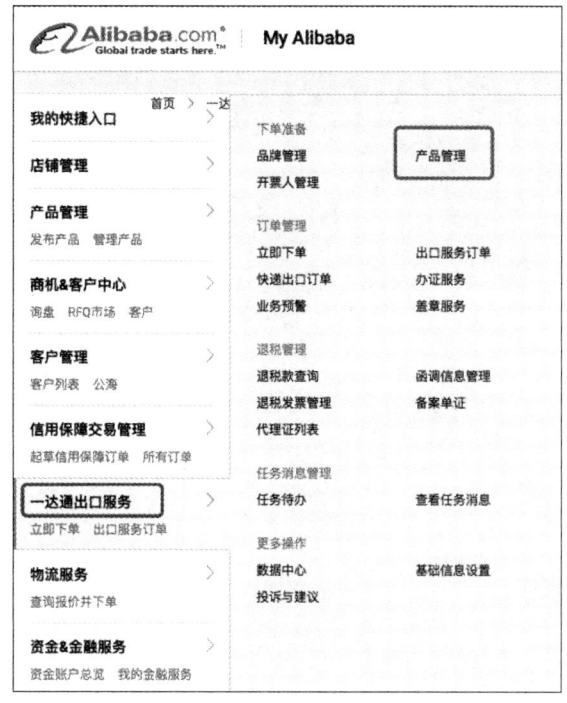

图 5.81　一达通出口添加产品

图 5.82　按关键词搜索

图 5.83　HS 编码搜索

（3）上传对应产品资料后，最后提交产品审核。只有审核通过的产品，才可以通过一达通发货，这个过程叫做产品预审。

4）一达通开票人预审提交

开票人是在通过一达通做 3+N 服务的必备条件。目前，一达通可以代理出口退税的开票人性质为一般纳税人满两年以上，工厂性质。

进入"一达通出口服务"→"开票人管理"→点击"添加开票人"按钮添加开票人，如图 5.84 所示。

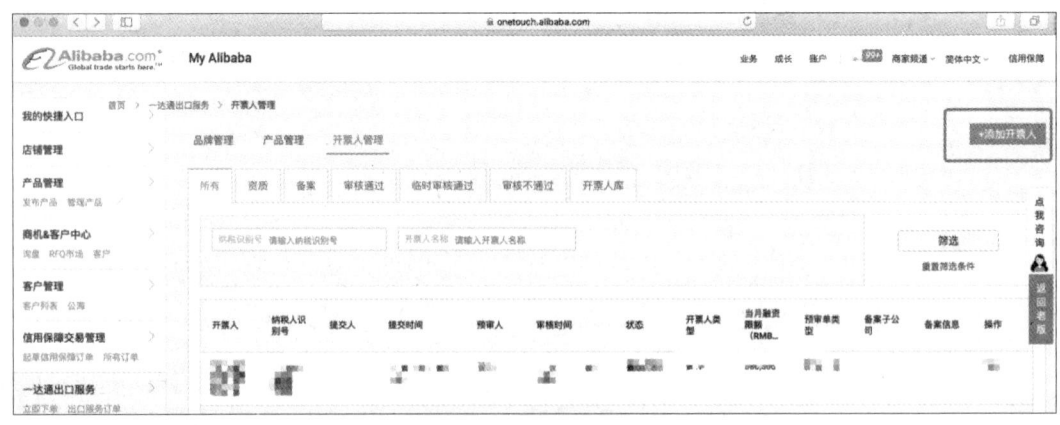

图 5.84　增加开票人

进入页面后，填写开票人信息，如图 5.85 所示。

图 5.85　填写开票人信息

同时也需要上传开票人的税务登记证副本等证件信息，如图 5.86 所示。然后点击"添加产品"按钮。可以在预审通过的产品里面选择产品，最后提交开票人预审。

图 5.86　一达通后台产品预审界面图

开票人审核的进度，可以在开票人管理里面查看。审核通过之后，可以使用一达通 3+N 服务，通过一达通做出口退税业务。

5）一达通委托单

如果企业有产品需要通过一达通的服务出口，可以选择在一达通后台提交委托单。进入一达通后台，点击"立即下单"链接，如图5.87所示。

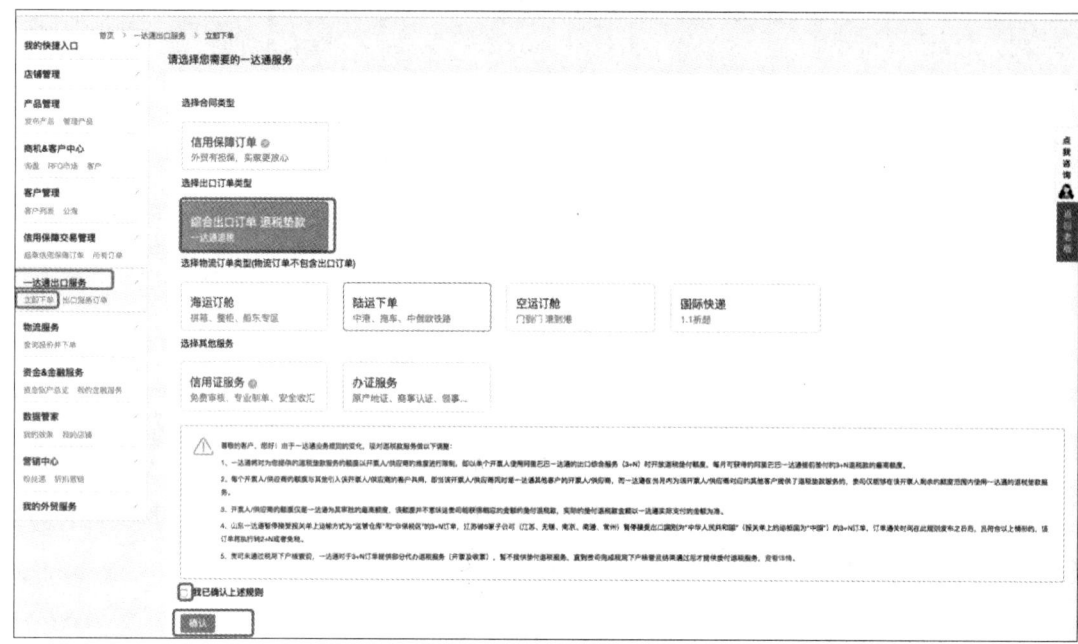

图5.87　一达通后台提交委托单界面

此处以"综合出口订单 退税垫款 一达通退税"为例，选择此项后，点击"确认"按钮，如图5.88所示。

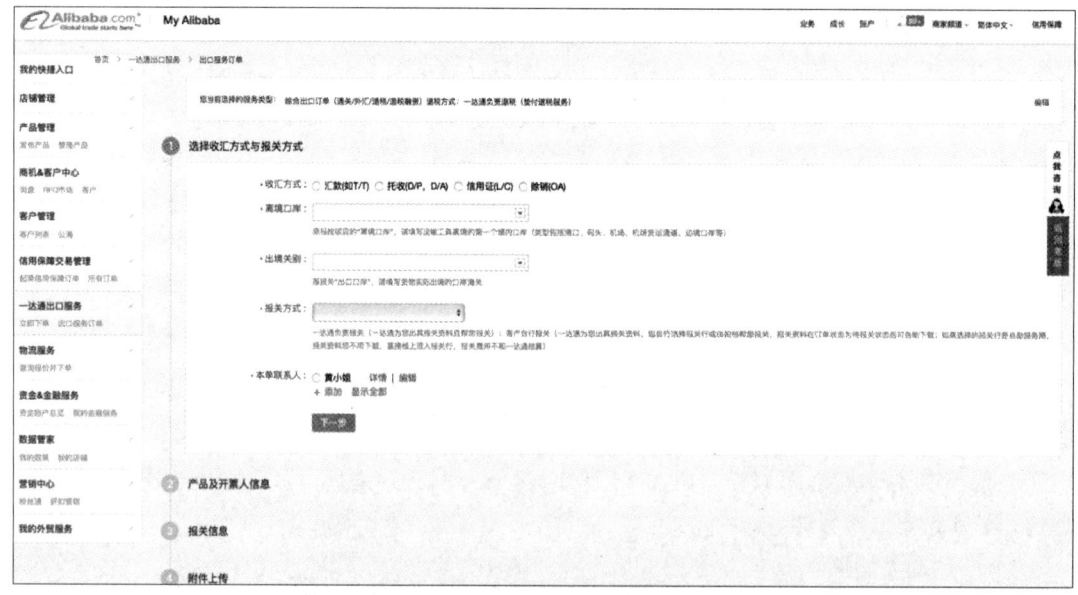

图5.88　起草委托单界面

填写相关数据后,点击"下一步"按钮,进入填写产品及开票人信息界面,如图 5.89 所示。

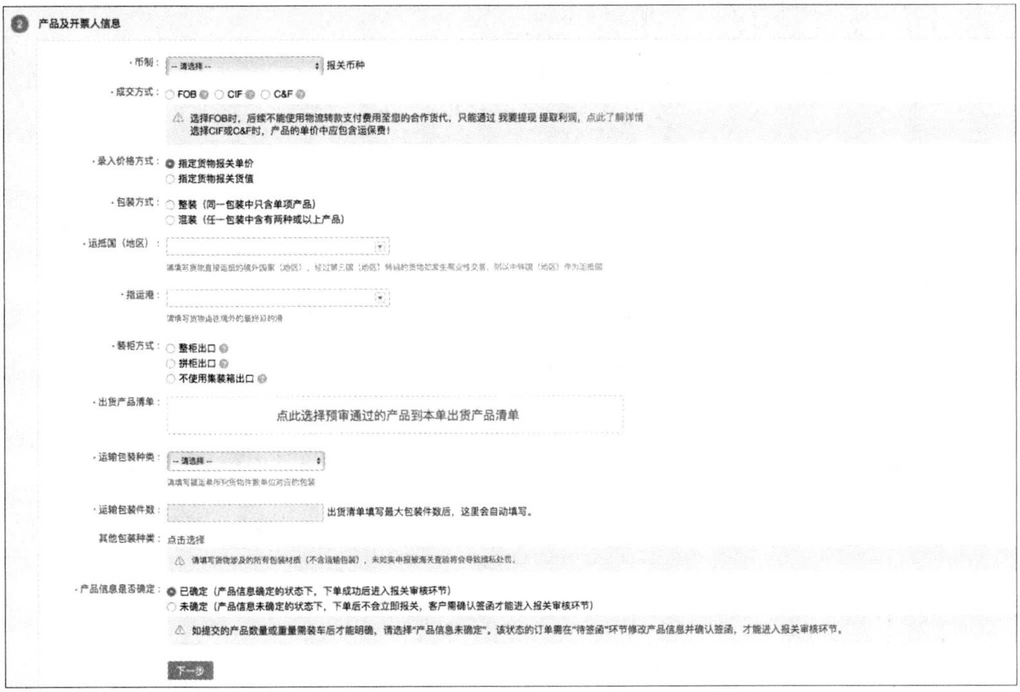

图 5.89 填写产品和开票人信息界面

在填写完产品及开票人信息后,点击"下一步"按钮,填写报关信息,如图 5.90 所示。

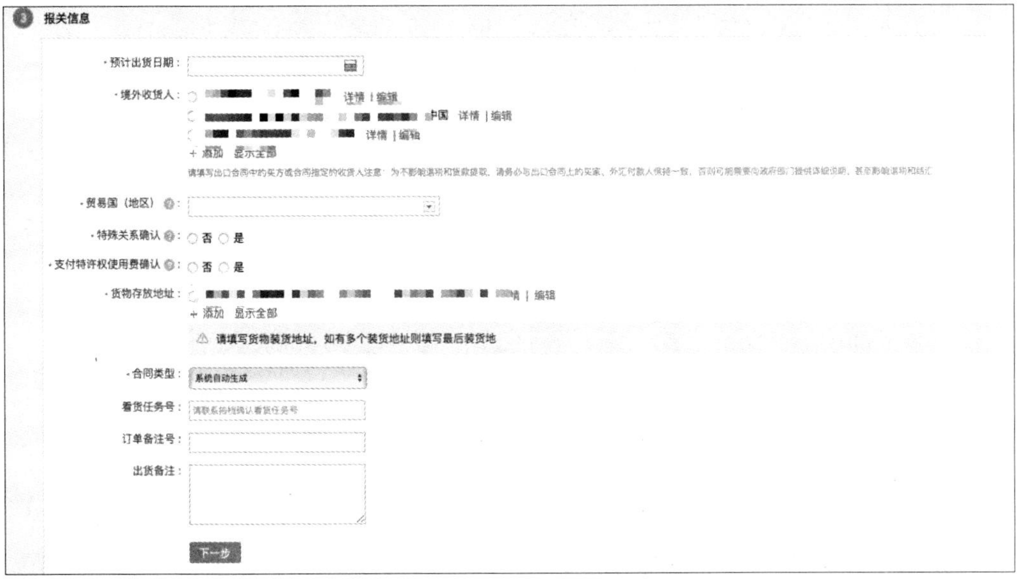

图 5.90 填写报关信息

如果还有其他交易中约定的附件，或者报关需要的文件，可以选择"上传附件"选项，然后点击"下一步"按钮，如图5.91所示。

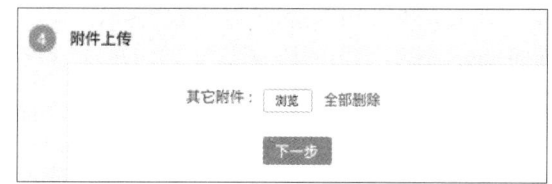

图 5.91　附件上传

确认正确后点击"提交订单"按钮，如图5.92所示。

图 5.92　提交订单

"订单管理界面"可以查看所有委托单的进程，如图5.93所示。

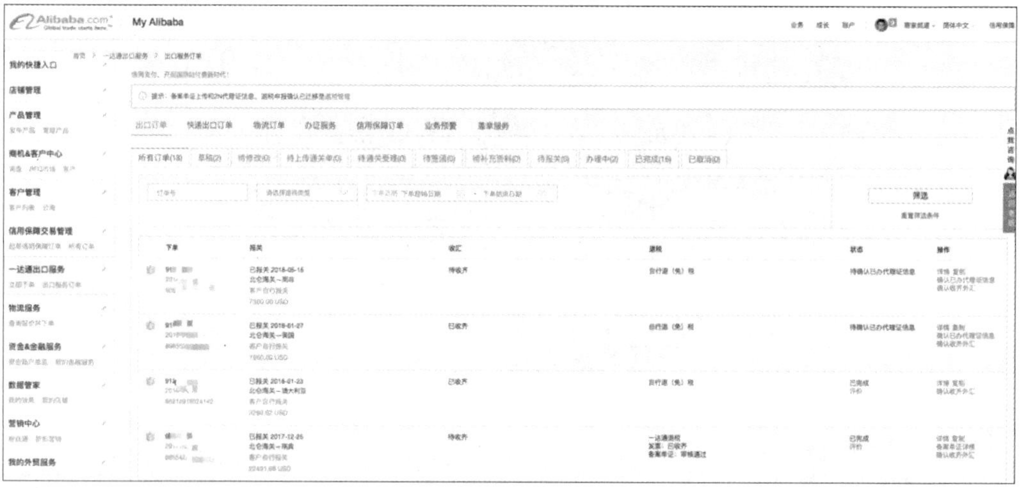

图 5.93　查看所有委托单进程

6）一达通资金提现操作方法

进入"资金&金融服务"，点击"我要转款"链接，可以看到目前账户可用的自由资金金额。按照步骤填写完成后，点击"提交"按钮，如图5.94所示。

7）一达通增加子账号的操作方法

（1）当一个公司有很多人同时操作一达通时，可以选择添加子账号，并设置相应权限。进入"一达通出口服务"，选择"基础信息设置"→"账号管理"→"子账号"→"增加子账号"，如图5.95所示。

图 5.94　资金管理转款

图 5.95　增加子账号

（2）在"结汇管理"页面可以看到一达通收款的美元账号（和信保订单账号不同）。可以用于一达通订单的收汇收取，如图5.96所示。

图 5.96　一达通后台结汇管理界面

什么是一达通

一达通出口环节介绍　　　　　　交易等级

在"拍档管理"页面可以看到绑定的一拍档和响应的负责人、服务专员及联系方式，如图5.97所示。

第5章 商机管理与交易管理

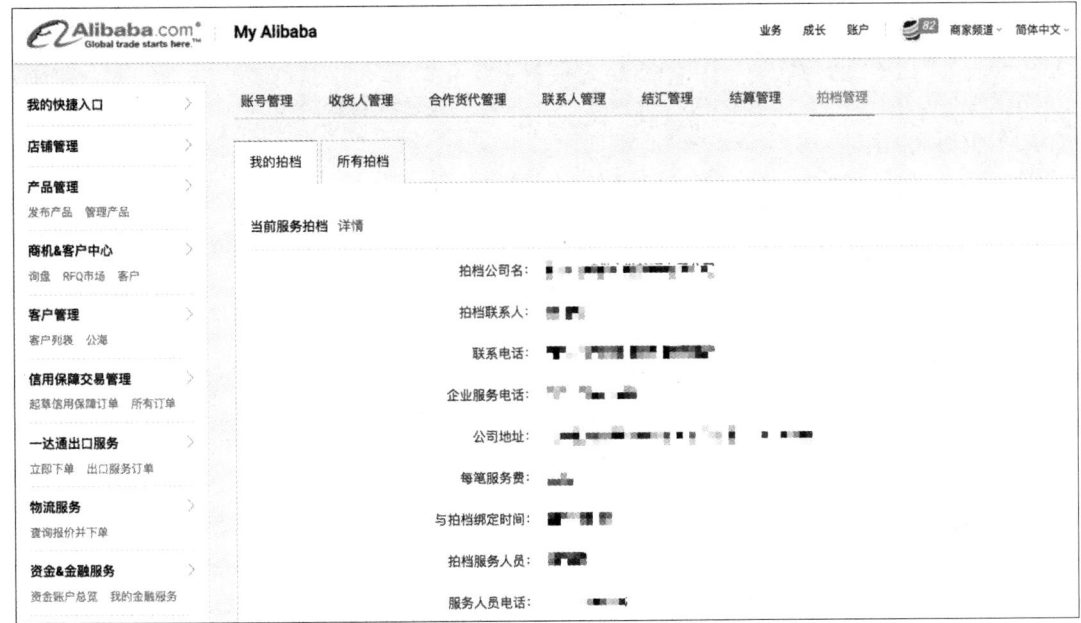

图 5.97 一拍档管理页面图

2．通关外汇退税的基础操作流程

1）出口综合服务（3+N）

一达通外贸综合服务提供一站式通关、外汇和退税服务。

具体流程：下单→报关出口→收结汇→一达通垫付税款→外贸服务补贴款发放→结算。

商家准入条件：

（1）可与一达通签约合作的企业类型：非境外、非港台地区、非个人或非出口综合服务尚未覆盖地区企业（如福建莆田等）。

（2）出口的产品在一达通可以出口的产品范围内。

（3）生产企业，即开票人＝签约客户，已经完成备案且开票人的资质需符合以下要求。

① 与一达通签约的企业注册地在浙江省和山东省的，开票人要求如下：

生产型工厂，具有一般纳税人资格，开票人一般纳税人认定时间大于等于 6 个月。

② 与一达通签约企业注册地在福建省的，开票人要求如下：

生产型工厂，具有一般纳税人资格，开票人一般纳税人认定时间大于等于 1 年。

③ 与一达通签约企业注册地在其他省份的，开票人要求如下：

生产型工厂，具有一般纳税人资格，一般纳税人认定时间大于等于 2 年，且开票人注册地非内蒙古赤峰巴林右旗、福建莆田、天津武清区（武清区的自行车及其零配件、电动车及其零配件企业除外）。

④ 各地委外加工型供货企业均不能准入。

注释：委外加工业务有以下两个特征：一是由委托方提供原料和主要材料；二是受委托方（加工工厂）只收取加工费和代垫部分辅助材料费用。

HS 编码是 61 章的产品开票人，需满足一般纳税人认定时间满两年。

2）出口代理服务（2+N）

出口代理服务提供一站式通关、外汇和退税服务。

流程：下单→报关出口→收结汇→一达通开具《代理出口货物证明》→客户在当地税务局自行申报退（免）税→外贸服务补贴款发放→结算。

"2+N"是"3+N"服务补充，可操作范围更广。

商家准入条件：

（1）非境外、非港台地区、非个人或非福建莆田地区企业。

（2）商家需要具有《出口退（免）税资格认定》（《出口退（免）税资格认定》是企业在出口后可自行办理退免税申报的资格认定，一般可在商家当地的税务机关大厅办理）。

（3）出口产品非一达通出口代理服务禁止操作产品。

3）出口综合服务（3+N）和出口代理服务（2+N）的区别

出口综合服务（3+N）和出口代理服务（2+N）的区别如图 5.98 所示。

	出口综合服务规则内容（3+N）	出口代理服务规则内容（2+N）	注意事项
基础服务	通关、外汇、退税	通关、外汇	允许操作的产品范围上，只要是出口综合服务模式准入通过的产品，就能操作出口代理服务模式（零退税产品只能操作出口综合服务）
增值服务	金融、物流		
准入条件	(1)签约公司非境外、港台地区、个人或非出口综合服务尚未覆盖地区企业（如福建莆田）	(1)签约公司为非委外加工型企业、非个人及境外公司、非港台地区	
	(2)出口口岸非一达通无法操作的口岸	(2)出口口岸非一达通无法操作的口岸	
	(3)开票人在一达通可以操作的区域	(3)须具有《出口退（免）税资格认定》	
	(4)开票人已经完成备案	(4)出口产品非一达通出口代理服务敏感和禁入产品	
出口报关	可选择自助平台上提交订单，也可以拍档帮忙下单		
收汇	以客户英文名称命名的虚拟子账户，无须提供水单证明，实时查询收汇情况		
税务操作	一达通代为退税	(1)一达通办理：《代理出口货物证明》（一达通已经收到《代理出口协议书》原件，才能办理《代理出口货物证明》） (2)您自行进行退（免）税申报	
垫付退税条件	同时满足下述条件后，在3个工作日内，一达通可先行垫付退税金额给实际开票方 (1)报关放行后 (2)一达通收到全额外汇 (3)一达通收到增值税专用发票原件，且增值税专用发票经一达通验证无误 (4)上传备案单证并审核通过 (5)新政订单还需满足《外贸综合服务协议书》和《垫付退税服务协议》两份协议原件已被一达通收齐		

图 5.98 "3+N"与"2+N"的区别

4)通关外汇退税的基础操作流程

一达通外贸综合服务流程主要是：确认合作 → 通关 → 外汇 → 退税，具体参考如下。

第一步：确定合作。

（1）与阿里巴巴一达通签署外贸出口服务协议书。

（2）按指导提供"产品预审"及"开票人预审"信息。

（3）收到准入结果通知。

（4）确定合作。

第二步：通关。

（1）（要走单时）联系客户经理告知需求。

（2）填写"出口报关信息表"（一达通内部进行信息审核，通过）。

（3）按指导签署"出口服务订单确认函"。

（4）一达通安排通关，通关放行。

第三步：外汇。

（1）收到海外买家汇款水单。

（2）联系外贸顾问提交水单。

（3）接到外汇到账通知，确认最终收款账户。

（4）查收水单及外汇款。

第四步：退税。

（1）收到外贸顾问提供的开票资料和"供货合作合同"。

（2）开增值税发票，在"供货合作合同"上盖章，并连同通关单原件一起快递给一达通。

（3）接到"发票收讫"通知。

（4）接到外贸顾问的打款通知。

（5）查收水单及退税款。

3．一达通产品关联介绍

1）一达通产品关联概念

在当今 B2B 平台上，真实的贸易记录及评价信息是盘活市场的核心要素。对买家而言，是考量供应商及其产品竞争力的重要指标；对供应商而言，能有效彰显自己的真实贸易能力并提升线上订单的整体转化率。

2）一达通产品关联的意义

（1）一达通产品与 Alibaba.com 产品贸易数据打通，不断创造数据新价值。

（2）一达通出口产品在 Alibaba.com 搜索排名优势凸显，获得更多订单机会。

（3）直接影响搜索排名，提升曝光机会。

（4）国外客户可以通过出口国筛选，快速找到具有该国家出口实力的一达通客户，如图 5.99 所示。

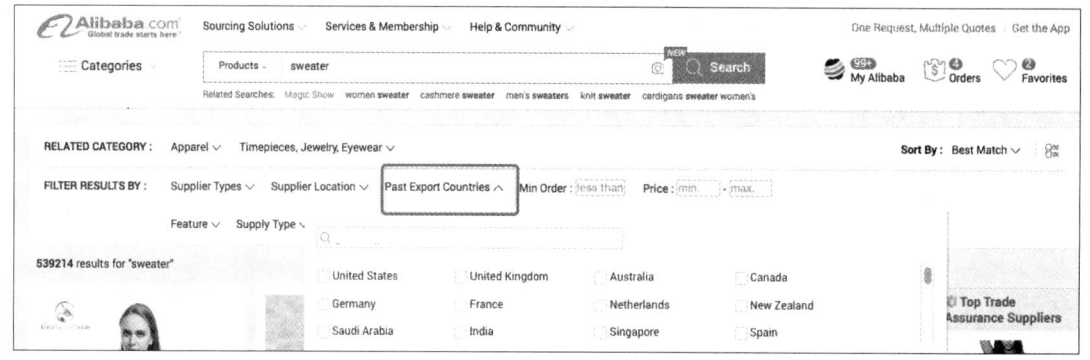

图 5.99 前台搜索出口国筛选

（5）一达通产品数据展现贸易实力（搜索结果页+产品详情页），提升询盘量与订单转化。

（6）网站和一达通数据打通，通过国际站产品跟一达通产品库的打通和关联，让买家更容易找到更有品质的货源，让卖家更能彰显自己的真实外贸出口实力并提升竞争力，更好地促进交易订单的产生，如图 5.100 所示。

出口综合服务（3+N）——退税　　出口综合服务（2+N）——退税

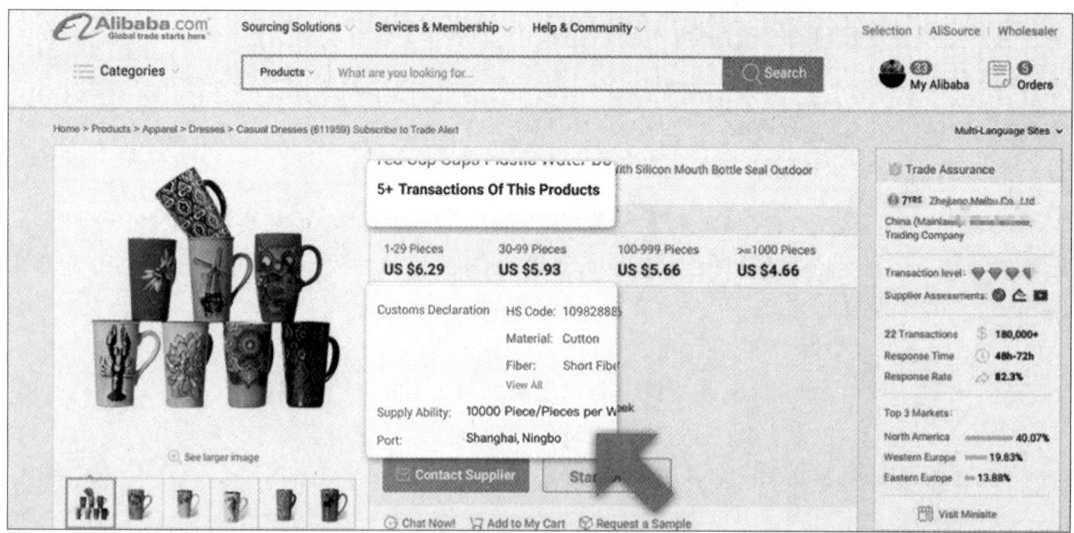

图 5.100 产品详情页中一达通信息

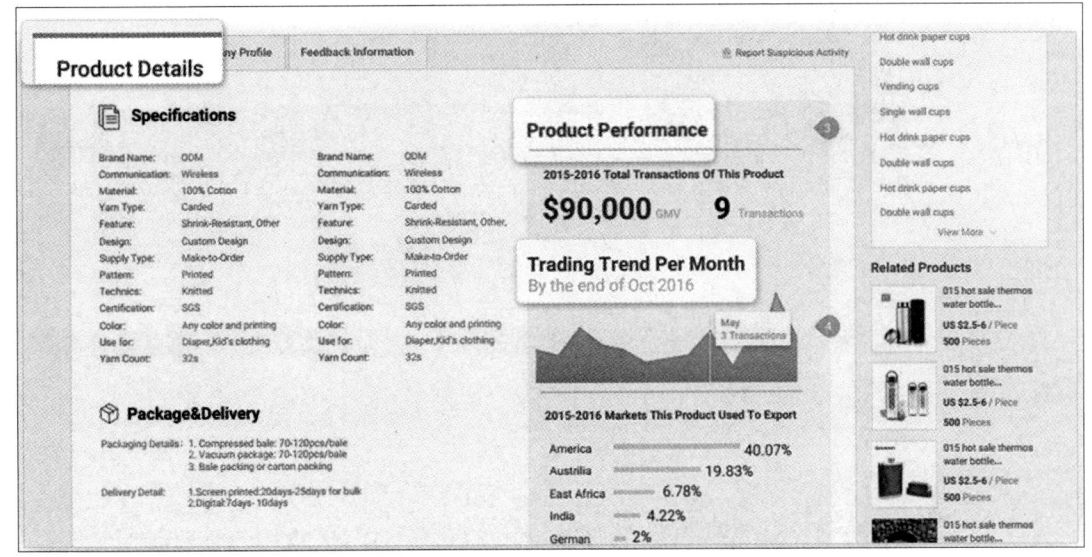

图 5.100　产品详情页中一达通信息（续）

5.4.4 物流服务

1. 了解物流服务

买家支付后，货物怎么从中国供应商手中运输到客户手中呢？

在国际贸易中，常见的物流方式有海运、空运、陆运和多式联运。这里叙述的阿里巴巴国际站提供的物流服务由第三方物流及贸易服务商提供，价格透明有竞争力、物流信息全程在线追踪且服务专业、有保障，是强有力的大后方保障。

阿里巴巴国际站提供的物流目前包含快递服务（门到门、仓到门）、海运服务、空运服务、陆运服务等，每种物流服务方式均可通过平台下单，具体下单方式入口在 My Alibaba 后台→"物流服务"→点击"查询报价并下单"，如图 5.101 所示。

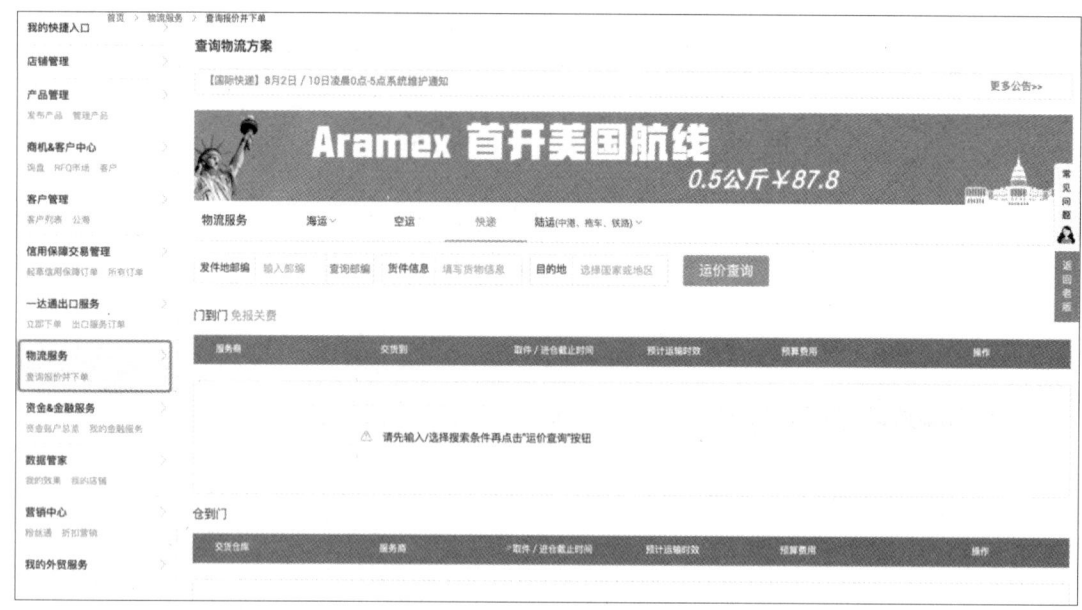

图 5.101 物流查询报价与下单

2. 物流走单操作

1）国际海运服务

阿里巴巴海运联合大物流服务商，为客户提供海运整柜和拼箱服务。在线查询船期、订舱、操作，费用透明、真实有效。同时提供拖车、报关、散货还有目的港送货到门等增值服务，海运流程如下：

查询价格→选择合适方案→在线下单→安排发货→付款拿提单。

2）国际空运服务

阿里巴巴与全球优质空运服务商合作，提供在线查看空运运费、在线比价、在线下单的服务，更有拖车、报关等服务，国际空运服务流程如下：

查询价格→选择合适方案→在线下单→付款→安排发货。

3）国际快递服务

阿里巴巴与国际知名快递品牌合作，在客户完成线上下单支付后，提供快递上门取件服务。国际快递服务使用流程如下：

查询价格→在线下单→冻结120%运费→上门取件→账单结算。

4）国际陆运服务

国际陆运服务目前有3种，中港运输、集港拖车，以及中俄欧服务，国际陆运使用流程如下：

在线查询→在线下单→接单、派车→出账单→付款→返回签收单。

中港运输：提供珠三角至香港的送货到门服务并可承接各地送货至深圳仓库，集中发货到香港。可在线查询、下单和支付并及时监控货物流转状态。价格、时效真实有效，状态在线实时更新，货物零风险。

集港拖车：依托阿里巴巴一达通外贸出口的综合服务优势，提供有运力保障的集装箱拖车服务。

中俄欧服务：可实现全国至俄罗斯的门到门服务，节省时间，通关安全，运价透明。

思考与实训

1. 实训练习

（1）询盘回复。

Dear Madam，

We are wholesale distribution company located in New York.We are pleased to learn from the Australia Embassy that you are a leading company in China exporting man driver shoes.

Can you please furnish me with additional details such as:

What's the MOQ?

Deliver time to New York？

Thanks

Contact:Susan Boyle

MOB:0047.8834466

假如你是浙江华润制鞋有限公司的外贸员 Emma，收到客户这种询盘你要如何回复？请写出你的回复。

公司信息：

①该公司的 MOQ 为 500 双。

②制造 500 双鞋需要 30 天，水运给 Susan 要 15 天。

③首次合作达到一定产品数量，公司可免费提供包装。

④该公司固话 0086.0575.8832233。

要求：

①请找到正确的询盘位置并回复买家。

②回复询盘内容需符合英语邮件礼仪和题设信息。

③请在回复询盘内容中简单介绍自己及公司定位。

④回复询盘内容符合买家需求，包括：回复对方需求；表明自己相较于同行的优势。

（2）REQ 报价。

假如你是一名来自伊尔贝服装有限公司的外贸业务员 Samant，需要对买家的采购信息进行报价。

根据题目要求，请你完成以下操作。

要求：

①在 RFQ 市场中搜索产品 dress，找到购买量需求比较大的中东女装买家，并对其发布的服装采购信息进行报价。

②根据买家要求准确填写产品信息，根据素材包资料上传产品图片等。

③根据要求准确填写价格详情和报价补充信息。

提示：

①可以免费提供样品，且卖家会承担样品寄送运费，寄送日期在 10 天以内。

②在给买家的信息中，简单介绍一下公司的情况，介绍要点是公司有 280 个员工，在服装制造领域有超过 10 年的历史，稍后会给买家发一封邮件说明详情（备注：需翻译成英文填写在"给买家的消息"中）。

（3）起草信保订单。

假如你是一名运动休闲鞋生产商的外贸业务员，现在需要根据客户要求在线起草一份信报订单。

以下是订单信息：

客户 Dong Dong（邮箱：sophia@gmail.com）打算向你购买单价为 8.8 美元的帆布鞋 100 双，预付款为总价的 40%。供应商收齐到账预付款后 21 个自然日内发货，采用海运线下发货，承运商为 FEDEX，海运单号为 EH1263874900JP，采用"货运港船上交货"。货物发往美国，将产生 200 美元的物流运费，另外还有物流保险费为 15 美元。

产品质量要求：帆布鞋出厂前已完成质量检验（备注：考生需翻译成英文填写在"产品质量要求"中）。

根据题目要求，请你完成起草信保订单的操作，包括起草订单、买家付款、卖家发货到订单完成的全流程。

要求如下。

①买家信息：根据客户信息填写。

②产品信息：根据买家要求从已发布的产品中添加。

③运输条款：根据客户要求填写。

④产品要求：根据客户要求填写。

⑤（买家流程，请你一并完成）提交订单并复制链接到浏览器处打开，买家完成付款。

⑥买家已付款，请卖家发货：选择线下发货，并上传海运提单。

⑦（买家流程，请你一并完成）查看详情，复制链接到浏览器处打开，完成买家收货。

第6章 跨境电商履约流程

6.1 跨境电商操作流程

跨境电商卖家和买家的操作流程如图6.1所示。

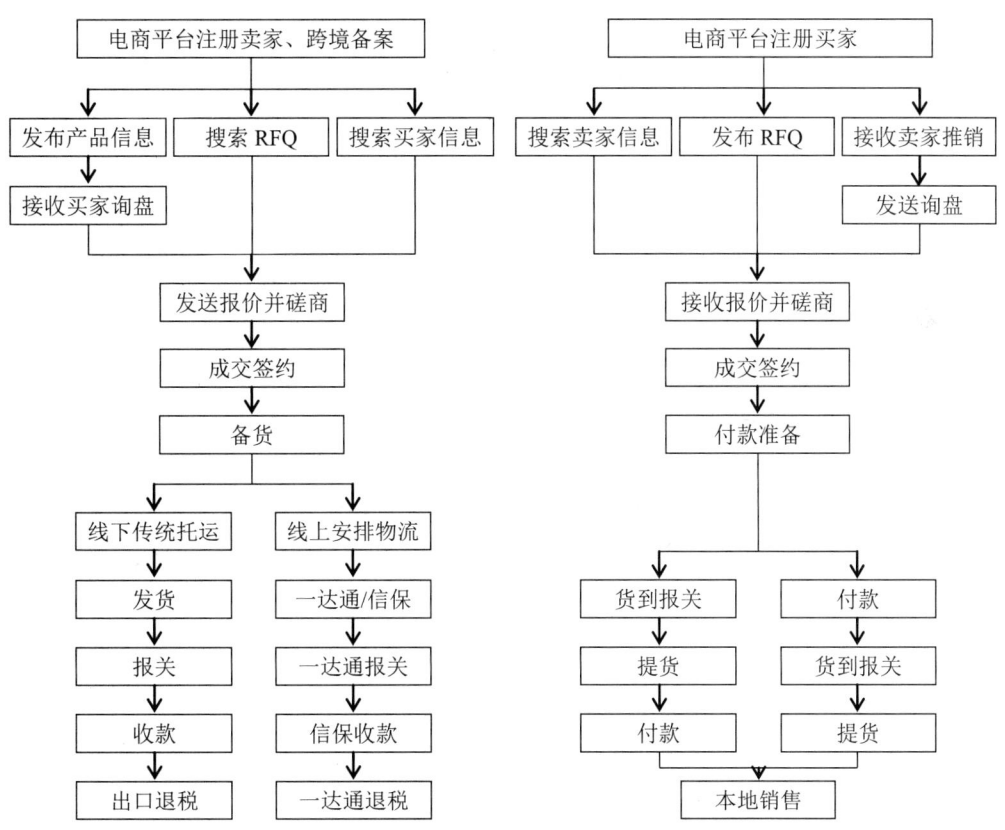

图 6.1　跨境电商 B2B 买卖双方操作流程图

6.1.1 跨境电商卖家操作流程

1. 业务准备

1) 电商平台注册卖家

电商企业作为电子商务活动主体,需要在一家或多家跨境电商平台注册成为卖家,有实力的电商企业还可以建设自营电商平台,在电商平台上从事跨境B2B业务。

2) 获取进出口经营权

由于跨境B2B属于国际贸易的范围,因此电商企业需要先获取进出口经营权。我国目前实施备案登记制度,所有电商企业都可以进入商务部"对外贸易经营者备案系统",按规定完成对外贸易经营者备案手续即可。获取进出口经营权以后需要到海关、税务、银行、外汇管理局、电子口岸等外贸相关部门办理相关手续。

3) 跨境B2B业务备案

国家和地方政府都出台了很多鼓励跨境B2B出口业务的措施,跨境电商如果想要享受优惠政策,需要在海关进行跨境B2B企业的备案和商品备案,否则电商的货物出口只能按传统外贸方式出口而无法享受优惠补贴。按普通快件或邮包的方式出口也无法享受出口退税。

2. 客户开发

1) 发布产品信息

产品信息包括产品名称、图片、搜索关键词、标题、产品的规格属性等。电商卖家在准备好这些产品信息后发布在电商平台,热销产品发布到橱窗,供全球买家浏览。

2) 接收买家询盘

买家对卖家的产品感兴趣以后,可以通过电商平台发送询盘信息。电商平台的会员卖家会在后台自动收到买家的询盘,需要每天查看并管理。

3) 搜索RFQ

电商平台的会员卖家也可以在电商平台的RFQ市场主动搜索买家发布的RFQ信息,相对来说开发客户的效率更高。

3. 业务磋商

1) 报价

卖家收到买家的询盘以后,会认真分析买家的需求,及时做出有针对性的报价。报价包括产品名称、质量、数量、价格、支付方式、包装、国际物流、交货期等,并非仅仅是价格。

2) 磋商

卖家发出报价以后,理论上双方应该对交易的条件展开具体的磋商,但实际上会有各种不同的后续情况。有些买家从此以后没有任何回复,有些买家不满意卖家的产品,有些买家经过几次磋商后不能达成一致意见,也有些买家最终与卖家成交。

4. 合同签订

1）成交确认

买卖双方在签订合同之前，需要对磋商过程中双方达成一致意见的各项交易条款进行最终确认，通常以卖家发送成交确认信后，买家回复确认的方式完成。

2）签订合同

出口合同一般由卖家起草，签字后发给买家，买家确认无误后签字回传。

5. 订单履约

1）备货

（1）落实货源：电商企业出口的货源是指供应商的产品，出口企业应在开展出口业务前进行调研，从专业的批发市场或专业网站了解潜在的供应商，例如可以到阿里巴巴采购批发平台1688寻找匹配的供应商，建立供应商资源库。在与买家确认成交以后，从供应商资源库中确定合适的一家供应商，让其安排生产或组织货物。

（2）签订采购合同：落实供应商之后，跨境电商企业需要与其签订国内采购合同。

2）发货和报关

（1）传统操作：一般成交金额较大、数量较多时选择传统发货操作，其过程为电商企业向国际货运代理企业（货代）托运，委托其订舱、安排运输，货物运抵海关监管区后委托一家报关行代为报关。

（2）线上操作：一般成交金额较小、数量较少时选择线上发货操作，其过程为在电商平台选择国际物流方式和服务商，并选择平台提供的外贸综合服务。例如阿里巴巴国际站的卖家可选择一达通服务，发货后由一达通公司提供通关、外汇、退税服务。

6. 收款退税

1）收款

（1）传统收款：传统的支付方式包括信用证、托收、汇付等。其中汇付方式下是由买家主动从境外把货款汇到境内卖家的外汇账户，而信用证和托收方式下要等卖家把商业发票、装箱单、汇票等单据通过国内银行寄到国外银行后再由买家去银行付款，一般是付款后取得商业单据去报关提货。

（2）线上收款：线上收款是指卖家事先与电商平台约定收款渠道，待买家确认收货后进行付款。

2）出口退税

货物报关出口并且已经收到外汇以后，电商企业到税务机关办理退税申报。

6.1.2 跨境电商买家操作流程

1．业务准备

境外的 B2B 买家也需要在跨境电商平台注册,才有机会跟中国的跨境电商卖家进行交易。

2．寻找中国供应商

1）主动发布 RFQ

买家主动搜索电商平台供应商信息的工作量比较大,所以买家可以主动在平台的 RFQ 市场发布 RFQ 信息,吸引卖家前来报价。

2）向感兴趣的供应商发送询盘

买家的业务邮箱可能会收到卖家主动发来的业务推销信函,由此接触到中国的电商卖家。买家也可以在电商平台上主动搜索平台上的中国供应商的产品信息和供应信息。对感兴趣的产品,买家可以向特定的供应商发送询盘。

3．业务磋商

买家发送询盘后,卖家会发来报价。买家查阅报价内容后,若有进一步交易的可能,则与卖家展开各项交易条件的磋商。

4．合同签订

买家收到卖家的成交确认信后进行回复确认,并在卖家发来外贸合同之后签名确认,以订立外贸合同。

5．订单履约

合同签订后,买家应做好付款准备。如果是信用证付款方式,买家需要通过开户银行向中国卖家开出信用证,以便使卖家安心准备货物生产、出运等事务。

在货物到达目的港以后,买家应安排付款。在信用证和托收方式下,一般先到银行付款,然后报关、提货。在汇付方式下,一般发货后先支付一部分货款,收货后再支付余款。其他支付方式下,一般在报关、提货之后安排付款。

6．处置货物

货物进口之后,买家安排货物的转售或自用。

6.2 出口商品报价

6.2.1 国际贸易术语

1．含义

国际贸易术语又称价格术语,是用来划分买卖双方各自应承担的费用、风险和责任,以确定双方在交货和接货过程中各自义务的专门术语。

国际贸易业务中包含装卸货物、投保货物运输险、报关、纳税等手续，并需支付运费、保险费、装卸费以及其他各项费用，同时货物在运输和装卸过程中，还可能遭遇到自然灾害、意外事故和各种外来风险。有关这些事项由谁办理，费用由谁支付，风险由谁承担，买卖双方在磋商交易和订立合同时，必须明确予以规定。但是如果每次交易都要讨论如此众多的责任、费用和风险划分，必然会增加贸易成本，因此出现了国际上统一的用简单字母组合表示的专门的贸易术语。交易双方只要协商确定用哪一个贸易术语，就基本明确了交易双方各自承担的责任、费用和风险，而不用详细地讨论众多具体的细节。

2. 《国际贸易术语解释通则》

一些国际组织机构制定了不同的国际贸易术语，其中影响面最大，使用最广泛的是由国际商会制定的《国际贸易术语解释通则》（International Rules for the Interpretation of Trade Terms，简称 INCOTERMS），其最新版本是 2010 年修订本，简称为 INCOTERMS 2010 或 2010 通则。2010 通则是一个国际惯例，不是法律条款，并没有强制约束力。如果买卖双方在贸易合同中规定受其约束，则它的各项规定就对双方有约束力。

2010 通则一共解释了 11 种术语，分成两类，如表 6.1 所示。

表 6.1　INCOTERMS 2010 贸易术语一览表

组　别	贸易术语（英文）	贸易术语（中文）
适用于任何运输方式，包括多式运输的贸易术语	EXW：Ex Works FCA：Free Carrier CPT：Carriage Paid To CIP：Carriage and Insurance Paid To DAT：Delivered At Terminal DAP：Delivered At Place DDP：Delivered Duty Unpaid	工厂交货 货交承运人 运费付至 运费保险费付至 终点站交货 目的地交货 完税后交货
只适用于海运或内河运输的贸易术语	FAS：Free Alongside Ship FOB：Free On Board CFR：Cost and Freight CIF：Cost Insurance and Freight	船边交货 船上交货 成本加运费 成本加保险费、运费

3. FOB、CFR 和 CIF 的比较

在我国对外贸易中，最经常使用的主要贸易术语为 FOB、CFR 和 CIF 三种。

三种常用价格术语的比较见表 6.2。

表 6.2　三种价格术语的比较

术　　语	买卖双方风险划分界限	租船订舱	货运保险	卖方报价所含费用
FOB	装运港船上	买方安排	买方安排	FOB 价 = 实际成本 + 国内费用 + 利润
CFR	装运港船上	卖方安排	买方安排	CFR 价 =FOB 价 + 国际运费
CIF	装运港船上	卖方安排	卖方安排	CIF 价 =FOB 价 + 国际运费 + 保险费

4．价格术语的选择

卖方在选择价格术语时，主要考虑自己承担的货损风险范围、责任负担以及运输方式。

1）基于货损风险的角度

货物从卖方仓库运到买方仓库的过程中存在着各种自然灾害或意外事故导致货物损失的可能性，因此买卖双方应十分注意分析哪些情况下货损要由自己承担。从货损风险承担来看，三种常用价格术语都一样，卖方要负责把货物安全送到装运港的船上，此后如果货物发生损失就与卖方无关，即使在使用 CFR 术语时卖方承担了装运港到目的港的国际运费，在使用 CIF 术语时卖方承担了国际运费和国际货运保险费。而在使用 DAT、DAP、DDP 术语时，卖方既要承担货物运到进口国指定地点为止的货损风险，又要承担国际运费和保险费。

2）基于责任负担的角度

在运输和保险方面承担的责任不同直接导致卖方承担的费用不同，但从表 6.2 可以看出，无论卖方承担什么费用，卖方在报价时都会把费用包含在价格中，从这个角度上看不同的贸易术语对卖方的利润没有影响。责任负担影响卖方利益主要有两个因素：一是国际运费价格有时波动较大，运费的突然上涨会吞噬卖方的利润，从这个角度看卖方使用 FOB 较为有利；二是卖方自己安排运输时可以选择自己信任的货运中介和船公司，在后续操作上也会比较顺利，从这个角度看卖方使用 CFR 或 CIF 较为有利。从责任和费用上看，EXW 是卖方责任最小的贸易术语，DDP 是卖方责任最大的贸易术语。

3）基于国际运输方式的角度

根据 INCOTERMS 2010 规定，有些术语只适用于水运。因此货物运输选择空运、卖方不想承担运费的情况下可以采用 FCA 术语，而不要使用 FOB 术语，对于卖方责任而言，这两个术语基本相同，但适用的运输方式不同。CPT 与 CFR 术语的卖方责任也基本相同，CIP 与 CIF 术语的卖方责任也基本相同，区别都是适用的运输方式不同。

6.2.2　出口报价核算

1．费用或费率的查询

1）出口退税率

商品的出口退税率可以在网上查询，例如在国家税务总局网站按"首页"→"纳税服务"→"出口退税率查询"的路径，输入商品代码（税号即 HS 编码前 8 位）或商品名称，提交后可获得增值税的退税率，如图 6.2 所示。

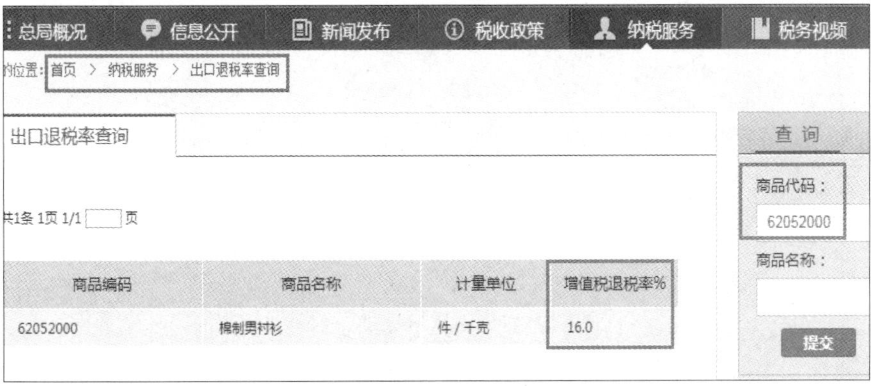

图 6.2　出口退税率查询

2）国际运费

国际运价可以咨询公司联系的货代公司，也可以自己在专业网站查询，例如在锦程物流网（http://www.jctrans.com/）可查询多种运输方式的运价，如图 6.3 所示。

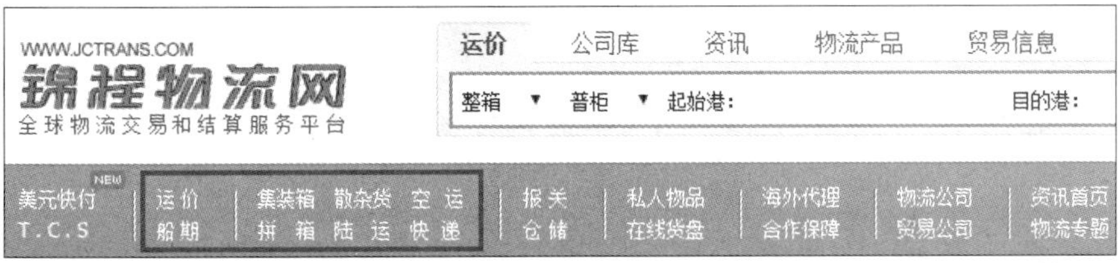

图 6.3　锦程物流网首页

海运整箱货运价包括 20GP（普通小柜）、40GP（普通大柜）、40HQ（高柜）三种情况，一般标价货币为美元，并且为 All-in 价（包干价），如图 6.4 所示。

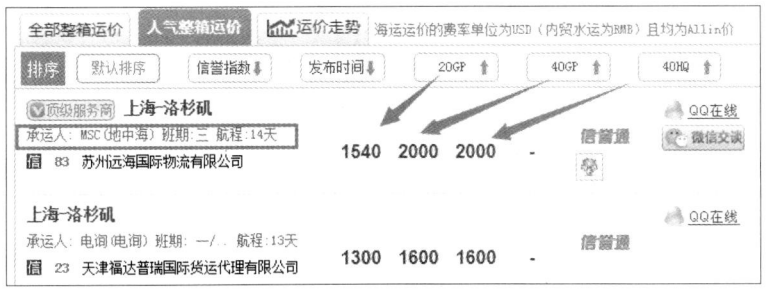

图 6.4　海运整箱货运价查询

查询运价时需要注意查看承运人和班期。

海运拼箱货运价包括按体积（立方米）、重量（吨）计算的两种情况，承运人按计算后运费金额较高方法收费，一般标价货币为美元，并且为 All-in 价（包干价），如图 6.5 所示。

图 6.5 海运拼箱货运价查询

空运的运价按每千克收费，价格分为 M（最低运价）、-45、+45、+100、+300、+500、+1000 七档，一般标价货币为人民币，并且为 All-in 价（包干价），如图 6.6 所示。

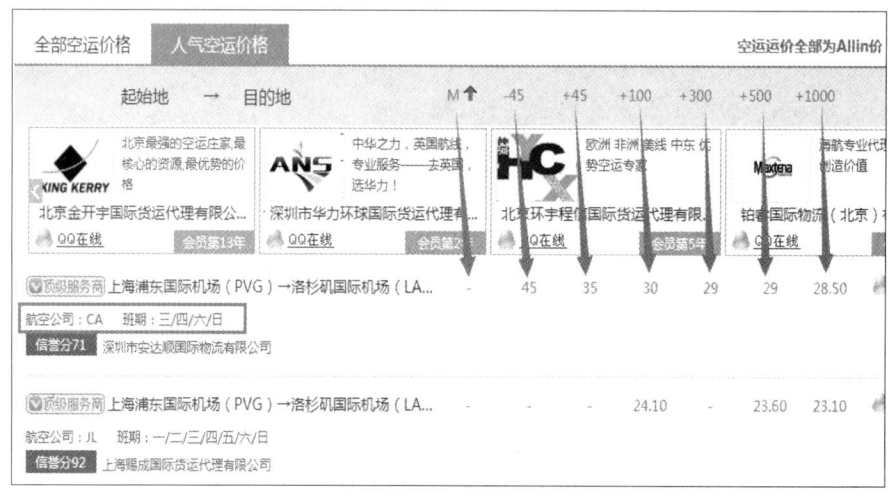

图 6.6 国际空运运价查询

查询空运的运价时也需要注意查看承运人和班期。

3）保险费率

保险费率可联系保险公司，一般国际货运一切险为 3‰，即 0.3%。

4）其他费用

其他费用包括内陆运费、报关费、港口杂费等，可联系公司的货代企业咨询。

5）银行汇率

银行汇率可在中国银行网站的"外汇牌价"查询，把现汇买入价除以 100 即得报价核算所需要的银行汇率，因为我国银行牌价是以 100 外币为基础标价的。如图 6.7 所示，美元对人民币的汇率应为 6.8346。

2. 国内总成本的核算

国内总成本包括向国内供应商采购货物的成本（含税价）、把货物运到装运港（地）的国内费用（包括公司业务综合费用、内陆运费、报关费、港口杂费等），并且要扣除后续的出口退税收入。因此，计算公式如下：

$$国内总成本 = 采购成本 + 国内费用 - 出口退税$$

$$出口退税 = [采购成本 / (1 + 增值税税率)] \times 退税率$$

国内费用可以精确地计算各项费用之和，或者大致制定一个定额费率（例如 5%）来模糊计算，即国内费用 = 采购成本 × 定额费率。

货币名称	现汇买入价	现钞买入价	现汇卖出价
阿联酋迪拉姆		179.9	
澳大利亚元	497.89	482.42	501.55
美元	683.46	677.9	686.36

图 6.7　银行汇率查询

3. FOB 价格核算

FOB 价计算公式如下：

$$FOB 价 = (国内总成本 + 利润) / 银行汇率$$

如果使用利润率来计算，则注意利润率的设定，有些公司设定利润 = 成本价 × 利润率，有些公司设定利润 = 销售价 × 利润率，因而导致计算公式略有不同。

4. 其他贸易术语价格核算

其他贸易术语的报价可以在 FOB 价的基础上进行换算，公式如下：

$$CFR 价 = FOB 价 + 国际运费$$

$$CIF 价 = CFR 价 / [1 - (1 + 保险加成率) \times 保险费率]$$

$$保险费 = CIF/CIP 价 \times (1 + 保险加成率) \times 保险费率$$

按照国际惯例，保险加成率至少是 10%，通常情况下设置为 10%，超过 10% 要事先取得保险公司同意。

5. 出口报价核算举例

1) 商品资料

产品名称：男童 T 恤衫（BOY'S 100% COTTON KNITTED T-SHIRTS）。货号：2301。

包装：每 10 件装一个胶袋，每个纸箱装 8 个胶袋。

包装尺码：65cm×41cm×33cm=0.087945m³，每箱重量：G.W. 为 15kg，N.W. 为 14kg。

HS 编码：6109100021，增值税率为 16%，退税率为 16%。

国内采购价格（含税价）：15.40 元 / 件。

国内货代运杂费：约 2500 元，其他业务费用：约 3000 元。

上海至洛杉矶海运费：1450 美元 /20'集装箱。

保险费率：一切险 0.3%，保险加成率为 10%。

银行汇率：1 美元 =6.8346 元人民币。

预期利润率：设为销售价的 15%。

报价数量：21600 件。

2）价格核算过程（建议采用 Excel 表格设立公式计算）

（1）单位商品的成本、费用核算如下。

退税收入 = 采购价 ÷（1+ 增值税率）× 退税率 =（15.40/1.16）× 16%=2.1241 元

单位商品国内费用 =（2500+3000） / 21600=0.2546 元

国内总成本 = 采购价 + 费用 − 出口退税收入

=15.40+0.2546−2.1241

=13.5305 元 / 件

FOB 上海成本价 = 国内总成本 ÷ 银行汇率

=13.5305÷6.8346

=1.9797 美元 / 件

单位商品海运费 =1450÷21600=0.0671 美元

（2）FOB 价核算如下。

FOB 上海价 = FOB 成本价 +FOB 上海价 × 利润率

∴ FOB 上海价 = FOB 成本价 ÷（1− 利润率）

=1.9797÷（1−15%）

=2.3291 美元 / 件

（3）CFR 价核算如下。

CFR 洛杉矶价 =FOB 成本价 + 海运费 + CFR 洛杉矶价 × 利润率

∴ CFR 洛杉矶价 =（FOB 成本价 + 海运费）÷（1− 利润率）

=（1.9797+0.0671）÷（1−15%）

=2.4080 美元 / 件

（4）CIF 价核算如下。

CIF 洛杉矶价 =FOB 成本价 + 海运费 + 保险费 + CIF 洛杉矶价 × 利润率

保险费 =CIF 洛杉矶价 ×（1+10%）× 保险费率

∴ CIF 洛杉矶价 =（FOB 成本价 + 海运费）÷ ［1 －利润率－（1+10%）× 保险费率］
= （1.9797+0.0671）÷（1 － 15% － 0.0033）
= 2.4174 美元 / 件

6.2.3 制作报价单

对于境外买家的有效询盘，卖家应针对性制作一份报价单（Quotation Sheet），并回复买家。报价单无固定格式，但一般会把具体的交易条款罗列出来，样式见表 6.3。需要注意的是，外贸报价必须注明价格术语。

6.3 合同签订

6.3.1 签订外贸合同

1. 传统外贸合同

买卖双方确认成交后一般签订正式的贸易合同，作为双方履约的书面凭据。贸易合同的形式有销货合同（Sales Contract，样式见表 6.4）、售货确认书（Sales Confirmation），也有些买家只要求签订形式发票（Proforma Invoice，简称 P/I，样式见表 6.5）来代替正式的贸易合同。

2. 线上合同

跨境 B2B 平台也提供买卖双方在线签约的服务，例如阿里巴巴国际站的"信保"服务给买家和卖家提供了在线签约的服务。

阿里巴巴国际站的信用保障交易合同（信用订单）是指卖家与阿里巴巴国际站买方通过登录阿里巴巴国际站在线签署的、包含出口贸易条款（含品名、数量、价格等交易信息）和保障条款等内容的国际贸易（买卖）合同。

表6.3 报价单样式

Quotation Sheet			
Company		Date	
Contact Person		Mobile Phone	
Add.			
Tel.		Fax	
Websit		E-mail	
PRODUCT DETAIL		PHOTO	
PACKING		DELIVERY TIME	
CTN SIZE		N.W./G.W.	
QUANTITY PER 20'/40'/40'HQ			
PRICE (FOB)			
QUANTITY			
PAYMENT			
MOQ			
VALIDITY			

表 6.4 出口合同样式

销货合约
Sales Contract

卖方 SELLER:

编号 NO.:
日期 DATE:
地点 SIGNED IN:

买方 BUYER:

买卖双方同意以下条款达成交易:
This contract is made by and agreed between the BUYER and SELLER, in accordance with the terms and conditions stipulated below.

1. 品名及规格 Commodity & Specification	2. 数量 Quantity	3. 单价及价格条款 Unit Price & Trade Terms	4. 金额 Amount
Total:			

允许　　　　溢短装,由卖方决定
With　　　　More or less of shipment allowed at the sellers' option

5. 总值
Total Value
6. 包装
Packing
7. 唛头
Shipping Marks
8. 装运期及运输方式
Time of Shipment & means of Transportation
9. 装运港及目的地　　　　（同时说明是否允许转运和分批）
Port of Loading & Destination
10. 保险
Insurance
11. 付款方式
Terms of Payment
12. 备注
Remarks

　　　　　　　　　　The Buyer　　　　　　　　　　　　　　　　　The Seller
　　　　　　　　（进口商签字和盖章）　　　　　　　　　　　（出口商签字和盖章）

表6.5　形式发票样式

×××有限公司
×××Co., Ltd.

TEL:　　　　　　　　FAX:

Proforma Invoice

TO:		INVOICE NO.:	
		INVOICE DATE:	
		S/C NO.:	
		S/C DATE:	

TERM OF PAYMENT:	
PORT TO LOADING:	
PORT OF DESTINATION:	
TIME OF DELIVERY:	
INSURANCE:	To be covered by the_____covering_____

Marks and Numbers	Number and kind of package Description of goods	Quantity	Unit Price	Amount
				FOB SHANGHAI
		Total		

SAY TOTAL:

BENEFICIARY: XXX Co., Ltd.
Add:
Bank Account:

BANK: PPP BANK
Add:
SWIFT code:

6.3.2 签订采购合同

在准备出口货物阶段,卖家与国内供应商需要签订国内采购合同,样式见表 6.6。

表 6.6 国内采购合同样式

货物购销合同

供方:　　　　　　　　　　　　合同编号:
　　　　　　　　　　　　　　　签订地点:　　　　签订时间:
需方:

一、产品名称、商标、价格等

名称、规格	数量	单价	金额	特殊工艺要求、质量要求等:
				商标 | 客供辅料
总金额		总计金额(大写)元		

二、交货日期、交货地点、运输方法及运费负担

交货日期	交货数量	交货地点	运输方式	装箱单送交日期	船样数量及送交日期	运费负担	备注

三、验收标准及提出异议期限
验收标准:
提出异议期限:

四、如需提供担保，另立合同担保书作为本合同附件。
五、包装标准：

包装要求	

六、结算方式：

七、违约责任

1. 供方不能按期、按质、按数量、按地点交货，应向需方偿付货款总额的___%违约金，并承担需方所遭受的经济损失费用。

2. 因需方责任造成中途退货，应向供方偿付货款总额的___%违约金，并承担供方因此造成的经济损失。

3. 在本合同尚未投产时，需方客户如须作变更时，供方应积极配合，此不作为违约责任；（若有更改，以需方书面确认为准。）若已投产，供方应尽力配合，但因此而造成的供方的经济损失，需方应给予供方一定的补偿，具体按实际情况协商解决，此也不可作为违约责任。

八、解决合同纠纷的方式：

若本合同发生纠纷，当事人双方应及时协商解决，协商不成时，任何一方均可请业务主管机关调解或者向签约所在地经济合同仲裁委员会申请仲裁，或者直接向签约所在地人民法院起诉。

九、其他约定事项：

供　方	需　方	鉴（公）证意见
单位名称(章)：	单位名称(章)：	
单位地址：	单位地址：	
法定代表人：	法定代表人：	经办人：
委托代理人：	委托代理人：	鉴（公）证机关（章）
电　话：	电　话：	
邮　编：	邮　编：	
开户银行：	开户银行：	年　月　日
账　号：	账　号：	注:除国家另有规定外、鉴（公）证实行自愿原则
税务登记证号：	税务登记证号：	

本合同有效期限：　年　月　日至　年　月　日止（但货物质量等索赔有效期按本合同第三条第2项规定）

6.4 单据制作

跨境电商卖家的货物如果是小批量的货,一般用快递或邮包运送到国外,此时只需要按快递企业或中国邮政的要求提供商业发票即可,境外买家不用为这些货物单独报关。

卖家的货物如果是大批量的货,通常以一般贸易的性质报关出口。这样就需要制作商业发票、装箱单等全套商业单据,连同汇票和提单等一起通过境内银行寄交境外银行,再由银行在收到买家货款后交给买家。汇付方式下则由卖家直接将全套单据寄给境外买家,境外买家收到单据之后报关提货。

6.4.1 发票

商业发票(Commercial Invoice)是出口商开立的发货价目清单,是货物的总说明。发票的主要作用是供进口商凭已收货、支付货款和进出口商记账、报关纳税的凭据。

发票由出口商按合同内容制作,没有统一的格式,在以信用证方式结算时,还应与信用证的规定严格相符。商业发票是所有单据的核心,其他单据必须以发票数据为准制作。

商业发票样式见表6.7。

6.4.2 包装单据

包装单据(Packing Document)是指一切记载或描述商品包装种类和规格情况的单据,是商业发票的补充说明。主要有装箱单(Packing List)、重量单(Weight List)、尺码单(Measurement List)。包装单据由出口商制作。

装箱单(样式见表6.8)的内容与发票大体相似,主要区别在于发票上有金额的说明,而装箱单上有重量、包装件数的说明。

表 6.7　商业发票样式

×××公司

××× CO., LTD.

商业发票

COMMERCIAL INVOICE

To:

Invoice No.: _____
Invoice Date: _____
S/C No.: _____
S/C Date: _____

Letter of Credit No. _____
Issued by: _____

Marks and Numbers	Number and kind of package Description of goods	Quantity	Unit Price	Amount

TOTAL

表6.8 装箱单样式

×××公司
××× CO., LTD.
装箱单
PACKING LIST

To:

                                                Invoice No.: _____
                                                Invoice Date: _____
                                                S/C No.: _____

From: _____ **To:** _____
Credit No.: _____ **Date of Shipment:** _____

Marks and Numbers	C/No., Package	Quantity, Description of goods	G. Weight	N. Weight	Meas.

TOTAL　　（注明大包装件数和包装情况）

6.4.3 托运委托书

跨境电商卖家的大批量货物一般在线下委托货运代理公司（货代）代为订舱。出口商向货代办理托运时，应填写托运委托书（样式见表 6.9）。货代收到托运委托书后，再制作托运单向承运人（船公司、航空公司等）订舱。

表 6.9 托运委托书样式

国际货物运输托运书

托运人（Shipper）		发票号码	贸易方式	收汇方式
^^		运输方式	运费支付方式（到付/预付）	
收货人（Consignee）		货物备妥时间	杂费支付方式（到付/预付）	
^^		可否转运	可否分批	
被通知人（Notify Party）		装运期限	信用证有效期	
^^		装船方式（自送/门到门）		
装运港	卸货港	门到门装货地址		
目的地	提单份数			
标记唛头	件数及包装式样	货物规格及货号	毛重（千克）	体积（立方米）
配载要求				
特别要求				
托运人签章 联系人及联系方式 手机 托运日期				

6.4.4 汇票

在支付方式为信用证和托收时，出口商需要制作汇票，样式如表 6.10 所示。汇票（Bill of Exchange）相当于卖方开出的要求汇票上指定的付款人按规定期限付款的书面通知。付款人收到汇票后可能拒付，也可能按规定付款。

表 6.10　汇票样式

	BILL OF EXCHANGE	
凭 Drawn Under		不可撤销信用证 Irrevocable L/C No.
日期 Date 号码 No.	支取 Payable With interest　　　　@　% 按　息　付　款 （加上出票日期）	
	汇票金额 Exchange for	
	见票　　　　　　日后 (本汇票之副本未付) 付交 sight of this FIRST of Exchange (Second of Exchange being unpaid)	
	Pay to the order of **BANK OF CHINA NINGBO BRANCH**	
金额 the sum of	**SAY**	
此致 To　（加上地址）		
		(Authorized Signature)

6.4.5 产地证

原产地证明（Certificate of Origin）是证明商品原产地的一种文件证明，是进口国对货物进行确定税率待遇、贸易统计、实行数量限制（如配额、许可证等）和控制从特定国家进口（如反倾销税）的主要依据之一。产地证主要有以下几种。

1．优惠原产地证

货物出口到给予我国普惠制待遇的国家，需要出口商填写申请书和产地证向商检机构申请普惠制原产地证明书（FORM A，样式见表 6.11）。

表6.11 普惠制产地证样式

1. Goods consigned from (Exporter's business name address country)	Reference No.
	GENERALIZED SYSTEM OF PREFERENCES **CERTIFICATE OF ORIGIN** **(Combined declaration and certificate)**
2. Goods consigned to (Consignee's name, address, country)	FORM A issued in THE PEOPLE'S REPUBLIC OF CHINA (country)
	4. For official use
3. Means of transport and route	

5. item number	6. Marks & Nos of packages	7. Number of kind of packages; Description of goods	8. Origin criterion	9. Gross weight & other Quantity	10. Number and date of Invoice

11. Certification It is hereby certified, on the basis of control carried out, that the declaration by the exporter is correct.	12. Declaration by the exporter The undersigned hereby declares that the above details and state ments are correct; that all goods were produced in **CHINA** (Country)
	and that they comply with the origin requirements specified for those goods in the **Generalized System of Preferences** for goods exported to (importing country)
Place and date, signature and stamp of certifying authority	Place and date, signature of authorized signatory

货物出口到与我国签订双边自由贸易协定的国家或地区，需要向商检机构申请自由贸易协定项下的原产地证，例如《中国—东盟自由贸易区》优惠原产地证明书（FORM E）、《中国—智利自由贸易区》原产地证书（FORM F）等。

2．一般原产地证（Certificate of Origin，简称 CO）

货物出口到未与我国签订任何优惠关税协定的国家时，应买家要求需要出口商填写申请书和产地证向中国国际贸易促进委员会或商检机构申请一般原产地证。

6.4.6 其他单据

当价格术语为 CIF/CIP 等时，卖方还需要向保险公司办理投保，但一般出口商会跟保险公司签订阶段性（例如一年）的预约保险合同，每一批货物出口后只要将发票交保险公司就可自动承保。如果出口商仅为一票货物投保，则需要填写投保单，样式见表 6.12。

其他单据按不同交易情况，由合同或信用证规定，主要有：受益人证明（Benificiary's Certificate）、装运通知（Shipping Advice）等。

6.5 国际贸易物流

6.5.1 批量货物的国际物流方式

1．海洋运输

在国际货物运输方式中，运用最广泛的是海洋运输（Ocean Transportation）方式。

海洋运输具有运载量大、通过能力强、运费低的优势。海洋运输虽有上述优点，但也存在不足之处。例如，海洋运输受气候和自然条件的影响较大，航期不易准确，而且风险较大。此外，海洋运输的速度也相对较低。

2．铁路运输

在国际货物运输中，铁路运输（Rail Transportation）是一种仅次于海洋运输的主要运输方式。

铁路运输有许多优点，如一般不受气候条件的影响，可保障全年的正常运输，而且运量较大，速度较快，有高度的连续性，运转过程中可能遭受的风险也较小。办理铁路货运手续比海洋运输简单，而且发货人和收货人可以在就近的始发站（装运站）和目的站办理托运和提货手续。

表6.12 投保单样式

海运出口货物投保单

1）保险人　　　　　　　　　　　　　　　　　　2）被保险人

3）标记	4）包装及数量	5）保险货物项目	6）保险货物金额

7）总保险金额（大写）

8）运输工具　　　（船名）　　　　（航次）

9）装运港　　　　　　　　　　　　　　　　　　10）目的港

11）投保险别　　　　　　　　　　　　　　　　　12）货物起运日期

13）投保日期　　　　　　　　　　　　　　　　　14）投保人签字

3．航空运输

航空运输（Air Transportation）是一种现代化的运输方式，它与海洋运输、铁路运输相比，具有运输速度快、货运质量高且不受地面条件的限制等优点。因此，它最适宜运送急需物资、鲜活商品、精密仪器和贵重物品。近年来，随着国际贸易的迅速发展以及国际货物运输技术的不断现代化，采用空运方式也日趋普遍。

航空运输的方式可以分为班机运输、包机运输、集中托运、航空快递等几种。

4．公路运输

公路运输（Road Transportation）是一种现代化的运输方式，它不仅可以直接运进或运出对外贸易货物，而且也是车站、港口和机场集散进出口货物的重要手段。

公路运输具有机动灵活、速度快和方便等特点，尤其在实现"门到门"运输中，更离不开公路运输。但公路运输也有一定的不足之处，如载货量有限，运输成本高，容易造成货损事故。

6.5.2 零散货物的国际物流方式

1．邮政小包

1）特点

各国邮政部门之间订有协定和公约，通过这些协定和公约，各国的邮件包裹可以互相传递，从而形成国际邮包运输网。

邮政小包的优势：邮政网络基本覆盖全球，比其他任何物流渠道都要广，可寄递的范围广。邮政渠道一般为国营性质，依托邮政系统，清关能力强，价格也非常便宜。

邮政小包的劣势：有明显的尺寸限制，要求在2kg以内，单边不超过60cm，三边之和不超过90cm，只适合重量轻、体积小的轻小货物。价格便宜，时效也慢，易丢包。

2）分类

邮政小包分为平邮、挂号和E邮宝。

其中平邮小包价格最便宜，时效也是三者中最慢的，货物运送仅有上网信息，无轨迹跟踪信息，不便于货物情况跟踪，丢件无赔偿，因此平邮适合价值不高且无时效要求的货物寄递。

挂号小包运费比平邮贵，时效也比平邮快，时效稳定，货物轨迹跟踪至妥投，丢件有赔偿，适合相对贵重且时效要求不强的轻小件货物寄递。

E邮宝是为跨境电商量身定制的物流方式，运费一般比挂号小包便宜，比平邮贵，时效和挂号小包差不多，货物轨迹跟踪详尽（接近快递），带妥投信息，丢件无赔偿，适合节省运费的卖家。

2．国际商业快递

国际商业快递主要是指UPS、Fedex、DHL三巨头（TNT被Fedex收购，四大快递变三大快递）。

国际商业快递的优势：速度快、服务好、丢包率低，尤其是发往欧美发达国家非常方便。比如，使用UPS从中国寄包裹送到美国，最快可在48小时内到达，DHL发送欧洲一般3个工作日可到达。

国际商业快递劣势：价格昂贵，除运费以外还有燃油费、偏远费等其他附加费，且资费变化较大；与邮政渠道相比，清关能力较差。一般跨境电商卖家只有在客户强烈要求时效性的情况下才会使用，且会向客户收取运费。

3. 专线物流

跨境专线物流一般是通过航空包舱方式将货物运输到国外，再通过合作公司进行目的地国国内的派送，是比较受欢迎的一种物流方式。目前，业内使用最普遍的物流专线包括美国专线、欧洲专线、澳洲专线、俄罗斯专线等。

专线物流的优势：可以集中大批量将货物发往目的地，通过规模效应降低成本，因此，价格比商业快递低，速度快于邮政小包，丢包率也比较低。

专线物流的劣势：相比邮政小包来说，运费还是高了不少，而且在国内的揽收范围相对有限，覆盖地区有待扩大。

4. 海外仓储

海外仓储服务指为卖家在销售目的地进行货物仓储、分拣、包装和派送的一站式控制与管理服务。确切来说，海外仓储应该包括头程运输、仓储管理和本地配送三个部分。

头程运输：中国商家通过海运、空运、陆运或者联运将商品运送至海外仓库。

仓储管理：中国商家通过物流信息系统，远程操作海外仓储货物，实时管理库存。

本地配送：海外仓储中心根据订单信息，通过当地邮政或快递将商品配送给客户。

海外仓储模式的优势：能降低物流成本，从买家所在国发货可以缩短订单周期，从而给客户较好的体验。

海外仓储模式的劣势：容易压货，只适合库存周转快的热销单品，对卖家的供应链管理、库存管理、动销管理等方面的门槛要求较高。

5. 国内快递的跨国业务

随着跨境电商火热程度的上升，国内快递也开始加快国际业务的布局，主要是EMS、顺丰和"四通一达"（申通快递、圆通快递、中通快递、百世汇通、韵达快递）。由于依托着邮政渠道，EMS的国际业务相对成熟，可以直达全球60多个国家。顺丰也已开通了到美国、澳大利亚、韩国、日本、新加坡、马来西亚、泰国、越南等国家的快递服务。

国内快递的优势：速度较快，费用低于三大国际快递巨头，EMS在中国境内的出关能力强。

国内快递的劣势：由于并非专注跨境业务，相对缺乏经验，对市场的把控能力有待提高，覆盖的海外市场也比较有限。

6.5.3 国际物流的选择原则

对于卖家来说选择适合自己的国际物流方式应考虑以下原则。

原则一：安全性好，可跟踪性强。尽量可以让买家随时了解物品运送状态，目前大部分物流方式都可以做到这一点。

原则二：时效性好，可控性强。至少要保障货物在买家期望的运送时间内送达，一般电商平台系统也有对应的运送送达时间范围显示在订单详情页面。随着电商全球化发展，买家对物流配送的时效要求也越来越高。

原则三：服务好，性价比高。在确保不违反第一、第二原则的前提下选择性价比更高的物流方式。

6.5.4 国际物流在线下单流程

电商平台一般会提供国际物流在线下单的服务，例如阿里巴巴国际站提供了全方位的国际物流服务。在批量货物数量较多时卖家可能考虑选择在线下委托货代进行订舱托运，在货物数量不多时一般采用国际快递作为物流方式，卖家通常直接在电商平台上在线下单。

国际物流在线下单流程如下。

1. 查询运价

以快递为例，在后台功能区的"物流服务"→"查询报价并安排发货"页面，输入发件地邮编、货件信息和目的地以后，可查询到运价信息，如图 6.8 所示。

图 6.8 在线物流运价查询

2．物流下单

1）选择物流方案

在运价查询的列表中，先比较物流服务商的运输时效、预算费用，再选择其中的一家，点击右侧的"下单"按钮。

2）填写商品信息

选择完物流服务商以后，需要填写详细的商品信息。

（1）填写发货到仓库的国内物流信息，如图 6.9 所示。

图 6.9　填写发货到仓库的国内物流信息

（2）填写快件信息包裹信息，如图 6.10 所示。

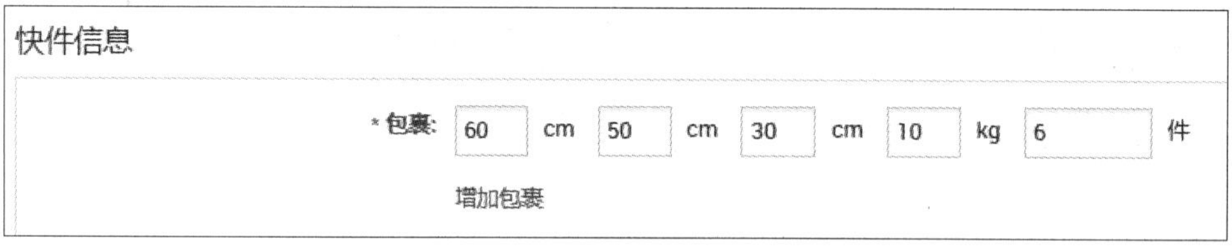

图 6.10　填写快件信息包裹信息

（3）填写商品信息，如图 6.11 所示。

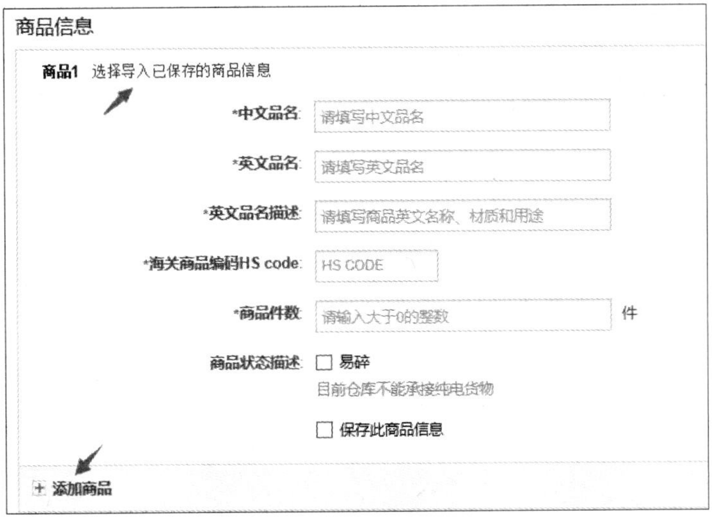

第6章 跨境电商履约流程 | 271

图 6.11 填写商品信息

（4）填写报关信息，如图 6.12 所示。

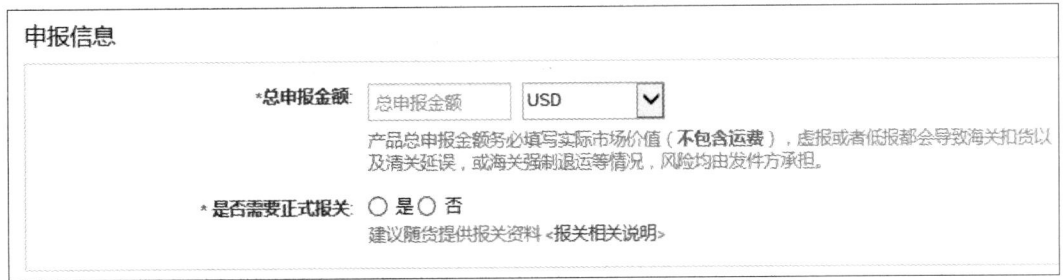

图 6.12 填写报关信息

（5）勾选增值服务，如图 6.13 所示。阿里巴巴国际站向卖家赠送保险金额不超过 4000 元的货运保险服务，如果货值超过 4000 元可以不勾选赠送的货运险。

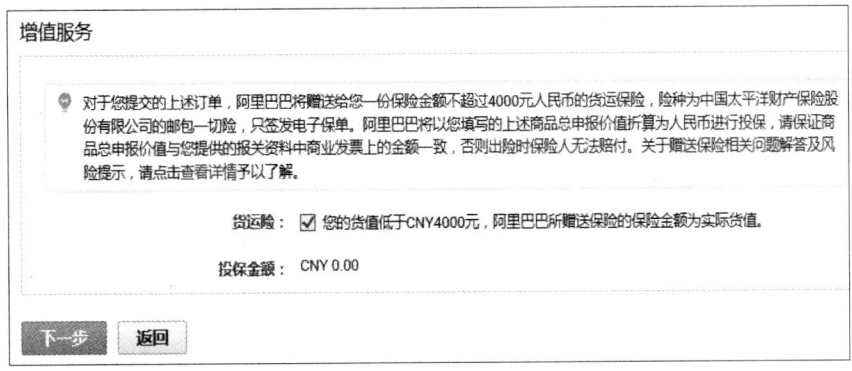

图 6.13 选择增值服务

3）填写收/发货人信息

填写所有内容后，点击"下一步"按钮继续填写收/发货人信息。

（1）填写发货人信息，如图6.14所示。

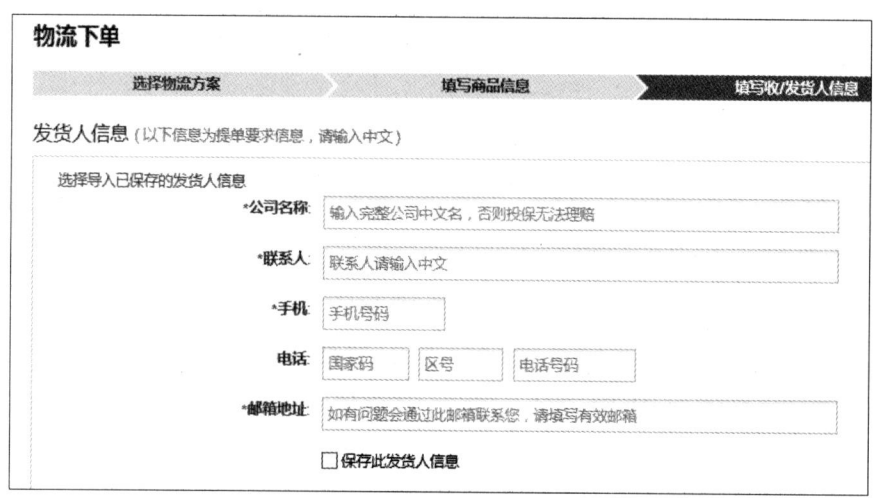

图6.14　填写发货人信息

（2）填写收货人（买家）信息，如图6.15所示。

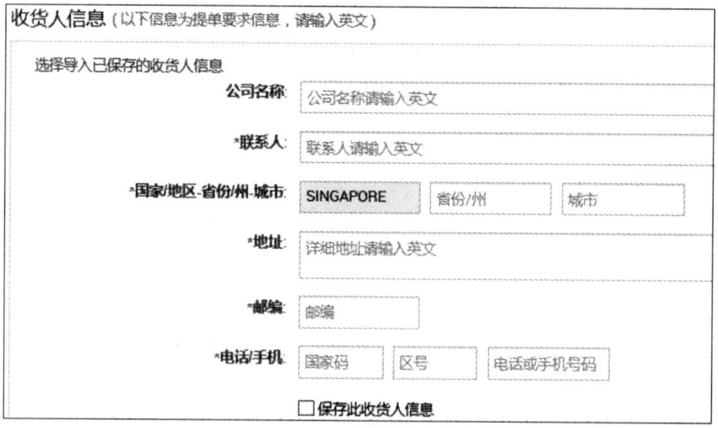

图6.15　填写收货人信息

（3）在预览物流订单信息后，点击"提交订单"按钮完成线上物流安排的操作，如图6.16所示。

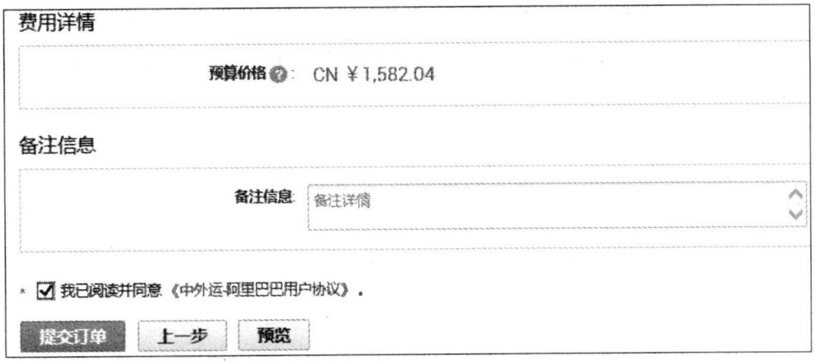

图 6.16 预览和提交订单

6.6 资金与收款管理

6.6.1 传统国际贸易支付方式

1. 信用证

1）含义

信用证（Letter Of Credit，简称 L/C）是指一家银行（境外开证行）应申请人（境外买家）的要求和指示或以其自身的名义，在与信用证条款相符的条件下，凭规定的单据向受益人（中国卖家）或其指定人付款的书面承诺。简而言之，一份信用证是一项有条件的银行付款承诺。

2）信用证的业务流程

信用证使用过程的流程图如图 6.17 所示。

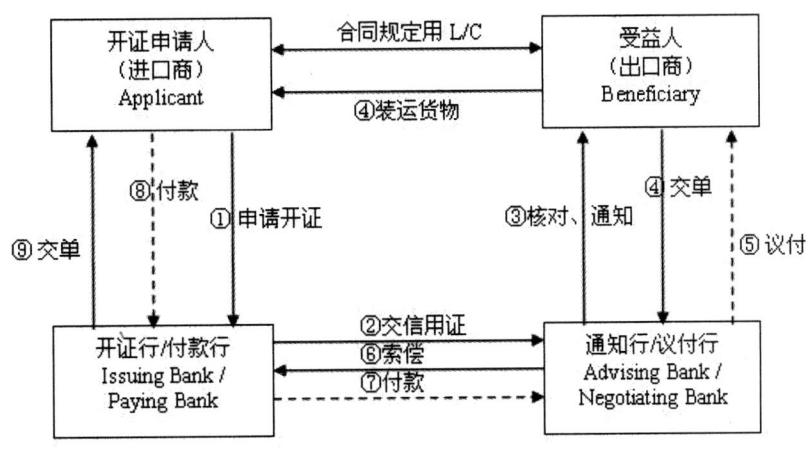

图 6.17 信用证业务操作流程图

①开证申请人根据合同填写开证申请书并交纳押金或提供其他保证，请开证行开证。
②开证行根据申请书内容，向受益人开出信用证并寄交出口人所在地通知行。
③通知行核对印鉴无误后，将信用证交受益人。
④受益人审核信用证内容与合同规定相符后，按信用证规定装运货物、备妥单据并开出汇票，在信用证有效期内，送议付行议付。
⑤议付行按信用证条款审核单据无误后，把货款垫付给受益人。
⑥议付行将汇票和货运单据寄开证行或找其特定的付款行索偿。
⑦开证行核对单据无误后，付款给议付行。
⑧开证行通知开证人付款赎单。
⑨银行在收款后向开证人交单。

3）信用证的业务特点

（1）信用证是开证行以自己的信用做出的付款保证。

信用证业务中开证行负有第一性付款责任，因而信用证属于银行信用的结算方式。在信用证条款被满足的情况下，即使境外买家无力支付，开证行也必须付款。

（2）信用证是自足性文件。

信用证虽然以销售合同为基础，但一经开立，就成为独立于销售合同以外的一项契约，信用证业务的一切当事人只受信用证条款的约束。贸易合同的买卖双方有无违约，与银行是否解除付款承诺无关。

（3）信用证是一种单据买卖业务。

银行只凭单据付款而不管货物质量。银行不是销售合同的当事人，它只要求受益人提交的单据条款表面上与信用证条款相符，而对于所装货物的实际情况如何，是否途中损失，能否到达目的地等均不负责。对于单据的真伪，单据在邮寄过程中丢失情况，银行也不负责。

因此，境外开证行付款的条件就是受益人提交信用证规定的单据，做到"单证相符""单单一致"。因此使用信用证方式支付时，卖家对信用证条款和所交单据的审核至关重要。经验不足的卖家可使用阿里巴巴国际站的"一达通超级信用证"服务，将审证、制单、审单、交单、收汇等业务外包给一达通。

4）信用证内容

信用证的样式见表6.13，原文内容都是英文，样式中的中文是编者加的注解。

表 6.13 信用证内容

```
                       LETTER OF CREDIT
:27:SEQUENCE OF TOTAL 信用证份数
    1/1  一份
:40A:FORM OF DOCUMENTARY CREDIT 信用证种类
    IRREVOCABLE 不可撤销
:20:DOCUMENTARY CREDIT NUMBER 信用证号码
    STLCN000326
:31C:DATE OF ISSUE 开证日期
    180601  2018 年 6 月 1 日
:40E: APPLICABLE RULES 适用规则
    UCP LATEST VERSION 跟单信用证统一惯例最新版
:31D:DATE AND PLACE OF EXPIRY 到期日和地点
    180715 IN BENEFICIARY'S COUNTRY 2018 年 7 月 15 日受益人所在国家
:51A:APPLICANT BANK 申请人银行（开证银行）
    ROYAL BANK OF CANADA
    1046 LINKEN ROAD, TORONTO，CANADA
:50:APPLICANT 申请人（境外买家）
    C&M CLOTH IMPORT AND EXPORT CO., LTD.
    No.818 APPLE STREET, TORONTO，CANADA
:59:BENEFICIARY 受益人（中国卖家）
    HANGZHOU ABC GARMENTS& ACCESSORIES CO.,LTD
    470 BINWEN ROAD, HANGZHOU, CHINA
:32B:CURRENCY CODE, AMOUNT 信用证总额
    USD 60600.00
:41D:AVAILABLE WITH BY 信用证使用方式
    ANY BANK BY NEGOTIATION   任何银行议付
:42C:DRAFTS AT 汇票期限
    SIGHT  见票即付
:42A:DRAWEE 汇票付款人
    ROYAL BANK OF CANADA
    1046 LINKEN ROAD, TORONTO，CANADA
:43P:PARTIAL SHIPMENTS 分批装运
    NOT ALLOWED 不允许
:43T:TRANSHIPMENT 转运
    NOT ALLOWED 不允许
:44E:PORT OF LOADING/ AIRPORT OF DEP. 装运港/起飞机场
    NINGBO
:44F:PORT OF DISCHARGE/AIRPORT OF DEST. 卸货港/目的机场
    TORONTO
```

续表

:44C:LATEST DATE OF SHIPMENT 最迟装运期
　　180630　2018年6月30日
:45A:DESCRIPTION OF GOODS AND/OR SERVICES 货物描述
　　BOYS JACKETS 5000PCS, 20PCS PER CARTON, ART NO. PP01. COLOR: RED, FABRIC CONTENT: 100% COTTON . CIFC5 TORONTO USD 12.12/PC
:46A:DOCUMENTS REQUIRED 要求的单据
　　+SIGNED COMMERCIAL INVOICE （商业发票）IN 5 COPIES INDICATING CONTRACT NO.
　　+FULL SET OF CLEAN ON BOARD BILLS OF LADING（海运提单） MADE OUT TO ORDER AND BLANK ENDORSED, MARKED FREIGHT PREPAID AND NOTIFY APPLICANT.
　　+INSURANCE POLICY/CERTIFICATE（保险单或保险凭证）IN 3 COPIES FOR 110％ OF THE INVOIECE VALUE SHOWING CLAIMS PAYABLE IN CANADA CURRENCY OF THE DRAFT, BLANK ENDORSED, COVERING ALL RISKS, WAR RISKS
　　+PACKING LIST/WEIGHT MEMO（装箱单/重量单） IN 6 COPIES
　　+CERTIFICATE OF ORIGIN（一般原产地证） IN 3 COPIES ISSUED BY CCPIT
　　+BENEFICIARY'S CERTIFIED COPY OF FAX（传真复印件） DISPATCHED TO THE ACCOUNTEE WITHIN 3 DAYS AFTER SHIPMENT ADVISING NAME OF VESSEL, DATE, QUANTITY, WEIGHT, VALUE OF SHIPMENT, L/C NUMBER AND CONTRACT NUMBER.
:47A:ADDITIONAL CONDITIONS 附加指示
1. ALL DOCS MUST BE WRITTEN IN ENGLISH LANGUAGE.
2. IN THE INVOICE IT MUST FIGURE THE NUMBER OF THE L/C AND THE DATE.
:71B:CHARGES 费用
　　ALL BANKING CHARGES OUTSIDE THE OPENING BANK ARE FOR BENEFICIARY'S ACCOUNT.
:48:PERIOD FOR PRESENTATION 交单期限
　　DOCUMENTS MUST BE PRESENTED WITHIN 15 DAYS AFTER DATE OF ISSUANCE OF THE TRANSPORT DOCUMENTS BUT WITHIN THE VALIDITY OF THIS CREDIT.
:49:CONFIRMATION INSTRUCTIONS 保兑指示
　　WITHOUT 不保兑
:78： INSTRUCTIONS TO THE PAYING/ACCETPING/NEGOTIATING BANK 对相关银行的指示
 1. ALL DOCUMENTS TO BE FORWARDED IN ONE COVER, UNLESS OTHERWISE STATED ABOVE.（寄单指示）
 2. DISCREPANT DOCUMENT FEE OF USD 50.00 OR EQUAL CURRENCY WILL BE DEDUCTED FROM DRAWING IF DOCUMENTS WITH DISCREPANCIES ARE ACCEPTED.（不符单据处理费的扣除）
:57D:ADVISE THROUGH BANK 通知银行
　　BANK OF CHINA HANGZHOU BINJIANG SUB-BRANCH
　　3806 JIANGNAN STREET, HANGZHOU, CHINA

2. 托收

托收（Collection）是出口商开立汇票，委托银行代收款项，向国外进口商收取货款的一种结算方式。

1）托收的交单条件

按交单条件不同，托收又可分为付款交单和承兑交单。

付款交单（Documents Against Payment，D/P）是卖方指示境外的代收行要在买方付款以后再将卖方的全套单据交给买方，即先付款再交单。

承兑交单（Documents Against Acceptance，D/A）是卖方指示境外的代收行可以在买方承兑卖方开立的远期付款汇票之后将全套单据交给买方，买方先凭单据提取货物，等汇票到期日再履行付款义务，即先交单再付款。

2）托收业务流程

托收的业务种类根据交单条件和付款时间分为即期付款交单（D/P at sight）、远期付款交单（D/P after sight）、远期承兑交单（D/A）三种。其中只有即期付款交单对卖方相对有利，其业务流程如图6.18所示。

①卖方在发货之后取得提单，向本地银行（托收行）提出托收申请，并提交汇票和有关单据。
②托收行向境外银行（代收行）寄托收指示和汇票、单据。
③代收行向付款人（买方）提示汇票要求付款。
④付款人付款。
⑤代收行把单据交付款人。
⑥代收行向托收行汇付收妥的货款。
⑦托收行贷记委托人账户。

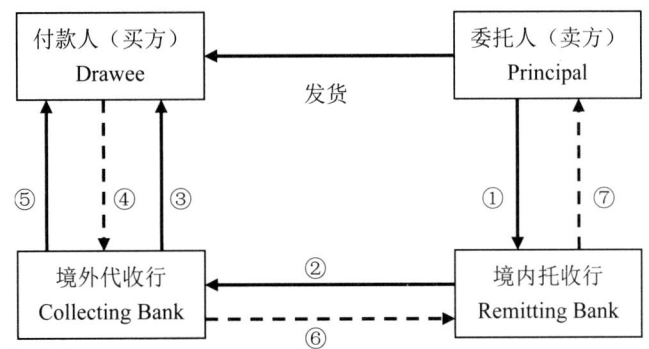

图6.18 即期D/P业务流程图

3）托收业务特点

在托收方式下，卖方委托银行向买方收取货款，能否收到完全取决于买方的信用，因为托收属于一种商业信用。因此，采用托收方式收取货款，对卖方来说有相当大的风险，出口商仅凭进口商的信用发货，发完货后才收款，风险较大，主要是进口商倒闭、进口商拒付、进口商以货物的规格、质量、包装、数量等不一致而要求降价等。

3．汇付

汇付也称汇款，是指境外买方主动通过银行将货款汇给卖方的支付方式。

汇款的方式包括电汇（T/T）、信汇（M/T）、票汇（D/D）三种，只有电汇是普遍使用的方式。

1）电汇业务流程

电汇业务流程如图 6.19 所示。

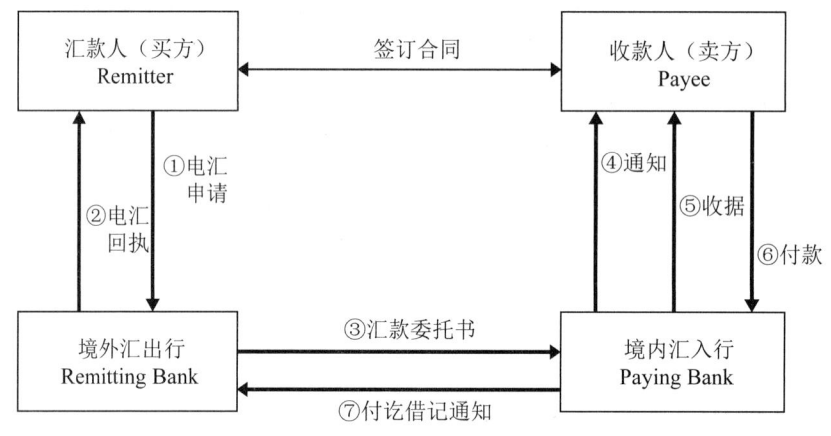

图 6.19　电汇业务流程图

①汇款人（买方）向本地银行提交汇款申请书，交付款项。

②境外银行（汇出行）同意之后，汇款人取得电汇回执。

③汇出行发出加押电报或电传给卖方开户银行（汇入行），委托汇入行解付汇款给收款人（卖方）。

④汇入行收到电报或电传，核对密押无误后，缮制电汇通知书，通知收款人收款。

⑤收款人收到通知书后在收据联上盖章，返交汇入行。

⑥汇入行借记汇出行账户，同时贷记收款人账户，解付汇款给收款人。

⑦汇入行将付讫借记通知书寄给汇出行，通知它汇款解付完毕。

2）电汇业务特点

在电汇方式下，如果是先付款后发货（T/T In Advance），则买方汇出货款后卖方是否按合同交货，完全取决于卖方的信用；如果是发货后付款（T/T After Arrival），则卖方发货以后买方是否按合同支付货款，也取决于买方的信用。银行在汇款业务中并不保证货款的支付，因此，汇款方式属于一种商业信用。

6.6.2 线上收款方式

办理线上收款需要事先在电商平台设置好收款账户,以下以阿里巴巴国际站为例说明。

1. 关联银行账户

在阿里巴巴国际站的后台,按"交易管理"→"我的银行账户"→"关联银行账户"的路径,设置好订单收款的美元账户和人民币账户,如图 6.20 所示。

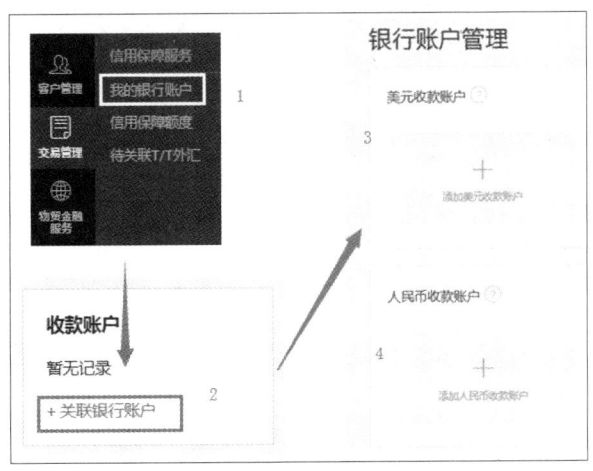

图 6.20　阿里巴巴国际站后台银行账户管理

在关联美元收款账户(见图 6.21)时,为确保提现资金正常入账,卖家应先联系收款银行确认能否收汇并入账,再操作提现。若卖家的订单涉及报关出口,建议卖家提款到以报关经营单位名称开立的外汇账户上,否则可能导致收款银行无法办理入账,进而影响卖家的订单无法进行外管核销和出口退税。

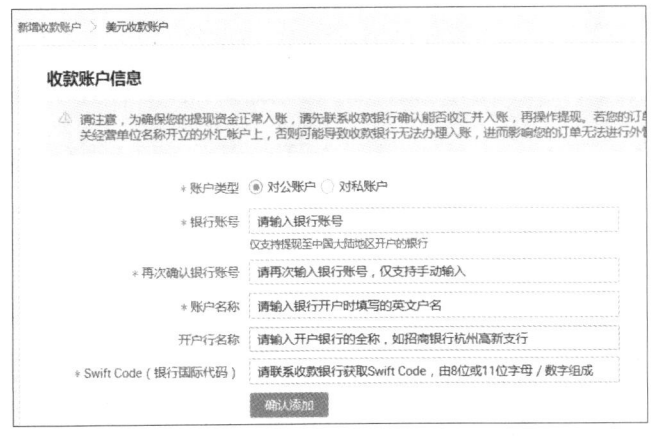

图 6.21　阿里巴巴后台美元账户设置

在关联人民币账户（见图6.22）时，需要注意阿里巴巴国际站目前适用于国内居民、付费用户。账号/身份证信息为法人代表。必须正确输入相应信息，否则将影响卖家提现的进度和结果。

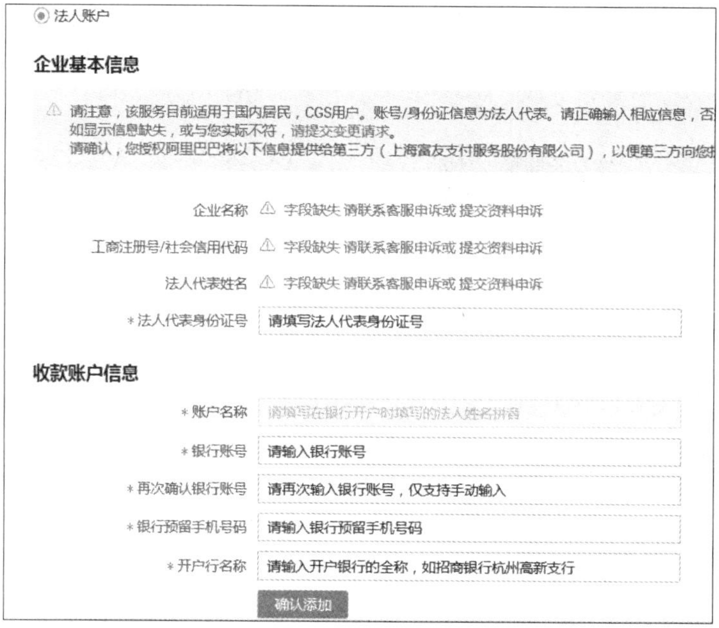

图6.22 阿里巴巴后台人民币账户设置

2. 线上支付方式

线上支付方式主要有T/T、信用卡、e-Checking等，在到账时间、支付手续费、退汇手续费、预计退汇时间等方面的区别见表6.14。

表6.14 线上支付方式比较

支付方式	资金账户	单笔限额	预计到账时间	支付手续费	退汇手续费	预计退汇时间
T/T	103账户	无	3~7个工作日	20~80美元	250元/笔	3~7个工作日
	1029账户	无	3~7个工作日	20~80美元	250元/笔	
	1566账户	无	2~3个工作日	0~25美元	未知	
信用卡	不涉及	1.2万美元	2~4个工作日	2.95%	无	7+（12~30）个工作日
e-Checking	/	5万美元	4~5个工作日	每次15美元	无	4~5个工作日
	/	1万美元	9~10个工作日	每次15欧元	无	
Boleto	/	每月5000美元	3~4个工作日	1.35%	无	10~15个工作日
Pay Later	Kabbage资金账户	根据授信额度确定	2~4个工作日	无	250元/笔	5~7个工作日

3. T/T 支付与收款操作流程

T/T 账户资金支付与收款的操作流程如图 6.23 所示。

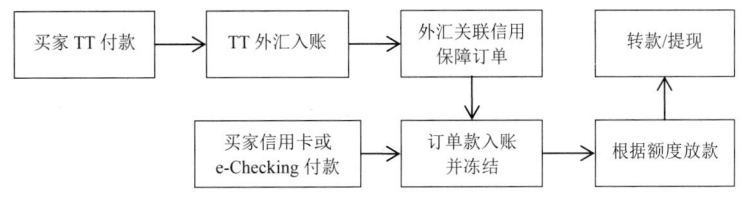

图 6.23　T/T 账户资金流程

1）买家 T/T 付款

买家收到信用保障订单邮件后,点击"Pay Now"按钮进入收银台,选择 T/T 支付方式查看支付账号,然后到银行进行转账。

2）T/T 外汇入账

买家付款后,资金到卖家的花旗银行账号,卖家可以登录 My Alibaba 后台→"信用保障交易管理"→"所有订单",找到具体的订单。点击"查看订单"链接,可以进入订单详情页,如图 6.24 所示。

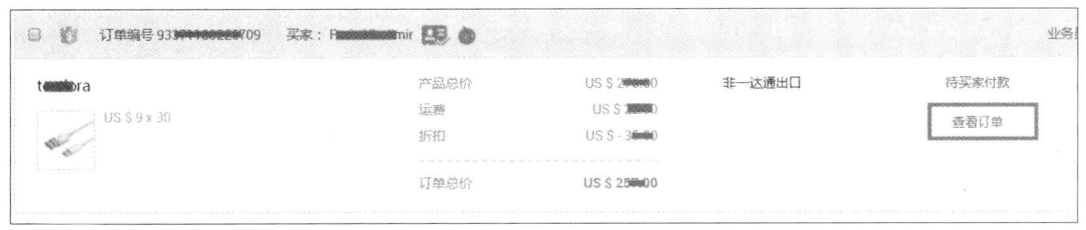

图 6.24　阿里巴巴国际站后台查看订单详情

3）外汇关联信用保障订单

关联外汇有两个渠道可以操作:一个是在"交易管理"→"待关联"中操作(如图 6.25 所示),另一个是在订单页面操作。在订单详情页,点击"关联外汇"链接,进入"关联/TT/外汇"详情页,查看已到账的各币种资金(如图 6.26 所示)。如果是美元,可直接将资金关联到订单,如果是非美元币种(包括人民币),需先汇兑美元后,再关联到订单。为了避免汇兑损失,卖家应建议买家使用美元汇款。

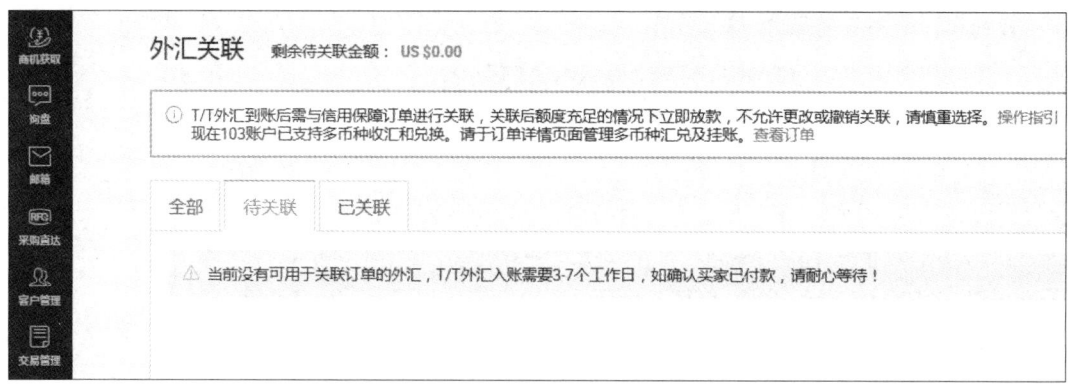

图 6.25　阿里巴巴国际站后台关联外汇

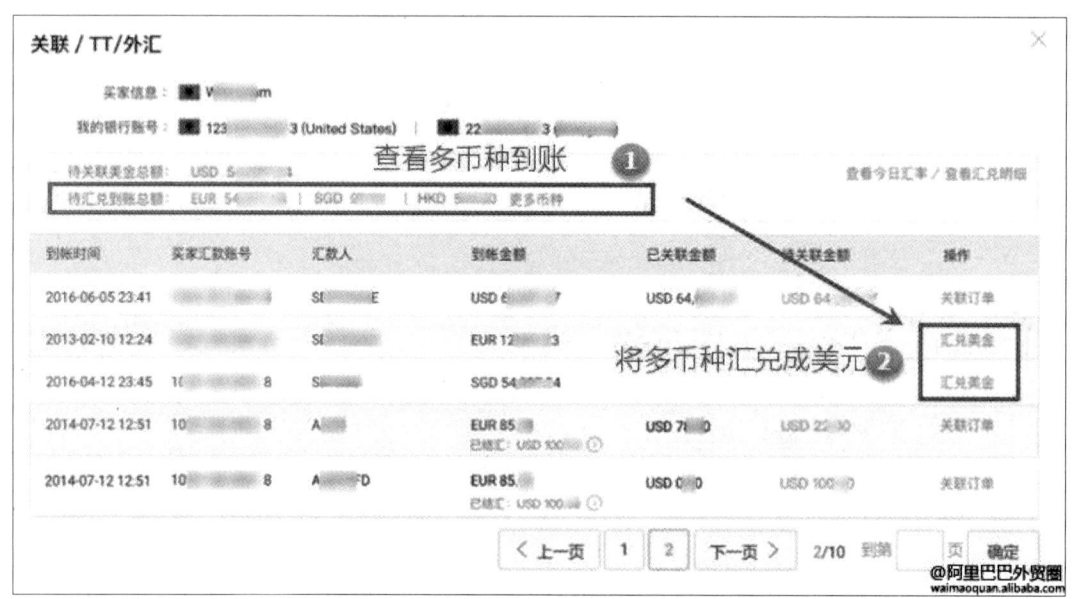

图 6.26　阿里巴巴国际站后台汇兑美元

汇兑美元时，卖家可以先点击"查看今日汇率"来查看汇率并决定是否当天汇兑成美元，如果觉得合适，可以直接点击"汇兑美元"链接进行汇兑。汇兑之后，您可以点击"查看汇兑明细"来查看汇兑结果，如图 6.27 所示。

第6章 跨境电商履约流程 | 283

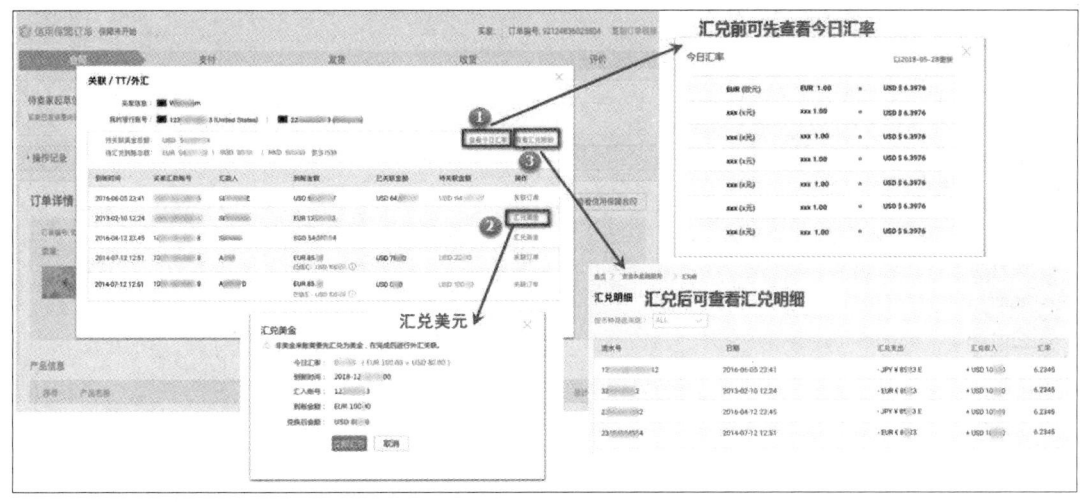

图 6.27 阿里巴巴国际站后台查看汇率

4）查看外汇关联后资金状态

订单款入账后，卖家可查看外汇关联后资金状态：点击列表页"查看详情"链接可查看外汇详情及关联订单。点击订单编号，进入订单详情页查看额度和资金冻结状态，如图 6.28 所示。

图 6.28 阿里巴巴国际站后台查看资金状态

5）查看放款至一达通的外汇

若通过一达通出口的外汇，在关联订单后且额度充足的情况下，将放款至一达通，卖家可进入一达通资金管理的外汇列表进行查询，如图 6.29 所示。

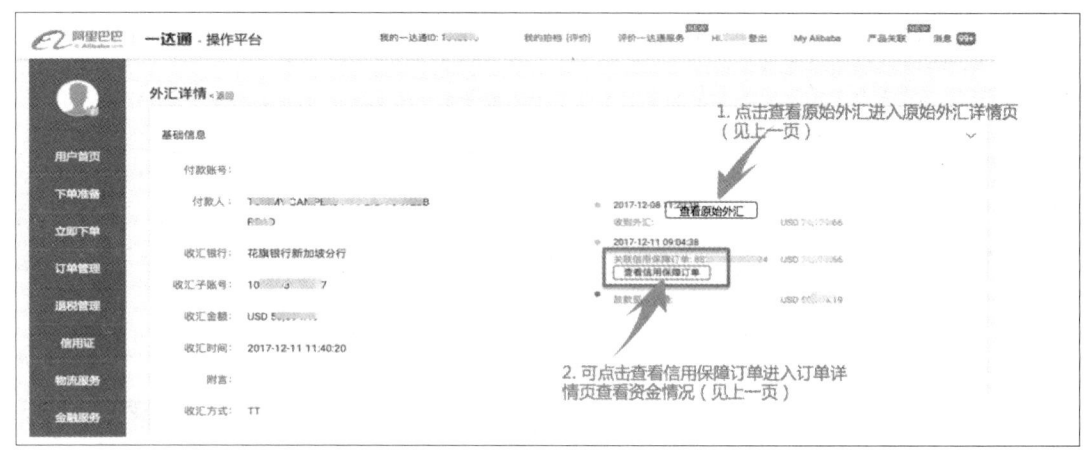

图 6.29　在阿里巴巴国际站后台查看放款至一达通的外汇

6）卖家操作外汇提现

"一达通出口"的订单款项在一达通后台资金管理的"转款／提现"页面操作，"非一达通出口"的订单款项在阿里巴巴国际站后台信用保障资金管理中心提现页面操作，如图 6.30 所示。

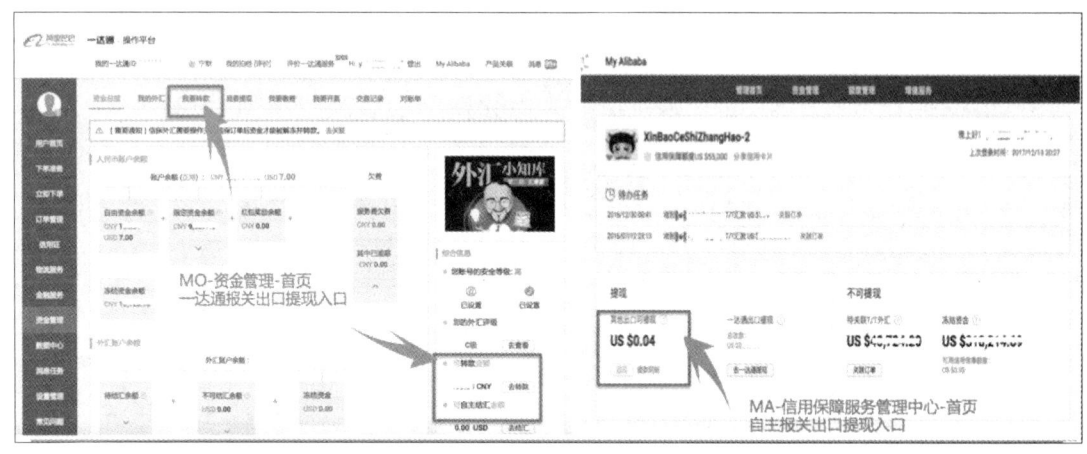

图 6.30　在阿里巴巴国际站后台外汇提现

6.6.3　结汇与退税

1. 结汇

结汇是将外币转换成人民币的操作。跨境企业收到的外币可以暂时存于账户中，无须立即将外币转成人民币。由于国内业务结算都需要使用人民币，因此在需要的时候将账户中的外向结汇为人民币，例如采购用于出口的货物时需要人民币。

2. 退税

货物报关出口并且已经收到外汇以后，电商企业到退税机关办理退税正式申报。退税机关审核退税资料合格以后，企业将退税资料及一套退税申报表交给退税机关，退税机关会将一张退税汇总申报表签字盖章后返还给企业，同时按规定将退税款项划到企业银行账户。

如果企业前期与电商平台签订外贸综合服务的，例如阿里巴巴国际站的"一达通"服务，则退税工作由一达通公司完成，一达通公司获得税务机关的退税之后再转给出口企业。

思考与实训

1. 单项选择题

（1）按照《INCOTERMS 2010》，以 CIF 汉堡贸易术语成交，卖方对货物风险应负责至（　　）。
  A. 船到汉堡港为止　　　　　　　　B. 在汉堡港卸下船为止
  C. 货在装运港装上船为止　　　　　D. 货在装运港越过船舷为止

（2）在使用 FOB/CIF 术语时，国际货运保险应由（　　）办理。
  A. 买方 / 卖方　　B. 卖方 / 买方　　C. 买方 / 买方　　D. 卖方 / 卖方

（3）就卖方承担的费用而言，哪个正确（　　）。
  A. FOB>CFR>CIF　　　　　　　　B. FOB>CIF>CFR
  C. CIF>CFR>FOB　　　　　　　　D. CIF>FOB>CFR

（4）出口成本价格包括（　　）。
  A. 国内费用和国外费用　　　　　　B. 进货成本和国外费用
  C. 进货成本　　　　　　　　　　　D. 进货成本和国内费用

（5）在零散货物的国际物流方式中，选择（　　）时可寄递的范围最广。
  A. 国际商业快递　B. 专线物流　　C. 邮政小包　　　D. 海外仓储

（6）下列国际结算方式中，对于卖方收汇来说，哪一种风险最大（　　）。
  A. D/P After Sight　B. T/T In Advance　C. L/C　　D. D/A

（7）传统国际贸易支付方式中，属于银行信用的是（　　）。
  A. 信用证　　　　B. 托收　　　　C. 汇付　　　　　D. 货到付款

（8）出口商要保证信用证下安全收汇，必须做到（　　）。
  A. 提交单据与合同相符且单单相符
  B. 提交单据与信用证相符且单单相符
  C. 当 L/C 与合同不符时，提交单据以合同为准
  D. 提交单据与合同、信用证均相符

（9）有些买家要求签订 P/I 来代替正式的贸易合同，这里的 P/I 是指（　　）。

A．商业发票　　　B．装箱单　　　C．形式发票　　　D．汇票

（10）卖家选择国际物流方式应考虑的原则中错误的是（　　）。

A．安全性好，可跟踪性强　　　B．时效性好，可控性强

C．服务好，性价比高　　　　　D．越快越好

2．计算题

（1）某公司从工厂购进 5000 个玩具车，含税采购价格为每只 15 元，已知该商品增值税为 16%，退税率为 16%。该笔货物出口的业务综合费用设定为采购成本的 3%，银行汇率为 6.7350 人民币 / 美元。请计算利润率设置为报价的 20% 时单位商品的 FOB 美元报价。

（2）一批出口货物 CFR 价为每件 5 美元，现客户要求改报 CIF 价，加成 10% 投保海运一切险和战争险，我方同意照办。如一切险费率为 0.4%，战争险费率为 0.3%，我方应改报的价格为多少？

3．案例分析题

买方与卖方签订一笔 1000 公吨的食品合同，贸易条件为 FOB 大连，11 月 13 日买方指定的船舶抵达大连港将货物装船。11 月 14 日凌晨 2 点，货物装载完毕，2 点 30 分左右，载货船舱出现火情，船长随即组织船员灭火后，食品中已有 300 公吨被烧毁。卖方立即将情况汇报买方，征询处理意见。次日，买方来电要求卖方重新备齐货物装船，否则将不付款。买方的要求是否合理？为什么？卖方应如何处理？

第7章 新媒体营销

新媒体营销是在特定产品概念诉求的基础上，利用新媒体平台进行营销的方式。它是借助新媒体中受众广泛且深入的信息发布，达到对消费者进行心理引导的一种营销推广方式。

新媒体是相对于报刊、电视、广播等传统媒体而言的新的媒体形态，它是一个宽泛的概念，是一种基于移动互联网、面向客户提供信息和娱乐的传播形态。在自媒体高度发达的时代，每个人都是媒体的参与者，也可能成为一个媒体。我们可以利用各种新媒体平台进行品牌推广、产品营销，也可以策划品牌相关的、优质的、有高度传播性的内容和线上活动，向客户广泛或者精准推送消息，提高消费者的参与度和品牌的知名度，从而充分利用粉丝经济达到相应的营销目的。

7.1 视觉营销

视觉营销（Visual Merchandising）通过视觉冲击和视觉感观来提高消费者和潜在消费群体的兴趣，达到产品或服务的推广目的。其概念的本意是为达成营销的目的而存在的，是将展示技术和视觉呈现技术与对商品营销的彻底认识相结合，与各部门共同努力将商品提供给市场，加以展示售卖的方法。

视觉营销作为一种营销技术，是一种视觉呈现，更是一种直观的、可视化的视觉体验。最初起源于20世纪70—80年代的美国，品牌（或商家）通过其标志、图片、色彩、广告、橱窗、陈列等一系列的视觉展现，向顾客传达产品信息、服务理念和品牌文化，从而达到最大程度地促进产品（或服务）与消费者之间的联系，最终实现销售，影响品牌的文化建设。

在电子商务时代，视觉营销是最直观、最基础的营销手段。买家会点击哪个商品，会进入哪家店铺，取决于商品图片、广告海报是否能吸引消费者的眼球。因此，要想让网店转化率提高，就要做好视觉营销。视觉营销的首要目的就是减少传播内容的传播成本，它对消费者和网店的影响主要有以下几个方面。

（1）吸引消费者眼球。网店视觉营销是电商企业提升竞争力的重要措施。卖家要将产品、品牌、文化理念完美地呈现在用户眼前，就必须在页面设计时合理安排文字、色彩、图像、排版、功能模块、多媒体等，让其中的亮点跳入消费者的视野，从而实现直观的视觉冲击。

（2）激发消费者兴趣。在网店的销售环节中，消费者往往会凭视觉获取的信息来做出喜欢或者不喜欢的判断，最终决定是否购买。对消费者来说，色彩鲜明、款式独特、时尚新颖的形象往往会吸引他们更多的注意力，进而对其产生兴趣。因此，视觉营销策略要清晰地传达网店所要表达的内容，避免烦琐和怪异的设计。

（3）激发消费者的购买欲望。一个缺少视觉营销的店铺会缺少生机和活力，再好的产品也会显得平淡无奇，而且还容易使消费者产生视觉疲劳，缺乏购买的冲动和欲望。通过视觉营销可以将不同品类的产品搭配起来，为消费者创造并展现一种意境，从而引导消费者的联想，成为消费者产生购买欲望的催化剂。

（4）引导时尚消费潮流。消费者需求的经常变动决定了需求的可诱导性，视觉营销能够引导和促使产品与消费者的情感产生共鸣。网店经营者可以很好地迎合消费者的这种感性消费心理，对网店页面精心设计，传递产品在生活中的意义和价值，向消费者传播产品和品牌的良好形象，从而引导消费潮流。

（5）提升店铺流量。视觉营销对于网店而言，是提升流量的关键。在抽象化的网店中，视觉营销是吸引消费者的主要手段，并且视觉体验的好坏跟消费者的购买欲望直接挂钩。现在电商平台、网店比比皆是，售卖的商品更是应有尽有，消费者的选择余地也更大了，这就要靠优于他人的店铺装修布局和产品图文详情来吸引消费者，延长消费者在店内的停留时间，从而促进消费，甚至让消费者成为"回头客"。

7.1.1 图片处理技术

21世纪是一个充满信息的时代，人类从外界获取的信息有四分之三以上来源于视觉系统。而图像作为人类感知世界的视觉基础和载体，是人类获取信息、表达信息和传递信息的重要手段。我们可以利用图片处理软件，对图片进行分析、加工和处理，包括调色、抠图、合成、明暗修改、彩度和色度的修改、特殊效果的添加、编辑和修复等，使其满足视觉营销的需求、消费者的心理需求等。

1. Adobe Photoshop

Adobe Photoshop，简称"PS"，是由 Adobe 公司开发和发行的图像处理软件。主要处理以像素构成的数字图像，在图像、文字、视频、出版等各方面都有涉及。使用其众多的编修与绘图工具，可以有效地进行图片编辑工作。

1）主要功能介绍

从功能上看，该软件可分为图像编辑、图像合成、校色调色及功能特效制作部分等。图像编辑是图像处理的基础，可以对图像做各种变换，如放大、缩小、旋转、倾斜、镜像、透视等；也可进行复制、去除斑点、修补、修饰图像的残损等。图像合成则是将几幅图像通过图层操作、工具应用合成完整的、传达明确意义的图像，这可以让图像与创意很好地融合。校色调色可方便快捷地对图像的颜色进行明暗、色偏的调整和校正，也可对不同颜色进行切换以满足图像在不同领域的应用。特效制作在该软件中主要由滤镜、通道及工具综合应用完成，包括图像的特效创意和特效字的制作，如油画、浮雕、石膏画、素描等常用的传统美术技巧都可借由该软件特效完成。

2）界面介绍

Adobe Photoshop CS6 提供了一个全新的暗色界面（如图 7.1 所示），兼具了突破性的功能、卓越的图像选择、图像润饰、写实绘画和 3D 型材等。下面就以该版本为例做简要说明。

图 7.1　PS 软件界面

标题栏和菜单栏：位于主窗口顶端，最左边是 Photoshop 标记，最右边分别是最小化、最大化 / 还原和关闭按钮。中间的菜单栏为整个环境下所有窗口提供菜单控制，包括 File（文件）、Edit（编辑）、Image（图像）、Layer（图层）、Type（类型）、Select（选择）、Filter（滤镜）、View（视图）、Window（窗口）和 Help（帮助）等，其中每一个菜单都包含了许多可执行的命令。Photoshop 中通过两种方式执行所有命令，一是菜单，二是快捷键。

属性栏：位于菜单栏右下方，主要展示当前工作窗口的图层、宽度、高度、像素等。当我们选择不同的工具进行不同的操作时，这里也会显示该工具的相关属性，使用者可以根据实际效果和需求进行调整。

图像编辑窗口：中间窗口是图像编辑窗口，它是 Photoshop 的主要工作区，用于显示图像文件。图像窗口带有自己的标题栏，提供了打开文件的基本信息，如文件名、缩放比例、颜色模式等。如同时打开两幅图像，可通过点击图像窗口进行切换。图像窗口切换可使用"Ctrl+Tab"组合键。

工具栏：一般情况下，工具栏放置在页面的左边边沿上，工具栏中的工具可用来选择、绘画、编辑以及查看图像，几乎包含了我们需要的所有工具。将鼠标放在某个工具上，可以显示该工具的名称；拖动工具栏的标题栏，可移动工具栏；点击可选中工具或移动光标到该工具上，属性栏会显示该工具的属性。有些工具的右下角有一个小三角形符号，这表示在工具位置上存在一个工具组，其中包括若干个相关工具；用鼠标左键长按这个三角形符号，会显示该工具组的所有工具。

状态栏：位于主窗口底部，主要由文本行、缩放栏和预览框三部分组成。文本行说明当前所选工具和所进行操作的功能与作用等信息。缩放栏显示当前图像窗口的显示比例，用户可在此窗口中输入数值后按回车键来改变显示比例。

活动面板：也称调板区，一般放置在页面的右边边沿上，这个区域由各种调板共同组成，包括图层、历史记录等，用户可以根据需求方便快捷地实现设置。所有的面板都可以最小化或者关闭，也可以通过菜单栏选择需要显示或者隐藏的面板，以便提高操作的效率。

2. Adobe Illustrator

Adobe Illustrator，常被称为"AI"，是一种应用于出版、多媒体和在线图像的工业标准矢量插画的软件。它与 Adobe 公司其他软件，如 Photoshop、Premiere 及 InDesign 等软件可以良好兼容，在专业领域优势比较明显。

1）主要功能介绍

Adobe Illustrator 作为全球最著名的矢量图形软件，以其强大的功能和体贴用户的界面，已经占据了全球矢量编辑软件中的大部分份额，据不完全统计全球有 37% 的设计师在使用它进行艺术设计。AI 软件主要应用于印刷出版、海报书籍排版、专业插画绘制、多媒体图像处理和互联网页面的制作等，也可以为线稿提供较高的精度和控制，适合生产任何小型设计到大型的复杂项目设计。

AI 是一款专业的图形设计工具，提供丰富的像素描绘功能以及顺畅灵活的矢量图编辑功能，可以利用全新的描摹引擎将栅格图像转换为可编辑矢量图，快速创建设计工作流程。它可以为屏幕、网页、打印产品等创建复杂的设计和图形元素，支持许多矢量图形处理功能，提供了一些相当典型的矢量图形工具，诸如三维原型（primitives）、多边形（polygons）和样条曲线（splines）等。它还集成了文字处理、上色等功能，在插图制作和印刷制品（如广告传单、小册子）设计制作方面广泛使用。

它同时作为创意软件套装 Creative Suite 的重要组成部分，与图形处理软件 Adobe Photoshop 有类似的界面，并能共享一些插件和功能，实现无缝连接。同时它也可以将文件输出为 Flash 格式，因此，可以通过 Illustrator 让 Adobe 公司的产品与 Flash 连接。

2）界面介绍

打开软件后，点击"新建"就可以创建一个画布，图 7.2 展示的是 AI 完整的界面。

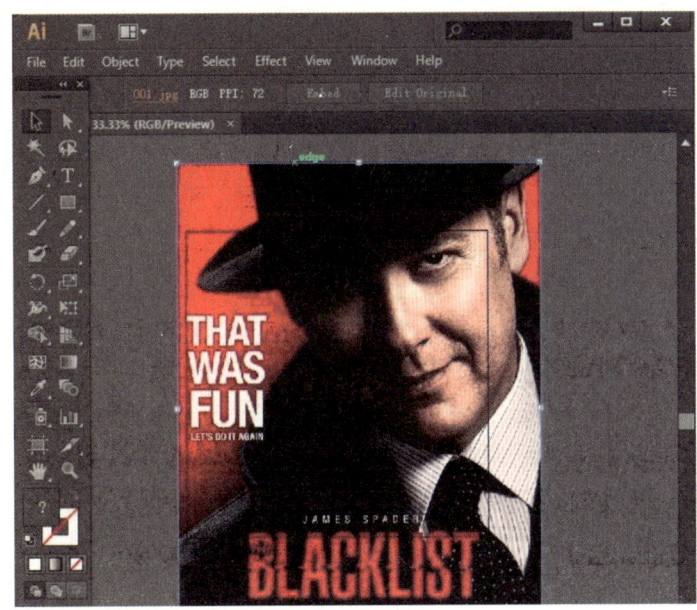

图 7.2　AI 软件界面

菜单栏：该栏包含 AI 中所有的操作命令，包括文件、编辑、对象、文字、选择、效果、视图、窗口和帮助等，每一个主菜单下又包含很多子菜单。

工具栏：该栏位于界面左侧，其中包含了大量的编辑工具。和 PS 一样，工具右下角的小三角形符号，代表着该工具组中包含了若干个相关工具，可以直接选择工具，也可以在工具组中选择工具。

属性栏：该栏位于菜单栏下方，缺省的是页面属性，操作状态下显示的是编辑区域中被选定的对象的相关参数，可以通过更改数据对选定对象进行调整；同样，在编辑区域对选定对象进行调整，属性栏的相关参数也会随之变化。

编辑区域：该区域可以根据使用者需求设置大小，右边的滚动条可以用来调整区域的位置，区域下方的状态栏，可以用于显示该区域画布的比例。

3. CorelDRAW

CorelDRAW Graphics Suite 是加拿大 Corel 公司的矢量图形制作工具软件，这个图形工具给设计师提供了矢量动画、页面设计、网站制作、位图编辑和网页动画等多种功能，广泛地应用于商标设计、标志制作、模型绘制、插图描绘、排版及分色输出等领域。

1）主要功能介绍

CorelDRAW 包含两个绘图应用程序：一个用于矢量图及页面设计，另一个用于图像编辑。这套绘图软件组合带给用户强大的交互式工具，使用户可创作出多种富于动感的特殊效果及点阵图像即时效果。

该软件为设计者提供了一整套绘图工具，包括圆形、矩形、多边形、方格、螺旋线，如配合塑形工具，可使各种基本图形有更多的变化，如圆角矩形、弧、扇形、星形等。同时也提供了特殊笔刷，如压力笔、书写笔、喷洒器等，以便充分地利用电脑进行处理。此外，它更为专业设计师及绘图爱好者提供了简报、彩页、手册、产品包装、标识、网页等。它提供的智慧型绘图工具以及新的动态向导可以充分降低用户的操控难度，让用户更容易更精确地创建物体的尺寸和位置，减少步骤，节省设计时间，这给商标、标志等需要准确尺寸的设计带来极大的便利。

该软件界面设计友好，操作精微细致，能兼容大部分图像格式的输入与输出，可以与其他软件畅行无阻地交换共享文件。

2）界面介绍

CorelDRAW 软件的工作界面包括标题栏、菜单栏、标准工具栏、属性栏、绘图窗口、绘图页面、工具栏和状态栏等。打开 CorelDRAW 软件之后，新建一个空白文档，即可进入 CorelDRAW 工作界面，如图 7.3 所示。

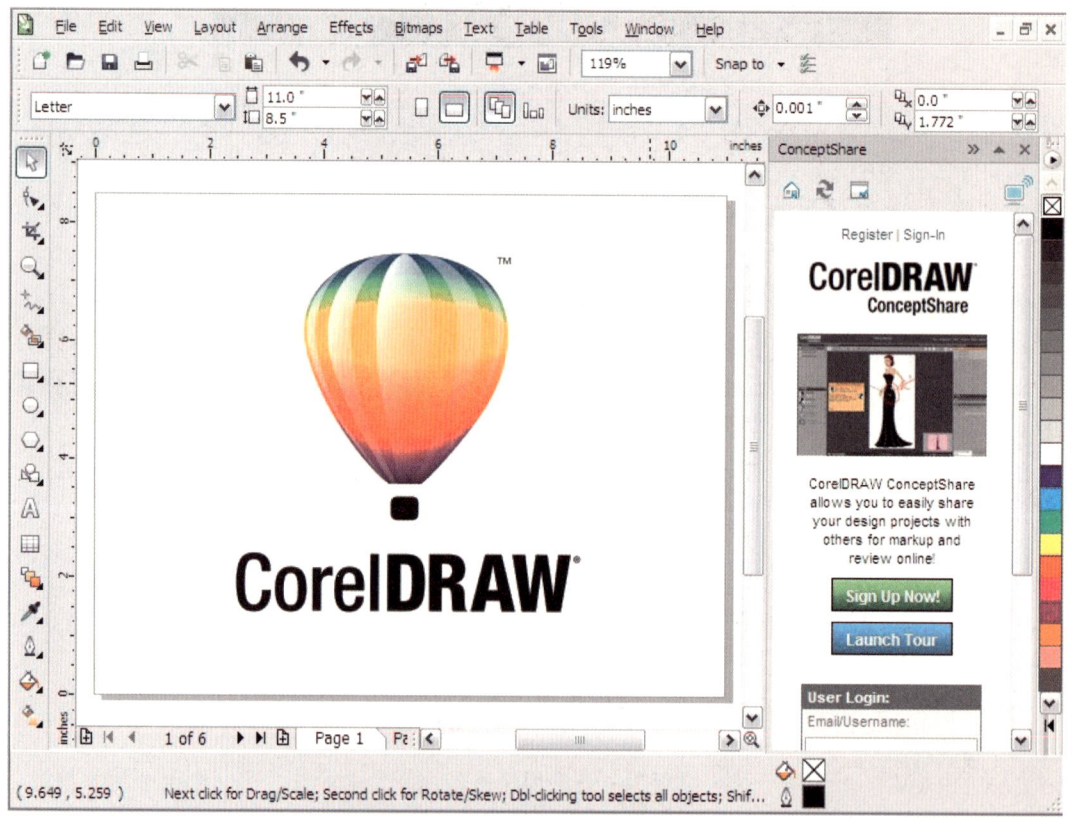

图 7.3　CorelDRAW 软件界面

标题栏：位于窗口的最顶端，显示打开文档的标题。标题栏也包含程序图标，最大化、最小化、还原、关闭按钮。

菜单栏：位于标题栏的下方，用于存放软件的常用命令，包含文件、编辑、视图、布局、对象、效果、位图、文本、表格、工具、窗口和帮助等，每一个主菜单下还包含了很多子菜单。

标准工具栏：位于菜单栏的下方，集合了一些常用的命令按钮，如打开、保存、打印等，使得操作方便简捷，为用户节约从菜单中选择命令的时间。

属性栏：位于标准工具栏的下方，包含与活动工具或对象相关的命令。缺省的是页面属性，操作状态下显示的是编辑区域中被选定的对象的相关参数。

工具栏：位于界面的左侧，包含可用于在绘制中创建和修改对象的工具。部分工具默认可见，其他工具需要点击右下角黑色小三角标记，即可展开工具栏查看使用。

泊坞窗与调色板：泊坞窗位于软件界面的右侧，包含与特定工具或任务相关的可用命令和设置的窗口。调色板位于软件的最右侧，放置包含色样的泊坞栏，默认的色彩模式为CMYK模式。

标尺：位于工具箱的右侧以及属性栏的下方，用于确定绘图中对象的大小和位置，是带标记的校准线。

绘图页面：位于软件的核心位置，是绘图窗口中带阴影的矩形。它是工作区域中可打印的区域。

绘图窗口：位于绘图页面的周围区域，以滚动条和应用程序控件为边界的区域，其中包括绘图页面和周围区域。

状态栏：位于界面的最下方，包含有关对象属性的信息，例如类型、大小、颜色、填充和分辨率。状态栏还显示鼠标的当前位置。

文档调色板：位于状态栏的上面，包含当前文档色样的泊坞栏。

文档导航器：位于文档调色板的上面，包含用于在页面之间移动和添加页面控件的一个区域。

导航器：位于文档导航器的右侧，它是一个按钮，可打开一个较小的显示窗口，帮助你在绘图上进行移动操作。

7.1.2 首页设计

阿里巴巴国际站中店铺的首页是店铺的入口页面，是卖家向买家展示店铺整体品牌形象的集中地，也是店铺流量的中转站。做好一个店铺首页，除了可以无形地提高我们的品牌（店铺）形象外，还能提高转化率。据统计，在感觉的来源中视觉占83%，而听觉仅占11%，还有3.5%来自嗅觉，1.5%来自触觉，1%来自味觉。一个美观又有吸引力的首页会让买家在网店停留更长的时间，最终促成买家下单。因此，在网店的视觉营销中，首页的设计是重中之重。

店铺首页一般展示的是目录性质的内容，在设计时要让消费者易于了解该店铺，并引导用户浏览店铺里的其他产品。首页设计主要包括规划网店的装修风格，设计网店的页面布局，确定首页的配色方案,设计店招和导航条,设计店铺banner横幅和促销海报,以及首页产品陈列等。

1. 规划网店装修风格

在对网店首页进行设计之前,必须先确定网店的装修风格。网店的风格通常是由所销售的产品类型决定的,因此明确产品定位是必不可少的环节。

首先,分析店铺产品的消费群体。一旦确定了主要消费群体的年龄段和消费特征,就可以很容易确定其喜欢的风格。图 7.4 和图 7.5 所示为两家消费群体不同的网店装修风格比较。从图 7.4 可以看出,该店铺是以年轻女性为主要消费群体的服装店铺,因此店铺风格时尚中带有清新自然,符合年轻爱美女性的审美。图 7.5 所示的店铺是以职业女性为主要消费群体,因此店铺风格高雅端庄,更受职业女性的青睐。

图 7.4 店铺首页(时尚女装)

其次,如果销售的产品本身具备了很强的个性,就可以根据产品的风格来装修店铺。图 7.6 为某手账工具的店铺首页。手账工具很多都用于记录日常生活中的点滴,对于手账工具的主人来说,它是充满了记忆的本子,因此店铺首页的装修也倾向于回忆的风格,容易引起手账爱好者的共鸣。图 7.7 是某文具店的店铺首页。文具很多都是倾向于可爱风格的商品,因此店铺首页的装修也向可爱风格靠拢,手绘的元素和可爱的儿童,能够吸引消费者的关注。

图 7.5 店铺首页（职业女装）

图 7.6 店铺首页（手账）

图 7.7 店铺首页（文具）

2．设计网店的页面布局

在对网店进行整体布局和首页设计的时候，要清楚页面每个板块要发挥的作用，这样才能更深入地设计出消费者喜爱的首页页面。

（1）店招。店招作为进入店铺首页的最顶端部分，一般展示出店铺的名称、Logo，也可以加入收藏图标、活动信息和特推产品等。

（2）导航栏。导航栏紧接在店招下面，长条的矩形导航栏展示出店内产品的分类，便于消费者筛选商品。

（3）首页海报。根据不同的模板，首页海报主要展示店铺的主打产品、促销产品或活动内容等。

（4）产品轮播图。主要用于展示店铺的促销产品，可以做成促销海报用于吸引买家。

（5）产品主图展示区。该部分用于陈列店铺的产品，可以将主推产品、特色产品、优惠产品等按顺序陈列。

3. 确定首页的配色方案

网店的风格决定了买家对网店的第一印象，一个拥有美丽配色的首页总会让买家不自觉地"驻足"。网店的色彩并不是随意搭配的，如何利用色彩给消费者一个良好的视觉效果是我们必须要考虑的。

1）配色的基本原则

（1）色彩的黄金法则。"6∶3∶1"是色彩的黄金法则，是指主色彩占据约60%的比例，次要色彩占据约30%的比例，辅助色彩占据约10%的比例。以图7.8中的男装店铺首页为例，灰色是主色调，占据了页面较大部分的比例；黑色是次要色，占比较少，加强了视觉刺激和引导的作用；而白色是辅助色彩，占比最少，只是起到了点缀的作用。

（2）总体协调，局部对比。首页的配色应遵循总体协调、局部对比的原则。总体协调是指首页的整体色彩效果应该是和谐的，而只有布局、小范围区域才有强烈的对比。

（3）不同色彩的视觉效果。不同的色彩会给消费者带来不同的视觉效果，如表7.1所示。了解这些不同色彩的视觉效果能够帮助我们更好地选择配色方案。

表7.1　不同色彩的视觉效果

色　彩	关　键　词
红色	热情、活泼、喜庆、热烈、温暖、警示等
黄色	明快、愉悦、希望、发展、智慧、明朗等
橙色	活泼、快乐、兴奋、甜蜜、积极、光明等
蓝色	理智、安稳、宁静、深邃、忧郁、清透等
绿色	健康、和平、平静、青春、安全、柔和等
紫色	优雅、神秘、魅力、高贵、骄傲、权威等
白色	纯真、朴素、柔弱、虚无、明亮、洁净等
黑色	恐怖、严肃、崇高、绝望、强壮、沉稳等

2)确定网店配色的主色调

根据总体协调、局部对比的配色原则,在为网店配色时,首先应该确定网店的主色调。网店的主色调应该通过分析商品属性和受众人群心理特征来选择。但是因为网上商品很多类目没有严格的用色要求,因此根据自己喜欢的风格来确定主色调也是可以的。

第一,可以根据消费者喜好确定主色调。例如,网店的主营商品是儿童用品,那么我们面对的受众是爸爸妈妈,而家长在选购用品时首先考虑的是商品的安全性,然后会考虑小朋友对商品的喜好。因此,我们可以考虑应用小朋友喜欢的颜色作为页面的主色调,比如活泼、明亮的颜色。

第二,可以根据产品特征确定主色调。男装网店的风格多是灰色和黑白色的,这是因为灰色和黑白色能体现男装的稳重和从容,如图7.8所示。而女装网店的风格则各有不同,主打欧美风的网店多用强有力的色彩,以体现中性、贵气、优雅。而主打小清新的女装网店则多用浅色调,常常营造出一种恬静、唯美的氛围,如图7.9所示。

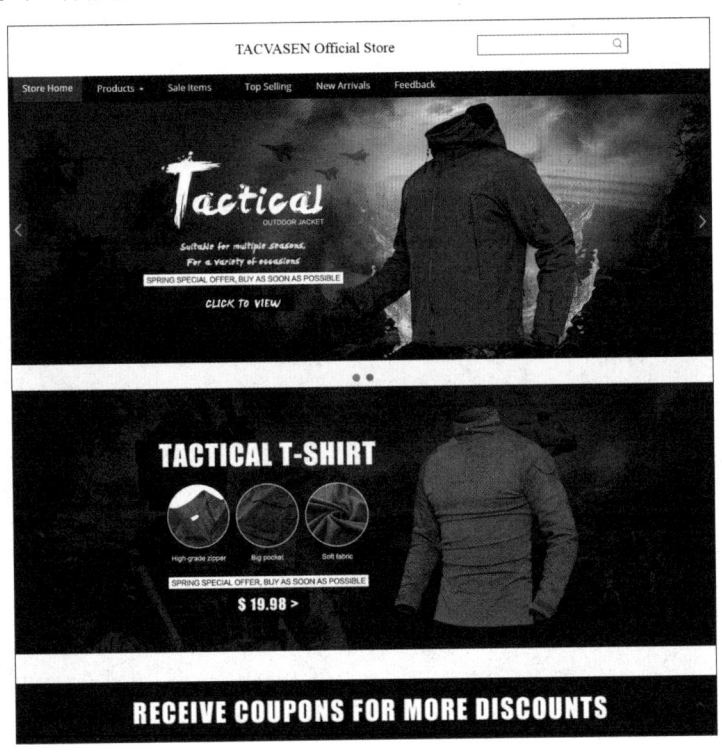

图 7.8　页面配色方案(男装)

第三,还可以巧用产品自身配色。商品本身都是有色彩的,因此我们在配色时还可以巧妙地使用产品本身的颜色,使产品与背景色相协调。例如某款绿豆面膜,本身就具备了绿色的特性,因此网店选择了绿色作为首页的主色调,但为了突出商品本身,改变了背景的透明度,整个页面看起来更加意味深长,如图7.10所示。

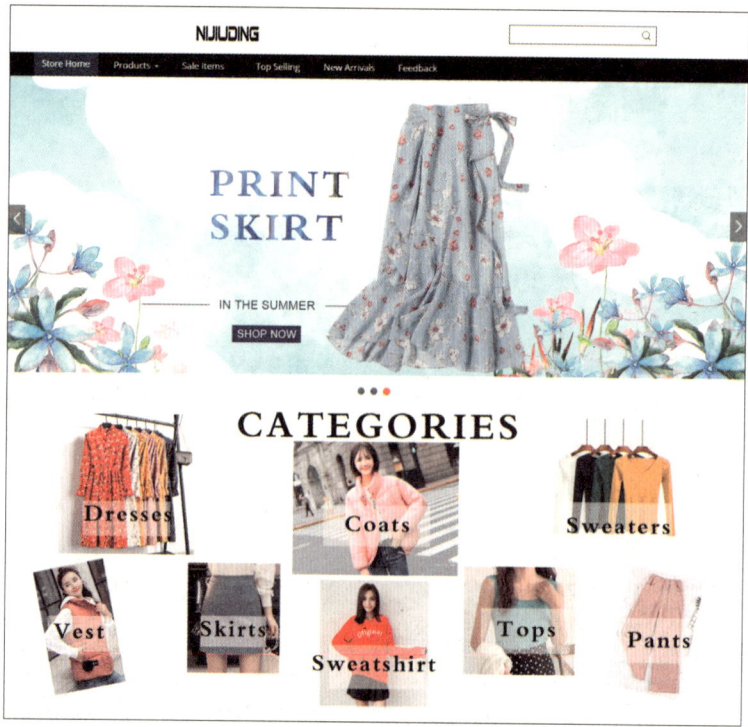

图 7.9 页面配色方案（女装）

图 7.10 页面配色方案（面膜）

4．设计店招和导航条

店招和导航条相当于网店的招牌，对于店铺来说也是最佳的广告位，不管消费者进入网店的哪个页面，都能看到它们。网店叫什么？销售的商品是什么？通过店招和导航条就可一目了然。

1）店招类型

店招是网店的形象标志，具有简洁、明确的视觉传递效果，其形式一般有文字和图形两种。文字店招是由文字拼音构成的，也是网店中使用最多的店招形式，如图7.11所示。图形店招是由图案构成的一种标志，其不受语言的限制，一般具有一定的含义，如图7.12所示。

图 7.11 文字类店招

图 7.12 图形类店招

2）设计标准

作为网店的黄金展示位，店铺招牌的设计要遵循两个要求，一是要直观地告诉买家店铺卖的是什么；二是要明确网店的特点和优势。因此，网店的店招一般会包括但不限于店铺Logo、理念、优势、收藏以及促销方式等，导航栏则要保证分类明确。

（1）文字和背景对比鲜明。店招上的元素应该和背景形成对比，这样才能提高文字、Logo以及其他元素的辨识度。

（2）与店铺风格统一。店铺招牌的设计应与店铺首页的整体风格统一，包括布局统一、色彩统一、字体统一等。

（3）元素布局合理。店铺招牌中各元素的布局应该是合理的，一般来说，店铺的Logo宜安排在店招的左侧或中部，因为买家的浏览习惯都是从左往右的。另外，Logo的附近要有留白，这样才能凸显标识。促销信息可以根据Logo的位置出现在店招的右侧、左侧或中间，促销语宜短不宜长，如果文字过多，买家会直接跳过。

3）设计误区

店招是让买家记住店铺的好阵地，在设计店招时，要注意避免犯以下几点错误。

（1）内容过多。网店的店招应以简洁为主，对于品牌型网店的店招，甚至只会展示店铺Logo。一般来说，店招只需要有1~3个视觉关注点即可。有些卖家不愿浪费这个重要的广告位，堆砌了很多内容，这样做不仅不能带来视觉强化的效果，反而容易给消费者带来视觉疲劳。

（2）颜色过于复杂。网店店招的颜色不宜花哨，要保持整洁性，一般使用 1~3 种颜色即可。纯色背景加上显眼的字体颜色，不仅不会单调，反而会让消费者乐于接受。

（3）重点突出不到位。根据店招的定位不同，店招中突出的重点也应不同。品牌型店招应重点突出 Logo、收藏、关注按钮和店铺资质，以突显品牌实力。促销型店招在突出 Logo 的同时，要突出优惠券、促销活动等信息，还可以加入计时器等元素，以营造促销氛围。产品推广型店招要突出主打促销产品。

5. 设计店铺 banner 和促销海报

当买家进入网店首页后，首先映入眼帘的除了店招，就是 banner 和海报。它们都是网店首页的横幅广告，banner 可以展示多张图，而海报只能展示一张图，两者都主要用于店铺的最新单品、精彩活动或优惠推荐的展示。

banner 和促销海报的目的是要营造热闹、低价的氛围，在排版上可以采用上下型版式或者居中型版式，以使消费者的视线更加集中。在设计时，要将元素间的编排方式作为一个整体来看，常用的设计手法有以下几种。

重复：是指在同一设计中，同一元素出现两次或以上，这种设计手法给人以节奏感，可以使画面看起来统一协调。

近似：是指同一元素在形状、大小和色彩等方面有共同特征，使画面在统一中又富有变化。近似的程度可大可小，近似程度大就与重复异曲同工，近似程度小就会带来吸引消费者的变化。

对比：可以包括形状、大小、色彩以及位置的对比等，可以给人以强烈的视觉效果，让人印象深刻。

分割：是指将一个整体分割为几个不同的部分，可以自由分割、等形分割、按比例分割、按数量分割等。

空间：是指运用大小、重叠、阴影、疏密和透视关系，使画面具有空间感和立体感。

渐变：这是有规律性的变化，是一种常见的视觉形象，运用渐变可以使画面更加丰富。

6. 首页产品陈列

陈列内容要明确。在店铺首页，最好是陈列主打产品、热销产品或新款。其中主打产品或新品可以以海报的形式展示，热销产品可陈列在海报的下方，这样做的目的是让有销量的商品占据好位置，突出网店的卖点。如果新款较多，可以设置新品发布区域，将新品单独用一个功能模块陈列，保持新鲜感。对于已经过季、断码或促销的商品，可以设置清仓陈列区，可放于页面的下方。

陈列商品数量要合理。合理的陈列数量和布局会让网点首页看起来干净整洁。从买家的点击率来看，70% 的点击都集中在店铺首页的前三屏，因此要解决网店跳失率居高不下的问题，就要在首页的前三屏上下功夫。一般来说，前三屏的商品数量要控制在 3~15 个。从整个首页陈列商品数量来看，上架商品在 30 个以内为宜。

陈列方式要符合消费者期望。商品陈列除了常规的小方块外，还可以用主次分布型，即一张大图（主）配几张小图（次）。此外，我们知道消费者在电子商务环境下都习惯于比价，当我们把多个同类型的商品放在一起陈列时，买家也会习惯性地做比较。我们可以巧妙地使用陈列技巧，让商品按中、低、高的价格来排列分布，这样可以让中等价位的商品成交量增加，同时对价格敏感的买家也能快速行动，通过相邻比较提高消费者的购买欲望。

7.1.3 主图设计

当买家通过关键词搜索并打开结果页面后，首先看到的就是产品主图，主图是产品给予买家的第一印象。根据第一印象效应，它会在买家的头脑中占据主导地位，这也是不少网店不断优化产品主图的原因。主图可以放置的内容包括品牌 Logo、产品价格、促销词汇。

1. 主图背景设计

在视觉营销时代，要想获得买家的点击，主图背景的设计必不可少。主图背景非常重要，商品在展示过程中主图是跟上下左右的一些商品在竞争的。第一眼就让别人注意到的地方就是主图的背景，所以它要明显地区别于别人，多一分关注，就增添许多点击的概率。产品主图的背景有多种类型可供选择。

（1）纯色背景。纯白背景可以让产品看起来简洁美观，也更能突出产品本身的色彩和特性，如图 7.13 所示。灰色背景能营造空间感，有时可以让产品看起来更有质感，如图 7.14 所示。根据灰度的不同可以分为浅灰、银灰、昏灰和深灰等，灰度越深，主图整体看起来色彩越暗。

图 7.13　纯白背景主图

图 7.14　灰色背景主图

（2）生活背景。室内生活背景可以让产品显得不那么单调，能够营造出真实感和生活情调，如图 7.15 所示。室外生活背景通常用于服装类商品，如商业街、公园和建筑物等都可以成为背景，如图 7.16 所示。

图 7.15　室内生活背景　　　　图 7.16　室外生活背景

2. 主图突出卖点

主图是一款产品的流量入口，对引流起着至关重要的作用，一张好的主图可以为店铺运营省下好多钱和精力。很多卖家发现，店铺商品的展现量很多，但点击量很少，这主要是因为主图缺少创意。店铺要在主图这有限的空间中呈现出产品的卖点，就必须充分利用主图的设计技巧。

1）主图差异化

一张主图要脱颖而出，就要与竞争对手的主图有差异、有创意。差异化的目的就是吸引消费者的点击，平淡无奇或者做得特别"出格"，都是不可取的。例如一个专卖治疗灰指甲药水的卖家将图片做得非常恶心，以此来突出这种病的可怕，这会直接造成大多数用户的反感心理。

表现差异化的方式很多，比如模特、卖点、场景、视觉、背景、搭配组合等，这几种方式可以混合选取，但是要做到美观、不冲突，能够突出自己想要表达的意思。与众不同的主图有可能会获得新品标，平台也会相应地给更多流量的扶持。主图要能够直接反映产品的功能和性能等，让消费者一眼看到就被牢牢吸引。图 7.17 展示的是挂钩"超强黏性"这一特点，图 7.18 展示的是挂钩"超强承重"这一特点。

图 7.17　挂钩主图（超强黏性）　　　图 7.18　挂钩主图（超强承重）

对于有明确规格和型号的产品，如家用电器、家具等，这些产品从功能上来看有很多相似之处，因此主图要展示与同类产品有差异的功能，如果在价格上有优势也要体现，因为价格的高低也会影响销量。对于服装、鞋靴等产品，其主图的卖点在于款式，因此要在图片质感上下功夫，要让产品在模特身上体现好看、舒适的感觉。

2）文案精简化

主图上搭配适当的文案是有必要的，但文案内容不能过多，要做到精简。在突出卖点方面，我们要放大最受消费者欢迎或具有优势的卖点，一个核心卖点能够表述清楚基本上就足够了。文字内容除了可以是产品优势外，还可以是打折信息或包邮信息等，最好能用最少的文字表达产品最想传递给消费者的信息。

3）排版合理化

位置沉底。这是最常见、最方便的一种排版方式。这种文案信息位置排版方式一般不会破坏画面的整体性，简约而不简单。文字信息需要和底色配合，有点、线、面的变化，若文案超过两行，要选择左对齐、右对齐或者中间对齐等，原则就是不要打乱了画面，造成阅读障碍。

左右位置。这也是比较通用的一种排版方式。文字偏左或者偏右，通常文字采用竖式排版，文案信息需要主次分明，颜色尽量选择单色或两色，字体不要超过两种，文字越精简越好。

中间位置。这种排版方式一般用得很少，因为这种方式对产品排版有一定的要求，很容易破坏对产品浏览的完整性。如果要应用这种排版方式，文案信息一般较少，言简意赅，达到目的即可。

自由创意。可以根据产品的位置进行构图，定位文案所放的位置，倾斜式用得较多，也较灵活。

7.1.4 产品详情页设计

产品详情页是店铺展示产品的舞台，也是与同类产品或店铺竞争的主战场。详情页是否有吸引力和说服力，直接关系到买家是否会下单。要想网店有销量，详情页的设计和优化必不可少。

在阿里巴巴国际站上，详情页是客户详细了解商品最主要的方式。因为网店与实体店不同，在实体店里，客户若对某件商品感兴趣，可以用眼睛去看，用手去摸，用鼻子去闻，而网店里的商品具有虚拟性。因此，完整的详情页应包含产品描述、产品细节图、产品功能图或模特效果图、产品参数图、品牌故事、推荐搭配等内容。而且每一部分内容都要努力解决一个顾客的心理疑虑，这有助于树立店铺专业、诚信的形象，从而增强客户的信任感。

1. 产品描述

产品描述要对每个产品进行单独的关键词选择和描述，文案的撰写和页面设计要从买家的角度出发，符合对方的消费习惯，进而提高搜索引擎的优化效果。此外，清晰而又合理合规的描述也会给买家留下非常专业和深刻的印象，形成自己统一的风格，让买家过目不忘。

首先，产品描述切忌文字内容过多。图文搭配虽然能很好地表现产品的细节，但最终吸引买家的往往是图片而不是文字。因此，描述产品细节的时候要做到简洁明了，尽量不要出现"谢绝还价"等词汇，适量使用网络语言，切忌文字内容过多，触犯语言禁忌。

其次，切忌夸大虚构或发布混淆信息。卖家在商品描述页面、店铺页面等所有电子商务渠道中，应当对商品的基本属性、成色和瑕疵等必须说明的信息进行真实、完整的描述。因此，在描述产品细节时要做到真实，可以适当美化，但不能夸大甚至虚构产品信息。如果产品的描述与实际不符，会让买家产生心理落差，导致交易不成功。此外，若违反了电商平台的相关规定，还须接受平台的相应处罚。

2．产品图

优质的产品图片是网店经营的基础。在产品的详情页面，不仅要展示产品的全貌，还要用细节图、模特图、尺码图等从各个角度来表现产品的做工及质量优劣，以方便买家更深入地了解产品。

1）产品细节图

细节图是展现产品整体格调和品质最好的方法，其主要作用在于帮助客户从不同角度进一步了解产品。细节图展示的是必要的、不同的信息，忌讳相同角度照片的多张堆砌，因为这样既不能传达更丰富的信息，又容易影响网页的运行速度。

在实体店购买产品时，买家可以将产品的每个细节看得比较仔细，但在网店中，买家看到的都是卖家用图片呈现在眼前的细节，因此卖家要多角度呈现产品细节，如实详尽地帮助买家全面了解产品。以服装为例，除了领子、袖口、折痕这些表面细节，最好把辅料也展示一下，包括拉链、纽扣、织带、垫肩、花边、衬布、里布、衣架、吊牌、饰品、嵌条、划粉、钩扣、皮毛、商标、线绳、填充物、塑料配件、金属配件、包装盒袋、印标条码等，如图 7.19 所示。由于信息量较大，可以尽量拼图减少篇幅。表现产品细节最简单的方式就是局部放大，这类似于"放大镜"，让买家看得更清楚，如图 7.20 所示。

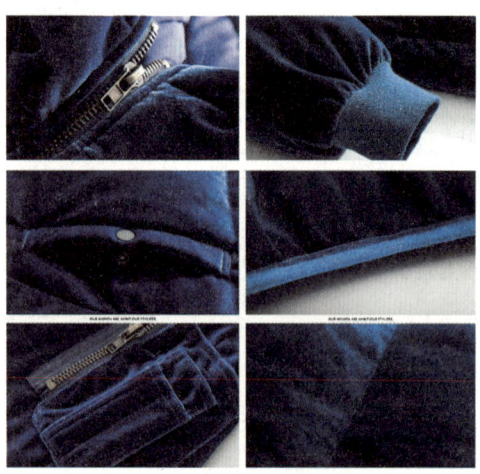

图 7.19　产品细节图

图 7.20　局部放大的细节图

除了展示产品本身的细节，包装细节也可以展示。有些产品若包装不当，会导致在运输过程中被损坏或污染，而好的包装可以让买家买得更放心。

2）产品功能图或模特效果图

买家购买产品实际上购买的是产品所具有的功能和使用性能。产品的功能与买家的需求息息相关，只有该产品具有买家所需要的功能，买家才会购买，因此在详情页中对产品功能的展示也尤为重要。产品的功能可以分为使用功能和审美功能，使用功能是指产品的使用价值，审美功能是指产品形态带来的美学价值。

功能型产品。也被称为实用性产品，这类产品强调使用功能，在设计上更关注结构的合理性，重在使用功能的完善和优化。此类产品的功能图依附于使用功能实现的基础之上，不能过分追求形式感，如图 7.21 所示。

风格型产品。又被称为情感型产品，此类产品的功能图强调与众不同的外观风格和独特的使用方式。买家会以拥有它而感到自豪和满足，如高端品牌商品、奢侈品等，如图 7.22 所示。

图 7.21　功能型产品的功能图　　　图 7.22　风格型产品的功能图

审美型产品。这类产品除了具有一定的使用功能外，还有外观造型上的要求，如服装、配饰、化妆品等。这些商品通常可以通过模特图来展示效果，我们可以从正面、反面、侧面展示不同的角度、动作和姿态，塑造视觉美感，让消费者身临其境地获取产品的效果感受，如图 7.23 和图 7.24 所示。模特图也出现了很多流派，比如明星流、外模流、遮脸流、店主主拍流等，根据产品特点选择不同流派的模特图，会给消费者带来意想不到的感受。

3）同类产品对比细节图

将网店的产品与同行的产品进行对比（如图 7.25 所示），或将本网店同一产品的新款与旧款进行对比（如图 7.26 所示），都可以体现产品的优势。

图 7.23 审美型产品模特图(服装类)

图 7.24 审美型产品的效果图(化妆品)

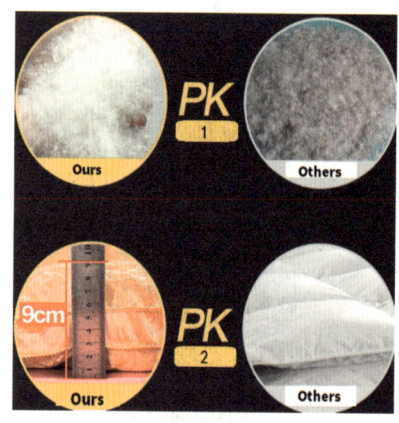

图 7.25 同行产品对比图

图 7.26 新旧款产品对比图

3. 产品参数图

大多数买家都比较关心尺寸问题,这是因为买家担心网购的商品因为尺寸问题而带来后续的售后问题。比如在网上购买衣服鞋帽时,尺寸就是最敏感的问题;又如购买家装类产品时,尺寸不合适可能会影响整个功能和效果。为了让买家能够根据自身需求选择尺寸合适的商品,我们可以在详情页中展示"尺码对照表"或"产品参数表",以方便消费者选购产品,如图 7.27 和图 7.28 所示。

4. 品牌故事

品牌是一种无形资产,在详情页中简单介绍产品品牌、生产规模和生产过程等,更能取得买家的信任,也能增强买家对产品的认知程度,更显产品的权威性,如图 7.29 所示。

图7.27 尺码对照表

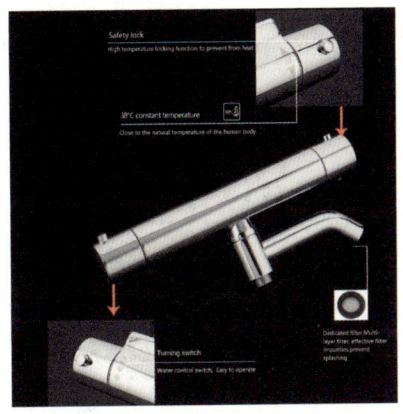
图7.28 产品参数表

图7.29 品牌故事

5. 产品推荐搭配

在网店的很多营销方式中,"推荐搭配"是能提高客单价的一种营销方式,这种营销方式能够引导买家在购买一件单品的同时下单购买另一件与之搭配的产品。

如何挑选产品进行搭配也是有技巧的,只有合理的搭配才能引导关联购买,提升客单价。常用的搭配策略有以下几种。

互补型搭配。是指将两种存在着某种消费依存关系的产品配套在一起销售。例如T恤搭配牛仔裤、衬衫搭配短裙、盘子搭配碗、咖啡杯搭配勺子、手机搭配耳机等,这些都是典型的互补型搭配,如图7.30所示。

图 7.30　互补型搭配

　　价格型搭配。是指根据产品的价格，以高价产品搭配低价产品的形式出售。即主销商品是高价商品，可以搭配一些同款同功能的低价商品一起出售，这种搭配更能引起消费者的购买欲望。

　　风格型搭配。对于部分同类产品，买家可能会成套或成批购买，例如袜子、中性笔等，这时就可以通过搭配不同风格或色系的组合来出售。

　　在详情页中，以上不同类型的搭配策略可以有多种呈现方式。一是可以在页面中专门设计一个"推荐搭配"模块，将推荐的产品放在该模块中展示，并设置"购买"按钮，让买家能通过点击按钮进入推荐产品的购买页面。二是将推荐搭配的产品放在主销产品的侧面，也可以让买家关注到被推荐的产品。三是将推荐搭配的产品以促销或换购的形式呈现，可以充分激发买家的购买欲望。

7.1.5　广告图设计

　　推广是挖掘潜在客户、增加产品曝光率的手段。在网店竞争日益激烈的今天，想要持续不断地获得买家，就需要进行推广。在使用电商平台的推广工具时，也要善用视觉营销，这样才能帮助店铺引爆流量。

1. 广告图的作用

网店的广告图是为网店的推广服务的,产品海报、焦点图、促销海报等都属于广告图的范畴。广告图的任务是根据企业营销目标和广告战略的要求,利用视觉元素(文字、图片等)等引人入胜的艺术表现形式来清晰准确地传递商品或服务的信息,传播广告项目的设想和计划,树立有助于销售的品牌形象与企业形象。

2. 广告图设计技巧

广告图的设计除了灵感之外,更重要的是准确地将诉求点表达出来,符合商业需求。为了提高广告图的点击率,首先要主题明确,不要出现多个主题现象;其次风格一定要表里如一;最后就是构图忌讳整齐划一、主次不分、中规中矩。因此,广告图的设计需要利用产品、背景、文案等内容不断变换的技巧来达到优化的效果。

1)巧用背景差异化

要想得到一张有创意的广告图,我们可以在背景上下功夫。比如其他店铺的产品主图背景大多用的是白色,那么我们可以选择灰色、蓝色、黄色或其他色彩,这样的广告图可以做到"万绿丛中一点红",会异常醒目,让消费者第一眼就能看到。

2)巧用文案差异化

文案是用来呈现产品的卖点和买家的需求点的,如果推广图中的文案与别人有所不同,将会提高广告图的点击率。一是拟人化,把产品拟人化,让产品具有人类的思想、情感和性格,可以让文案变得既生动又有创意。二是利用修辞手法,利用比喻、象征和联想等手法,可以引发买家的想象,使文案具有独特性。三是逆向思维,逆向思维就是不按常理出牌,它可以让文案与众不同。

3)巧用构图差异化

左文右图是广告图构图的通用原则,因为人们的视觉浏览习惯是从左往右的,这可以让买家先看到文字,后看到产品或图片。文字起着获取信息的作用,而产品或模特能起到暗示的作用,左文右图的构图方式可以很好地吸引消费者的眼球,如图7.31所示。左边的文字内容最好不要超过三排。第一排可以是吸引眼球的"噱头"或促销语,第二排可以是让买家点击的理由,第三排可以是点击购买的按钮。

图7.31　左文右图的广告图

7.2 视频营销

视频营销是"视频"和"互联网"的结合,即以内容为核心、创意为导向,利用精细策划的视频内容实现产品营销与品牌传播的目的。当前的视频既有由专业团队制作的精美"微电影",如益达口香糖的视频广告,又有中小企业和网络店铺独立制作的小视频。

首先,视频营销具有视频的优点,感染力强、形式内容多样、创意新颖,可以产生一种视觉冲击力和表现张力,快速吸引消费者的关注。

其次,视频营销又具有互联网营销的优势,互动性强、主动传播性强、传播速度快、成本低廉等,不仅可以让消费者更直观地查看商品详情,又能够通过网民的力量实现自传播。消费者会对精准营销的视频产生兴趣进而关注,再由关注者变为传播分享者,而被传播对象势必是有着同样兴趣特征的人,这一过程就是精准筛选传播,达到营销产品或品牌的目的。

在网络店铺中,产品视频的展示位置一般有两个,一个是产品主图视频,另一个是产品详情页视频。无论哪个视频,归根到底都是营销活动,因此成功的视频营销不仅仅要有高水准的视频制作,更要发掘营销内容的亮点。拍摄视频和拍摄图片看起来似乎不同,但两者实际上是有相似之处的,因为视频其实是由一张张图片快速、连续播放而成的。产品视频的拍摄方法有很多:一是可以用手机进行拍摄,最好再准备三脚架、小型滑轨和手持稳定器等辅助设备,以帮助我们更好地完成视频的拍摄;二是用专业的摄影工具(比如单反相机、摄像机等)来拍摄,可以获得画质更好的视频;三是可以使用第三方视频生成工具来生成视频,这个方法减少了拍摄的烦琐流程,但是有时却不能达到营销的要求。

7.2.1 主图视频与详情页视频

主图视频是产品给予买家的第一印象,在网店中放上产品主图视频,将使商品的展示更为直观,更具有吸引力。详情页视频则能够介绍产品的详细信息,完整地展示产品的卖点和优势。因此,卖家在拍摄产品视频的时候需要掌握主图视频和详情页视频的基本要求并应用一定的技巧,做到事半功倍。

1. 基本操作

阿里巴巴国际站产品视频已面向全体中国供应商会员免费开放使用,卖家发布审核通过的产品视频,将会在产品详情页的主图位置和前台搜索结果页面打标区分非视频产品(如图7.32和图7.33所示),卖家可以选择将自己的主打产品、新品、热品进行拍摄和发布产品视频。

第7章 新媒体营销 | 311

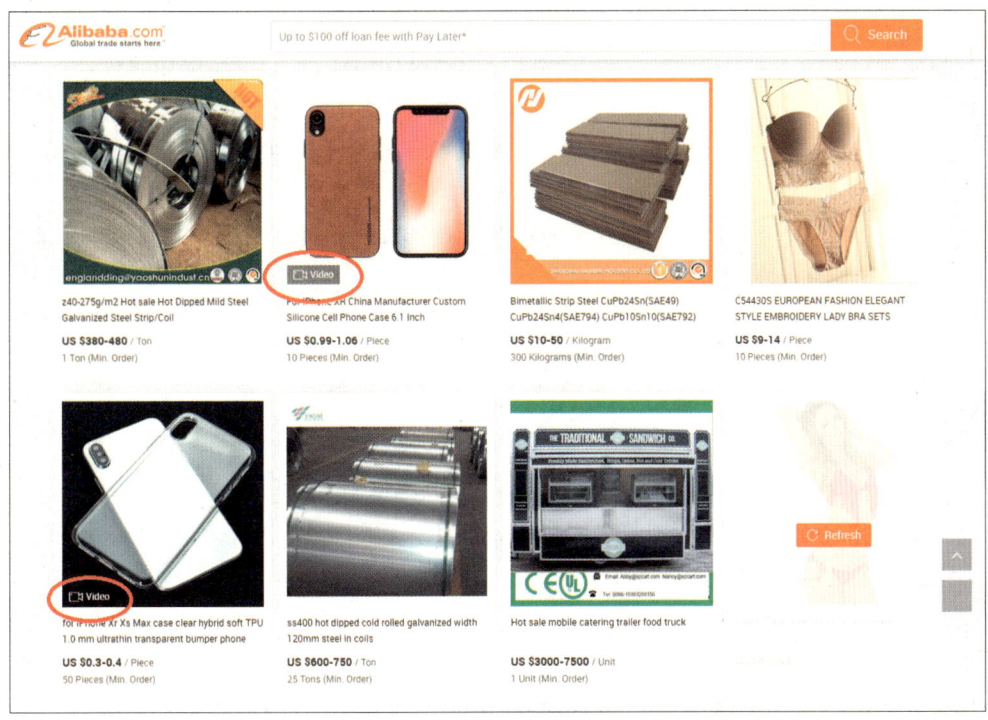

图 7.32 平台首页主图位置打标区分视频产品

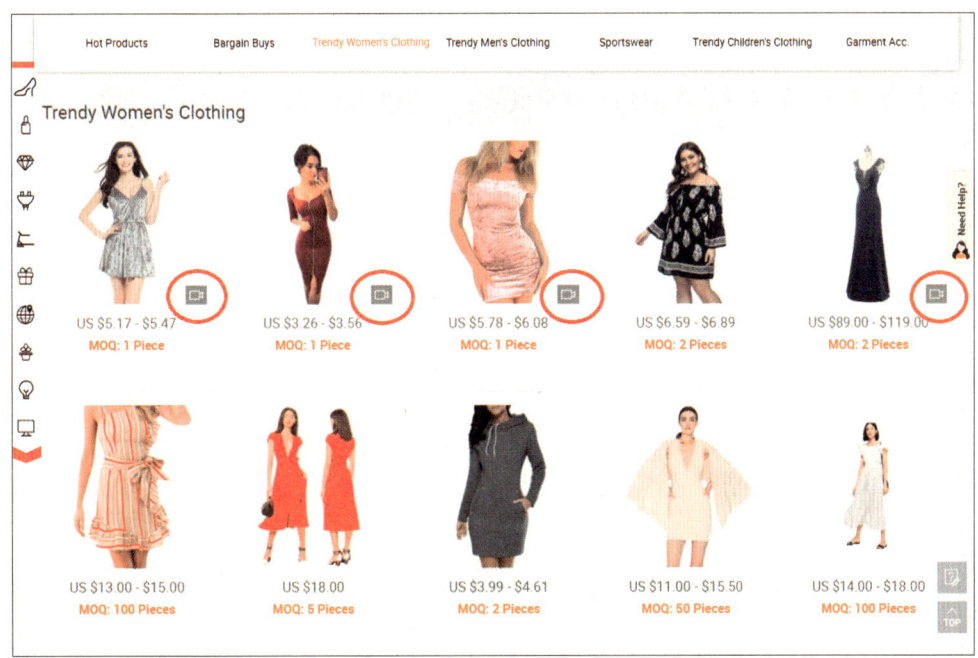

图 7.33 分类目搜索结果页面打标区分视频产品

1）操作流程

产品视频可以全方位多角度地展示产品信息,彰显产品的专业度,增加商机。虽然产品视频目前没有直接对排名产生帮助,但是优质的视频对于买家有较大吸引力,能提升买家对店铺产品的好感度。产品详情页则会截取产品视频的第一帧进行封面展示。卖家可以进入"My Alibaba"后台发布产品,进行视频上传,具体操作流程如下。

(1) 请先将阿里巴巴国际站旺铺升级为新版 2.0 旺铺,旧版旺铺没有视频功能。

(2) 将拍摄比例为 16︰9(或 4︰3)的高质量视频上传至"视频银行"。

(3) 到旺铺 2.0 编辑后台添加视频。进入旺铺 2.0 PC 版"旺铺首页/自定义页"的编辑器,在左侧导航栏的"视频"模块中,拖曳并添加到装修展示区。

(4) 完善视频模块内容。视频模块除添加视频外,还有更多设置项,可帮助你完成自定义区的内容填充。

2)产品主图视频质量要求

(1) 用户须保证上传的视频中包含的商品、品牌、音乐、文字、肖像、背景等均真实、准确、合法,不侵犯其他任何方的权益。

(2) 视频时长不超过 45 秒,不论是无线端主图视频,还是 PC 端的主图视频,其时长要求都在 45 秒以内。而卖家在拍摄主图视频的时候,最好时长控制在 9 秒到 30 秒之间。这是因为时长过短的视频无法展现产品的全貌或细节,而时长过长的视频不仅不会吸引消费者,反倒可能会因为冗长而导致消费者观看得不完整,也无法展示产品的全部卖点。

(3) 视频清晰度须为 480P 及以上。

(4) 视频大小不超过 100MB。

(5) 每个产品只能关联一个视频,每个视频关联不超过 20 个产品。

3)产品详情页视频质量要求

(1) 用户须保证上传的视频中包含的商品、品牌、音乐、文字、肖像、背景等均真实、准确、合法,不侵犯其他任何方的权益。

(2) 视频时长不超过 10 分钟。

(3) 视频清晰度须为 480P 及以上。

(4) 视频大小不超过 500MB。

(5) 视频比例要求 4︰3(视频的分辨率的宽度除以高度,数值接近或超过 1.7 的尺寸为 16︰9,数值接近 1.3 的尺寸为 4︰3)。

(6) 视频展示位置:在产品详情描述的上方。

2. 视频内容

视频营销的关键在于"内容",视频的内容决定了其传播的广度。主图视频最主要的功能就是可以通过几十秒的视频分段,将产品的卖点清晰地表达出来,并快速吸引消费者的兴趣进而促使其达成购买意愿。因此,主图视频的内容除了要展示产品的全貌和效果外,更重要的是要将产品的卖点逐一展现在消费者面前。

提炼产品卖点时，首先需要了解消费者对于产品的详细需求和期望，然后根据消费者的关注点来设置视频呈现的商品卖点，从而刺激消费者的消费欲望，形成购买行为。

以家电产品为例。家电类商品价格往往比较昂贵，消费者首要关注的是产品的功能、配件及售后，然后才是外观和细节。相对于图片，视频可以将家电类商品的整个使用过程呈现出来，让买家充分了解商品使用过程中的变化特点和注意事项。因此，想要充分地展现家电类商品的特点，最好的方法是在视频中重点进行商品功能的演示。

首先，可以将商品置于功能使用相关的场景中，搭配相应道具拍摄商品的整体外观形象，再展示商品品牌Logo、商品名、商品型号等，部分商品还可以进行多角度的特写展示。

其次，拍摄商品细节，可以利用动态视频配合字幕说明的形式将卖点拆分后逐个展示，以迎合消费者的需求。

再次，我们可以根据需求拍摄商品配件，并对售后服务、注意事项、快递信息等内容进行说明，彰显商家的专业细致，获取消费者的好感。

最后，在视频中添加几帧的片尾，再次强调品牌Logo，进行补充说明，提高视频的完成度和专业感。

需要注意的是，主图视频要尽可能将商品完整地呈现，但是在一些细节上不必面面俱到。商品卖点要以展现商品的优点为基础，太多的细节展现反而会影响消费者的决策。

3．互动营销

主图视频具有互动营销的功能，卖家可以在视频中设置"倒计时宝箱"，买家在观看主图视频时，可以在"倒计时宝箱"里领取优惠券等，这可以大大减少主图视频观看的跳出率，同时拉动商品的成交转化。

此外，卖家可以有效整合其他社交媒体平台的资源，提高视频营销的互动性，提升消费者的参与度。消费者的创造性是无穷的，与其等待消费者被动接收视频信息，不如让消费者主动参与到传播的过程中。在社会化媒体时代，消费者不仅希望能够自创视频内容，同时也喜欢上传并与他人分享。他们总是会自发地分享自己感兴趣的视频，视频就会带着企业和产品的信息在互联网上以"病毒扩散"的方式蔓延。它们通过自身魅力俘获无数网友作为传播的中转站，无须依赖传统媒介渠道便可帮助推广企业品牌。因此，如何找到合适的品牌诉求，并且和视频结合是企业需要重点思考的问题。

4．拍摄技巧

1）合理构图

在拍摄产品视频的过程中，还要运用一些构图技巧，这样才能让拍出来的视频更美。常用的比较有效的画面构图法主要有以下几种。

三分构图法，有时也称作井字构图法，是一种在摄影、绘画、设计等艺术中经常使用的构图手段。三分构图法是指把画面横向和纵向都平均分成三份，如图7.34所示。横向线条和纵向线条的交叉处成为分中心,每一个分中心都可放置主体产品,这种构图适宜多形态平行焦点的主体产品。

图 7.34　三分构图法

对角线构图法,是指将主体产品安排在画面的对角线上。这样的构图方式能够得到很好的纵深效果和立体效果,同时,画面中形成的线条还能起到吸引视线的作用,如图 7.35 所示。

对称式构图法,是指将主体产品放在画面的正中,使画面形成对称关系。这种构图方法能够给人们带来稳定、正式和均衡的视觉感受。

图 7.35　对角线构图法

2)拍摄角度

为了给买家呈现出更全面的产品形态,在拍摄产品视频时,要用不同的拍摄角度来体现不同产品各自的特征。

平摄,是指摄像机与被摄产品处于同一水平线上,这样的拍摄方式可以拍摄商品的正面、侧面和斜面,如图 7.36 所示。往往在拍摄小商品、小零食时,可以采用平摄的方法以体现商品的立体感。

俯摄,是指摄像机从商品的上方向下拍摄,这种拍摄方式能展示被拍摄商品的顶面,如图 7.37 所示。

图 7.36　平摄效果图

图 7.37　俯摄效果图

仰摄，是与俯摄相反的一种拍摄方式，是指摄像机从下往上拍，如拍摄吊灯等产品时可以用仰摄，如图 7.38 所示。

微距，指在较近距离以大倍率进行的拍摄，往往用于拍摄小而精的商品，以体现其细微之处的精致程度，例如饰品等，如图 7.39 所示。

图 7.38　仰摄效果图

图 7.39　微距效果图

3）场景选择

在拍摄主图视频的时候要选择能够与商品相搭配的场景，例如运动鞋产品就可以拍摄跑步或者踩滑板的视频，可以将商品的代入感加强，显得真实可靠，拉近消费者与商品之间的距离，有效提高商品的转化率。

7.2.2　直播视频

网络直播是一种新兴的网络社交方式。它吸取和延续了互联网的优势，利用视讯系统进行网上现场直播，可以将产品展示、企业介绍、网上调查、对话访谈、在线培训等内容和现场发布到互联网上。互联网的直观、快速、内容丰富、交互性强、地域不受限制、受众可划分等特点，帮助直播视频加强了活动现场和产品的推广效果。此外，现场直播完成后，还可以随时为观众和消费者继续提供重播、点播，有效延长了直播的时间和空间，可以发挥出直播内容的最大价值。

1. 直播的类型

1）网络互动直播

网络互动直播主要由直播客户端、直播网页端以及管理后台构成，它有别于电视直播和视频直播，更注重主播和受众群体之间的互动交流。众多用户将其用于在线研讨会、营销会议、在线销售等网络活动场景，有效提高活动的管理和运营效率，直接促进企业销售业绩和企业竞争力的提升。

2）网络现场直播

网络现场直播是指电视媒体网站开通的网络直播节目。这种网络直播以新颖的样式和相对便捷的服务给受众群体带来一种全新的视角体验和视觉冲击，特别是网络双向流通显现出给予受众应有尊重的特性，受到网民尤其是年轻网民的青睐。

电视媒体网站之所以推出网络直播，主要有以下三个原因：首先，网络现场直播是电视媒体各类节目的服务延伸；其次，有助于聚集人气，留住基本观众，扩大、培养、开发网络新受众群体；最后，顺应网络技术的发展和商业门户网站的变动，满足网民的需求，借尝试网络新的表现手段来提升媒体的形象。

2. 直播平台类型

网络直播平台作为一种崭新的社交媒体，自 2016 年开始进入爆发期以来，已经形成了类型众多、功能各异、覆盖全面、竞争激烈的局面。

1）综合类直播平台

网络直播行业的综合类直播平台一般是指集游戏、娱乐、户外等内容于一体的平台。这类型平台目前知名度比较高的有虎牙、斗鱼、熊猫等。综合类平台最大的优势就是目标观众比较多，爱好游戏的、喜欢户外运动的、喜爱美食的网民都可能成为其受众群体。而且这类型平台的主播也比较多，相互之间的竞争也比较激烈。粉丝主要集中在平台一线主播的直播间，新人主播和在才艺方面没有优势的主播可能很难做出成绩。

2）秀场类直播平台

秀场类直播平台主要分为移动端和 PC 端的平台。目前，移动端比 PC 端的秀场类直播平台发展得更好一些，知名度比较高的有陌陌、映客等。这类型的平台主要以主播聊天和唱歌为主，内容形式相对单一。该类平台通常还有一个直播功能是"附近的人"，这个功能可以帮助新人主播吸引很多粉丝。

3）游戏类直播平台

游戏类平台的主要功能就是直播游戏电竞内容，当前比较热门的平台主要有企鹅电竞、触手 TV 等。该类平台的使用者以爱好游戏和在游戏方面有一定天赋的主播为主，入驻时有着一定的专业门槛，主播主要通过一定的人气转换获得高收益。因为直播内容的单一性和粉丝年龄段的问题，选择这类型的平台主要考虑平台粉丝总数量。

4）短视频类直播平台

在短视频类平台上，用户可以自由选择歌曲，拍摄音乐短视频，形成自己的作品并传播，当前最热门的平台包括抖音、火山小视频、快手等。这类型的平台门槛比较低，而且是以视频形式出现的，不需要固定时间和固定地点，只要有足够的创意，内容质量比较高，和粉丝的互动比较积极，就可以快速汇聚人气。

3. 直播平台的选择

在视频营销活动中，合适的视频直播平台可以快速推广产品和品牌，达到甚至超过营销的预期效果。因此，直播平台的选择需要考虑以下要点。

首先，直播平台并不一定越大越好，要选择适合自身企业或产品定位和发展规划的平台。可以先确定平台类型，再选择合适的平台。例如，营销活动需要推广的是游戏及其周边产品，可以选择游戏类直播平台或者综合类直播平台；如果需要推广日常用品或者小礼品类的，可以选择更贴近日常生活的短视频类直播平台。

其次，粉丝是视频营销的基础，要尽量选择目标粉丝量比较多的直播平台，以便于快速汇聚人气，达到营销的目的。

再次，选择直播平台的时候，还需要考虑受众的观看体验。用户体验好的直播平台可以促使客户在观看视频的同时乐于传播视频，并获得受众的信任。用户体验不好的直播平台不仅不能有效传递营销效果，还会在短期内失去粉丝的关注度和信任感。

最后，选择直播平台的时候还应该考虑平台自身的管理水平、平台主播的表达能力、主播风格与营销目标的匹配度等因素。

4. 直播技巧

在很多直播平台上，卖家可以自己当主播，只要能掌握一些直播的技巧，同样可以达到预期的营销效果。

直播过程中，受众是通过主播的语言和动作来了解直播内容和相关信息的。因此，主播应该掌握直播间的互动技巧，避免直播的时候冷场，才能将产品或者品牌信息有效地传递到消费者面前。

1）创新直播风格

直播的方式每天都在推陈出新，主播在企业或产品定位和发展规划的基础上，要善于变换，创新思想，建立独特的直播风格。不论怎样变换，最终的目的是吸引粉丝的关注，因此要坚持直播时充分展示语言的魅力，文明的聊天能够吸引素质高的粉丝，带来不一样的效果。

2）培养固定粉丝

老粉丝是长期的支持者，新粉丝是未来潜在的支持者，这两者之间不可偏颇。在直播过程中要关心粉丝们的言论，留意他们的动态。跟老粉丝的交流可以借助一些场外手段，与他们分享自己的快乐与悲伤，鼓励他们活跃直播间氛围。在直播间表演的过程中，应以新粉丝和游客为主，让他们感到自己得到了主播的重视，从而成为你的老粉丝。

3）精心策划直播内容

直播间就是主播和受众沟通互动最重要的桥梁，主播要精心策划直播内容和直播细节。内容要迎合营销需求和受众的喜好，细节则可以让粉丝们受到感官刺激。主播除了要用积极与热情的态度对待播放的内容外，还要善于调动现场气氛，处变不惊，尽可能地增加与粉丝间的交流，提高粉丝的参与感。

4）选择合适的直播时

主播可以选择粉丝上线数较多的黄金时间档（如晚上7点到11点等）来开展直播活动，以挖掘更多的潜在用户。但同时也应该考虑黄金时间档的直播竞争更加激烈，可能会导致直播时段的人气状况不理想，那么可以尝试合理的错峰直播以保障直播营销的有效性。此外，可以将每天的直播过程录制下来做成"离线录像"，在不直播的状态下播放，这样可以避免粉丝的流失。

7.3 社会化媒体营销

在互联网行业里，社会化营销、网红、主播、大号、事件、粉丝经济等词汇近几年频繁地出现在媒体、行业圈子中。无论是电子商务、内容网站、移动端App，还是在基于SNS（社交网络服务）的营销管理，社会化媒体营销都是一个不可或缺，甚至头等重要的话题。作为跨境电商的从业者，我们在看到国内SNS营销圈火爆的同时，更应该看到以Facebook、Twitter等为代表的国外社交网络平台上出现的全球性的SNS营销现象。

新一代的SNS平台，既是工具又是媒体，因为有了语言、工具、媒介、VR交互等技术，网络社交SNS平台上的营销行为，比传统的线下营销多了很多有利因素。在购买力越大的群体中，相比于价格因素、产品因素，基于社交的营销因素将会发挥更大的影响力，对购买决策将起到决定性的作用。

一是富文本格式和图片、语音的混合编辑与展示，能够在同一时间完成只有在线下营销的会议现场中才可能出现的文字、语音、图片的组合营销。

二是由于新的社交内容是以动态页面的形式长期储存的，甚至理论上可以做到永久储存，因此这类内容就可以被轻易地复制、备份、二次编辑，大大降低了营销内容的制作和储存成本，而这部分成本正是营销前期最大的成本。

三是通过全新的传播媒介体系，我们所创作的内容能够借助Web技术，利用在SNS平台上的人脉网络，在不同用户之间实现指数级别的快速传播和覆盖，使得基于网络社交的营销活动具备了极其强大的潜力。

社交网络对于人们的意义，在于能够帮助其获取满足自己生活、工作和自我实现等需求所需要的信息，而电商销售商品或服务的目的是为了满足购买者实现其生活的某种需求。因此，它们的最终目的都是满足营销对象的需求。通常，营销作为购买行为前的信息桥梁，将营销的目标受众引导至电商业务，并最终促成购买行为。

7.3.1 Facebook 营销

1. Facebook 简介

Facebook（www.facebook.com）是全球最大的社交网站，创建于 2004 年 2 月，目前全球有超过 22 亿名用户。

Facebook 除了可以作为聊天软件以外，还可以发状态、视频、图片等。作为社交巨头，它在用户使用习惯上具有非常强大的黏性，对于很多外贸公司来说，已经成为非常重要的引流渠道，甚至是主要营销渠道。

2. Facebook 的营销功能

1）免费营销

（1）创建公共主页。

Facebook 主页是广告主与目标受众建立联系和互动的一种有效方式，是为商业特别设计的，是企业进行 Facebook 营销推广的主要手段。通过主页，企业可以发布文字、图片、视频等形式的信息，以此来宣传公司理念、品牌形象、产品价值等。而 Facebook 用户在你的主页上看到信息并点赞、分享或评论参加互动时，他们的好友可能也会在 Facebook 上发现并关注你的主页，以此来覆盖更多受众，挖掘潜在客户群体。

主页创建步骤：打开 Facebook 的"个人主页"，点击"创建主页"按钮，根据需要从"地方性商家或地点""公司、组织或机构""品牌或产品""艺人、乐队或公众人物""娱乐""理念倡议或社区小组"等六种主页类型中选择一种做产品推广，并认真填写简介、网址、账号并上传照片后保存即可。

（2）品牌宣传。

公共主页创建完成后，根据所经营的产品精准定位受众群体，根据受众群体的特征对主页进行优化，包括完善公共主页的简介信息、为主页添加封面等，通过对主页的推广实现对品牌的宣传。

- 主页名称可以设置为品牌名称，对品牌进行宣传，也可以包含所经营产品的关键词，以增加 SEO 的权重。
- 通过主页账号，可以自定义专属的 URL 域名，www.facebook.com/******。星号部分为自定义区域，同样可以定位为品牌名称；自动生成的账号较长，不容易记住，通过自定义简单明了的账号，可以使用户快速找到你的主页；自定义部分也可以包含所经营产品的关键词，使主页更容易被搜索到。
- 简要描述部分，限定在 155 个字符以内，可填写店铺的链接地址，也可以对店铺经营的产品进行说明。
- 详细说明部分，没有字符限定，可以填写对公司、品牌、产品、团队等的详细描述。
- 公共主页的封面图片大小为 851 像素 ×315 像素。封面图片是宣传品牌、推广新品、提供优惠信息等关键的展现位，要充分利用并及时更新封面，通过封面的设计体现品牌的风格和特点。

（3）扩大品牌的宣传范围。

Facebook 作为社交平台的一种宣传方式，更多的是粉丝和人气的积累，因此与粉丝的互动以及对品牌相关产品内容的营销就显得尤为重要。通过定期发布可以吸引用户参与的帖子来增加主页的活跃度，能够有效扩大品牌的宣传范围。

- 免费的产品赠送或试用，提高粉丝的参与度。比如一家网络机构通过每天发送两张相似的图片，让用户找到图片的区别，回答正确的用户可以获得赠品或者得到试用的名额。这样既可以激励用户参加，又增加了与用户的交流。
- 定期发布相关产品的知识，加强内容方面的营销。比如某些化妆品品牌通过在主页上定期发布新产品的全面产品介绍和美容小贴士来不断地吸引粉丝，增加人气。
- 根据自己的产品创造具有人格化的内容，与用户产生共鸣，从而使产品人格化，为产品树立专属形象。在 Facebook 上，你的竞争对手不仅仅有其他品牌，还有用户的家人和朋友。社交网络的本质不是做广告，所以帖子不能像广告那样直接。
- 利用视频和直播增加帖子的展现率。在 Facebook 上，帖子的互动性低，系统有权不显示你的帖子；帖子的互动性越高，到达的用户就越多。而且系统更侧重于视频和直播的权重。视频要短（10 秒到 15 秒即可），如果是介绍产品的，则可以制作如何使用产品、生活技巧、客服等视频。

2）付费营销

Facebook Ads 是 Facebook 创始人马克·扎克伯格在 2007 年 11 月发布的广告计划，当前已经逐渐成为社会网络营销的重要媒体。Facebook Ads 是通过对社交网络中人与人之间的关系进行分析，将所推广的产品与好友的兴趣爱好和消费行为进行精准匹配，从而实现好友关系的商业化价值。

（1）支付方式。

在广告费用支付方面，还需要设置广告账户、添加支付方式，绑定的账户可以是信用卡，也可以是 PayPal 账号，两者都可以作为 Facebook 广告的主要支付方式。

（2）广告系列。

付费的广告营销需要通过广告管理工具或 Power Editor 来创建和编辑广告，其广告架构分为三级，第一级就是广告系列。在创建广告时，首先要选择目标，目标就是通过广告想要达到的目的。广告系列中的目标主要分为三大类，分别是知名度、考量和转化。选择目标后，将创建一个广告系列，一个广告系列可以创建多个广告组。通过广告系列架构，可以管理和优化广告，以便达到最佳效果。

- 知名度类：包含速推帖子、推广主页、提高品牌知名度。
- 考量类：包含吸引更多网站访客、增加应用安装量、增加活动参与人数、增加视频观看量、为业务吸引潜在客户。
- 转化类：包含增加网站的转化量、提高应用使用率、吸引用户领取优惠券、推广产品目录。

(3) 广告组。

在创建广告时，需要定义受众，并选择广告的版位，以及广告预算和排期，这些都属于"广告组"层级。可以在广告组层级查看广告在哪些受众中引起了响应，并将预算转移至响应更积极的受众。

- 受众：广告组应体现想要覆盖的受众的特定部分。通过设置广告的目标受众，可以选择广告受众的类型；只需要添加特质和兴趣即可扩大或缩小受众的范围，也可以通过地区、年龄、性别、语言、行为、关系等对受众进行限定。
- 版位：即展示广告的位置，包括桌面版动态消息、移动版动态消息、桌面版右边栏等。
- 广告预算：在投放广告期间，你愿意为展示广告组中的广告支付的金额，而非实际花费的金额，你所创建的每个广告组都需要设置预算。预算又分为单日预算和总预算，单日预算是指你每天愿意为广告组花费的平均金额，总预算是指你在广告组投放期间愿意花费的总金额。
- 排期：广告的排期有两种方式，一种是从今天开始长期投放，另一种是在选定的日期范围内投放。
- 广告投放优化方式：分为三种，分别是点击量、展示次数和单日独立覆盖人数，可以根据广告系列的目的来选择最有效的方式。

(4) 广告。

广告组可以包含多个广告。可以通过拍摄照片、撰写文案、添加链接等方式确定广告的呈现形式。借助投放多个广告的功能，可以测试不同的照片、广告文案等内容，查看哪些广告针对特定受众能达到更好的效果。

(5) Power Editor。

Power Editor 是 Facebook 提供的规模化运营并且可以更精准地控制广告、广告组和广告系列的一组工具。目前，Power Editor 只对 Google Chrome 浏览器兼容。Power Editor 主要有三方面的功能和作用，一是可以批量创建、编辑广告；二是集成了批量管理和衡量广告所需的全部功能；三是可以更精准地定位受众人群。

- Power Editor 具有强大的搜索和筛选功能，可以创建自定义筛选规则来搜索广告，也可以按目标查看投放中的广告或广告系列。
- Power Editor 可以快速创建和编辑多个广告，可以更高效地批量创建、编辑和管理广告，并在各个广告系列中自由移动；可以拆分广告组，以便轻松测试年龄和性别等人口统计数据。
- Power Editor 可以按广告的三级架构提供比广告管理工具更详细、更全面的广告数据信息,以便及时调整优化。

3. Facebook营销技巧

1)文案技巧

Facebook的广告投放成功与否,广告文案是很重要的一个因素。动人的Facebook帖文,能够使广告文案更有效,并且与广告的风格、基调保持一致。

- 表现风格。首先要考虑广告的表现风格,能够明确反映出业务的特点,比如幽默风趣的、正式严谨的、大胆冒险的。每个商家都有自己的品牌个性,表现得越真实,广告效果就越好。
- 重点突出。用户翻阅Facebook的速度很快,他们停下来仔细阅读内容的情况很少。因此广告要做到重点突出,并且简明扼要,尽量以最有限的文字清晰表达出精彩的内容。还可以提出你希望用户采取的特定操作,如访问店铺、请求提供免费报价、访问网站等。
- 以客户为中心。站在客户的角度思考如何谈论一个事物,什么样的内容在情感上对他们有吸引力。不管我们花费多少时间思考如何推广自己的业务,客户也只会关心自己的生活。因此,我们要设身处地想想"什么原因让我喜欢这家店"。
- 二八法则。在策划Facebook网页内容的时候要保证只有两成的纯营销内容(包括硬广告推广等),其余八成应该是有趣、有教育意义、对用户有价值的其他非营销内容。这八成非营销内容的作用就是吸引用户,并为两成的纯营销内容提供保障。

2)图片技巧

用户查看帖子时,第一眼注意到的就是图片,因此我们需要花时间好好选择和设计要展示的广告图片,图片决定了业务在用户眼中的形象。广告图片是被各种版位公用的,不同版位不可以分别进行编辑,所以所使用的图片同样也需要兼顾各种版位。

挑选有趣的拍摄对象,尽量展示与业务相关的抢眼内容、人物、环境、产品,挑选精彩的图片,可以使用一些特别有内涵的图片作为素材,在受众浏览Facebook时吸引他们的眼球。此外,不要发布与自身业务无关的图片。

3)粉丝积累技巧

Facebook是强关系平台,相互认识才可以加好友。如果为了增加粉丝而去频繁地添加原本不认识的好友,可能会引起不必要的举报,甚至封号。因此要采取更加有效的方法实现粉丝的积累。

- Facebook是交流式社区,人们都喜欢寻找自己感兴趣的人或者事,因此要写出让人眼前一亮的个性化资料,以吸引粉丝的关注。
- 在涂鸦墙和照片夹中放置一些比较有趣的、有价值的信息。Facebook的涂鸦墙很像中国的微博,可以在上面写出自己的心情。建议放一些和产品比较贴近、能吸引人的东西,引导粉丝关注网站。

- 建立自己的网络。Facebook 是一个交友式的互动平台，建立自己的友谊圈子，发现对你的网站感兴趣的人群。
- 保持更新。必须时常保持 Facebook 的各类信息包括博客的文章更新，建议每天更新两次，才能保证持续引来流量。
- 即时回复。很多消费者更倾向于直接通过 Facebook 跟品牌商沟通，在沟通中人们往往期望能得到即时的回应而不是自动回复。及时的回应对提高 Facebook 排名、赢得粉丝忠诚度都是比较有利的。
- 寻找精准粉丝。一方面，在 Facebook 上可以借助别人的平台来曝光自己的页面，从而增加粉丝数量。另一方面，可以通过寻找互补的 Facebook 页面来交叉推广。
- 图谱搜索精准粉丝。Facebook 提供的图谱搜索使用的是"自然语言"处理技术，我们可以通过执行一些常用的搜索命令找到精准受众，并且了解他们的日常习惯，有针对性地对他们进行营销。我们可以基于共同兴趣搜索与业务相关的群组和主页，加入相关的群组进行交互。因为组内成员大部分基于同一兴趣，所以在群组内发布产品信息或者跟粉丝互动，对产品可以开展有效宣传。

4）工具应用技巧

（1）Facebook Insights 应用技巧。

Insights 是 Facebook 内部的一款数据分析工具，为 Facebook 的商家用户提供了关于页面内容的一系列指标、数据。通过了解分析和把握用户增长趋势、群体分布状况、最佳发布时间，以及用户消费对象等各项数据，商家用户可以更好地提高营销效果。

Insights 为用户提供两类数据。一类是用户的成效分析，包括页面获得的点赞数、粉丝数量、每日活跃用户数、外部反向链接、页面浏览量、浏览者属性、页面流量来源和粉丝流失率等数据。另一类是互动的成效分析，包括每日事件的反馈和每日活动页面的信息反馈等动态性信息。

（2）Hootsuite 应用技巧。

Hootsuite 是国外著名的集用户互联网影响力计算、用户关键字筛选、用户公开档案信息收集以及多社交网络平台同步等功能于一体的社交媒体管理平台，它允许用户添加多个社交网络，以便在一个平台内查看、同步和发布不同平台的信息内容。

Hootsuite 可以通过采集不同社交网络里的帖子、评论，解析和比较信息中所包含的用户信息，把握各平台总体的"兴趣流"起伏状态。同时，它还能提供竞争对手的一些实时信息，大大方便了用户掌握主流市场方向、获得竞争情报和粉丝状况等信息。

（3）Sprout Social 应用技巧。

Sprout Social 是一款面向中小型企业的第三方社会化媒体营销管理工具，能够帮助用户管理自己在 Facebook、Twitter、LinkedIn 上的社会关系，在降低使用者多账号操作的难度的同时，提升效益。它能够帮助用户轻松地浏览或回复 Facebook 上的帖子、评论和私信，统一回复自定义的收件箱并实时跟踪邮件的进度；可以同步编辑和发布多个平台的帖子，自定义帖子的用户访问权限；可以搜索与企业服务相关的讨论，帮助企业寻找潜在的用户及附近的消费者；能够生成自定义的品牌社会化报告，并进一步分时段查询评论、信息、回复等操作。

7.3.2 LinkedIn 营销

1. LinkedIn 简介

LinkedIn（www.linkedin.com）是一个面向商业客户的社交网络服务网站，它是世界上最大的专业人士社交网站，是在 SNS 领域知名度仅次于 Facebook 和 Twitter 的第三大社交网站，首页如图 7.40 所示。

图 7.40　LinkedIn 首页

目前已经有超过 200 个国家的 500 多家知名企业在使用 LinkedIn，个人注册用户超过了 3.47 亿人，至少有 50% 的人都在大力寻求商业合作或者寻找对应行业的就业机会。以 LinkedIn 为代表的社交媒体在专业人士求职方面发展迅速，正逐渐取代传统求职模式，成为商务人士、工程技术人员、白领乃至大学毕业生青睐的对象。同时，它在 B2B 与 B2C 领域发展经销商，寻找合作伙伴方面更是占据了一席之地。LinkedIn 的应用加快了整个销售和合作流程，它在大数据时代下带来的效益是不容忽视的。

2. LinkedIn 的营销功能

LinkedIn 的用户大多是各个领域的专业人士、公司的雇员或老总、自由职业者，而且这些人绝大多数是决策者，与他们建立关系的过程会简短得多，通过与这些人脉建立联系将会给我们带来意想不到的收获。你可以通过海外经销商发布的行业动态了解到最全面的行业全球走势，如主流销售国家的流行趋势、购物趋势、消费趋势等。

1）建立品牌

每个公司或个人都希望建立起属于自己的品牌或口碑，这是企业或个人走向成功的一个重要的环节，因为一个强大的品牌与良好的个人口碑代表了用户的信任。成功建立品牌将更有利于开拓海外分销渠道，拓展分销业务。

如果想在 LinkedIn 上建立品牌，那么所创建的个人资料必须能够反映出你的敬业精神、知识水平和专业技能，这样才有可能开拓品牌业务渠道。因为平台上的用户更多的是在寻找一个行业的专家，通常不会关注普通的专业人士，他们寻找的是在对应领域里的顶尖合作伙伴。

2）寻找精准受众

不只你主动与别人建立联系，其他人也会尝试寻找到你，只有找对了人才有希望帮助自己实现目标。校友、同事、同行业的人处于一个群体中，当这些人的目的达成一致时，他们就会帮助你实现目标，同时也达成他们的目标。

3）建立信任关系

要想与好友建立信任关系，需要保持与通讯录里所有的好友进行有效的互动，让他们知道你的存在，以及让他们关注到你发出的文章或问题，建立你的专家地位，让你的信誉达到一个思想领袖的地位。在 LinkedIn 中，你的业务伙伴会因为信誉度而降低在支付环节或其他贸易环节的不信任度。

4）建立营销环境

当其他人不知道你的时候，无论你的产品有多好，也不会有人关注并成为你的业务伙伴。在现实社会中，贸易的达成需要我们面对面地交谈，但是在 LinkedIn 中，当一个新兴事物被关注之后就会有大量的人参与讨论并传播，这在产品营销的环节至关重要。

在产品销售环节，LinkedIn 提供了专门的服务链接，有共同需求的人会被聚集到一起，在业务链上告诉你他们正在寻找什么样的产品或服务，如果你的产品正好可以满足他们的需求，那么他们将会主动与你联系，如果已经建立了连接，那么你的简介会让他们变得更感兴趣。

5）投放有效广告

LinkedIn 支持图片、视频和文字模式的所有广告。在 LinkedIn 上投放广告具有自主性，这是为 LinkedIn 用户提供广告解决方案的一种模式，它会在平台突出的页面中创建放置广告的最佳位置。用户看到广告后点击，就可以直接访问广告投放者的页面，并看到其所提供的产品或服务。

用户可以自主设定广告投放预算并可以随时停止广告投放，并且可以根据职务、行业、公司模式和资历等条件自由选择投放，使投放效果更精准，试错成本更低。在投放广告时，还可以通过人口结构来筛选目标受众，从而指定哪些用户可以看到广告，以节省广告费用。

3. LinkedIn 营销技巧

LinkedIn 是一个专业性很强的平台，也是一个大型招聘平台，因此各行各业都有系统的归类，潜在客户非常专业，质量也相对较高。从另外一个角度来说，LinkedIn 也是一个挖掘、开发潜在客户并与其建立信任的最佳社交平台。因此，了解实用的营销技巧和开发客户的方法，可以使营销效果事半功倍。

1）创建并公开有价值的个人资料

个人资料是代表企业公信力和品牌知名度的重要因素之一，目标客户往往会通过各种搜索引擎查找他们需要的资料。因此，在 LinkedIn 上用一种非常有创意和吸引力的方式创建个人资料和描述业务，应该是展示产品最好的方式。

为了让用户对你的网站感兴趣，应该创建完整的个人资料并保持定期更新，每次更新的内容要确保相关性和具体性，不要分散目标观众的注意力，以获得高质量的流量。你可以管理个人公开资料，帮助你获得适当的流量。即使在公开状态下，也可以设置个人资料的哪些内容显示在搜索结果页面中。

2）个性化邀请

个性化邀请是企业在 LinkedIn 上的无形资产。人们通常喜欢一些个性化、别出心裁的邀请，个性化邀请对于创建强大、积极的企业形象，从而获得目标受众有巨大的帮助。个性化邀请不容易被系统默认为垃圾邮件，在适当的时候加入个人信息并提供一些互惠政策，会使邀请取得更好的效果。

3）及时更新与回复

所有的社会化媒体营销，都需要及时更新自己的信息，这有利于加强企业与受众之间的联系。当你所发布的业务有重要信息更新时，更新内容必须是相关的，且是有意义的和有区别的。如果更新内容不相关，则很有可能被受众忽略，从而减少互动。

在 LinkedIn 平台上，客户的留言、站内信和日常电子邮件一样重要，及时回复信息可以增加你的客户列表。而对于客户而言，及时回复信息也会给他们一种被关心的感觉，让他们感受到互动。

很多时候，访客的留言对企业是非常有用的，特别是客户或者专业人士的留言或评价。正面的内容可以提升企业的影响力，负面的内容则是企业改进的动力，可以帮助企业意识到自己暂时还未发现的问题。对于负面内容的发布者，做好售后工作，但是不能编辑或删除他们的内容，因为这些评论可以呈现给客户最真实的一面，努力沟通、解决客户的问题才是最重要的。

4）保持活跃度

为了增加你的目标联系人名单，可以针对你的个人资料发布更新或开展讨论，以得到更优质的链接流量。可以与他人互动，加入讨论并分享专业知识，从而使你的业务资料页面获得高质量的流量。

但需要注意的是，不要在同一时间点过多地参与不同讨论组的讨论，这样会分散注意力。也不要发送垃圾邮件，因为绝大多数客户都不喜欢在其个人资料页面收到过多的营销邮件，否则可能会引起对方的屏蔽行为，很容易流失潜在客户。

5）加入 LinkedIn ProFinder

如果你是自由职业者或者兼职人员，或者是独立的专业人士，可以考虑加入 LinkedIn 的 ProFinder 网络关系网。这是一个所有 LinkedIn 成员都可以寻求专家来提供专业服务的社交网络平台，例如设计师、作家、编辑、会计师、营销顾问、网络开发人员、社交平台营销推广人、谷歌开发客户、LinkedIn 运营人员等。

要访问 ProFinder，可以点击 LinkedIn 导航栏上的 Interests 选项卡，然后在下拉菜单中选择 ProFinder，如图 7.41 所示。也可以登录专属网站（www.linkedin.com/profinder）直接访问，如图 7.42 所示。

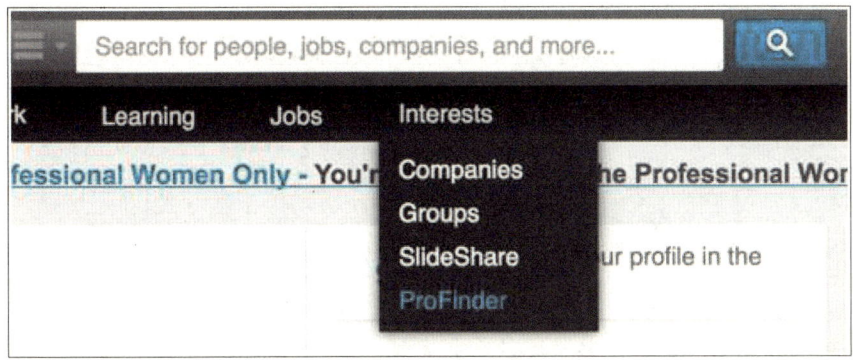

图 7.41　LinkedIn 导航栏

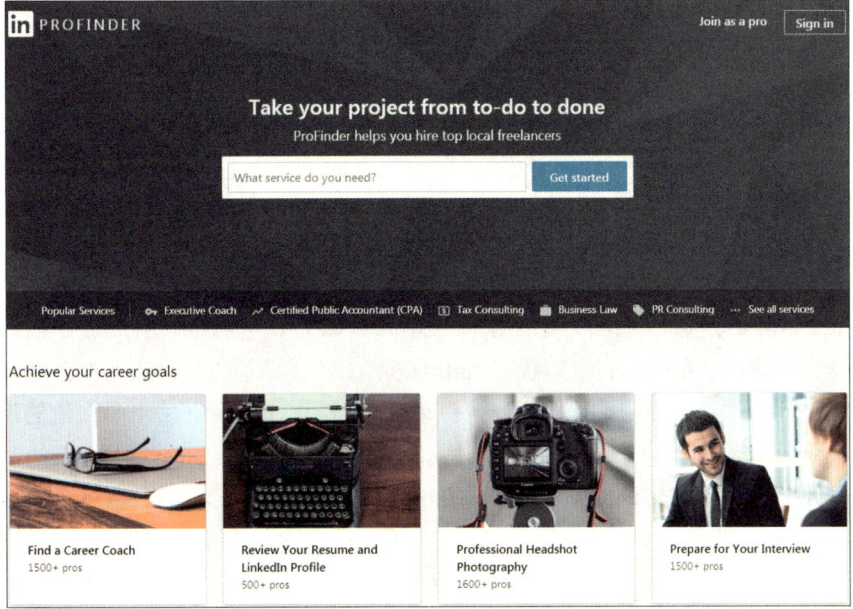

图 7.42　ProFinder 专属网站

如果公司或者是有需求的人正在寻找服务提供商或者需要专业人士解决专业问题，LinkedIn 将会把这些公司或者有需求的人连接到最好的本地专业人士名单库里，本地的专业人士会直接发出他们的工作出价及擅长的服务介绍到公司或者有需求人士的邮箱里面供选择参考。重要的是你的 LinkedIn 个人资料里面要有最新更新的推荐及简介情况，因为潜在客户会在你的 ProFinder 个人资料里面查看这些内容。你的摘要部分也是获得聘用的关键要素，因此一定要确保摘要信息是详细及完整的，还要描述你做过相关服务及项目的成果，把优势和能为客户带来的价值都展示出来。

5）培养人脉关系网

与好友持续地保持联系和相互关注对于培养信任感至关重要。LinkedIn 鼓励你与你人脉关系网中的成员持续互动，可以帮助你更加轻松地了解你人脉关系网中各个成员的实时状态。

如果你想成为一个重要的、有价值的资源分享者，与潜在客户建立有意义的关系，可以通过 LinkedIn 更新状态的方式或者是直接放信息的方式分享相关文章给需要解决这些问题的潜在客户，让他们知道你能帮助到他们。要专注于给予，而不是卖东西，因为你在建立你的人脉关系网，这将有助于你赢得他们的信任。

6）灵活应用第三方工具

如果你想要管理你的联系人，可以应用第三方工具来帮助你整理和跟进。这些工具是销售业务辅助的工具，可以节省你很多的时间并使你的工作在有条理、有安排的情况下进行。例如，Dux-Soup 就是一款记录你联系人的理想选择插件工具。Dux-Soup for LinkedIn 作为 LinkedIn 在谷歌商店里面的拓展插件，可以跟踪你访问的每个 LinkedIn 的个人资料，并让你直接在个人资料页面上做笔记。另外，Nimble 是一款很高效的社交平台销售工具，可以轻松与 LinkedIn 集成，它的设计目的是为了让社交用户更多地倾听和参与。第三方工具的使用可以快速提高工作效率与营销效果。

7.3.3 Pinterest 营销

1. Pinterest 简介

Pinterest（www.pinterest.com）是一家以兴趣为基础的社交网络，用户可以把自己感兴趣的产品、图片、信息，用图钉钉在钉板（PinBoard）上，或归类收藏，或与朋友分享。其他网民可以将感兴趣的图片保存，可以关注，也可以转发图片。Pinterest 采用瀑布流的形式展现图片内容，无须用户翻页，新的图片不断自动加载在页面底端，让用户不断发现新的图片。

从字面上就能大致了解该网站的定位，Pinterest 是图钉（Pin）与兴趣（interest）的组合，也就是说，它是基于视觉分享的社交网站，是"个人版猎酷工具"，每个图钉背后也都藏着一个"故事"（设计、产品、新闻等）。2011 年，Pinterest 被评为"美国最受欢迎的十大社交网络"之一，并以月增长 45% 的速度赶超 Google+，成为美国社交网络中的一匹黑马。目前，Pinterest 的每月活跃用户已经超过 1 亿人，已经有超过 450 亿张图片被上传到网站上。

Pinterest 的用户以女性居多，并且年龄从 25 岁到 55 岁不等，其中 36~45 岁的女性用户使用的时间最长；同时，男性用户也在不断增加，话题也越来越多。Pinterest 就像一个视觉公告板，可以收藏文章、产品、图片等。据统计，自 2010 年 3 月上线以来，Pinterest 比其他平台的转化率更高，可以产生不错的营销效果。所以，当我们将 Pinterest 作为营销工具时，我们的产品除了要适合用户群体之外，产品图片还要具有视觉冲击效果。

Pinterest 以其独特的方式，在竞争白热化的社交网站中脱颖而出，每天都有数以千万计的全球用户在 Pinterest 上"Pin"自己喜欢的图片、产品等，同时也有很多用户"Repin"自己喜欢的图片或者明星和达人的图片。越来越多的国际大品牌看到了 Pinterest 的巨大潜力，也争先开始在 Pinterest 上"Pin"自己的产品，以吸引更多的粉丝关注，达到更好的品牌宣传效果。

2．Pinterest 的营销功能

Pinterest 的用户有两类，个人用户和商业用户。我们可以通过邮箱来注册账号，但是如果有 Facebook 账号，也可以直接用 Facebook 账号登录，这样更方便以后开展联动营销。对于商业用户，可以用 Rich Pin 等营销工具来增加曝光度和销量。

1）搜索感兴趣的图片

在 Pinterest 上搜索感兴趣的图片，目的有两个：一是为了做店铺推广，收藏、分享有趣的图片；二是用来调研其他商业用户的运营方式方法，并且查找"大 V"以备启用。这里的感兴趣不是指自己一人感兴趣，而应该是大部分客户感兴趣，也就是说，要考虑用户群体的喜好，通过这种方式增加关注者。

2）Follow 感兴趣的图片发布者及粉丝

当用户在看到感兴趣的图片后，可以通过"Share"按钮直接分享到 Facebook 等其他社交平台；也可以通过点击图片左上角的心形按钮进行收藏；也可以点击"Save"按钮将图片保存到 Board 上展示给我们的关注者。

当你对某位图片发布者感兴趣，可以通过点击发布者头像查看其 Board 内的所有图片，也可以直接点击"Follow Board"按钮来 Follow 这个 Board，进而与图片发布者展开互动。

3）为购物网站引流

顾名思义，引流是指让用户从 Pinterest 上发现我们的产品，然后产生兴趣，最终到达我们的店铺。引流的第一步应该是被发现，因此需要有更多的曝光，被更多的用户搜索发现。当然，产生购买行为是我们最希望得到的结果。

（1）增加关注者。

Pinterest 的排名机制是优先展示已经被关注的用户发布的内容。为了获得更多的关注者，我们首先设置一个足够吸引人的头像，而且头像要真实，使其他用户觉得你是一个真实存在的人。如果目的是品牌推广，可以使用自己的品牌 Logo 作为头像。

（2）转化老客户。

想要快速积累关注者，最佳人选就是店铺里的客户，尤其是重复购买率比较高的忠实客户。

Pinterest 可以作为一个优惠活动发布的平台，帮助商家发布代金券、折扣信息等以促成老客户成为关注者。

（3）"Following"其他人。

我们先要在 Pinterest 上"Following"其他人，才能获得一些回报，即"互粉"。但"Following"其他人也不能盲目，避免做过多的无用功。

- 很多人喜欢加"大 V"为好友，实际上粉丝数非常多的人加你的概率很低，但是可以通过查看"大 V"的关注者来加关注。
- 尽量选择个人用户加关注，有很多头像一看就是公司 Logo，相互加好友的意义不大。
- 尽量选择其内容与自己的发布相关的用户。
- 可以从竞争对手关注的用户中选择进行关注。
- 可以通过站内信等渠道联系自己的老客户，和他们进行相互关注。

3. Pinterest 营销技巧

如果想让用户帮助我们传播信息，最重要的就是内容，要提供给浏览者值得分享的信息，以达到既定的营销效果。

1）优化 Board

（1）按内容建立多个 Board。

要建立多个 Board 用于发布产品图片，要有合理的内容分布，例如一张用来发布一些幽默的图片，一张用于发布生活中的真实场景，一张用于发布新品，一张用于展示搭配，还可以专门设置一张用于发布店铺优惠活动信息。我们可以通过 Board 组合来增加对关注者的吸引力。

（2）按搜索规则优化 Board。

要针对搜索规则对 Board 的编辑进行优化，如果能被更多地搜索到，则被关注的概率就会增加。

首先，根据 Pinterest 的搜索机制，在搜索时文字匹配度高就会优先，所以 Board 的名字和描述一定要包含可能被搜索到的关键词。如果想要获得关注，就尽量使发布的图片与描述一致，否则，即使被用户搜索到，也会大大降低关注概率。如果做品牌推广，就一定要将品牌词放到描述中。

其次，我们可以为 Board 选择一个分享较多的图片作为封面，因为分享较多的图片权重比较高，也会增加被搜索和被关注的概率。

2）优化图片

对于图片的编辑，我们可以针对描述中的关键词进行优化，便于通过搜索引擎搜索。

第一，因为 Pinterest 的使用者大部分会使用手机浏览，输入过长的词进行搜索的概率相对较低，而作为新用户，所发布的内容在瀑布流中又很难被发现，因此，我们必须要对描述进行优化。

第二，如果是通过图片发布产品展示的，那么可以在图片描述中使用产品标题，因为图片描述可以写得足够长，所以应在描述中加入可能被搜索到的词。

第三，因为图片展示时不会全部显示描述，所以结合搜索权重关系，应该把重点词汇放在前面，而且尽量考虑匹配度的问题。

第四，我们还可以通过发布很多不同的产品图片，在每个产品的描述中尝试不同的词语组合，这样可以增加被搜索到的概率。

3）分享传播

相对于传统营销模式，SNS的优点是可以通过分享产生二次传播，也就是需要用户帮助我们进行推广。我们开展Pinterest营销的目的也应该是通过二次传播和分享，从而产生更多的流量和订单。

（1）自发分享。

所谓自发分享，就是在发布图片的同时分享到Pinterest提供的第三方平台，以及Facebook、Twitter等其他平台上。这个分享不单单只是分享我们的产品，当我们在网络上发现有意思的事情时也可以进行分享。我们可以建立一个专门提供分享内容的Board，刚开始进行Pinterest账号运营时，好玩的、有意思的、被大量转发分享的图片可以帮助我们积累第一批粉丝，获得更多关注者。

（2）传播分享。

传播分享就是让关注者或者其他用户帮助我们分享，传播我们发布的内容。这也是运营SNS账号的重点之一，没有分享传播，就不能产生以点带面的效果。

- 通过老客户。老客户是积累关注者非常好的途径，往往和我们已经产生"Following"关系的老客户，也会更愿意帮助进行分享。当你的优惠券、折扣活动信息足够吸引人的时候，他们会很愿意分享给自己的朋友。除此之外，新品发布也可以通过奖励的形式让老客户帮助传播。每个品类的特殊性决定了发布内容以及传播的形式。例如做女装的用户，可以通过发布客户的真人秀照片来获得更好的传播，但是在发布之前最好要告知客户，争取客户同意之后再发布，也可以通过折扣等让利形式，鼓励客户在Pinterest上发布自己的真人秀照片来宣传我们的产品。
- 联系"大V"或"网红"。可以通过站内消息的形式和他们谈商务合作，因为他们的粉丝足够多，往往可以产生很好的效果。也可以在评论下留言互动，实现间接传播。
- 制造话题，引发讨论。在Pinterest上可以针对图片进行评论，往往愿意发表评论的人更愿意做转播者，所以可以有针对地发布一些图片，在图片的描述中对图片提出可以引发讨论的问题，并积极参与其中进行互动。

7.3.4 Instagram 营销

1. Instagram 简介

Instagram 是一款运行在移动端上的社交应用 App，它支持 iOS、Android 平台的移动应用，允许用户在任何环境下快速抓拍自己美妙和有趣的生活瞬间，一键分享至 Instagram、Facebook、Twitter、Flickr、Tumblr、Foursquare 或者新浪微博平台上。不仅仅是拍照，作为一款轻量级但十分有趣的 App，Instagram 在移动端融入了很多社会化元素，包括好友关系的建立、回复、分享和收藏等，这是 Instagram 作为服务而非应用存在的最大价值。

Instagram 提供了一套顺畅的操作流程：拍照→滤镜特效→添加说明/添加地点→分享。同时 Instagram 基于这些照片建立了一个微社区，在这里你可以通过关注、评论、点赞等操作与其他用户进行互动。2016 年 12 月 13 日，Instagram 的 Live 直播功能向全美所有用户正式开放。只需点击相机图标，并滑动到"Live"（直播）标签上，点击"start Live video"（开始现场视频）按钮即可开始直播。

2. Instagram 的营销功能

不管是百度云图的上线，还是 Pinterest 网站流量的爆发式增长，都说明了读图时代的来临。而随着移动设备的不断普及和 App 应用的推广，社交平台用户逐渐从 PC 端向移动端转移。在移动互联网时代，深受年轻人追捧的图片分享移动应用 Instagram 对于各大零售商和品牌来说其中的意义不言而喻。Instagram 深受美洲以及欧洲的年轻人喜欢，很多年轻人都愿意在 Instagram 上分享自己的兴趣爱好、自己喜欢的品牌、旅行的见闻以及时尚潮流产品等。与此同时，由于 Instagram 强大的影响力以及超高的用户参与度，很多国际奢侈品牌都纷纷加入进来传递品牌价值和进行品牌营销。

1）低门槛的参与吸引了大量用户

基于移动设备的 Instagram 可以帮助用户抛弃传统的单反相机和卡片相机拍照所必须经过的上传至电脑、图片处理，再上传至网络的烦琐流程，更方便地参与活动，享受即拍即传的乐趣。

在 Instagram 上用户的参与度比 Facebook 高 15%，比 Twitter 高 20%。社交网络平台都会使用很多营销手段和相关内容来吸引用户和平台互动，比如 Facebook 的 Events、Giveaway 等。任何大型的社交网络平台都会使用名目繁多的活动来吸引用户，但是根据数据统计，这种活动和营销的成功概率很低，一旦失败，就容易遭到用户的反感，从而失去对平台的信任。另根据数据分析，多数用户却不排斥 Instagram 平台的广告和营销，因为它的营销形式和内容并不烦琐、复杂，而且是通过精美的视频、幻灯片和照片来传递的，并且通过大数据来进行精准推送。也就是说，用户看到的广告，也许就是他最近关注最多的品牌的广告，这样一来，用户就不会对 Instagram 广告和营销有排斥，从而提升了用户的参与度。

2）时间碎片化的社区互动满足了大量用户

Instagram 的 PC 端官网只提供了简单的登录、图片展示和应用下载等功能，而将整个社区建构在移动 App 上，因此可以充斥在用户任何的时间碎片中。在等公共汽车、聚会、就餐、散步等极短的时间内，利用手机可以任意打开 App 查看信息，不用再担心是否有好友回复了你新上传的图片，也不会再错过关注好友的最新资讯，这极大地提高了用户对碎片化时间的利用率。

3）借势而为积累了大量用户

将 Instagram 资讯分享到 Twitter、Facebook、Tumblr、Flickr 以及 Foursquare 等行为虽然不算创新，但是却通过更多的渠道让默默无闻的 Instagram 出现在人们的视线中。利用上述社交平台上相对成熟的用户关系，可以让最开始使用 Instagram 的用户不会孤独。Instagram 还可以导入更多的相关好友来烘托社区氛围，并且通过以上社会化媒体的传播通道，也可以以最短的速度在人群中扩散，而不必为此耗费过多的推广费用。

4）超高的访问量保证了信息曝光度

Instagram 的每日访问量超过 2400 万人次，月活跃用户数突破 3 亿人，超过 Twitter，用户对其的喜爱程度不言而喻。近年来很多网络平台已经显示出颓势，但是 Instagram 依然在强势增长，所以更多的商家和品牌选择在 Instagram 上开展营销活动。

Instagram 凭借其出色的用户体验、不断顺应潮流的更新，以及有趣的互动内容，吸引了很多用户关注。每天有 57% 的用户会登录 Instagram 平台，看看朋友的照片和动向，了解自己喜欢的品牌的更新，看看明星的动向等，所以 Instagram 有非常强的用户黏性，值得我们关注和推广。

5）庞大的照片库保证了品牌展示量

每天有 8000 万张照片被上传到 Instagram 上，并且有 35 亿次的点赞。对于品牌和商家来说，越多的曝光机会，就越容易给品牌带来更多的新用户和提升品牌认知度，可以更好地吸引粉丝和增加粉丝的黏性。如此庞大的数据，很容易让品牌脱颖而出，成为全球用户熟知并喜欢的品牌。

在大量的图片社区用户中，能创造高质量图片内容的优秀摄影用户并不多。因此，Instagram 提供了 11 种经典有趣的特效风格让原本平庸的照片看起来更加有趣，也促使用户更加乐于随时随地和朋友分享生活的点点滴滴。

3. Instagram 营销技巧

如今，我们对品牌在社会化媒体方面的期望越来越高，这使得品牌不得不从传统媒体方面分配出更多的力量来赢得更多的消费者的参与和互动。正因为 Instagram 一直在持续成长，它变成了品牌的必争之地，大家都在学习如何将营销技术与艺术相结合，从而使自己脱颖而出。创造品牌效应的真谛，不只是在受众中大肆渲染这么简单，我们需要鼓励消费者主动探索，并最终大受启发。使用社会化媒体来做广告只是其中一部分，品牌必须致力于成为一个能够整合内容、吸引粉丝广泛参与的活动推广者。因此，我们要利用一些营销技巧来帮助企业实现更好的营销效果。

1）视觉营销优于文字营销

有研究表明，大脑处理视觉内容的速度比文字内容快 6 万倍，40% 的人反映视觉营销比纯文本更有用。很多客户不愿意看冗长的文字营销，即使是相对优秀的文字营销，也很难给客户留下深刻的印象，很容易被遗忘。但是用一个有趣的、令人深思的图片或者视频来传递营销信息，就会给客户留下更深刻的印象，并且起到更好的营销效果。这就是为什么很多品牌青睐 Instagram 的原因。

此外，我们可以把图片和小视频混合起来发。能够自己制作视频最好，也可以到网上去找跟品牌、产品相关的视频，然后给视频标注上你的网址发到 Instagram 专页上。也可以多收集一些粉丝的视频，所发的内容不要总是围绕产品，围绕粉丝用心制作的一些内容也可能会获得一些意想不到的效果。

2）大号效应

为了达到既定的营销效果，我们可以找一些广告大号来帮忙发帖，可以说是在 Instagram 上最便宜的方式。Instagram 根据不同的关键字可以搜索到很多不同的大号。目前在 Instagram 上发的帖子都能被粉丝看到，采用这种方式发帖，一定比网站的 CPM 广告便宜很多。提供这种服务的账号有很多，只有找到最适合的才能有效地帮助我们推广。

3）标签引流

（1）使用精准的标签引流。

我们要使用精准的、接近产品的标签来引流，盲目地使用标签带来的效果往往非常差。例如，卖手机和电子产品的卖家，在文案中使用了"womenfashion"这样流量非常大的词，当想要看女装时尚的用户通过标签看到的全部都是电子产品的文章时，他们一定不愿意长时间停留，所以标签一定要符合产品特点。

（2）不要使用太多的标签。

如果大量地使用标签，会导致用户的浏览体验不好，他们本来想看产品和图片的详细描述，结果却看到了密密麻麻的标签，这样也会增加跳失率。

4）粉丝保护

（1）分享可以链接到的图片。

如果查看大多数 Instagram 账号，你会发现，他们的所有图片都有链接。这些图片是个人的、独特的，并且原创的。通过分享这样的图片与用户建立连接，这是吸引用户连接账号的最好方法。简而言之，要确保账号是真实的、原始的，这就需要你能够与他人建立连接。

（2）举行比赛。

增加接触并且收获新的粉丝，最有效的方法之一就是举行比赛，这在社交媒体上是一种有效的策略。由于 Instagram 很流行，所以它将成为一个很好的举行比赛的平台。比赛活动很容易被创造、启动和运行，比如以一张吸引人的图片加上一些文字来提醒用户这里正在进行一场比赛。同时可以使用主题标签来确保你的比赛很容易被找到。你还可以在其他社交平台上面分享你的比赛，来吸引更多用户的关注。

（3）有规律地发布内容。

如果你想保持粉丝或者吸引新的粉丝，让他们持续对你的内容感兴趣，最容易的方法就是在一个基础内容上发布相关的并且吸引人的照片。通常每天发布几张照片还是很好的，如果你有几百张照片想分享，那么应该将照片平均在几天内发布。如果你在短时间内发布海量的内容，这样虽然不会失去粉丝，但是对新的粉丝来说没有任何吸引力。

此外，在 Instagram 上发布任何内容之前，应该考虑一下，大多数用户会在哪个时间区域活动，什么时候查看自己的 Instagram 账号，然后根据用户的时间安排发布内容。

（4）提升粉丝的参与度。

Instagram 是一个用户年龄相对年轻的平台，年轻人会积极、活跃地和一些自己喜欢的网红或者品牌互动，所以，提高这些用户的积极性会极大地增强用户黏性，提升品牌的宣传效果。有数据表明，Facebook 有 68% 的用户非常讨厌广告推广，而 Instagram 只有 32% 的用户会比较厌烦推广。这么好的营销环境，决定了做营销一定要通过经常更新高质量的图片和视频、询问粉丝意见、分享福利等形式让更多的人参与进来，才能达到预期的效果。

Instagram 平台的特点是流量大、信息传播快、注册用户的活跃度高和用户的参与度高。但是，随着大家对 Instagram 的关注度越来越高，在上面做营销的企业和卖家也逐渐多了起来，同时竞争也激烈了。想要让我们的品牌和账号脱颖而出，需要精美的图片、优美的文案、合适的引流标签、多种多样的活动以及平台的推广来包装和运营，不同类目和产品的运营思路也不一样，具体的方法需要卖家在真正的实践中去摸索和研究。

思考与实训

简答题

（1）首页设计应该包含哪些内容？

（2）主图设计如何突出卖点？

（3）完整的详情页设计应该包含哪些内容？

（4）选择直播平台时需要考虑哪些要点？

（5）社会化媒体营销有哪些作用？

（6）请简要比较 Facebook、LinkedIn、Pinterest、Instagram 等社会化媒体营销平台的特点。

附录A

本书思考与实训参考答案

第1章 参考答案

1. 单项选择题

(1)	(2)	(3)	(4)	(5)	(6)	(7)	(8)	(9)	(10)
A	D	C	D	B	A	C	A	A	B

2. 多项选择题

(1)	(2)	(3)	(4)	(5)
ABC	BCD	BCD	ABC	ABC

第2章 参考答案

1. 判断题

(1)	(2)	(3)	(4)	(5)	(6)	(7)	(8)	(9)	(10)
√	×	×	√	√	√	×	×	√	×

2. 单选题

(1)	(2)	(3)	(4)	(5)
D	A	D	B	C

第6章 参考答案

1. 单项选择题

(1)	(2)	(3)	(4)	(5)	(6)	(7)	(8)	(9)	(10)
C	A	C	D	C	D	A	B	C	D

2. 计算题

（1）解：

退税收入 = 采购价 ÷（1+ 增值税率）× 退税率 =(15÷1.16)×16%=2.0690 元

单位商品国内费用 =15×3%=0.45 元

国内总成本 = 采购价 + 费用 − 出口退税收入

=15+0.45−2.0690

=13.3810 元 / 件

FOB 成本价 = 国内总成本 ÷ 银行汇率

=13.3810÷6.7350

=1.9868 美元 / 件

FOB 价 = FOB 成本价 ÷（1− 利润率）

=1.9868÷（1−20%）

=2.48 美元 / 件

（2）解：

$$CIF = \frac{CFR}{1-(1+投保加成率)\times 保险费率}$$

=5÷[1−（1+10%）×（0.4%+0.3%）]

=5÷0.9923 = 5.04 美元 / 件

3. 案例分析题

买方的要求不合理。2010 年国际贸易术语通则规定，在 FOB 条件下，买方承担货物在装运港装上船之后的风险和费用。本案货物被烧毁是在货物装上船之后，属于买方的责任，货损由买方承担，如果买方办理了货运险，则可以向保险公司索赔。由于卖方并不承担责任，因此，卖方可以要求买方继续履行合同，承担付款义务。

附录B

二维码索引

什么是企业旺铺　72	数据管家之买家　169
如何填写公司信息　75	平均回复率介绍和攻略　179
阿里巴巴国际平台介绍　84	及时回复率介绍和攻略　183
My Alibaba 操作后台简介　84	RFQ 意向行动率介绍及攻略　187
旺铺装修之页面管理　93	什么是采购直达　191
旺铺装修之首页装修　93	如何获取采购直达　196
旺铺访客行为分简介及提升攻略　93	采购直达报价与跟进　205
产品发布规则　96	信用保障服务的价值　207
提前准备产品图片　97	信用保障服务的买家宣传　207
千牛工作台简介及下载　97	如何开通信用保障服务　224
如何发布产品　112	信用保障订单起草　224
视频产品如何发布　112	信用保障订单的修改与取消　224
如何管理产品　119	买家如何付款 & 卖家如何挂账提现　224
商品信息的提优方法　119	发货（上）：下单时发货信息约定　224
推广引流的主要方式　128	发货（下）：发货流程及日期计算　224
什么是外贸直通车　133	信用保障：纠纷处理流程和规则　224
如何开通外贸直通车　133	什么是一达通　234
什么是橱窗　145	一达通出口环节介绍　234
什么是顶级展位　148	交易等级　234
如何设置我的橱窗　148	出口综合服务（3+N）——退税　238
数据管家之诊断中心　166	出口综合服务（2+N）——退税　238
数据管家之知己　169	

说明：请用手机自带的相机扫描书中相关章节的二维码（不要用微信扫描），然后复制网址，打开手机或电脑的浏览器，粘贴网址观看。读者需要按要求登录账号才可以观看，如有问题，请打电话 010-88254045 与本书编辑联系（全书操作都一样）。

电子工业出版社优秀跨境电商图书

阿里巴巴官方跨境电商系列

书号：978-7-121-27562-3　　书号：978-7-121-27620-0　　书号：978-7-121-27679-8　　书号：978-7-121-27678-1　　书号：978-7-121-27677-4
定价：49.00元　　　　　　　定价：55.00元　　　　　　　定价：69.00元　　　　　　　定价：78.00元　　　　　　　定价：49.00元

书号：ISBN 978-7-121-32584-7　　书号：ISBN 978-7-121-32582-3　　书号：ISBN 978-7-121-32583-0　　书号：ISBN 978-7-121-36615-4
定价：89.80元　　　　　　　　　 定价：59.00元　　　　　　　　　 定价：59.00元　　　　　　　　　 定价：79.00元

跨境电商图书兄弟篇

跨境电商运营从基础到实践
ISBN 978-7-121-39147-7
定价：69.00元
出版日期：2020年6月
柯丽敏 等著

主要内容：以跨境电商的业务流程为主体框架，结合跨境电商案例，系统全面地介绍了跨境电商的理论与实际操作。

跨境电商名师力作。
从基础到实践，跨境电商精英之路。

跨境电商多平台运营（第3版）：实战基础
ISBN 978-7-121-38644-2
定价：79.00元
出版日期：2020年4月
易传识网络科技 主编 丁晖 等编著

主要内容：第3版对全书的内容和目录做了重新编排，力求结构分明、兼顾跨境电商新手和老手的需要。

畅销教程全新升级，兼顾跨境电商从业者与院校学员，提供PPT支持。

跨境电商——阿里巴巴速卖通宝典（第2版）
ISBN 978-7-121-26388-0
定价：79.00元
出版日期：2015年7月
速卖通大学 编著

主要内容：阿里巴巴速卖通运营。

阿里巴巴官方跨境电商B2C权威力作！
第2版全新升级！持续热销！

亚马逊跨境电商运营宝典
ISBN 978-7-121-34285-1
定价：69.00元
出版日期：2018年6月
老魏 著

作者拥有12年外贸和跨境电商从业经历，助你系统解决亚马逊运营痛点。

阿里巴巴国际站"百城千校·百万英才"**跨境电商人才认证配套教程**　　教程与PPT咨询，请致电编辑：010-88254045

从0开始 跨境电商实训教程
阿里巴巴（中国）网络技术有限公司　编著
ISBN 978-7-121-28729-9

适用于一切需要"从零开始"的
跨境电商企业从业人员和院校学员！

跨境电商B2B
立体化实战教程
阿里巴巴（中国）网络技术有限公司
浙江商业职业技术学院 编著
ISBN 978-7-121-35828-9

图书+PPT课件+在线视频学习资源
+跨境电子商务师认证

反侵权盗版声明

电子工业出版社依法对本作品享有专有出版权。任何未经权利人书面许可，复制、销售或通过信息网络传播本作品的行为；歪曲、篡改、剽窃本作品的行为，均违反《中华人民共和国著作权法》，其行为人应承担相应的民事责任和行政责任，构成犯罪的，将被依法追究刑事责任。

为了维护市场秩序，保护权利人的合法权益，我社将依法查处和打击侵权盗版的单位和个人。欢迎社会各界人士积极举报侵权盗版行为，本社将奖励举报有功人员，并保证举报人的信息不被泄露。

举报电话：（010）88254396；（010）88258888
传　　真：（010）88254397
E-mail：dbqq@phei.com.cn
通信地址：北京市万寿路173信箱
　　　　　电子工业出版社总编办公室
邮　　编：100036